Direito Civil

Parte Geral

Paulo Lôbo

Direito Civil

Parte Geral

volume 1

10ª edição
2ª tiragem
2021

saraiva jur

obra completa 978-85-536-0772-3

DADOS INTERNACIONAIS DE CATALOGAÇÃO NA PUBLICAÇÃO (CIP)
ANGÉLICA ILACQUA CRB-8/7057

Lôbo, Paulo
Direito civil - volume 1: parte geral / Paulo Lôbo. – 10. ed. – São Paulo: Saraiva Educação, 2021.
416 p.

Bibliografia
ISBN 978-65-5559-342-6 (impresso)

1. Direito civil – Brasil. I. Título.

20-0531 CDD 340
CDU 347(81)

Índice para catálogo sistemático:
1. Brasil: Direito civil

saraiva EDUCAÇÃO | saraiva jur

Av. Paulista, 901, 3º andar
Bela Vista – São Paulo – SP – CEP: 01311-100

SAC | sac.sets@saraivaeducacao.com.br

Diretoria executiva Flávia Alves Bravin
Diretoria editorial Renata Pascual Müller
Gerência de projetos e produção editorial Fernando Penteado

Planejamento Josiane de Araujo Rodrigues

Novos projetos Sérgio Lopes de Carvalho
Dalila Costa de Oliveira

Edição Clarissa Boraschi Maria (coord.)
Daniel Pavani Naveira

Produção editorial Daniele Debora de Souza (coord.)
Daniela Nogueira Secondo
Estela Janiski Zumbano

Arte e digital Mônica Landi (coord.)
Camilla Felix Cianelli Chaves
Claudirene de Moura Santos Silva
Deborah Mattos
Guilherme H. M. Salvador
Tiago Dela Rosa

Projetos e serviços editoriais Daniela Maria Chaves Carvalho
Kelli Priscila Pinto
Laura Paraíso Buldrini Filogônio
Marília Cordeiro
Nicoly Wasconcelos Razuk

Diagramação Join Bureau
Revisão Fernanda Guerriero
Capa Casa de Ideias/Daniel Rampazzo
Produção gráfica Marli Rampim
Sergio Luiz Pereira Lopes
Impressão e acabamento Bercrom Gráfica e Editora

Data de fechamento da edição: 2-12-2020

Dúvidas? Acesse www.editorasaraiva.com.br/direito

CL 606893 CAE 742815

Aos meus filhos:
Marcelo
Moema (*in memoriam*)
Marcos
Luiz

Em homenagem aos inestimáveis amigos e juristas
Marcello Lavenère Machado e
Marcos Bernardes de Mello

Nota de abreviações

Para simplificar as referências recorrentes na obra, utilizaremos as seguintes abreviaturas:

CC – Código Civil de 2002

CDC – Código de Defesa do Consumidor

CF – Constituição Federal brasileira de 1988

CP – Código Penal

CPC – Código de Processo Civil

ECA – Estatuto da Criança e do Adolescente

LINDB – Lei de Introdução às Normas do Direito Brasileiro

STF – Supremo Tribunal Federal

STJ – Superior Tribunal de Justiça

Sumário

Capítulo IV

Capítulo V

A pessoa humana não é objeto exclusivo do direito civil, mas é essencialmente deste, nas relações entre sujeitos privados. A atuação de cada pessoa no âmbito político ou público é objeto dos vários ramos de direito público, principalmente do direito constitucional, do direito tributário, do direito administrativo, qualificando-se como cidadão ou eleitor, contribuinte e administrado. No âmbito civil, a pessoa adquire e transmite direitos e deveres em relação a outras. A aquisição é determinada por lei (por exemplo, em razão de herança) ou por ato de vontade. O instrumento por excelência de autonomia privada para aquisição e transmissão de direitos entre vivos é o negócio jurídico, em suas variadas espécies.

Cada pessoa humana integra ou integrou uma ou várias famílias. No mundo atual, as entidades familiares são múltiplas, como resultado dos arranjos afetivos que ocorrem na sociedade, reconhecidos pelo Direito. A pessoa nasce de alguém, ou é adotada por alguém, ou convive afetivamente de modo duradouro com alguém, e é ou foi parente de alguém. As relações de família acompanham a pessoa ao longo de sua vida. O direito das famílias é predominantemente cogente, com espaço delimitado de autonomia privada.

As obrigações civis abrangem o campo jurídico mais consolidado na vida dos povos, sendo o direito brasileiro tributário da milenar construção do antigo direito romano, resultante da solução de casos concretos. Desde que os homens passaram a viver em sociedade, tiveram necessidade de trocar coisas e negociar uns com os outros, para sua sobrevivência. As regras fundamentais para vincular tais transações (ou obrigações) permaneceram as mesmas, ao longo dos tempos, com as peculiaridades de cada época. As obrigações civis abrangem, na contemporaneidade, os negócios jurídicos, notadamente os contratos, os direitos decorrentes da responsabilidade pelos danos (responsabilidade civil), além de atos unilaterais vinculantes.

Os direitos das coisas dizem respeito às titularidades que os sujeitos de direito exercem sobre a totalidade ou parte dos bens econômicos, notadamente as coisas materiais, temporária ou permanentemente. A titularidade mais expressiva é a propriedade individual, de modo exclusivo e oponível a todos, dentro dos limites da função social que deve observar. Os bens econômicos podem ser materiais (exemplos, um imóvel e um automóvel) ou imateriais, que na atualidade cresceram de modo exponencial, incluindo os direitos hereditários, os direitos autorais, as patentes de invenção, as marcas, os nomes de produtos e serviços, as ações de empresas. Alguns bens imateriais recebem regulação específica abrangente que os inserem em direitos autônomos como os direitos autorais (incluindo os direitos de *software*), a titularidade de marcas e patentes, os direitos de acesso.

Os direitos das sucessões regulam a transmissão das coisas, créditos e das dívidas da pessoa que falece para seus sucessores, especialmente os herdeiros legais. Além da sucessão legal, em decorrência das relações familiares e de parentesco, o direito brasileiro das sucessões admite que a pessoa se utilize de alguns modelos de testamento, no qual exerce a liberdade de deixar seus bens a quem desejar, sem observar qualquer ordem, salvo se houver herdeiros necessários sobreviventes, que têm direito à metade do espólio.

Essas matérias integram o sistema jurídico do direito civil brasileiro, organizadas e tratadas pela legislação, pela doutrina especializada e pela jurisprudência dos tribunais. Na legislação estão dispersas em vários diplomas legais, a saber, na Constituição, no CC e em leis especiais. A constitucionalização do direito civil retirou definitivamente do CC a concentração dessas matérias e sua função tradicional de centro unificador, em prol do conjunto de normas da Constituição, que estabelecem a tutela jurídica fundamental das relações privadas.

O CC de 2002 pretendeu reunificá-las em seu bojo, mas teve de conviver com as normas fundamentais de direito civil estabelecidas na Constituição de 1988 e com várias leis multidisciplinares (denominadas microssistemas jurídicos), além de leis especiais que permanecem sendo editadas à sua margem.

Nos microssistemas jurídicos utilizam-se instrumentos legais multidisciplinares – embora, às vezes, sejam denominados "códigos", em homenagem à tradição, a exemplo do CDC, dotados de natureza multidisciplinar. No Brasil há preferência pelo uso de "estatuto", como o Estatuto da Criança e do Adolescente (ECA), o Estatuto do Idoso e o Estatuto da Pessoa com Deficiência. A variedade de problemas que envolve o trato legal dessas matérias não pode estar subsumida nas codificações tradicionais e monotemáticas, pois quase sempre, além das relações civis, reclamam o disciplinamento integrado e concomitante de regimes processuais, administrativas e penais especiais. Por outro lado, esses novos direitos são informados de dados atualmente irrefutáveis de vários ramos das ciências ou da ética.

Destarte, o CC não se confunde com o direito civil. Este tem abrangência maior que aquele. Por outro lado, o CC de 2002, em virtude de sua pretensão de unificar o direito das obrigações, disciplina matérias estranhas ao direito civil, que dizem respeito às atividades empresariais, as quais integram o direito empresarial, tradicionalmente denominado direito comercial, a saber, o direito de empresa, os títulos de crédito, os contratos mercantis ou empresariais. A lei não determina a natureza dos direitos e pode conter vários deles, para atender a razões de política legislativa. Assim, o CC de 2002, apesar do nome, não é um código de direito civil, mas sim um código das principais relações pessoais e patrimoniais de direito privado.

1.3. O Direito Civil no Contexto do Direito Privado

A distinção entre direito privado e direito público constitui uma das grandes dicotomias do sistema jurídico romano-germânico, ao qual o direito brasileiro é vinculado historicamente. Atingiu seu ápice durante o predomínio das concepções individualistas e liberais, notadamente no século XIX e parte do século XX. O objetivo era estremar o que era público estatal do que se considerava espaço privado, protegido da interferência do Estado legislador, judicial ou executivo. Em outras palavras, o de assegurar a primazia do indivíduo ou interesse individual sobre o interesse social ou público. Nessa época foram afirmados os grandes ramos do direito público, com o intuito de garantir e proteger o indivíduo contra o Estado e não propriamente para colimar o interesse público, o que apenas na segunda metade do século XX passou também a caracterizá-los. Assim, o direito constitucional voltava-se à proteção do cidadão, o direito administrativo à proteção do indivíduo em relação à Administração Pública, o direito tributário a proteger o contribuinte contra a arbitrariedade do fisco.

O antigo direito romano não conhecia essas clivagens modernas, pois qualificava como *jus civilis* tudo o que dissesse respeito às relações dos cidadãos romanos entre si e destes com sua cidade. O *Digesto* do imperador Justiniano reproduz assertiva do jurisconsulto romano Ulpiano, que diz (D.1.1.1.2): "São dois os temas deste estudo: o público e o privado. Direito público é o que se volta ao estudo da *res romana*, privado o que se volta à utilidade de cada um dos indivíduos, enquanto tais" (Justiniano, 2002, p. 17). Esses dois temas estavam intimamente ligados, sob a égide do *jus civilis*, principalmente nas relações das pessoas no espaço público. Distinção havia com o *jus gentium* (direito das gentes), que regulava as relações dos cidadãos romanos com os estrangeiros e que tinha como fonte o gênero humano, e com o *jus naturale* (direito natural), que a natureza ensinou a todos os animais, incluindo os homens. A separação moderna entre espaço público e espaço privado, principalmente entre sociedade política e sociedade civil, era inexistente no direito romano, pois a pessoa dotada de plenitude de titularidade de direitos era a que compartilhava as decisões políticas da cidade, sendo nesse sentido livre.

O capitalismo da modernidade em seu período inicial e concorrencial encontrou nos conceitos jurídicos romanos os instrumentos de que necessitava, articulados em torno das instituições da propriedade e da obrigação civil.

Somente no âmbito de atuação das empresas mercantis – da grande empresa capitalista – se mostrou o direito privado romano insuficiente. Os juristas também elaboraram o direito público moderno com concepções jusprivatistas extraídas de sua "romanizada" educação básica, como salienta Juan Ramón Capella (1999, p. 63).

O advento do Estado social, no século XX, caracterizado pela intervenção estatal nas relações privadas, com o intuito de promover a justiça social e reduzir as desigualdades sociais, com o controle social e público dos poderes privados, pôs em crise a utilidade da grande dicotomia. Desde então, tornou-se comum a intervenção estatal, principalmente legislativa, nas relações privadas, aumentando a dificuldade em distinguir o direito público do direito privado, pois o critério da prevalência da autonomia privada e da consequente fraca intervenção do Estado perdeu sua importância. A intervenção do legislador nas relações de consumo, para proteger o consumidor, não as remete ao direito público, por exemplo; pouco importando o grau de intervenção legal e de redução da autonomia privada dos fornecedores de produtos e serviços, elas integram o direito privado.

Diz Pontes de Miranda que a relação de direito público supõe subordinação, ato do Estado legislando sobre si mesmo, ou sobre a extensão de suas leis. Quando o Estado legisla sobre as pessoas entre si, é de direito privado a regra jurídica que formula. Por isso mesmo, se o Estado figura como pessoa, à semelhança das outras, e não como Estado, na relação jurídica, as relações entre ele e a outra pessoa são de direito privado (1987, v. 1, p. 110).

No estágio atual permanece a dicotomia cumprindo função operacional, com largo uso linguístico. Veja-se o propósito da prestigiada organização intergovernamental UNIDROIT – Instituto Internacional para a Unificação do Direito Privado, com sede em Roma, voltada ao estudo das necessidades e métodos para harmonização, modernização e coordenação do direito privado, em nível global, notadamente quanto aos contratos internacionais. O Estatuto orgânico do UNIDROIT foi adotado pelo Brasil, por força do Decreto Legislativo n. 71/92, do Congresso Nacional, e do Decreto presidencial n. 884/93.

Novos direitos têm sido compostos de partes de direito privado e partes de direito público, em interlocução contínua, ainda que partindo da mesma situação jurídica básica, como o direito da criança e do adolescente, o direito do consumidor, o direito do idoso, o direito ambiental, o direito da pessoa com deficiência que conjugam direito civil, direito processual, direito penal, direito administrativo, formando um todo incindível.

Em perspectiva filosófica contemporânea da distinção do espaço público e do espaço privado, Jürgen Habermas define como "públicos" aqueles eventos que são acessíveis a qualquer um; nessa linha, o espaço privado diz respeito ao sujeito em relação aos seus direitos, como destinatário da norma.

Com tais ressalvas, podemos afirmar que o direito privado compreende as relações jurídicas entre sujeitos particulares, ou entre particular e Estado, quando este não atua com as prerrogativas de autoridade pública. Nesse sentido, são relações horizontais; isso não significa negar a existência de poderes privados dominantes, para o que a intervenção pública se faz necessária com o intuito de intentar o equilíbrio material ou substancial, protegendo a parte vulnerável, notadamente nos contratos.

O direito civil é direito privado por excelência, podendo ser considerado o estatuto jurídico do cidadão comum. Por sua abrangência, é o direito comum subsidiário a que remetem os demais direitos privados quando não prevejam normas próprias, a saber: o direito empresarial, o direito marítimo, o direito do consumidor, o direito do trabalho, o direito autoral, o direito agrário. Esses direitos, hoje autônomos para atender às exigências sociais e econômicas, derivaram historicamente do direito civil.

No âmbito do direito privado, a principal distinção moderna do direito civil é com o tradicionalmente denominado direito comercial, terminologia substituída com vantagens por direito empresarial. A burguesia mercantil foi a principal beneficiária da revolução liberal – cujos marcos paradigmáticos são as revoluções americana e francesa, ao final do século XVIII –, substituindo o velho regime aristocrático por nova hegemonia pretensamente igualitária. Por essa razão, obteve uma codificação própria, afeiçoada a seus interesses, para garantia dos negócios, distinta da codificação civil e, às vezes, antes desta. No Brasil, o Código Comercial data de 1850, enquanto o primeiro Código Civil foi sancionado em 1916. O CC de 2002 revogou o Código Comercial, exceto quanto ao direito marítimo, mas a unificação das duas matérias em um único Código não teve o condão de abalar a autonomia disciplinar do direito empresarial. Ocorre que neste as atividades empresariais, objeto do direito, não mais se resumem às relações de comércio, em virtude da expansão dos negócios, organizados de modo empresarial, nos setores industriais, rurais e de serviços. O setor de serviços, tradicionalmente vinculado ao direito civil, em virtude da consideração jurídica a atos isolados ou de prestações pessoais, passou a despontar como o de maior expressão nas atividades econômicas organizadas. A distinção entre as duas matérias (direito civil e direito empresarial) deixou de estar radicada na existência de um ato de empresa ou de um ato civil. O elemento de discrime não pode mais ser o ato jurídico, isoladamente, mas a existência de outra categoria, que ingressou no direito como instrumento decisivo, ou seja, a atividade jurídica, também imprescindível para distinguir o direito civil do direito do consumidor, o mais jovem ramo do direito privado.

Atividade jurídica é um complexo ou conjunto de atos jurídicos ordenados para a realização dos fins de uma organização permanente. A pessoa jurídica ou a entidade não personificada realiza atos voltados à consecução de sua finalidade e atos isolados que apenas indireta ou mediatamente contribuem para esta. Assim, uma empresa comercial (pessoa jurídica ou empresário individual) realiza sua finalidade mediante sucessivos atos de venda de suas mercadorias. Cada ato integra um conjunto, ou a atividade, pois intrinsecamente ligado aos fins da empresa. Todavia, se a empresa necessitar alugar um imóvel para ampliação de seus negócios, esse específico ato jurídico (a locação do imóvel) não integra sua atividade, que é a comercialização de mercadorias. O contrato que celebrar com o locador é regido pelo direito civil e não pelo direito empresarial. Diferentemente, os atos de aquisição das mercadorias com seus produtores são regidos pelo direito empresarial, enquanto os atos de venda para os consumidores são regidos pelo direito do consumidor.

Do mesmo modo, o condomínio de edifício tem por finalidade a gestão das áreas comuns e do pessoal empregado para manutenção e segurança do imóvel. A aquisição de produtos para limpeza das áreas comuns é regida pelo direito do consumidor (o condomínio, neste caso, é consumidor). A contratação de empregado para limpeza é regida pelo direito do trabalho. A aquisição de um terreno ao lado, ou a contratação de artista para animar festa de fim de ano, são atos autônomos que não podem ser considerados integrantes da finalidade do condomínio, razão por que são regidos pelo direito civil. Mas, se o condomínio resolve obter renda utilizando espaço disponível para estacionamento de veículos de terceiros, converte-se em fornecedor de serviços, emergindo relação de consumo.

Igualmente, a pessoa jurídica de direito público (exemplo, o Município) pode realizar atos isolados, que não envolvem sua atividade pública permanente. Quando o Município faz concessão de uso de área pública para uma empresa se instalar (exemplo, loja de venda de passagens em terminal rodoviário), realiza ato de direito público, voltado à finalidade pública, consequentemente regido pelo direito público administrativo. Mas, quando o Município resolve alugar a casa de alguém para ali instalar uma repartição pública, esse ato é genuinamente de direito privado, regido pelo direito civil. Nesse caso, o Município desveste-se das prerrogativas de autoridade pública e é equiparado a um particular, submetendo-se às mesmas regras da locação privada de imóvel.

Sendo assim, as atividades das empresas individuais ou societárias submetem-se ao regime do direito empresarial, incluindo as situações jurídicas decorrentes dos contratos em que um dos figurantes seja necessariamente uma empresa (contratos empresariais), dos títulos de crédito, de falência ou recuperação empresarial, marcas e patentes (propriedade industrial).

O direito do consumidor rege o fornecimento de produtos e serviços, realizado, no mercado de consumo, por empresas, por entidades não personificadas, por pessoas físicas ou por pessoas jurídicas de direito público. Tem por objetivo, essencialmente, a proteção contratual do consumidor e a responsabilidade do fornecedor pelos produtos e serviços lançados. Como salienta o civilista português José de Oliveira Ascensão, o direito do consumidor não tem ainda localização certa entre os ramos do direito, não sendo "seguro que seja um ramo autônomo de direito", podendo integrar-se nos ramos já existentes; propugna pela recondução do direito do consumidor ao direito civil, que também estaria sendo sacudido pelo movimento de eticização, nomeadamente da justiça contratual, que está na base do direito do consumidor, reconhecendo que, se o direito civil regula o que é comum entre todas as pessoas, nada há de mais comum que a qualidade de consumidor (2007, p. 183).

O direito do trabalho cuida das relações de trabalho assalariado ou subordinado, isto é, entre empregador e empregado. Sua autonomia ocorreu no Brasil nas décadas de trinta e quarenta do século XX, como resultado da luta histórica do operariado contra a exploração desmedida e os abusos dos patrões, que se prevaleciam da igualdade formal das partes do contrato de locação ou prestação de serviços, uma vez que o trabalho assalariado não era previsto na legislação civil. Tal como o direito do consumidor, é um direito de proteção do juridicamente vulnerável.

O direito autoral tem por objeto a proteção da criação intelectual e a regulamentação de sua utilização econômica. São indisponíveis e invioláveis os direitos morais do autor (exemplo, a autoria e a integridade da obra), porque integram seus direitos de personalidade. Mas os direitos patrimoniais do autor podem ser objeto de transação e passaram a ser alvo de intenso interesse empresarial. Na atualidade, alguns direitos autorais assumiram proporções econômicas gigantescas, como os direitos de programas de computador (*software*), que, por sua importância e singularidade, migraram do direito civil para campo autônomo.

O direito agrário diz respeito às relações jurídicas da atividade rural, relativamente aos contratos agrários e às peculiaridades da propriedade rural, além de regular a reforma agrária. Tem por fito a exploração econômica da terra e o direito de acesso a ela.

Uma das características do direito privado contemporâneo é a abertura para interlocução entre as diversas matérias. Essa interpenetração impõe, em várias situações, a combinação das incidências do CC, dos Estatutos e das legislações especiais. Assim, um assunto que se enquadre no direito civil pode ter a aplicação deste e de outro ramo do direito privado, conjuntamente, quando se impuser a melhor realização dos valores consagrados nos princípios constitucionais. Essas distinções, portanto, não constituem divisões herméticas. Por exemplo, se o CC otimiza o princípio constitucional da proteção do consumidor, concorrentemente ao CDC, as normas daquele se conjugam com as deste.

O direito internacional privado, apesar de sua denominação, não integra o direito privado, pois não regula propriamente as relações entre sujeitos privados, mas sim as normas jurídicas que lhes sejam aplicáveis, quando forem estrangeiros e as situações jurídicas que lhes interessem ocorram no Brasil, ou quando as situações jurídicas ocorram em país estrangeiro e ao menos um dos interessados seja brasileiro. São situações, portanto, de conflito espacial de normas, fixando as que devam ser observadas ou aplicadas, mas sem definir direitos e deveres intersubjetivos. Nesse sentido, têm a natureza de direito público. Antiga lição de Léon Duguit, que continua atual, esclarece que não faz sentido a distinção entre direito internacional público e direito internacional privado, pois este "é verdadeiramente direito público, porque compreende as regras que se aplicam aos conflitos entre dois Estados, as quais regulam, pela legislação respectiva, as relações privadas dos seus súditos ou das pessoas que se encontram no seu território" (2005, p. 61). Para Lourival Vilanova o direito internacional privado pertence ao sistema jurídico positivo interno, não a outro sistema; o lugar que ocupe não desvirtua seu caráter de norma de direito público interno (2000, p. 126). Os anglo-americanos preferem a denominação "conflito de leis", destacando a essência da disciplina. Kelsen propugnou a fusão do direito internacional privado com o direito internacional público, porque deste emanam os princípios daquele (o título de sua obra é exatamente "Princípios de direito internacional"). Desde a Portaria MEC n. 1.886, de 1994, as diretrizes curriculares do curso de Direito no Brasil adotaram o modelo fundido de direito internacional.

1.4. A Função da Codificação Civil

É secular a disputa sobre a conveniência da codificação civil, que se tornou hegemônica na cultura jurídica romano-germânica, desde o Código Civil francês de 1804, ainda que desconsiderada no mundo jurídico anglófono. Afirma-se (Zimmermann, 2010, p. 6) que o grande número e a complexidade das fontes legais contribuem para o sentimento generalizado de incerteza jurídica e ineficiência, inclusive na administração da justiça, enquanto as codificações voltam-se a arrumar essa situação confusa, promovendo regulação sistemática do direito privado, afastando as fontes legais rivais, como ocorria antes dela, inclusive com a recepção do direito romano.

Todavia, "o jurista moderno que se debruça sobre um Código Civil, sem preconceitos de escola, sente nele palpitar todo o relacionamento de uma economia aristocrática. E se tem antenas voltadas para os anseios de seu tempo, há de convencer-se da necessidade de democratizá-lo, de popularizá-lo", nas palavras de Caio Mário da Silva Pereira (1980, p. 218).

Por dizer respeito visceralmente à vida cotidiana das pessoas, o direito civil é marcado pelos valores e costumes de cada povo. Até o século XVIII, o direito civil na Europa e nas colônias latino-americanas era fruto dos valores medievais e do absolutismo monárquico, juntando desordenadamente costumes centenários e locais díspares com resquícios do direito romano. Os revolucionários franceses, que pretenderam instaurar nova sociedade, tendo como centro os direitos e liberdades individuais, rejeitaram o direito antigo e introduziram a codificação, como meio racional de sistematizar em um único corpo legal o direito civil que correspondesse aos novos valores. Portalis, um dos juristas que integraram a comissão que elaborou o Código Civil francês de 1804, disse que a codificação era o espírito do método aplicado à legislação. E o método, no pensamento moderno, inaugurado entre outros por Descartes, era a capacidade de conhecer a verdade somente por meio de certos princípios lógicos e o exercício da liberdade diante de todas as opiniões anteriormente recebidas como verdadeiras. O sentimento emancipador que o racionalismo emprestará ao individualismo será marcante em todos os teóricos liberais e iluministas, que formaram o marco inspirador da codificação liberal.

O *Code Civil* de 1804 significou ruptura decisiva na evolução gradual do direito. Substituiu a variedade do antigo direito por um código único e uniforme para toda a França; aboliu o direito anteriormente em vigor, em particular o direito consuetudinário e romano; incorporou várias medidas ideológicas inspiradas pela revolução de 1789 e tentou tornar supérfluo o papel tradicional do direito erudito, ao proibir o comentário doutrinário sobre os códigos, na crença de que a nova legislação era clara e autossuficiente (Caenegem, 1999, p. 1-15). Essa autossuficiência levou ao positivismo legalista (ou exegético), que tanta influência exerceu no empobrecimento da doutrina e da aplicação do direito no

Brasil. O *Code* – como todos os que o seguiram – era conservador em sua essência, consagrando o direito absoluto da propriedade privada e os diferentes modos de sua aquisição e transmissão e mantendo os membros da família sob o poder incontrastável do marido e do pai.

A codificação, como método racional, teve importante papel no desmoronamento do sistema de valores do velho regime, que ancorava na autoridade e no *status* social. A maximização do progresso material individual e ilimitado, exigente de normas certas, claras e precisas, para a segurança dos negócios, e a definição das conquistas liberais contra a intervenção do Estado na órbita privada, especialmente a defesa da propriedade individual, redundaram na codificação civil moderna. O indivíduo era princípio e fim do ordenamento jurídico positivo, para a concepção liberal. E a propriedade privada era condição da liberdade; sua defesa e desenvolvimento constituíam a razão de ser do Estado e do direito. Para os pensadores da época, como Locke, a miséria moral e material das classes trabalhadoras era concebida como necessidade econômica, uma ordem natural e racional. Voltaire tinha profundo desprezo pela gente comum, que chamava "canaille"; em carta de 1º de abril de 1766 disse que a perpetuação das massas sem instrução era essencial para os proprietários. Para o enciclopedista Diderot, os homens de propriedade eram dela senhores absolutos, dispondo dos poderes de um rei para usar e abusar.

A codificação teve por pressuposto o sujeito de direitos abstraído de suas reais condições de poder, enquanto o constitucionalismo liberal partiu exatamente da necessidade de limitar os reais detentores do poder político. Essa correlação entre a codificação e o constitucionalismo moderno, tendo como fio condutor o individualismo, é ressaltada na doutrina. Para G. Solari (in Rodotà, 2013, p. 85), a codificação representava a atuação da ideia individual na ordem das relações civis; por esse aspecto a codificação responde no campo do direito privado àquilo que foram as declarações de direitos e as Constituições no campo do direito público, no intuito de assegurar ao indivíduo a liberdade contra "as indevidas ingerências do poder político".

As codificações liberais, esclarece Franz Wieacker, são atos de transformação revolucionária contra a tradição. As revoluções reformadoras de antigas civilizações não europeias acolheram os códigos modernos europeus para transformar seus povos em nações modernas, segundo os padrões ocidentais (1980, p. 367). O que caracteriza a codificação moderna é menos consignar o direito existente, recopiá-lo ou melhorá-lo do que planejar extensamente a sociedade mediante ordenações sistemáticas e criadoras. A codificação rejeitou o direito natural, que, paradoxalmente, serviu de legitimação para seu advento e de substituição do direito tradicional; para ela, o papel do direito natural tinha acabado.

É sabido, todavia, como escreveu Gustav Radbruch (1974, p. 70), que a liberdade pretendida pela burguesia não era só para ela, mas para todos; foi porque a burguesia exigiu a liberdade dentro da forma jurídica que essa liberdade se transformou mais tarde numa liberdade de todos, e ainda mais tarde numa liberdade de coligação em proveito dos trabalhadores e a constituir por fim um instrumento de luta contra essa burguesia, da qual tinha originalmente nascido.

O CC/16 seria o repositório tardio das aspirações liberais da burguesia brasileira, que lutava pelo predomínio político-econômico, em disputa com a aristocracia rural, especialmente a partir do advento da República. Sua ascensão não foi paralela no tempo à europeia, mas as fontes ideológicas são as mesmas. Esse Código era conservador em essência, estando ausente qualquer consideração de justiça social e tudo o que pudesse importar intervenção judicial, como os princípios da boa-fé objetiva, da equidade, da lesão.

A codificação civil liberal entrou em profunda crise com o advento do Estado social – no Brasil, inaugurado com a CF/34. O paradigma do individualismo era incompatível com as demandas sociais, com a consequente intervenção do Estado, máxime da legislação, nas relações privadas. Inúmeras matérias foram subtraídas do CC, que reduziu imensamente sua função prestante. As razões da codificação civil deixaram de existir quando perdeu sua centralidade para a Constituição, quando os novos direitos privados multidisciplinares não conseguiram ser nela contidos e principalmente quando valores regentes das relações privadas migraram para o paradigma da socialidade e da solidariedade.

Um dos fortes argumentos em seu favor era o da segurança jurídica, pois o código continha todo o direito; não mais contém. As relações privadas não são mais domínio exclusivo da codificação civil, como antes. Desapareceu a distinção entre "cidadão" e "burguês" para delimitar o que era matéria da Constituição e matéria do CC, ou seja, o espaço público e o espaço privado, ambos blindando o indivíduo e sua propriedade das interferências do Estado e da sociedade. O interesse social, não necessariamente estatal, passou à frente, não mais se justificando a codificação civil que tenha o indivíduo e sua vontade como soberanos. Sabe-se que o código corresponde ao estágio de desenvolvimento jurídico em determinado momento, não podendo fixá-lo de modo que não possa ser mudado. O código contradiz a inevitabilidade das mudanças sociais. O direito civil codificado exerceu papel relevante na contenção do poder político, durante o predomínio do liberalismo; na atualidade, seu lugar é o do estatuto de defesa da pessoa humana, na contenção dos poderes privados, garantindo-lhe o espaço de sua dignidade, para que não se converta em objeto coisificado dos grandes sistemas econômicos, sociais e culturais da sociedade global.

Consequentemente, cresceu entre os civilistas a convicção de que o tempo das grandes codificações tinha passado. Ficou célebre o trabalho do jurista italiano Natalino Irti, nos anos setenta do século XX, cujo título expressa fielmente seu conteúdo: "A época da descodificação", principalmente por conta da imobilidade do código, do processo de constitucionalização dos direitos e dos microssistemas jurídicos, afirmando que "o Código Civil tinha perdido, de um lado, todo valor 'constitucional': a liberdade política e civil, o direito de propriedade, a iniciativa econômica privada recebiam tutela da Constituição, isto é, de norma hierarquicamente superior" (1979, p. 28). No Brasil, o desencanto com a codificação alcançou os civilistas que já haviam participado de outras tentativas de novas codificações civis, no início da década de sessenta do século XX, a exemplo de Orlando Gomes (1988, p. 9: "destinado a ter longevidade secular, o Código Civil agoniza ao perder o seu significado de repositório de todo o direito privado e de centro da experiência jurídica de um povo") e Caio Mário da Silva Pereira (2006, p. VII: "Adepto da descodificação, tenho reafirmado que não mais se pode reconhecer aos Códigos a missão histórica de assegurar a manutenção dos poderes adquiridos. Se eles representam a 'consagração da previsibilidade', hoje exercem papel residual, diante de uma nova realidade legislativa, em que os microssistemas constituem polos autônomos, dotados de princípios próprios, impondo inovadora técnica interpretativa").

O CC de 2002 não conseguiu estancar essa linha de tendência, o que deixa no ar a pertinência de sua utilidade, em sociedade com intensas mudanças. Quando muito é a lei mais ampla, ao lado de outras leis com as quais tem de concorrer ou para as quais tem de ceder o espaço, todas demarcadas pelos princípios constitucionais.

1.5. O Direito Civil Brasileiro no Sistema Jurídico Romano-Germânico

O direito civil brasileiro, tal qual o conhecemos e aplicamos, desde o início da colonização portuguesa, integra o grande sistema jurídico romano-germânico, que ostenta as seguintes características:

I – fonte histórica comum, no antigo direito romano, especialmente no que concerne às obrigações, além do contributo dos direitos dos povos germânicos que destruíram o Império Romano, controlando sua imensa área territorial, inclusive a Península Ibérica; esses povos bárbaros não substituíram o direito romano, mas o adaptaram a seus costumes, sendo caso de vencedor conquistado pela cultura do vencido;

II – direito preferencialmente legislado, inclusive com o uso de codificações, cabendo ao juiz aplicá-lo e não criá-lo;

III – influência predominante da doutrina ou literatura jurídica na formação dos profissionais do direito e na aplicação deste;

IV – classificação das matérias ou disciplinas jurídicas, a partir da grande dicotomia direito público e direito privado;

V – função residual dos costumes.

Originalmente, o *jus civilis* era o direito da cidade de Roma, ou seja, das relações entre a cidade e os cidadãos e entre si os cidadãos, o direito dos cidadãos. Essa característica estava clara na obra do jurisconsulto romano Gaio: o direito civil era "o direito próprio da cidade" (1997, p. 45). Portanto, o conceito romano de direito civil abrangia não apenas as relações civis, mas também as que, na atualidade, são de direito público. Na base do *jus civile* romano estava a figura plena do *cives*, que correspondia ao que atualmente atribuímos à pessoa.

Note-se que o antigo direito romano (desde a fundação de Roma, em 753 a.C., até a morte de Justiniano, imperador do Oriente, em 565 d.C.) não era um direito preferencialmente legislado. Como lembra Ovídio Batista da Silva, sua construção milenar é assentada muito mais em camadas progressivas de opiniões dos jurisconsultos – pessoas que eram reconhecidas como profundas conhecedoras do direito – e das decisões dos magistrados agrupadas no chamado direito pretoriano ou honorário. "Enquanto nossos juízes estão submetidos a declarar o direito que o soberano estratificou nos códigos, o Pretor criava-o a partir de outras fontes que lhe permitiam uma ampla área de discricionariedade, verdadeiramente criadora do direito" (2007, p. 25). As leis (de iniciativa do tribuno e aprovadas pela plebe – *lex*; de iniciativa do senado romano, composto pela aristocracia – *senatus-consultum*; de iniciativa do imperador – *constitutio*) foram em menor número.

Foi o imperador Justiniano que, entre 533 e 556, determinou a vários juristas a sistematização dessa massa de fontes, compondo o que séculos depois veio a ser denominado Corpo de Leis Civis – *Corpus Juris Civilis* –, que serviu de subsídio, no final da Idade Média, para a formação dos Estados modernos. O *Corpus Juris Civilis* foi composto de quatro partes ou coleções: I – a seleção sistematizada das opiniões deixadas pelos jurisconsultos mais reconhecidos e influentes, com a denominação latina de *Digesto* ou grega de *Pandectas*; II – a reunião das leis, principalmente imperiais, que ainda eram consideradas atuais, com a denominação de *Codex*; III – uma obra didática, para instrução dos alunos e aplicadores do direito, na qual o próprio Imperador Justiniano figura como autor, denominada *Instituições* (*Instituciones*); IV – as novas leis editadas pelo Imperador Justiniano, com a denominação de *Novas Constituições* (*Novellae Constitutiones*). No Império Romano do Oriente o *Corpus Juris* permaneceu em vigor, mas no Ocidente foi redescoberto apenas por volta de 1100.

O *Corpus Juris*, assim, foi utilizado como direito comum para unificar o ordenamento jurídico dos povos submetidos aos monarcas europeus, em substituição aos direitos feudais (em cada feudo, em cada burgo, em cada corporação de ofício havia um direito distinto), na Europa continental. A interpretação desse direito, particularmente complexo para populações e governantes iletrados, dependia em grande medida dos professores (doutores) das universidades que se instalaram a partir do século XII (direito erudito), nas quais o ensino era em latim, as obras básicas eram as mesmas e para as quais os estudantes afluíam de todas as partes da Europa. Os estudiosos anotavam e comentavam o direito romano antigo, construindo um direito comum para a Europa ocidental, distanciado dos costumes locais, a partir dos princípios, terminologias e diretrizes do *Corpus Juris*. Daí a conjugação da lei escrita (e não costumeira) – fundada na autoridade do direito romano – e da doutrina dos autores, que marca até hoje o grande sistema jurídico romano-germânico. O direito português transplantado para a colônia brasileira era a ele filiado, por contingências históricas e pelo fato de que o direito comum (*jus commune*) era escrito em idioma vivo (principalmente o espanhol), o que facilitava a consulta ou tradução.

Durante a Idade Média e, no Brasil, durante a Colônia e parcialmente no Império, o direito canônico competiu com as recepções do direito romano, tendo sido proibido o estudo deste pelos monges e sacerdotes nos séculos XII e XIII. O direito civil (romano) não correspondia aos interesses temporais da Igreja. O advento do Estado moderno, com o absolutismo monárquico, intensificou a importância do direito nacional, expressão da vontade do soberano, em contraposição ao universalismo da Igreja. Surgiram então as ordenanças dos monarcas, como as Ordenações do Reino de Portugal. A partir daí, o direito civil deixou de ser direito comum dos povos do sistema romano-germânico, com base no direito romano, e passou a ser direito privado próprio de cada Estado.

Ao longo de sua história, o direito civil foi concebido como direito privado geral, que dava unidade ao sistema e aos outros ramos, considerados direitos privados especiais, notadamente o direito comercial. Essa concepção chegou até nós, como se vê na afirmação de Karl Larenz: "Dentro do direito privado distinguimos o direito civil como direito privado geral, assim como uma série de setores especiais", porque é o direito que se refere a todos (1978, p. 6).

Essas grandes linhas estruturais persistiram e continuam na formação do direito civil brasileiro, que o faz tão distante do que se pratica na nação hegemônica atual, os Estados Unidos da América, que perfilhou o sistema jurídico de *common law*, caracterizado pela preponderância dos precedentes judiciários e dos costumes, em relação à legislação e à doutrina jurídica.

1.6. O Direito Civil em Outros Grandes Sistemas Jurídicos

A doutrina especializada, além do sistema jurídico romano-germânico, agrupa os direitos nacionais da atualidade em grandes sistemas jurídicos, a partir de traços comuns. Acompanhamos René David (1978, *passim*), que identifica três outros grandes sistemas, a saber, o de *common law*, o de direito socialista e o dos direitos tradicionais e religiosos.

O sistema de direito socialista adota os métodos e a estrutura do sistema romano-germânico, principalmente em razão da força irradiada da antiga União Soviética, cuja principal nação, a Rússia, fora historicamente influenciada pelo direito europeu continental. O que o identifica é a ênfase no direito público e na convivência da propriedade coletiva com a propriedade privada e de acentuado controle sobre a iniciativa privada. Todos os países do antigo bloco comunista editaram Códigos Civis contemplando esses valores.

Certamente, para fins comparativos, interessa mais ao direito civil brasileiro a compreensão do sistema de *common law*, que predomina nos países anglófonos e nos que foram colonizados pelo império britânico em todos os continentes. Na Inglaterra, no século XII, os tribunais reais centrais já haviam criado um direito consuetudinário comum; daí as expressões *common law*. Na atualidade, *common law* também significa o direito dos precedentes judiciários, em contraste com o direito estatutário, de origem parlamentar. Nesse grande sistema não há o equivalente do direito civil romano-germânico, pois as matérias estão dispersas e pulverizadas. A codificação é praticamente inexistente, ainda que grandes pensadores ingleses tivessem pugnado por ela, como Francis Bacon (século XVII) e Jeremy Bentham (século XIX). Suas características atuais se aproximam do que foi o direito romano clássico:

I – predomínio dos precedentes judiciários;

II – força normativa dos costumes;

III – legislação subsidiária e sempre dependente da interpretação judicial;

IV – função residual da doutrina jurídica.

A revolução liberal na Inglaterra se deu por etapas, sem rupturas totais com o passado, desde a famosa Carta Magna, que os barões impuseram ao rei João Sem-Terra, em 1215, na qual as primeiras garantias individuais ficaram consagradas. Cada conquista era consolidada e reforçada pela magistratura, ao contrário do que ocorreu na Europa continental. No desenvolvimento do *common law* inglês não houve qualquer ruptura comparável à que foi causada pelas grandes codificações modernas na Europa continental; não só o direito nunca foi codificado como o antigo direito jamais foi substituído por um sistema moderno. Daí o papel secundário da legislação e a aparente desnecessidade de codificação, entendida como corpo de leis fundado na racionalidade e sem consideração com os costumes.

Em um dos extremos, a Alemanha é o exemplo do máximo desenvolvimento do direito romano-germânico, ou do direito erudito; no outro, o *common law* inglês é o exemplo mais radical de rejeição do direito romano e da racionalidade do direito escrito.

Essas são as razões que tornam relativamente incompreensíveis institutos jurídicos e até mesmo os ramos do direito no sistema de *common law*, em razão de suas raízes costumeiras, forjadas em tempos imemoriais. Para um jurista romano-germânico é incompreensível, por exemplo, o instituto da *consideration*, sem o qual não se concebe o contrato no sistema de *common law* (Schaber, 1984), que mais se aproxima do preço da contraprestação ou até mesmo da causa, em nosso sistema. O instituto de *torts* apresenta muitos pontos de afastamento de nossa responsabilidade civil. Compreende-se que o direito norte-americano exerça tanta influência no Brasil, no âmbito do direito constitucional, em virtude da adoção de Constituição escrita, e pouca no direito civil, diferentemente da força persuasiva emanada do direito civil dos países romanos-germânicos europeus e latino-americanos, dada a estrutura comum.

1.7. Breve Evolução Histórica do Direito Civil Brasileiro

Antes do início da colonização portuguesa do Brasil, os reis portugueses intentaram ordenar as normas dispersas então existentes no reino. João das Regras, notável jurisconsulto português, propôs que o *Corpus Juris Civilis*, com as anotações e comentários (glosas) dos juristas medievais (glosadores), fosse adotado como lei suplementar.

As relações civis no Brasil, desde o descobrimento português até 1917, regeram-se pelas Ordenações do Reino português, nominadas a partir dos monarcas em cujas regências foram editadas: Afonsinas, Manuelinas e Filipinas, que tinham como normas subsidiárias as anotações dos glosadores medievais, principalmente Acúrsio e Bártolo de Saxoferrato. As glosas eram anotações e comentários ao *Corpus Juris Civilis*. Influíram nas Ordenações o direito romano justinianeu, o direito canônico e os costumes dos povos germânicos que invadiram a Península Ibérica. Além das Ordenações, merece destaque a Lei da Boa Razão, de 1769.

Em 1446 foram promulgadas, pelo rei Afonso V, as denominadas *Ordenações Afonsinas*, compilando ou consolidando antigas leis, regras locais e costumeiras e o direito romano, divididos em cinco partes ou livros: organização judiciária, direitos do rei, processo judicial, contratos e sucessões, dos delitos e das penas. Conjugava, portanto, direito civil e direito público. As doutrinas romanistas contribuíram para consolidar o poder absoluto dos reis, afastando o pluralismo dos costumes e regras dos senhores feudais. Paralelamente, em várias matérias (família, penas especiais, direito eclesiástico), vigorava o direito canônico.

O rei D. Manuel mandou rever as Ordenações Afonsinas e, em 1521, publicou as *Ordenações Manuelinas*, que vigoraram até o século seguinte. As mudanças não foram essenciais, pois o sistema das *Ordenações Afonsinas* permaneceu, com acréscimo das leis posteriores. As *Ordenações Manuelinas* introduziram o regime matrimonial de comunhão universal de bens, que persistiu no Brasil até a Lei do Divórcio, em 1977.

Em 1580, tendo sido unido à Espanha em virtude de sucessão dinástica, Portugal e suas colônias (inclusive o Brasil) passaram a conviver com o direito espanhol, salvo a região nordeste do Brasil durante o período em que esteve sob domínio holandês. O rei Filipe II de Castela e I de Portugal mandou elaborar nova compilação das leis portuguesas, que foram publicadas em 1603, já sob reinado de seu filho Filipe III. Após a restauração do reino de Portugal, a Lei de 29 de janeiro de 1643 confirmou e revalidou as *Ordenações Filipinas*, que seguiram o método e a sistematização das matérias das *Ordenações Manuelinas*, mas contêm "muitas outras extraídas das reformas feitas durante todo o século XVI, nos reinados posteriores a D. Manuel, além do que colheram os compiladores em outras fontes" segundo Cândido Mendes de Almeida (1985, p. XXV). Estão divididas em cinco livros: no primeiro, os regimentos dos magistrados e oficiais de justiça; no segundo, as relações entre a Igreja católica e o Estado, os privilégios da Igreja e da nobreza e os direitos do fisco; no terceiro, o direito processual; no quarto, os direitos das pessoas, das coisas, dos contratos, dos testamentos e das tutelas; no quinto, o direito penal, com as peculiaridades das penas atrozes da época, como a tortura e a mutilação. Vê-se que a concentração das matérias civis encontrava-se no quarto livro, mas nos demais também estavam dispersas. Em relação ao direito privado era sistema altamente lacunoso.

Dada a falta de sistematização das matérias, que derivavam de várias épocas e fontes, e da precariedade do direito português, na doutrina dominava o "espírito do direito romano". As próprias Ordenações Filipinas, no Livro 3, título 64, mantiveram expressamente o direito romano como subsidiário. Ao lado das Ordenações, as relações de família e vários aspectos da vida privada continuavam submetidos ao direito canônico. Leis e outros atos normativos editados pelo Reino de Portugal, sucessivamente, competiram com as Ordenações. No rigor dos termos, e até o advento da República, o sistema jurídico brasileiro era formalmente romano-germânico-canônico, além dos costumes locais que se desenvolveram à margem do direito oficial.

A distância de Portugal criou as condições propícias para a formação de costumes próprios pelos colonos, que pouco sabiam das Ordenações e sua natureza feudal. Era um direito tumultuário, valendo-se os juízes muito mais do que entendiam por bom senso. Para Nestor Duarte, o "privatismo característico da sociedade portuguesa" encontrou, no meio colonial brasileiro, condições excepcionais para o fortalecimento da organização familiar, "que se constitui a única ordem perfeita e íntegra que essa sociedade conheceu". A casa-grande era uma "organização social extraestatal, que ignora o Estado, que dele prescinde e contra ele lutará". A Igreja era a única ordem que conseguia preencher o vazio entre a família e o Estado no território da Colônia (1997, p. 64-89). As repercussões das revoluções liberais ao final do século XVIII quase não chegaram à Colônia.

Para Sérgio Buarque de Holanda, foi sem dúvida a vida doméstica aquela onde o princípio da autoridade menos acessível se mostrou às forças externas ou públicas, desprezando em seu isolamento qualquer princípio superior, para os indivíduos "a entidade privada precede sempre, neles, a entidade pública" (1995, p. 82).

Ainda no tempo do Brasil colônia, o Marquês de Pombal editou a "Lei da Boa Razão" (Lei de 18-8-1769), norma interpretativa das Ordenações Filipinas, como freio à tradição costumeira e ao uso desordenado do direito romano, com o intento de criar um direito nacional e compreensível. Os costumes só seriam admitidos se fossem conformes com a boa razão, não contrariassem lei nenhuma e tivessem mais de cem anos. As matérias privadas teriam como normas subsidiárias as leis das nações modernas, os princípios inalteráveis do direito natural e o direito das gentes. Essa lei foi considerada a mais importante reforma dos critérios de interpretação e aplicação das leis no domínio português nesse período.

Após a declaração da independência, a Assembleia Constituinte, em 20 de outubro de 1823, aprovou lei que fazia vigorar a legislação de Portugal (especialmente as Ordenações) promulgada até 25 de abril de 1821, nas partes que não tivessem sido revogadas, enquanto não se fizesse um novo código. A Constituição imperial de 1824 previu no art. 179, n. 18: "organizar-se-á quanto antes um Código Civil, e Criminal, fundado nas sólidas bases da Justiça e da Equidade". Em 1830 foi editado o Código Criminal do Império, em 1832 o Código Processual Criminal do Império e em 1850 o Código Comercial, mas não se teve êxito com o Código Civil.

A criação dos cursos jurídicos, com a lei de 1827, instalando-os em Olinda (depois Recife) e São Paulo, propiciou as condições de progressiva elaboração da doutrina jurídica nacional, distanciando-se das diretrizes de Coimbra, ainda que sob forte influência do direito europeu continental, que persistiria por todo o século XIX.

Com o intuito de dar um pouco de ordem a essa babel legislativa, e até que se editasse um Código Civil, o governo imperial brasileiro contratou, em 1855, o jurista baiano Teixeira de Freitas para elaborar uma Consolidação das Leis Civis. Fê-lo com elogiada qualidade e visão humanista, deixando de lado a legislação relativa à escravidão. A Consolidação é antecedida de uma Introdução erudita, que demonstra a insuficiência e dispersão do direito à época, além de introduzir as distinções fundamentais entre direitos pessoais e direitos reais ("chave de todas as relações civis"), nos quais as normas da Consolidação é dividida entre direitos absolutos, com eficácia contra todos, e direitos relativos. A Consolidação veio a lume em 1858, mediante Decreto Imperial de 22 de dezembro. Nesse mesmo Decreto o governo autorizava a contratação de um jurisconsulto para a "confecção de um Projeto de Código Civil do Império".

Contratado em 10 de janeiro de 1859, Teixeira de Freitas deu à publicidade o texto parcial, acompanhado de comentários das propostas, a que atribuiu modestamente o nome de "Esboço", com a finalidade de receber contribuições e críticas. Todavia, e antes de concluir o projeto, chegou à conclusão de que um Código Civil exclusivo não se justificava. Em carta de 20 de setembro de 1867 propôs ao governo uma novidade radical, que seria a elaboração de dois códigos, sendo um, o Código Geral, destinado às normas gerais sobre pessoas, bens e fatos, e outro, o Código Civil, às matérias específicas do direito privado (Dos efeitos civis; dos direitos pessoais; dos direitos reais), unificando-o e absorvendo o Código Comercial de 1850, pois "não há tipo para essa separação arbitrária de leis", e "todos os atos da vida jurídica, exceto os benéficos, podem ser comerciais ou não comerciais". Foi, reconhecidamente, a primeira tese fundamentada de unificação do direito privado no mundo ocidental. A Comissão designada para análise e composta pelos juristas Nabuco de Araújo, Montezuma e Torres Homem aprovou a corajosa ideia, mas o governo não concordou, rescindiu o contrato com o jurisconsulto e a tarefa não chegou ao fim.

Outros juristas foram contratados, mas, até o final do Império, em 1889, nenhum projeto completo do Código Civil foi concluído nem aprovado pelo parlamento. As ideias de Teixeira de Freitas ultrapassaram fronteiras; o Esboço serviu de base para o Código Civil argentino e influenciou outras codificações civis, como a chilena, a uruguaia e a paraguaia. Pontes de Miranda chega a afirmar que muitas disposições que se acham no BGB (Código Civil alemão) "acham-se nele, talvez sem que o soubessem os novos legisladores" (1981, p. 63).

Durante o Império (1822-1889), o direito canônico continuou a regular a vida privada das pessoas desde o nascimento à morte, conferindo a seus atos caráter oficial. Os atos e registros de nascimento, casamento e óbito eram da competência do sacerdote. Os cemitérios estavam sob controle da Igreja. Até 1890 prevaleceram os cânones dos concílios da Igreja e as constituições do arcebispado da Bahia, que regulavam não apenas as questões clericais, mas também as relações privadas, vinculando todas as pessoas. A interferência da religião na vida privada foi marcante na formação do homem brasileiro, repercutindo na dificuldade até hoje sentida da definição do que é privado e do que é público, do sentimento generalizado de que a coisa pública e as funções públicas seriam extensão do espaço familiar ou patrimônio expandido da família. O Estado seria o agrupamento de famílias, daí se entendendo como normal que o interesse público estivesse a serviço dos interesses familiares hegemônicos. Esse traço resistente da nossa cultura, que tem origem no desenvolvimento da sociedade portuguesa, transplantado para o Brasil colonial, foi bem demonstrado pelos estudiosos de nossa *paideia* (termo utilizado pelos gregos antigos para significar o conjunto de elementos e condições determinantes da formação integral do homem, que não se confunde com formação formal ou escolar, cf. Werner Jeager, 1989, *passim*). O poder político do senhor de engenho decorria da força da família que comandava, como um senhor absoluto. Sob o ponto de vista da família, mais do que casa-grande e senzala, título da famosa obra de Gilberto Freyre, dever-se-ia falar de casa-grande, senzala e capela, pois desta defluía o fundamento de sua legitimidade e, consequentemente, do poder político. Por outro lado, foi em torno das capelas e igrejas que se formaram os núcleos urbanos.

As bandeiras paulistas – organizações militares de caráter privado, chefiadas por patriarcas proprietários – não saíam aos sertões sem o capelão.

O fim do Império foi marcado pela extinção do direito à escravidão. O Brasil foi o último país das Américas a pôr cobro a esse ignominioso atentado à dignidade humana, que transformava o ser humano em coisa e atribuía a outrem o direito de propriedade sobre ele. A proclamação da República, por sua vez, extinguiu definitivamente a incidência do direito canônico sobre as relações privadas, especialmente familiares. Para o direito civil, essas duas efemérides marcaram sua viragem para um direito laico, predominantemente urbano e liberal, rompendo com duas pesadas forças do passado. O art. 83 da Constituição de 1891 estabeleceu que continuavam em vigor, enquanto não revogadas, as leis do antigo regime que não contrariassem os princípios nela consagrados, revogando-se, consequentemente, a servidão, a morte civil, a diferença entre filhos de nobres e filhos de peões quanto ao direito das sucessões, nelas existentes.

Um dos primeiros atos da República foi a subtração da competência do direito canônico sobre as relações familiares, especialmente o matrimônio, que se tornaram seculares ou laicas. O casamento religioso ficou destituído de qualquer efeito civil. A Constituição de 1891 assim o enunciou: "A República só conhece o casamento civil, cuja celebração será gratuita" (art. 72, § 4º). Para reduzir a interferência religiosa na vida privada, também estabeleceu que os cemitérios teriam caráter secular, que nenhum culto gozaria de subvenção pública e que o ensino ministrado nos estabelecimentos públicos seria leigo.

Fazia-se urgente a edição do Código Civil, depois de várias tentativas frustradas, ao longo do século XIX. Contratado pelo governo em 1899, Clóvis Beviláqua, professor de Direito do Curso de Ciências Sociais em Recife, concluiu em 1900 o anteprojeto, que, após longa tramitação no Congresso, foi sancionado em 1916. Antes, houve os projetos inconclusos de José Tomás Nabuco de Araújo (1872-1878) e de Joaquim Felício dos Santos, no final do Império. O governo provisório, após a proclamação da República, convidou o Professor Coelho Rodrigues, da Faculdade de Direito de Recife, em 1890, cujo anteprojeto não foi aceito. Quando o projeto de Beviláqua, após ser discutido na Câmara nos anos de 1901 e 1902, chegou ao Senado da República, encontrou o crivo severo e crítico do então Senador Rui Barbosa, que apresentou emendas a quase todos os artigos, principalmente no aspecto linguístico. O CC de 1916 foi produto tardio do ideário burguês liberal e individualista dos séculos anteriores, absorvendo valores urbanos, mas tendo de ser aplicado a uma sociedade predominantemente rural, senhorial e resistente a mudanças (oitenta por cento da população vivia no campo). Apesar dos movimentos e doutrinas sociais que eram conhecidos da elite intelectual brasileira, o CC de 1916 era ideologicamente oitocentista, patrimonialista e sem qualquer referência à função social dos institutos que regulou. Era voz corrente nos primeiros decênios do século XX que a questão social era "caso de polícia". Não há, pois, qualquer marca de socialidade no Código, que suprimiu as referências a antigos valores solidários, como a equidade, a justiça material, a boa-fé objetiva, a proteção dos vulneráveis, que constituíam legados seculares do direito ocidental.

As teses que refletiram no CC de 1916, de marcado conservadorismo, foram reveladas pelo autor do projeto, Clóvis Beviláqua, que acreditava ser perigoso "resvalar no socialismo absorvente e aniquilador dos estímulos individuais", referindo-se aos direitos sociais que passaram a ser inscritos em todas as Constituições modernas; e que o divórcio instauraria a poligamia sucessiva e que era necessário manter a comunhão universal de bens como regime legal, para proteger as famílias; e que se justificava a permanência da estrutura arcaica e medieval da enfiteuse, tudo a retratar os sentimentos e a filosofia da classe senhorial brasileira (Gomes, 2003, p. 14-31).

O CC de 1916 foi considerado quase impecável na forma, mas, segundo Pontes de Miranda, era "uma codificação para as Faculdades de Direito, mais do que para a vida" (1981, p. 86). Era um misto das contribuições de Teixeira de Freitas, do Código Civil francês de 1804 e dos pandectistas alemães do final do século XIX (assim denominados porque seus estudos tinham como referência as *Pandectas* do *Corpus Juris Civilis*, adaptadas às necessidades da Alemanha, que se industrializava), além do Código Civil alemão de 1900. A influência do direito romano antigo ou refundado em suas várias recepções posteriores, direta ou indireta, é atribuída a oitenta por cento de seus 1.807 artigos (Giordani, 1996, p. XVII), especialmente nas obrigações, coisas e sucessões. "Sob o ponto de vista ideológico, consagra os princípios do liberalismo das classes dominantes, defendido por uma classe média conservadora que absorvia contradições já existentes entre a burguesia mercantil, defensora da mais ampla liberdade de ação, e a burguesia agrária, receosa dos efeitos desse liberalismo" (Amaral, 2002, p. 67).

Na distribuição das matérias, na Parte Especial, o CC de 1916 optou pela colocação do direito de família em primeiro lugar, seguido das coisas, das obrigações e das sucessões, tendo Clóvis Beviláqua justificado que os institutos de direito de família são fundamentos da sociedade civil e mais gerais do que as instituições da propriedade.

A pressão popular, principalmente de parte das classes médias e intelectualizadas, para instaurar o Estado social, após a revolução de 1930 e a Constituição de 1934, revelou a inadequação do CC de 1916 para essas demandas, dado o paradigma liberal e individualista de onde partiu e sua distância dos sentimentos e necessidades da maioria da população. Era abissal a desigualdade de tratamento entre homens e mulheres, entre credores e devedores, entre titulares e usuários de bens, enfim, entre dominantes e dominados, com quase nenhuma preocupação de caráter social. Intensificou-se o processo de seu esvaziamento, com a edição de sucessivas leis ao longo do século XX, dele subtraindo matérias inteiras, sempre que se impôs a regulação estatal de atividades privadas e a defesa dos vulneráveis.

As leis especiais não têm mais a pretensão de regular a pessoa em geral, mas determinadas categorias de sujeitos e relações, configurando verdadeiros estatutos de grupos: trabalhadores, consumidores, crianças e adolescentes, mulheres, inquilinos, idosos, pretendentes ao acesso à terra. Assim ocorreu com o regime das águas, com o empréstimo de dinheiro e a usura, com o parcelamento do solo urbano e a promessa de compra e venda, com o trabalho assalariado, com a redução das desigualdades entre marido e mulher e entre os filhos, com a emancipação da mulher casada, com a dissolução do casamento (divórcio), com a locação de imóveis urbanos, com o condomínio em unidades autônomas, com a proteção contratual do consumidor e a responsabilidade do fornecedor, com a propriedade rural e a reforma agrária, com o direito autoral, com a retirada e o transplante de tecidos humanos, com os direitos de programas de computador e tantas outras matérias.

Além disso, outras leis foram editadas para modificar a disciplina de matérias no próprio Código, para atualizá-lo, destacando-se, no direito de família: a Lei n. 883/1949, sobre reconhecimento de filhos ilegítimos, a Lei n. 4.121/1962, o estatuto da mulher casada, a Lei n. 6.515/1977, sobre o divórcio, todas reduzindo progressivamente os tratamentos desiguais e discriminatórios nas relações de família.

Em 1940, nomeou-se comissão de reforma, integrada por Orozimbo Nonato, Philadelpho Azevedo e Hanhneman Guimarães, para revisar o Código Civil de 1916, com o propalado propósito de "mitigar excessos de individualismo, incompatíveis com a ordem jurídica dos tempos que correm", e reduzir a dualidade de normas aplicáveis aos negócios civis e mercantis. A comissão optou por um projeto de Código das Obrigações, apresentado em 1941, mas que não foi levado adiante. Em 1961, outra comissão foi nomeada para elaborar novo projeto de Código das Obrigações, composta por Caio Mário da Silva Pereira, Sylvio Marcondes e Theóphilo de Azeredo Santos, que assim dividiu as matérias:

obrigações e suas fontes, títulos de crédito, empresários e sociedades. Ao mesmo tempo, foi designado Orlando Gomes para elaborar o projeto do Código Civil com as matérias restantes, ou seja, famílias, coisas e sucessões, que foi revisto por comissão formada por ele, por Orozimbo Nonato e por Caio Mário da Silva Pereira. Os projetos de leis apresentados em 1965 foram retirados pelo governo militar em 1967, depois de sofrerem críticas contra as inovações que traziam, principalmente no campo do direito de família, e que vieram mais tarde a ser adotadas na CF de 1988.

Em 1969, nova comissão foi designada, coordenada pelo jusfilósofo Miguel Reale e integrada pelos juristas José Carlos Moreira Alves (parte geral), Clóvis do Couto e Silva (família), Agostinho Alvim (obrigações), Ebert Chamoun (coisas), Torquato Castro (sucessões) e Sylvio Marcondes (sociedades empresárias), com pretensões de trazer a codificação à contemporaneidade, com revelado propósito de superar o individualismo do anterior e de compromisso com os valores sociais. Em 1972 o anteprojeto foi publicado, para receber críticas e sugestões, em 1973 a comissão apresentou novo texto e em 1975 foi enviado como projeto de lei ao Congresso Nacional (PL 634-B), tendo sido aprovado pela Câmara dos Deputados em 1984. No Senado Federal, após longa paralisação, foi aprovado em 1997, com várias modificações, especialmente no campo do direito de família, tendo em vista as grandes transformações ocorridas com o advento da CF de 1988. Marcado com a suspeita de obra do regime militar e de resistente conservadorismo, recebeu fortes críticas da doutrina, que o considerou apenas como revisão insuficiente do Código anterior, com suas premissas e inadequações históricas. Em 2002, no entanto, restou finalmente aprovado pelo Congresso Nacional, após as revisões formais promovidas pela Câmara dos Deputados, tendo sido sancionado no dia 10 de janeiro pelo Presidente da República o novo Código Civil (Lei n. 10.406), unificando o direito das obrigações no plano legislativo.

O CC de 2002 manteve a parte geral e distribuiu as matérias segundo a ordem do modelo alemão e da preferência doutrinária brasileira: obrigações, contratos, responsabilidade civil, empresa, coisas, famílias e sucessões. Além do direito de empresa (denominação que prevaleceu no Congresso Nacional durante a tramitação do projeto do Código), foram incluídas, como matérias próprias do direito empresarial, a parte geral dos títulos de crédito e os contratos mercantis ou empresariais, estes em conjunto com os contratos civis. Na parte geral, um capítulo foi destinado aos direitos da personalidade, a maioridade foi reduzida para dezoito anos (o projeto da comissão mantinha vinte e um anos), as pessoas jurídicas foram classificadas pelo fim não econômico (associações e fundações) e econômico (as demais), acolheu-se a desconsideração da pessoa jurídica, o negócio jurídico substituiu a anterior disciplina do ato jurídico, distinguindo-se a validade da eficácia, incorporou-se o instituto da lesão, precisou-se a distinção entre prescrição e decadência.

Ao contrário do que de ordinário se verifica no processo de codificação, o CC de 2002 não traduz uma uniformidade política e ideológica, em razão da distância entre os contextos políticos do início e da conclusão de sua elaboração. Afinal, foram trinta e dois anos entre a instalação da comissão e a sanção presidencial, tempo muito longo, marcado por intensas transformações sociais, políticas e de costumes no Brasil e no mundo, permeado pelo advento da Constituição de 1988, que projetou mudanças substanciais no campo do direito privado, não antevistas pelos elaboradores do projeto. Tais circunstâncias, como diz Gustavo Tepedino, indicam "a complexidade axiológica da nova codificação brasileira, a exigir especial atenção da atividade do intérprete" (2003, p. 9).

A unificação do direito privado, sempre presente na convicção dos juristas brasileiros desde Teixeira de Freitas, não é imune à crítica de sua preferente comercialização das relações privadas, a expensas da pessoa humana, que deve ser o foco central do Código. A advertência de Enzo Roppo, em relação ao Código Civil italiano de 1942, que unificou todo o direito privado, inclusive o direito do trabalho, é pertinente à experiência legislativa brasileira de 2002: "o código de comércio soçobra e resta só o código civil; mas as suas normas reproduzem, em matéria dos contratos, o código de comércio revogado em 1882, muito mais que as do código civil pré-vigente: a 'unificação do direito das obrigações e dos contratos' resolve-se na sua 'comercialização'. Por outras palavras: não existe mais no âmbito do direito privado e do sistema dos contratos um 'direito do capitalismo' especial porque – tal como todo o mercado se tornou mercado capitalista – também assim todo o direito privado se tornou 'direito do capitalismo'" (1988, p. 63).

Ao novo Código Civil credita-se verdadeira explosão de obras jurídicas, provocando renascimento do interesse pelo direito civil e da consciência de sua importância fundamental para o cotidiano das pessoas. O fenômeno da constitucionalização do direito civil, máxime com a Constituição de 1988, conformou a recepção da nova codificação civil, segundo suas diretrizes fundamentais. Acrescentem-se, ainda, como fatores decisivos para a reformulação do direito civil brasileiro, de modo a torná-lo apto a responder às demandas do século XXI, o desenvolvimento científico da área propiciado pelos programas de pós-graduação em Direito, com rigor metódico e pesquisa, superando o anterior autodidatismo, e a criação do STJ, pela CF de 1988, incumbido da harmonização jurisprudencial do direito federal, inclusive o direito civil.

Aludimos à presença marcante de Teixeira de Freitas para a evolução do direito civil brasileiro, no século XIX. No século XX o direito civil é tributário de outro jurista maior, Pontes de Miranda, autor do monumental *Tratado de Direito Privado*, em 60 volumes. Não apenas pelo gigantismo da obra, mas, sobretudo, pela profundidade científica, Pontes de Miranda deu ao direito civil brasileiro vigor e respeitabilidade ímpares. Seus conceitos, suas categorias, suas classificações e, sobretudo, suas soluções rigorosas para os problemas emergentes do direito privado – e dos direitos constitucional e processual, além da teoria jurídica em geral – converteram-no no jurisconsulto brasileiro do século XX, com repercussões na doutrina, na jurisprudência dos tribunais e na legislação.

1.8. Origem e Função da Parte Geral

O CC de 2002 é iniciado por uma parte geral, com o objetivo de estabelecer conceitos e disposições comuns à parte especial ou aos direitos civis específicos (obrigações, coisas, famílias, sucessões). Segue o sistema introduzido pelo Código de 1916, definindo as regras gerais sobre as pessoas, os bens e os fatos jurídicos.

A proposta de Código Geral, feita no século XIX por Teixeira de Freitas, abrangente das pessoas, bem e fatos, inscreve-se nessa opção metódica; a Consolidação das Leis Civis, mais de quarenta anos antes do Código Civil alemão, já se organizava com uma parte geral, que tratava das pessoas e das coisas. Teixeira de Freitas alegou, na carta de 1867 ao Governo, que a ideia de um Código Geral não era nova, pois teve a primeira semente nos dois últimos títulos do Digesto, de Justiniano.

Todavia, poucos códigos civis no mundo adotaram a parte geral. O Código alemão de 1900 o introduziu na codificação civil, sendo seguido pelos códigos dos países que sofreram a irradiação dessa influência. Em sistema jurídico distinto, releva notar que, em 2017, a República Popular da China aprovou e promulgou modelo normativo equivalente à parte geral, sob o nome de Disposições ou Regras Gerais do Código Civil, relativamente aos princípios gerais do direito civil, aos costumes, às pessoas físicas, às pessoas jurídicas, à proteção dos dados pessoais, aos negócios jurídicos (declaração de vontade), à prescrição e decadência.

A parte geral não é só um método de legislar; é a expressão do direito racional, ou da racionalidade lógico-jurídica, que teve nos pandectistas alemães do século XIX sua afirmação mais aguda, notadamente na corrente doutrinária denominada jurisprudência dos conceitos. O direito atingiria seu ápice na formulação de conceitos e categorias abstratas, a partir dos quais deveria ser aplicado. A categoria mais elaborada é o negócio jurídico, que ocupa função proeminente na parte geral dos códigos que a adotam, a partir do modelo alemão.

A crítica à parte geral é variada. Para alguns, não é função da lei conceituar institutos ou categorias, ou classificá-las, mas da ciência ou da doutrina jurídica, pois a conceituação delimita excessivamente, toma partido doutrinário e impede a adaptação às mudanças sociais, que são inevitáveis. Para outros, a parte geral não consegue ser "geral", dada a diversidade de matérias tratadas na parte especial do Código; por outro lado, algumas matérias são introduzidas por disposições gerais, que a estas apenas dizem respeito e não às demais. Os contratos em espécie, por exemplo, são introduzidos por disposições gerais, ou teoria geral dos contratos, apesar da teoria geral dos negócios jurídicos definida na parte geral. Todavia, o contrato é a espécie mais importante dos negócios jurídicos, tendo importância residual na vida prática os negócios jurídicos unilaterais. Para Luiz Edson Fachin, a captação da vida privada em todas as suas expressões é desígnio inaceitável da parte geral (2003, p. 96). Segundo Orlando de Carvalho, em face do Código Civil de Portugal de 1966, "é manifesto que a eliminação do tradicional livro Das Pessoas, com que se abriam os sistemas jurídicos latinos, em favor de uma 'parte geral' em que as pessoas se reduzem a um mero elemento da relação jurídica civil, concorre para uma reificação ou desumanização do jurídico cujas sequelas, como a última história nos mostra, dificilmente tranquilizam qualquer boa consciência" (1981, p. 60).

Os defensores da parte geral veem mais vantagens que desvantagens nessa opção. A parte geral cumpre função importante na integração do direito civil, conferindo unidade sistemática ao Código. Também serve como direito subsidiário para os vários ramos do direito privado, por exemplo, no que concerne à capacidade negocial das pessoas e ao seu domicílio. É na parte geral que se encontra a classificação dos bens públicos e privados, aplicável a todo o direito. O contrato é de fato o destinatário das regras gerais do negócio jurídico, mas tal fato não afasta a necessidade de ser estremado dos demais negócios jurídicos e até mesmo dos atos jurídicos não negociais.

A ênfase na repersonalização das relações civis, na tutela da pessoa humana concreta e não apenas do sujeito de direito abstrato também redirecionou a parte geral dos códigos civis mais recentes. O CC de 2002, por exemplo, introduziu a regulamentação dos direitos da personalidade, ainda que não contemple todas as dimensões que se extraem da Constituição. No âmbito dos atos negociais, podem ser destacados, no Código Civil, a boa-fé como princípio conformador e como diretriz de interpretação, a vedação da lesão e do abuso do direito e o retorno explícito da equidade.

1.9. Lei de Introdução às Normas do Direito Brasileiro (LINDB)

Sob a denominação de Lei de Introdução ao Código Civil, foi editado o Decreto-lei n. 4.657/1942, que estabelece normas sobre a aplicação das leis no Brasil e sobre o conflito de leis nacionais e estrangeiras (direito internacional privado). É, a rigor, uma lei de sobredireito, incidente sobre o direito positivo brasileiro infraconstitucional e não apenas sobre o direito civil. Por essa razão, acertadamente, a Lei n. 12.376/2010, alterou sua denominação para Lei de Introdução às Normas do Direito Brasileiro (LINDB).

O trato dessa matéria como integrante do direito civil decorria da tradição do direito francês de atribuir ao direito civil, no ensino e na doutrina, a ministração dos conteúdos gerais que se enquadram na disciplina introdução ao direito ou teoria geral do direito. Em virtude da influência que o direito francês sempre exerceu na formação jurídica brasileira, os manuais de direito civil costumavam destinar sua introdução às questões relativas à relação jurídica, à norma, ao ordenamento jurídico, à aplicação da lei, às fontes do direito, ao direito intertemporal ou conflito de leis no tempo (principalmente, direito adquirido).

Essas questões, aludidas nos arts. 1º a 6º da LINDB, não dizem respeito exclusivamente ao direito civil; em outras palavras, não constituem matéria de direito civil, mas da teoria geral do direito. Nesses artigos estão disciplinados o início e fim de vigência de lei de qualquer natureza, os modos de revogação da lei, a presunção de conhecimento de lei em vigor, a exigência de que o juiz julgue o caso ainda que inexista lei específica (regra de *non liquet*), o condicionamento da aplicação da lei pelo juiz segundo os fins sociais e o bem comum, o princípio (que é também constitucional) de garantia do direito adquirido, incluindo o ato jurídico perfeito e o trânsito em julgado de sentença judicial. São regras que estão sobre os vários ramos do direito (nesse sentido, de sobredireito).

Também não constitui matéria de direito civil o que estabelecem os arts. 7º e s. da referida lei. Nesses, a LINDB regula os conflitos de lei no espaço (direito internacional privado), ou seja, a definição de qual a lei aplicável, se a brasileira ou de outro país, quando a decisão tiver de ser tomada por um juiz brasileiro. Assim, em relação aos direitos pessoais e de família, quando a pessoa estiver domiciliada no país estrangeiro, a legislação deste prevalecerá, em princípio; do mesmo modo, o direito aplicável é o do país onde estejam situados os bens e onde tenham sido constituídas as obrigações; as sociedades e fundações obedecem à lei do Estado em que foram constituídas, mas obedecerão à lei brasileira as filiais, os estabelecimentos ou agências; a autoridade judiciária brasileira é competente para julgar causas de interesse do estrangeiro domiciliado no Brasil ou quando a obrigação tiver de ser executada no Brasil; a sentença proferida por autoridade judiciária estrangeira será executada no Brasil, após homologação pelo STJ; os brasileiros podem casar perante o cônsul brasileiro em outro país, segundo as leis brasileiras. Nesses casos, ainda que as matérias tenham conteúdo civil, o que a LINDB regula é apenas a definição de qual o direito que deve ser aplicado, se o brasileiro ou o estrangeiro, sem alterá-las.

Pode ocorrer que o país estrangeiro, onde esteja domiciliado brasileiro, regule o conflito de leis de modo diferente, nessas matérias, prevalecendo o que a legislação dele determinar, em virtude do princípio da soberania.

Muitas matérias, por força da globalização e da circulação crescente de pessoas nos espaços nacionais, têm merecido tratamento uniforme, quando se celebra convenção internacional ou tratado. Quando estes forem aprovados pelo Congresso Nacional e determinada sua execução por decreto presidencial, de acordo com a Constituição brasileira, passam a ser incorporados ao nosso direito interno, com força de emendas constitucionais, se relativos aos direitos humanos, após 2004 (CF, art. 5º, § 3º) ou com força de lei, nos demais casos.

A Lei n. 13.655/2018 acresceu a LINDB com diversas normas relativas à segurança jurídica e o que denominou de eficiência na criação e na aplicação do direito público, adotando o princípio do consequencialismo das decisões administrativas e judiciais nessa área. Estabelece que nas esferas administrativa, controladora e judicial "não se decidirá com base em valores jurídicos abstratos sem que sejam consideradas as consequências práticas da decisão". Essas normas não se aplicam ao direito privado, não apenas pela literalidade do âmbito de aplicação delas (direito público), mas também porque o princípio de estrita legalidade que as inspira orienta a Administração Pública, não sendo facultado ao administrador valer-se da autonomia privada, ao contrário do que ocorre com o direito privado. Ainda que circunscrita ao âmbito da Administração Pública, é criticável a substituição de valores jurídicos estritos (por exemplo, justiça, boa-fé, razoabilidade) por outros valores centrados em critérios de eficiência ou custo, ou em pautas econômicas, pondo "em risco a diferenciação intencional e a autonomia dogmática do sistema jurídico" (Martins, 2019).

Capítulo II

Constitucionalização do Direito Civil Brasileiro

Sumário: 2.1. Delineamentos da constitucionalização do direito civil. 2.2. Aspectos da constitucionalização do direito civil. 2.3. O direito civil no Estado social contemporâneo. 2.4. Força normativa da Constituição nas relações civis. 2.5. Constitucionalização dos principais institutos de direito civil.

2.1. Delineamentos da Constitucionalização do Direito Civil

"O direito civil tem seguramente uma função política, que vai definida em todas as diversas épocas constitucionais. E assim, pela mesma razão, os princípios ético-políticos, postos como fundamentos da constituição do Estado, exercem uma forte influência sobre a estrutura do direito privado", acentua Ludwig Raiser (1990, p. 174).

O direito civil, ao longo de sua história no mundo romano-germânico, sempre foi identificado como o *locus* normativo privilegiado do indivíduo enquanto tal. A partir do constitucionalismo moderno, nenhum ramo do direito ficou mais distante da Constituição do que ele. Em contraposição à constituição política, o Código Civil era cogitado como constituição do homem comum, máxime após o processo de codificação liberal. Essa separação escarpada é fruto histórico do esquema liberal que separava o Estado e a sociedade civil, concebendo-se a Constituição como lei do primeiro e o direito civil como ordenamento da segunda.

Na atualidade, não se cuida de buscar a demarcação dos espaços distintos e até contrapostos. Antes havia a disjunção; hoje, a unidade hermenêutica, tendo a Constituição como ápice conformador da elaboração e da aplicação da legislação civil. A mudança de atitude é substancial: deve o jurista interpretar o CC segundo a Constituição e não a Constituição segundo o CC, como ocorria com frequência (e ainda ocorre). Como disse Karl Larenz, as leis ordinárias que estejam em contradição com um princípio de nível constitucional carecem de validade, tanto quanto não possam ser interpretadas "conforme a Constituição"; se é factível uma interpretação em conformidade com a Constituição, aquela tem preferência sobre qualquer outra modalidade de interpretação (1978, p. 96).

Não foi fácil essa interlocução, com resistências que persistem. "Por um lado, porque o direito constitucional e o direito civil eram considerados territórios autônomos, incomunicáveis, consequência natural da separação nítida entre o Estado e a sociedade, própria à concepção liberal então dominante; por outro lado, porque vigorava uma neutralidade valorativa que definia o direito privado" (Couto e Silva, 1997, p. 21).

O direito civil sempre forneceu as categorias, os conceitos e classificações que serviram para a consolidação dos vários ramos do direito público, inclusive o constitucional, em virtude de sua mais antiga evolução (o constitucionalismo e os direitos públicos são mais recentes, não alcançando um décimo do tempo histórico do direito civil romano-germânico). Agora, ladeia os demais na mesma sujeição aos valores, princípios e normas consagrados na Constituição. Daí a necessidade do manejo das categorias fundamentais da Constituição. Sem elas, a interpretação do Código e das leis civis desvia-se de seu correto significado.

A constitucionalização do direito civil é o processo de elevação ao plano constitucional dos fundamentos do direito civil, que passam a condicionar a observância pelos cidadãos, e a aplicação pelos tribunais, da legislação infraconstitucional pertinente. No plano teórico, é a interlocução do direito civil com a teoria da constituição e com os fundamentos do constitucionalismo social, que despontou a partir do século XX. Há estreita interdependência da constitucionalização das relações jurídicas privadas e do Estado social, que se projeta além de específica Constituição.

Quando falamos da Constituição devemos aludir à Constituição hoje, ou no momento de sua aplicação, e não tal como era em 1988. De lá para cá, ela incorporou outros valores e modificações havidas em emendas constitucionais, convenções internacionais com força de emendas e interpretações definitivas do STF sobre temas nela não claramente explicitados.

É certo que os fundamentos do ordenamento jurídico civil foram absorvidos pela Constituição, na medida em que diferentes conceitos do direito constitucional como propriedade, família e contrato só são explicáveis se considerarmos a prévia definição jusprivatista de seu conteúdo.

Mas, por outro lado, essa "inelutabilidade hermenêutica não pode conduzir a uma contestação da autonomia da Constituição ou da relatividade dos conceitos jurídicos" (Neuner, 2004, p. 10), inclusive porque a visão orientadora do constituinte brasileiro, como os de outros países após a Segunda Guerra

Mundial, não foi apenas do direito civil tradicional, mas também das declarações e tratados internacionais de direitos humanos individuais e sociais.

Os postulados principais da constitucionalização do direito civil concernem: a) à natureza normativa da Constituição e de suas normas, libertando-se do preconceito de seus fins meramente programáticos; b) à complexidade e unitariedade do ordenamento jurídico, ante a pluralidade das fontes de direito, segundo os princípios e outras normas constitucionais fundamentais; c) a uma renovada teoria da interpretação jurídica não formalista, tendo em vista os valores e fins a serem aplicados.

A norma de direito civil, clara ou não, deve ser interpretada, segundo Pietro Perlingieri, em conformidade com os princípios e valores do ordenamento, resultando em um procedimento argumentativo não apenas lógico, mas axiológico, inspirado no princípio da dignidade da pessoa humana como prioritário no confronto com os interesses do Estado e do mercado (2007, p. 75-83).

A plena vinculação e aplicabilidade direta dos princípios e outras normas constitucionais nas relações privadas são tônicas da constitucionalização do direito civil no Brasil, que abandona os efeitos simbólicos das chamadas "normas programáticas".

Em voto proferido no RE 407.688-8 disse o Ministro Eros Grau: "Os constitucionalistas que negam a vinculação dão prova cabal de que, aqui, entre nós, a doutrina do direito público anda na contramão da evolução da nossa doutrina do direito privado, no seio da qual germina uma muito rica 'constitucionalização do direito civil'. Parece estranho, mas, no Brasil, a doutrina moderna de direito público é a produzida pelos civilistas...".

De todos os ramos jurídicos, são o direito civil e o constitucional os que mais dizem respeito ao cotidiano de cada pessoa humana e de cada cidadão, respectivamente. As normas constitucionais e civis incidem diária e permanentemente, pois cada um de nós é sujeito de direitos ou de deveres civis em todos os instantes da vida, como pessoas, como adquirentes e utentes de coisas e serviços ou como integrantes de relações negociais e familiares. Do mesmo modo, em todos os dias exercemos a cidadania e somos tutelados pelos direitos fundamentais. Essa característica comum favorece a aproximação dos dois ramos, em interlocução proveitosa.

É importante observar que o fenômeno da constitucionalização dos direitos não se confunde com o que no Brasil se denominou publicização. Esta é entendida como supressão de matérias tradicionais de direito privado trasladadas para o âmbito do direito público. A velha dicotomia direito público e direito privado tem sido objeto de críticas que prognosticaram seu desaparecimento, mas permanece exercendo função prestante de classificação prática das matérias, à falta de outro critério mais adequado, ainda que não devamos esquecer que ela é, como diz Pontes de Miranda, de origem histórica e não lógica (1974, v. 1, p. 71). Não é a cogência da norma ou o maior grau de intervenção legislativa que torna pública uma relação jurídica, pois são justamente da natureza do Estado social essas características. Apenas durante o liberalismo jurídico é que se podia cogitar da autonomia – no sentido de espaço de não intervenção – como elemento de discrime. A falta ou substancial redução de autonomia, a exemplo do direito de família ou do direito de consumidor, não torna pública a relação entre privados, que continua assim.

O critério do interesse também perdeu consistência, uma vez que há interesse público na regulação das relações privadas materialmente desiguais, quando uma das partes é considerada juridicamente vulnerável, o que no Estado liberal era considerado domínio exclusivo do mercado ou da vida privada. Portanto, é pública a relação jurídica na qual a desigualdade é predeterminada pelo necessário império do Estado, de um lado, e da submissão do cidadão, do outro (direito financeiro, direito administrativo, direito penal, direito processual etc.). Mas as relações entre familiares e parentes, entre contratantes, entre titular de domínio e o *alter*, entre o causador do dano e a vítima, entre herdeiros, por mais que sejam constitucionalizadas, não perdem sua natureza estritamente civil.

Caio Mário da Silva Pereira, ao receber da Universidade de Coimbra o título de Doutor *Honoris Causa*, em 1999, afirmou que "é tempo de se reconhecer que a posição ocupada pelos princípios gerais de direito passou a ser preenchida pelas normas constitucionais, notadamente, pelos direitos fundamentais. Tal proposta consolidou em nossa doutrina um 'direito civil constitucional' reconhecido definitivamente, nos meios acadêmicos e pelos tribunais".

2.2. Aspectos da Constitucionalização do Direito Civil

A elevação dos fundamentos do direito civil ao *status* constitucional, desde a Constituição brasileira de 1934, foi uma deliberada escolha axiológica da sociedade, indispensável para a consolidação do Estado Democrático e Social de Direito e consequente promoção da justiça social e da solidariedade, incompatíveis com o modelo liberal anterior de distanciamento jurídico dos interesses privados e de excessiva valorização do individualismo. Os fundamentos constitucionais da organização social e econômica são os fundamentos jurídicos das relações privadas e de seus protagonistas principais: a personalidade, as famílias, os contratos, a responsabilidade civil, as propriedades, as sucessões.

Na Constituição de 1988, as partes consideradas essenciais de direito civil estão reguladas em normas autônomas, que congregam seus fundamentos básicos, assim distribuídas (referência aos artigos):

a) *DIREITOS DA PERSONALIDADE*: 1º, III (dignidade); 5º (vida, liberdade, igualdade); 5º, I (igualdade entre homens e mulheres); 5º, V (honra, imagem); 5º, IX (moral de autor – liberdade de criação); 5º, X (vida privada, intimidade, honra, imagem); 5º, XLIX (integridade física e moral dos presos); 5º, LXVII (liberdade – prisão civil); 5º, LXXVI, *a* (registro civil – identidade pessoal); 5º, LXXVI, *b* (certidão de óbito); 24, XIV (proteção da dignidade dos deficientes – competência comum); 225, § 1º, II (integridade e diversidade genéticas); 226, § 8º (dignidade pessoal de cada membro da família); 227 (vida, dignidade, liberdade, honra das crianças e adolescentes); 227, § 1º, II (dignidade da pessoa com deficiência física, sensorial e mental); 227, § 4º (integridade física e psíquica da criança e do adolescente); 230 (dignidade do idoso);

b) *DIREITO DAS FAMÍLIAS*: 5º, XXVI (proteção da família – impenhorabilidade da propriedade familiar); 24, XV (proteção da infância e da juventude – competência comum); 183, § 1º (usucapião especial de pequeno imóvel urbano, para moradia da família); 220, § 3º, II (legitimação da família contra programas e publicidades); 226 (entidades familiares); 226, § 1º (casamento civil); 226, § 2º (casamento religioso); 226, § 3º (união estável); 226, § 4º (entidade monoparental); 226, § 5º (igualdade na sociedade conjugal); 226, § 7º (dignidade, paternidade responsável, planejamento familiar); 227 (prioridade absoluta da criança e do adolescente); 227, § 5º (proteção da adoção); 227, § 6º (igualdade dos filhos de qualquer origem); 229 (deveres de solidariedade entre pais e filhos); 230 (deveres da família com os idosos);

c) *DIREITO DOS CONTRATOS*: 1º, IV (livre-iniciativa); 5º, XXXII (defesa do consumidor); 5º, XXXVI (proteção do ato jurídico perfeito); 170 (justiça social na atividade econômica, livre-iniciativa e suas restrições); 170, parágrafo único (liberdade de atividade econômica); 173, § 4º (abuso do poder econômico); 174 (regulação da atividade econômica); 225, § 1º, V (controle da comercialização de substâncias perigosas);

d) *RESPONSABILIDADE CIVIL*: 5º, V (danos materiais, morais e à imagem); 5º, X (danos materiais e morais a direitos da personalidade); 5º, LXXV (indenização por erro judiciário); 21, XXIII, *c* (responsabilidade objetiva por danos nucleares); 24, VIII (responsabilidade por dano ao meio ambiente, ao consumidor, ao patrimônio artístico e histórico); 37, § 6º (responsabilidade civil da Administração Pública e das empresas concessionárias de serviços públicos); 173, § 1º, V (responsabilidade dos administradores de empresas de economia mista e empresas públicas); 173, § 5º (responsabilidade civil dos dirigentes de pessoas jurídicas e destas por atos contra a ordem econômica e a economia popular); 225, § 2º (recuperação do meio ambiente degradado por atividade econômica); 225, § 3º (reparação por danos causados ao meio ambiente); 236, § 1º (responsabilidade civil dos notários e registradores); 245 (responsabilidade civil do autor de crime doloso);

e) *DIREITO DAS TITULARIDADES*: 5º (direito à propriedade); 5º, XXII (garantia do direito de propriedade); 5º, XXIII (função social da propriedade); 5º, XXIV (perda por desapropriação); 5º, XXV (uso pelo Poder Público); 5º, XXVI (impenhorabilidade da pequena propriedade); 5º, XXIX (titularidade de marcas, nomes e outros signos); 6º (direito à moradia); 20 (bens da União); 26 (bens dos Estados-membros); 170, II (propriedade privada); 170, III (função social); 176 (propriedade e concessão de jazidas e recursos energéticos); 182, § 2º (função social da propriedade urbana); 182, § 3º (desapropriação da propriedade urbana); 182, § 4º (aproveitamento adequado da propriedade urbana); 183 (usucapião especial); 185 (imóveis rurais não expropriáveis); 186 (função social da propriedade rural); 188 (terras devolutas); 189 (inalienabilidade temporária na reforma agrária); 190 (aquisição por estrangeiros); 191 (usucapião especial); 222 (propriedade de empresa jornalística); 225 (meio ambiente e limitação da propriedade); 225, § 5º (terras devolutas); 231 (terras ocupadas pelos índios); 243 (expropriação sem indenização);

f) *DIREITO DAS SUCESSÕES*: 5º, XXX (garantia do direito de herança); 5º, XXXI (sucessão de estrangeiros).

Assim, o sistema de direito civil brasileiro é composto, no plano legislativo, pelas normas constitucionais, como núcleo ou centro; gravitando em torno estão o CC, a legislação civil especial e o direito material das relações civis dos microssistemas jurídicos. É a Constituição, e não mais o Código, que dá unidade ao sistema. Mas é importante notar que a via é de mão dupla, pois a aplicação das normas constitucionais entre os particulares é alimentada pelos conteúdos dos princípios de direito civil que se consolidaram na sociedade, os quais, por sua vez, são conformados aos valores constitucionais.

A interlocução entre as fontes normativas infraconstitucionais se dá pela mediação dos princípios e outras normas constitucionais. Esse modo dinâmico e harmonioso das fontes legais dispensa a exclusividade do reenvio aos tradicionais meios de superação das antinomias, a saber, a da preferência da norma superior sobre a inferior hierárquica, ou da norma posterior sobre a anterior, ou da norma especial sobre a geral. Às vezes o intérprete terá de harmonizar o CC e o CDC, cuja relação é regulada pelo princípio da proteção; ou o CC e o ECA, interpenetrando suas regras, para aplicação sobre a mesma situação.

Como diz Luiz Edson Fachin, "se a abstração constitutiva do modelo de relação jurídica é o elemento unificador da racionalidade do Código Civil, o único modo de se operar uma 'correção hermenêutica' da codificação [permitindo a efetividade dos direitos fundamentais nas relações interprivadas, com o repúdio ao estatuto da exclusão operado pela fetichização dos modelos] é a sua interpretação não à luz dessa mesma racionalidade, mas, sim, da ordem principiológica constitucional" (2007, p. 20).

2.3. O Direito Civil no Estado Social Contemporâneo

A constitucionalização do direito civil é consequência inevitável da natureza do Estado social, que é a etapa que a humanidade vive contemporaneamente do Estado moderno, apesar de suas crises, das frustrações de suas promessas e dos prenúncios de retorno ao modelo liberal, apregoados pelo neoliberalismo, que pretende afastar qualquer intervenção estatal ou consideração de interesse social das relações privadas.

O Estado social é a terceira etapa do Estado Moderno, que despontou após a Idade Média. As duas etapas anteriores foram a do Estado absolutista e a do Estado liberal. Com razão Daniel Sarmento (2004, p. 62), para quem as Constituições do Estado social "são tipicamente modernas no seu projeto de conformação da sociedade através de pautas racionais".

A Constituição consagra o Estado social, que tem como objetivos fundamentais (art. 3º) "constituir uma sociedade livre, justa e solidária", com redução das desigualdades sociais. A ordem jurídica infraconstitucional deve concretizar a organização social e econômica eleita pela Constituição, não podendo os juristas desconsiderá-la, como se os fundamentos do direito civil permanecessem ancorados no modelo individualista das Constituições liberais brasileiras do século XIX.

Assim, entende-se por Estado social, no plano do direito, todo aquele que é regido por uma Constituição que regule a ordem econômica e social, diferentemente do Estado liberal, cuja constituição se voltava à delimitação do poder político ou à organização política e à garantia dos direitos individuais, deixando a ordem econômica à "mão invisível" do mercado. É seguramente caracterizado pela inovação representada pelo reconhecimento pleno dos direitos fundamentais, que compreendem os direitos sociais, e por sua substancial irredutibilidade à lógica do mercado (Rodotà, 2014a, p. 39 e 55). Atualmente, de fato, um dos pontos chaves em torno das discussões sobre os direitos fundamentais diz respeito ao que pode estar no mercado e o que deve permanecer fora, máxime naquilo que pode se expressar em termos de propriedade e no que, ao contrário, insere-se na dimensão da personalidade (Rodotà, 2012, p. 9).

O Estado social identifica-se por estabelecer mecanismos jurídicos de intervenção nas relações privadas econômicas e sociais, nas dimensões legislativa, administrativa e judicial, para a tutela dos vulneráveis, tendo por objetivo final a realização da justiça social, com inegáveis reflexos nas dimensões materiais do direito civil.

"O Estado social, por sua própria natureza, é um Estado intervencionista, que requer sempre a presença militante do poder político nas esferas sociais, onde cresceu a dependência do indivíduo, pela impossibilidade em que este se acha, perante fatores alheios à sua vontade, de prover certas necessidades existenciais mínimas" (Bonavides, 2004, p. 200).

As constituições liberais nada regularam sobre as relações privadas, cumprindo sua função de delimitação do Estado mínimo. Ao Estado coube apenas estabelecer as regras do jogo das liberdades privadas, no plano infraconstitucional, de sujeitos de direitos formalmente iguais, abstraídos de suas desigualdades reais e sem qualquer espaço para a justiça social. Como a dura lição da história demonstrou, a codificação liberal e a ausência da constituição econômica serviram de instrumento de exploração dos mais fracos pelos mais fortes, gerando reações e conflitos que redundaram no advento do Estado social.

O individualismo liberal desprezou a antiga tradição, que vinha da ética social de Aristóteles, da equivalência material das prestações, para o que contribuíram a ética da liberdade e da responsabilidade de Kant e Savigny, a recusa do liberalismo em relação a uma relativização das obrigações assumidas pelas alterações de valor verificadas no mercado, e a expectativa da previsibilidade da evolução da economia. No Estado social houve o alargamento da responsabilidade solidária das partes e da competência do juiz para revisão dos negócios jurídicos, em razão da mutação funcional do ordenamento normativo numa sociedade dominada pela solidariedade social. As três características básicas dessa mudança, segundo Franz Wieacker (1980, p. 598-626), são: a) a relativização dos direitos privados pela sua função social; b) a vinculação ético-social desses direitos; c) o recuo do formalismo do sistema de direito privado clássico do século XIX.

A ideologia do social, traduzida em valores de justiça social ou de solidariedade, passou a dominar o cenário constitucional do século XX. A sociedade exige o acesso aos bens e serviços produzidos pela economia. Firmou-se a *communis opinio* de que a solidez do poder residiria, substancialmente, no econômico (mercado) e, relativamente, no político. Daí a insuperável atuação do Estado, para fazer prevalecer o interesse coletivo, evitar os abusos e garantir o espaço público de afirmação da dignidade humana.

As constituições posteriores à Segunda Guerra Mundial, principalmente da Alemanha, da França e da Itália e as de Portugal e Espanha – estas últimas na década de setenta do século XX –, propiciaram idêntico interesse pela constitucionalização do direito civil, com produção doutrinária sistemática. Muitos estudos foram alimentados pelas decisões das cortes constitucionais desses países, que se depararam com frequentes conflitos de direitos fundamentais entre os particulares.

O Estado social pode ser autocrático (por exemplo, as Constituições brasileiras de 1934, de 1967 e de 1969, esta última denominada Emenda n. 1, outorgada pelo regime militar) ou democrático. A CF de 1988 fez opção clara pelo Estado social e democrático de direito, conjugando os valores de liberdade e igualdade com o valor do pluralismo. O Estado social estende e intensifica a liberdade e a igualdade, respeitando a pluralidade de ideias.

A crise do Estado social foi aguçada pela constatação dos limites das receitas públicas para atendimento das demandas sociais, cada vez crescentes. Portanto, a crise situa-se na dimensão da ordem social insatisfeita (garantia universal de saúde, educação, segurança, previdência social, assistência aos desamparados, sobretudo), ou do Estado-providência. No que respeita à ordem econômica, todavia, a crise é muito mais ideológica que real, pois se dirige à redução do Estado empreendedor ou empresário e do garantismo legal. Mas, na medida em que o Estado substitui seu papel de empreendedor para o de regulador da atividade econômica, paradoxalmente, cresce na dimensão jurídica.

O Estado social é vítima, nos países, de seu próprio sucesso, diz Gomes Canotilho (2000, p. 39), para o qual as constituições "socialmente amigas" sofrem as críticas amargas da "crise de governabilidade", do "flagelo do bem", do "fim da igualdade", da "bancarrota do Estado". Tal perplexidade está sendo aguçada pela globalização econômica, na medida em que aprofunda a tendência pela substituição do Estado de bem-estar para o Estado regulador, enquanto for necessária essa função de garantia das regras do jogo das forças econômicas hegemônicas.

A propósito da atual globalização econômica, é oportuna a reflexão de Milton Santos (2015, p. 18-38), que a situa em três perspectivas: a) como fábula, mercê de ideologização maciça que difunde a bondade dos presentes processos de globalização; b) como perversidade, em razão do exponencial crescimento das desigualdades sociais e do retrocesso quanto às noções de bem público e de solidariedade, enquanto se amplia o papel político das empresas na regulação da vida social, em detrimento do Estado social; c) como possibilidade de outra globalização mais humana.

A ideia de retorno ao Estado mínimo (e, nesse sentido, liberal) é anti-histórica. É pouco crível que a humanidade suporte viver sem as garantias legais coletivas que duramente conquistou, nas relações de trabalho, nos direitos do consumidor, no direito da livre concorrência, na função social da propriedade e do contrato, na preservação do meio ambiente, enfim, sem uma ordem econômica constitucional e social.

As várias reformas que vem sofrendo a CF/88 reduziram fortemente seu alcance, mas não retiraram dela a natureza básica do Estado social a que se destina, ancorada na justiça social, que por sua vez é afirmada como princípio estruturante da ordem política e da ordem econômica (veja-se, especialmente, o *caput* do art. 170, conformador da atividade econômica exercida no País).

Como diz Boaventura de Sousa Santos (2007, p. 20), é verdade que a constitucionalização de um conjunto extenso de direitos sem o respaldo de políticas públicas e sociais consolidadas torna difícil sua efetivação, mas não é menos verdade que esse caráter amplo de direitos abre espaço para maior intervenção judicial a partir do controle da constitucionalidade do direito ordinário, consagrando princípios e normas constitucionais. Um bom exemplo, no caso brasileiro, está na proteção jurídica alcançada pelos casais homoafetivos, aplicando-se o princípio constitucional da igualdade.

2.4. Força Normativa da Constituição nas Relações Civis

A compreensão que se tem atualmente do processo de constitucionalização do direito civil não o resume à aplicação direta dos direitos fundamentais às relações privadas, que é um de seus aspectos. Vai muito além. O significado mais importante é o da aplicação direta das normas constitucionais, máxime os princípios, quaisquer que sejam as relações privadas, particularmente de duas formas: a) quando inexistir norma infraconstitucional, o juiz extrairá da norma constitucional o conteúdo necessário para a resolução do conflito; b) quando a matéria for objeto de norma infraconstitucional, esta deverá ser interpretada em conformidade com as normas constitucionais aplicáveis. Portanto, as normas constitucionais sempre serão aplicadas em qualquer relação jurídica privada, seja integralmente, seja pela conformação das normas infraconstitucionais.

Os civilistas brasileiros, estudiosos do processo de constitucionalização, nunca tiveram dúvidas sobre a força normativa da Constituição; nunca incorporaram os questionamentos de algumas correntes de constitucionalistas, preocupados com o alcance que os primeiros têm dado às normas constitucionais. Assim foi, por exemplo, com o princípio da igualdade entre cônjuges e entre filhos de qualquer origem, estabelecido nos arts. 226 e 227 da CF, que representou verdadeira revolução no direito de família, consequentemente revogando a legislação civil anterior. Essa orientação restou dominante na jurisprudência dos tribunais, de 1988 até 2003, quando entrou em vigor o novo CC. Se prevalecesse a tese tradicional da conservação da legislação anterior até que a norma constitucional fosse regulamentada por nova legislação infraconstitucional, então não se teria emprestado força normativa real à Constituição, que restaria com efeito meramente simbólico, permanecendo as desigualdades jurídicas nesse período.

Notou-se que as forças vivas da sociedade influíram efetivamente nas opções do constituinte de 1988, muito mais que na elaboração de códigos, cuja natureza técnica inibe a participação até mesmo dos parlamentares. Por essa razão, a Constituição, além de ser a norma hierarquicamente superior a todas as outras, determinante do sentido do ordenamento jurídico, absorveu de fato os valores que a sociedade conseguiu veicular para servir de fundamento ou base à organização social, vertendo-os em norma jurídica.

O conceito de princípio constitucional não se confunde com o de "princípio geral de direito" empregado pela LINDB. O art. 4º dessa lei, como sabemos, estabelece a regra de *non liquet*, proibindo o juiz de não julgar quando a lei for omissa, determinando que, se não houver costumes, devem ser aplicados os princípios gerais de direito. Estes têm, consequentemente, função supletiva, ou seja, primeiro a lei, depois os costumes, e por fim os princípios, como normas de clausura ou de completude do sistema jurídico. Ao contrário, os princípios constitucionais explícitos ou implícitos não são supletivos. São normas jurídicas fundamentais que informam e conformam a legislação infraconstitucional. A operação hermenêutica que estava invertida foi devidamente reposicionada: em primeiro lugar o princípio ou outra norma constitucional, depois a lei fundamentada neles.

2.5. Constitucionalização dos Principais Institutos de Direito Civil

As considerações gerais até aqui expostas são mais bem especificadas nos três principais institutos específicos do direito civil, a saber, a família, a propriedade e o contrato, ressaltando o conteúdo que passaram a ostentar, a partir dos fundamentos constitucionais.

As Constituições liberais sempre atribuíram à família o papel de célula básica do Estado. As declarações de direito, como a Declaração Universal dos Direitos do Homem, de 1948, em sinal dos tempos, preferiram vinculá-la à sociedade (art. 16.3: "A família é o núcleo natural e fundamental da sociedade"; na CF, art. 226: "A família, base da sociedade"), como reconhecimento da perda histórica de sua função política. A função política despontava na família patriarcal, cujos fortes traços marcaram a cena histórica brasileira, da Colônia às primeiras décadas do século XX. Em obras clássicas, vários pensadores (especialmente, Sérgio Buarque de Holanda, em *Raízes do Brasil*, Gilberto Freyre, em *Casa-grande e senzala* e Darcy Ribeiro, em *O povo brasileiro*) assinalaram esse instigante traço da formação do homem brasileiro ao demonstrar que a religião e o patrimônio doméstico se colocaram como irremovíveis obstáculos ao sentimento coletivo de *res publica*. Por trás da família estavam a religião e o patrimônio individual, em hostilidade permanente ao Estado, apenas tolerado como instrumento de interesses particulares. Em suma, o público era pensado como projeção do espaço privado-familiar (Lôbo, 1989, *passim*).

A família, tutelada pela CF, está funcionalizada ao desenvolvimento da dignidade das pessoas humanas que a integram (art. 226, § 7º). A entidade familiar não é tutelada para si, senão como instrumento de realização existencial de seus membros. A Convenção sobre os Direitos da Criança de 1990 declara que a criança deve ser preparada individualmente para uma vida individual em sociedade, respeitada sua dignidade. O ECA de 1990 tem por fim assegurar "todos os direitos fundamentais inerentes à pessoa humana" dessas pessoas em desenvolvimento (art. 3º) e a absoluta prioridade dos direitos referentes às suas dignidades (arts. 4º, 15 e 18). O CC de 2002, cuja redação originária antecedeu a Constituição, não faz qualquer alusão expressa ao princípio da dignidade da pessoa humana; todavia, por força da primazia constitucional, este e os demais princípios determinam o sentido fundamental das normas infraconstitucionais.

No sistema jurídico brasileiro, o princípio da dignidade da pessoa humana está indissoluvelmente ligado ao princípio da solidariedade social. A regra-matriz do princípio da solidariedade social é o inciso I do art. 3º da CF. No capítulo destinado à família, o princípio é revelado incisivamente no dever imposto à sociedade, ao Estado e à família (como entidade e na pessoa de cada membro) de proteção ao grupo familiar (art. 226), à criança e ao adolescente (art. 227) e às pessoas idosas (art. 230).

A propriedade é o grande foco de tensão entre as correntes individualistas e solidaristas. O direito de propriedade, no Estado democrático e social de direito, como o da CF de 1988, termina por refletir esse conflito. No art. 5º, dois incisos estabelecem regras que constituem uma antinomia, se lidos isoladamente: o XXII ("é garantido o direito de propriedade") é a clássica garantia da propriedade privada, do Estado liberal; o XXIII ("a propriedade atenderá a sua função social") é a dimensão solidária, própria do Estado social. A antinomia é reproduzida no art. 170, que trata da atividade econômica. Em um, dominante é o interesse individual; em outro, é o interesse social. Mais que uma solução de compromisso, houve uma acomodação do conflito. O caminho indicado para a superação do impasse é a utilização do critério hermenêutico do princípio da proporcionalidade, largamente adotado pelos teóricos da interpretação constitucional e pelas cortes constitucionais, nomeadamente o do balanceamento de direitos e interesses em conflito (Canotilho, 1995, p. 83). Veda-se a interpretação isolada de cada regra, ou a hegemonia de uma sobre outra, devendo-se encontrar o sentido harmônico de ambas, pois têm igual dignidade constitucional.

Depreende-se da Constituição que a utilidade e a ocupação efetivas são determinantes, prevalecendo sobre o título de domínio, que transformava o proprietário em senhor soberano, dentro de seus limites, permitido como estava a usar, gozar e dispor de seus domínios como lhe aprouvesse, segundo conhecida formulação da legislação civil tradicional. O direito à habitação ou à moradia ingressou na Constituição como direito social autônomo (art. 6º), competindo com o direito de propriedade.

A Constituição não trata diretamente da posse, mas sua tutela deriva dos princípios e outras normas voltados à concretização da função social da propriedade. É possível detectar no ordenamento constitucional diversas maneiras de tratamento do tema: tutela da posse que importa *limitação* ao uso da propriedade, tutela da posse *paralelamente* ao direito de propriedade e, finalmente, tutela da posse como *modo de aquisição* do direito de propriedade (Zavascki, 2002, p. 847).

No caso da terra, como esclarece Boaventura de Sousa Santos, confrontam-se fundamentalmente duas concepções de propriedade: a concepção que tem na sua base o trabalho; e as concepções individualistas, mais ligadas à posse ou à propriedade. Para obviar o conflito é necessário que as instituições aprofundem o componente social da propriedade, ou novos conceitos de direito de propriedade, sem os quais não pode haver justiça social (2007, p. 36-7).

Foi o contrato, fundado na soberania da vontade individual, o instrumento jurídico da acumulação capitalista. A burguesia liberal logo percebeu que o sistema de direito romano era inadequado para a expansão capitalista, pois era baseado na conservação e não na acumulação da riqueza. Segundo Francesco Galgano (1988, p. 5), o ideal supremo da classe dirigente da sociedade romana não era o desenvolvimento, mas a segurança e a estabilidade.

A CF apenas admite o contrato que realiza a função social, a ela condicionando os interesses individuais, e que considera a desigualdade material das partes. Com efeito, a ordem econômica tem por finalidade "assegurar a todos existência digna, conforme os ditames da justiça social" (art. 170). A justiça social importa "reduzir as desigualdades sociais e regionais" (art. 3º e inciso VII do art. 170). São, portanto, incompatíveis com a Constituição as políticas econômicas públicas e privadas denominadas neoliberais, pois pressupõem um Estado mínimo e total liberdade ao mercado, dispensando a regulamentação da ordem econômica, que só faz sentido por perseguir a função social e a tutela jurídica dos vulneráveis, o que o faz supor a intervenção estatal atenta (legislativa, governamental e judicial). Um dos mais importantes dispositivos no CC de 2002, o art. 421, que introduz a normativa geral dos contratos, estabelece que a liberdade de contratar seja exercida "em razão e nos limites da função social do contrato". Não se trata aí de limites negativos, mas, principalmente, de condicionamento positivo do conteúdo e finalidades do contrato; a essencialidade principiológica da norma é demonstrada pelo parágrafo único do art. 2.035, que prevê a nulidade de qualquer convenção das partes que contrarie a função social do contrato.

Capítulo III

Princípios do Direito Civil

Sumário: 3.1. Princípios jurídicos. 3.2. Princípio da dignidade da pessoa humana. 3.3. Princípio da solidariedade. 3.4. Princípio da igualdade. 3.5. Princípio da liberdade. 3.6. Princípio da autonomia privada. 3.7. Princípio da função social. 3.8. Princípio da boa-fé.

3.1. Princípios Jurídicos

Para o direito, princípio é norma jurídica. O que o diferencia das demais normas jurídicas é o conteúdo mais indeterminado e a superioridade hierárquica sobre aquelas. Porém, o grau de determinação do conteúdo não é requisito decisivo para a qualificação como norma jurídica. O que importa é a interpretação, que leva em conta a situação concreta ou real da aplicação de qualquer norma jurídica.

Na conhecida lição de Pontes de Miranda, a norma jurídica incide quando a hipótese normativa, ou suporte fático hipotético, se realiza no mundo da vida ou dos fatos. A incidência do princípio sobre o suporte fático concreto faz nascer o fato jurídico e seus efeitos, entre eles direitos subjetivos e deveres jurídicos. Essa estrutura lógica é a mesma tanto para o princípio jurídico quanto para outra norma jurídica. Exemplificando com o CC, art. 421, o princípio jurídico da função social incide toda vez que um contrato se celebra e se executa, para conformá-lo positivamente, não podendo a autonomia negocial contrariá-lo; há direitos e deveres jurídicos necessários, decorrentes da incidência do princípio da função social, independentemente da previsão das partes.

Durante muito tempo os princípios foram relegados a fontes secundárias ou supletivas, destinados a preencher lacunas, com reflexo na LINDB, cujo art. 4º enuncia: "Quando a lei for omissa, o juiz decidirá o caso de acordo com a analogia, os costumes e os princípios gerais de direito". A constitucionalização dos direitos, contudo, elevou os princípios ao topo da pirâmide normativa, como fundamentos de toda a ordem jurídica. Constituem a fonte, por excelência, da unidade do direito privado. No mundo contemporâneo, os princípios jurídicos, em razão de sua ductilidade e adaptabilidade, são os instrumentos jurídicos apropriados para lidar com as mutações sociais, contribuindo para o avanço da sociedade e para a afirmação dos valores de justiça.

Na atualidade, o legislador ordinário se encontra em situação desafiadora, seja geograficamente, porque os mercados tendem a ser globais e não mais apenas nacionais [notadamente após a Internet], seja porque o instrumento legislativo tradicional é muito rígido e não permite uma adequação constante do direito aos interesses mutantes da realidade (Galgano, 2013, 301), o que torna cada vez mais oportuno o recurso a princípios gerais.

Josef Esser já argumentava que os princípios jurídicos, diferentemente das outras normas de direito, "são conteúdo em oposição à forma, embora o uso dessas categorias aristotélicas não nos deva induzir a pensar que a forma seja o acessório de algo essencial", e vaticinava que o centro de gravidade do direito civil estava gravitando lentamente do sistema codificado para uma casuística judicial orientada segundo princípios (1961, p. 65). Para Claus-Wilhelm Canaris (1989, p. 280), os princípios assumiram tal dimensão que o sistema jurídico é definido como "ordem axiológica ou teleológica de princípios jurídicos gerais". Porém, como adverte Ronald Dworkin, "o Tribunal deve tomar decisões de princípio, não de política" (2000, p. 101).

Em *Taking rights seriously*, Ronald Dworkin (1999, p. 22) denomina de "princípio" um *standard* normativo que deve ser observado não porque avançará ou assegurará uma situação econômica, política ou social considerada desejável, mas porque é uma exigência de justiça, enquanto política (*policy*) é um *standard* que tem um objetivo ou resultado a serem alcançados. Assim, o *standard* de que os acidentes automobilísticos devem ser diminuídos é uma política, enquanto o *standard* de que nenhuma pessoa deve obter proveito do próprio erro é um princípio.

Quando um princípio aparenta entrar em colisão com outro (e.g.: dignidade de uma pessoa *versus* integridade física de outra), resolvendo-se a aparente antinomia, as circunstâncias do caso concreto é que indicarão qual deles incidirá. Esclareça-se que a análise das circunstâncias não é espaço para o arbítrio judicial, pois o aplicador não deve substituir o juízo jurídico por suas convicções de moralidade, de política ou de ideologia.

A rigor, toda colisão de normas jurídicas – inclusive entre princípios jurídicos, ou destes com outras normas jurídicas – é aparente. Se o sistema jurídico indica a solução, então não há colisão. A partir da conhecida lição de Pontes de Miranda, que adotamos, toda norma jurídica (inclusive princípio jurídico) contempla hipótese fática (ou suporte fático hipotético), de conteúdo mais ou menos determinado de fatos ou conjunto de fatos, cuja ocorrência real no mundo da vida converte-o em suporte fático concreto, que por sua vez provoca a incidência daquela norma jurídica sobre este, surgindo desse processo o fato jurídico. A observância da norma jurídica pelos destinatários ou sua aplicação pela autoridade competente são eventos posteriores à incidência. A aplicação depende da mediação imprescindível do intérprete, que não cria a norma jurídica nem participa de sua criação, cabendo-lhe a identificação e conformação de sua incidência, além da explicitação de seu alcance e efeitos do fato jurídico decorrente. Por outro lado, as consequências jurídicas não são essenciais para a estrutura deôntica da norma jurídica, pois podem advir da incidência de outra norma jurídica (exemplo, por força do CC, art. 2º, todo ser humano nascido com vida adquire personalidade, sendo que as consequências jurídicas positivas ou negativas decorrem das incidências dos artigos seguintes do CC).

Assim, os princípios jurídicos, espécies do gênero norma jurídica, não exigem qualquer ponderação de peso ou importância, atribuídos pelo intérprete, quando se depara com a dúvida sobre a incidência de dois ou mais princípios, pois a colisão é apenas aparente. Estabelece o CPC, art. 489, § 2º, que no caso de colisão (aparente, como afirmamos) entre normas o juiz deve justificar o objeto e os critérios gerais da ponderação efetuada, enunciando as razões que autorizam a interferência na norma afastada. Entendemos que esse preceito nada mais estabelece que a especificação do princípio constitucional da fundamentação necessária de qualquer decisão judicial.

Situação recorrente da necessidade de análise adequada das circunstâncias é a aparente colisão entre o princípio de liberdade de expressão e o princípio de proteção da intimidade e da honra, ambos previstos na Constituição. Não há necessidade de realizar ponderação de "peso ou importância" de cada princípio, para se determinar qual deles incidiu no caso concreto, pois tal operação envolve escolhas subjetivas do próprio intérprete, enquanto a identificação da incidência é de natureza objetiva.

Deve-se, principalmente, a Ronald Dworkin a doutrina corrente de que os princípios jurídicos possuem uma "dimensão de peso" ou de importância. Quando os princípios entram em colisão, resolver-se-ia o conflito levando em consideração o exato peso de cada um deles. Um dos princípios preponderaria sobre o outro, mas ambos permaneceriam válidos e integrados ao ordenamento jurídico (1968, p. 37).

Para nós, o peso, referido por Dworkin, é dado pelas circunstâncias da situação concreta, até porque não há "pesos" *a priori* entre os princípios jurídicos, pois estão situados no mesmo plano da hierarquia normativa. De qualquer forma, o sentido figurado de "peso" pode ser entendido como meio de identificação da incidência do princípio jurídico sobre o suporte fático concreto, como norma jurídica que é, o que termina por afastar a própria ideia de colisão. Consequentemente, a colisão de princípios jurídicos é apenas aparente, pois somente o princípio jurídico adequado pode incidir sobre o suporte fático concreto, de acordo com as circunstâncias que o cercam.

Igualmente às demais normas jurídicas, são distintos os momentos e os modos de operar de incidência do princípio jurídico e de sua observância ou aplicação. A observância do princípio jurídico pelos destinatários é o comportamento comum, independentemente de interpretação ou de aplicação. As pessoas mais observam que violam as normas jurídicas, pouco importando que o façam por convicção ou por temor das consequências da violação. Por seu turno, a aplicação depende de interpretação e da atuação da autoridade competente, principalmente do magistrado. Ambos, a observância e a aplicação, são posteriores à incidência, pois esta se dá infalivelmente, quando seu suporte fático se concretiza na realidade da vida, sem necessidade de qualquer ato humano para que assim se dê.

Pode haver a incidência conjunta e harmônica de princípios jurídicos, sem colisão, como se deu no julgamento pelo STF em 2011, na ADI 4.277, que decidiu, em caráter vinculante, que a união homoafetiva é entidade familiar, tutelada pelos princípios jurídicos da igualdade, da laicidade, da não discriminação em razão do sexo, da vedação do preconceito, da liberdade de realização do projeto de comunhão de vida, da busca da felicidade.

Os princípios jurídicos, sem mudança ou revogação de normas jurídicas, permitem adaptação do direito à evolução dos valores e demandas da sociedade. Com efeito, o mesmo princípio, observando-se o catálogo das decisões nos casos concretos, em cada momento histórico, vai tendo seu conteúdo amoldado pelas circunstâncias que determinam sua incidência, em permanente processo de adaptação e transformação. Ao contrário do que se colhe no senso comum, com tais características os princípios são mais estáveis e asseguram mais segurança jurídica do que as demais normas.

Os princípios jurídicos (constitucionais ou gerais) são expressos ou implícitos. Estes últimos podem derivar da interpretação do sistema constitucional adotado ou podem brotar da interpretação harmonizadora de normas constitucionais específicas (por exemplo, o princípio da afetividade nas relações de família).

No que tange à relação dos princípios jurídicos com os valores, acompanhamos o entendimento de que aqueles são estes juridicamente positivados, e perfilhamos a orientação de Robert Alexy, para quem os princípios pertencem ao âmbito do deontológico, enquanto os valores se incluem no âmbito do axiológico: o que no modelo dos valores é *prima facie* o melhor, no modelo dos princípios é *prima facie* devido (1993, p. 147). Em outras palavras, os valores que emergem das relações sociais, quando se impõem e são absorvidos pelo direito, convertem-se em princípios.

A experiência brasileira de maltrato dos princípios é emblemática. O CC/16 ignorou-os. Retrato fiel do individualismo e do liberalismo jurídicos, procurou suprimi-los, até mesmo os que se consolidaram na consciência ética e moral dos juristas, como a boa-fé objetiva e a equidade. Fê-lo o legislador de 1916, conscientemente, pois os princípios levam à intervenção qualitativa do Poder Judiciário na resolução dos conflitos entre os privados, inclusive a revisão judicial dos negócios jurídicos, o que era inadmissível no Estado liberal.

Essa atitude resistente à mudança, que contaminava os civilistas e, por derivação, a jurisprudência, pouco se alterou, mesmo quando partes importantes do direito privado foram subtraídas do Código para serem disciplinadas por legislações especiais, mais dinâmicas e com forte natureza principiológica. Em plano mais avançado, os microssistemas jurídicos são caracterizados, exatamente, pela franca opção pelos princípios (por exemplo, o ECA, o Estatuto do Idoso, o CDC, o Estatuto da Pessoa com Deficiência). O CC de 2002, finalmente, rendeu-se aos princípios, compatibilizando-se ao paradigma da Constituição.

Outra indicação de opção do CC por modelos abertos são os "conceitos indeterminados", amplamente referidos no texto legal. Consideram-se indeterminados os conceitos ou expressões que não indicam seus conteúdos, que devem ser preenchidos em razão dos casos concretos, ao contrário dos conceitos determinados (exemplo, art. 79, "são bens imóveis o solo e tudo quanto se lhe incorporar natural ou artificialmente"). Exemplos de conceitos indeterminados, constantes da Parte Geral: "quando [o juiz] julgar conveniente"; "vantagens especiais" (art. 55); "fundado temor de dano iminente" e "com base nas circunstâncias" (art. 151); "sob premente necessidade", "manifestamente desproporcional" e "suplemento suficiente" (art. 157); "garantia insuficiente" (art. 158); "excede manifestamente os limites expostos" (art. 187). Para Eros Roberto Grau (2002, p. 211), não se trataria de conceito jurídico indeterminado, mas sim de termo indeterminado, pois que a indeterminação estaria nas expressões linguísticas utilizadas pelo legislador e não no conceito.

A determinação do conteúdo do princípio jurídico, ainda que tarefa desafiadora e complexa, realimenta o direito com o fluxo mutante da vida, o que nos faz lembrar a lição poética de Fernando Pessoa: "É sempre melhor o impreciso que embala do que o certo que basta, porque o que basta acaba onde basta, e onde basta não basta, e nada que se pareça com isto devia ser o sentido da vida".

3.2. Princípio da Dignidade da Pessoa Humana

A dignidade da pessoa humana é o núcleo existencial essencialmente comum a todas as pessoas humanas, como membros iguais do gênero humano, impondo-se um dever geral de respeito, tutela e intocabilidade. Como humanos, a dignidade nos faz únicos e ao mesmo tempo iguais. Há um mínimo comum que identifica todos os humanos como iguais, independentemente da origem, do sexo, da idade, da etnia, da aparência, da sanidade física ou mental e das condições socioeconômicas.

A dignidade humana não é apenas postulação do direito natural, porque se converteu em elemento constitutivo do direito positivo, elevada a princípio fundamental pela Constituição de 1988.

A dignidade da pessoa humana abrange a tutela dos direitos que pertencem à pessoa, imprescindíveis para sua vida social. Por essa razão, a pessoa não pode ser entendida como meio que a instrumentalize. Daí, como diz Stefano Rodotà (2012, p. 192), sua irredutibilidade à dimensão do mercado, "em particular no que respeita ao corpo como fonte de lucro", ou "no que respeita à autonomia da pessoa, que não pode ser instrumento dos fins e objeto de decisões de outras". A autodeterminação é direito fundamental da pessoa.

O princípio da dignidade da pessoa humana é recente na história da humanidade. Surge, no Ocidente, no início da modernidade, mas apenas no século XX ingressa plenamente nas Constituições, pois é incompatível com a coisificação do ser humano, que marcou a vida dos povos com a generalizada utilização da escravidão, apenas extinta no Brasil em 1888.

O conhecimento científico atual revelou que não há raças, mas apenas uma raça humana, com idêntico código genético, de mesma origem imemorial. As novas tecnologias que permitem sequenciar os genomas de centenas de milhares de indivíduos demonstram que classificações raciais não fazem sentido. O conceito de raça como categoria biológica foi abandonado. Há etnias fundadas na cultura e não na biologia, mas todas integrando o mesmo gênero humano. Essas descobertas põem ao chão as pretensas justificações para as desigualdades raciais em razão da cor da pele e o tratamento degradante e indigno a que foram submetidos os povos vencidos, ao longo da história, reduzidos à escravidão ou ao preconceito, como os índios e negros no Brasil.

Culturalmente, todavia, persiste o racismo estrutural, que se qualifica como crime, inclusive quando ofende minorias étnicas ou de gênero, como decidiu o STF (ADO 26).

A unidade do gênero humano é respeitante das diversidades naturais, até porque cada pessoa humana é singular. Nesse sentido é a Declaração Universal do Genoma Humano e dos Direitos Humanos, aprovada pela Resolução n. 53/152 da Unesco, em 1998: "Art. 1º O genoma humano subjaz à unidade fundamental de todos os membros da família humana e também ao reconhecimento de sua dignidade e diversidades inerentes. Art. 2º Todos têm o direito ao respeito por sua dignidade e seus direitos humanos, independentemente de suas características genéticas". Assim, mais que a biologia, para a pessoa humana interessa a biografia.

A ideia de dignidade da pessoa humana resulta da convergência de diversas doutrinas e concepções de mundo e humanidade, que se adensaram principalmente na cultura ocidental. É na modernidade que ela se desenvolve, ainda que sua noção se manifeste em concepções cosmológicas de responsabilidade ética dos estoicos, no mundo antigo, ganhando profundo alento com a difusão do pensamento cristão, especialmente da ideia de igualdade de todos perante a criação (Bittar, 2006, p. 46).

Viola o princípio da dignidade da pessoa humana todo ato, conduta ou atitude que coisifique a pessoa, ou seja, que a equipare a uma coisa disponível, ou a um objeto. Immanuel Kant, em lição que continua atual, procurou distinguir aquilo que tem um preço, seja pecuniário, seja estimativo, do que é dotado de dignidade, a saber, do que é inestimável, do que é indisponível, do que não pode ser objeto de troca. Diz ele: "No reino dos fins tudo tem ou um preço ou uma dignidade. Quando uma coisa tem um preço, pode-se pôr em vez dela qualquer outra como equivalente; mas quando uma coisa está acima de todo o preço, e, portanto, não permite equivalente, então tem ela dignidade" (1986, p. 77). No centro de seu pensamento está a ideia de que a dignidade decorre da natureza humana racional, capaz de autoimputação de regras de comportamento, e de que todo ser racional existe como um fim em si mesmo, não podendo ser meio para uso desta ou daquela vontade.

Antes de Kant, na primeira obra dos primórdios do renascimento reconhecidamente voltada a sobrelevar a dignidade da pessoa humana, Pico della Mirandola, em 1486, procurava distingui-la de outros seres em virtude da razão e da autonomia, atributos próprios do homem. Nesse famoso discurso, faz Deus dirigir-se a Adão nestes termos: "A natureza limitada dos outros seres está contida nas leis que prescrevi. Você, não estando constrito por nenhuma barreira, a determinará segundo seu arbítrio, dentro dos poderes que lhe atribuo. [...] Poderá degenerar-se nas coisas inferiores que são brutas; mas poderá, segundo sua vontade, regenerar-se nas coisas superiores que são divinas" (1987, p. 6).

A dignidade relaciona-se tanto com a liberdade e valores do espírito quanto com as condições materiais da existência. Ele representa a superação da intolerância, da discriminação, da exclusão social, da violência, da incapacidade de aceitar o outro ou o diferente, na plenitude de sua liberdade de ser, pensar e criar.

Deve ser destacado o caráter intersubjetivo e relacional da dignidade da pessoa humana, sublinhando a existência de um dever de respeito no âmbito da comunidade dos seres humanos (Sarlet, 2004, p. 52). O *homo dignus* vive em um sistema de relações, no exercício da dignidade social estabelecida na Constituição (Rodotà, 2012, p. 196). A dignidade da pessoa humana não é uma propriedade que se pode "possuir" por natureza, como a inteligência ou os olhos azuis; ela marca, antes, aquela "intangibilidade" que só pode ter um significado nas relações interpessoais de reconhecimento recíproco e no relacionamento igualitário entre as pessoas (Habermas, 2004, p. 47).

O primado do valor da pessoa humana e de seus direitos fundamentais impede que a área do direito civil se possa exaurir em uma concepção patrimonialista, fundada na centralidade da propriedade ou sob a noção de empresa. O direito civil reconhece que a ideia forte do sistema não é o mercado, mas a dignidade da pessoa (Perlingieri, 2007, p. 79).

A submissão histórica da mulher nas sociedades patriarcais, com reflexos até hoje, é incompatível com o princípio. Não se observa o princípio da dignidade da pessoa humana quando desigualdades pessoais, sociais, econômicas e jurídicas existem em razão do sexo ou gênero.

Na CF de 1988 a dignidade da pessoa humana é princípio recorrente: comparece como princípio fundamental, conformador da ordem jurídica brasileira, no inciso III do art. 1º; no art. 226, § 7º, para fundamentar o planejamento familiar; no art. 227, para proteção da criança e do adolescente; no art. 230, para proteção das pessoas idosas.

3.3. Princípio da Solidariedade

A solidariedade, como categoria ética e moral que se projetou para o mundo jurídico, significa um vínculo de sentimento racionalmente guiado, limitado e autodeterminado que impõe a cada pessoa deveres de cooperação, assistência, amparo, ajuda e cuidado em relação às outras. A solidariedade cresce de importância na medida em que permite a tomada de consciência da interdependência social. A solidariedade pode não ser social (referente à sociedade em geral), pois também se cogita de solidariedade internacional, familiar, religiosa, afetiva.

Cada uma dessas expressões de solidariedade surge espontaneamente, nas relações sociais, como sentimento. O direito republicano e laico, para poder tratar a todos igualmente, não costuma lidar diretamente com sentimentos e sim com condutas verificáveis, que ele seleciona para normatizar. O princípio jurídico da solidariedade recebe esses sentimentos como valores e os verte em direitos e deveres exigíveis nas relações interindividuais. Portanto, o princípio e os decorrentes deveres jurídicos de solidariedade não se confundem com cuidado, beneficência, compaixão ou fraternidade, que são elevados valores morais que estão para além do direito enquanto tal.

O *pathos* da sociedade de hoje, comprovado em geral por uma análise mais detida das tendências dominantes da legislação e da aplicação do direito, é o da solidariedade, ou seja, da responsabilidade, não apenas dos poderes públicos, mas também da sociedade e de cada um dos seus membros individuais, pela existência social de cada um dos outros membros da sociedade (Wieacker, 1980, p. 719).

O princípio jurídico da solidariedade resulta da superação do modo de pensar e viver a sociedade a partir do predomínio dos interesses individuais, que marcou os primeiros séculos da modernidade. Estudiosos das dimensões dos direitos humanos classificam como sendo de primeira dimensão, os direitos e garantias individuais, ou as liberdades públicas, com natureza negativa, ou seja, como direitos oponíveis ao poder político. Na segunda dimensão estariam os chamados direitos sociais, como as garantias dos trabalhadores, e os que nossa Constituição enuncia no art. 6º (educação, saúde, moradia, lazer, segurança, previdência social etc.). Na terceira estariam exatamente os direitos de solidariedade, não só das pessoas em relação às outras, mas em relação ao meio ambiente em que vivemos, aos demais seres vivos e às futuras gerações.

No mundo antigo, o indivíduo era concebido apenas como parte do todo social; daí ser impensável a ideia de direito subjetivo. No mundo moderno liberal, o indivíduo era o centro de emanação e destinação do direito; daí ter o direito subjetivo assumido a centralidade jurídica. No mundo contemporâneo, busca-se o equilíbrio entre os espaços privados e públicos e a interação necessária entre os sujeitos, despontando a solidariedade como elemento conformador dos direitos subjetivos.

A regra-matriz do princípio da solidariedade é o inciso I do art. 3º da CF. No âmbito internacional, a Declaração Universal dos Direitos do Homem (art. XXIX) estabelece que "todo homem tem deveres para com a comunidade, na qual o livre e pleno desenvolvimento de sua personalidade é essencial". A solidariedade, no direito brasileiro, somente após a CF de 1988 inscreveu-se como princípio jurídico.

Apenas havia, no direito privado, o conceito de solidariedade – vindo do *Corpus Juris Civilis* e inteiramente distinto do ora empregado –, subsumido à espécie de obrigação, quando um dos credores pode receber do devedor a totalidade da dívida (solidariedade ativa), ou quando um dos devedores pode ser obrigado a pagar a dívida integralmente (solidariedade passiva), o que significa individualização do crédito ou do débito plurais.

Desde os antigos se utiliza a locução latina *in solidum*, com o significado de soma do todo. Mas tem sido afirmado que o termo "solidariedade" apenas aparece na linguagem jurídica no início do século XVII, daí passando para a linguagem comum (Grynbaum, 2004, p. 26). Esse sentido estrito não é o mesmo do princípio fundamental da solidariedade no mundo contemporâneo, como dever geral de conduta, que se consolidou nas Constituições sociais do século XX, e cuja elaboração na doutrina jurídica é relativamente recente.

É somente no fim do século XIX e início do século XX que aparece a lógica da solidariedade com um discurso coerente, que não se confunde com caridade ou filantropia (Farias, 1998, p. 190). O ato caritativo radica na dimensão da consciência moral, enquanto a solidariedade é dever de natureza jurídica. Ainda que, anteriormente, alguns autores mencionassem topicamente a solidariedade como princípio, deve-se a Léon Bourgeois sua primeira sistematização, com a obra *Essai d'une philosophie de la solidarité*, publicada em 1902, em seguida a um pequeno livro, *Solidarité*, publicado em 1896 (Rémy, 2004, p. 4), além da obra *A divisão do trabalho social* de Émile Durkheim, ao final do século XIX, na qual é defendida a tese da coesão da sociedade em virtude das forças motrizes da solidariedade mecânica e da solidariedade orgânica.

Os estudos marcadamente sociológicos influenciaram o direito público e privado já nas primeiras décadas do século XX, nessa matéria. No direito público, Léon Duguit (2005, p. 21), fundado em Durkheim, distante da ideia de direito individual, entende que o "homem que vive em sociedade tem direitos; mas estes direitos não são prerrogativas que lhe pertencem porque, sendo homem social, tem um dever a cumprir e deve ter o poder de cumprir tal dever". No âmbito do direito civil, René Démogue, em obra clássica de 1911, embora considerando ingênuas as teses de Bourgeois, aplicou a regra da solidariedade principalmente na afirmação da mais justa "repartição das perdas", contribuindo para a progressiva evolução da responsabilidade civil, da culpa ao risco, além da afirmação, avançada para a época, de que "todo homem deve sempre ter direito a um mínimo de existência" (p. 158-169).

O mais importante nessa viragem rumo ao princípio jurídico da solidariedade é a compreensão de que a solidariedade não é apenas dever positivo do Estado na realização das políticas públicas, mas também de que importa deveres recíprocos entre as pessoas, pois, como disse Bourgeois, os homens já nascem devedores da associação humana e são obrigados uns com os outros pelo objetivo comum. É dever do Estado para redução das desigualdades sociais e dever das pessoas como expressão necessária do viver em sociedade. A imposição de solidariedade levou ao desenvolvimento da função social dos direitos subjetivos, inclusive a propriedade e o contrato, que se tornou lugar-comum no início do século XXI. Sem a solidariedade, a subjetividade jurídica e a ordem jurídica convencional estão fadadas a constituir mera forma de conexão de indivíduos que permanecem juntos, mas isolados.

O princípio da solidariedade vai além da justiça comutativa, da igualdade formal, pois projeta os princípios da justiça distributiva e da justiça social. Estabelece que a dignidade de cada um apenas se realiza quando os deveres recíprocos de solidariedade são observados ou aplicados. "O direito deve servir à construção de uma sociedade solidária. A realização do homem a que o direito deve tender como seu fim não é a realização de cada indivíduo isoladamente; é a realização de cada homem em sociedade, numa comunidade solidária que permita a realização pessoal de seus membros" (Ascensão, 2006, *passim*).

Os revolucionários franceses do final do século XVIII elegeram a liberdade, a igualdade e a fraternidade como valores supremos de transformação da sociedade e da busca da felicidade. Passados dois séculos, a Constituição de 1988, refletindo as atuais matrizes éticas da sociedade brasileira, substituiu a famosa tríade revolucionária pelos objetivos fundamentais de "construir uma sociedade livre, justa e solidária" (art. 3º, I). Liberdade, justiça e solidariedade são objetivos, fundamentos e princípios jurídicos que o Estado, a sociedade civil e cada pessoa humana devem se empenhar em atingir, em processo de constante devir.

O princípio da solidariedade contamina e determina o conteúdo dos dois outros princípios da tríade fundamental brasileira. A liberdade individual é funcionalizada à realização da solidariedade, "a promover o bem de todos" (art. 3º, IV, da CF), e não apenas de cada um. A justiça é principalmente material, voltada a "reduzir as desigualdades sociais" (art. 3º, III, da CF).

O apelo ético à fraternidade converteu-se em dever jurídico de solidariedade, promanado do respectivo princípio normativo. "O princípio constitucional da solidariedade identifica-se, assim, com o conjunto de instrumentos voltados para garantir uma existência digna, comum a todos, em uma sociedade que se desenvolva como livre e justa, sem excluídos e marginalizados" (Moraes, 2003, p. 114).

Assim, podemos afirmar que o princípio da solidariedade é um dos grandes marcos paradigmáticos que caracterizam a transformação do Estado liberal e individualista em Estado democrático e social (por alguns, justamente denominado Estado solidário), com suas vicissitudes e desafios, que o conturbado século XX nos legou. É superação do individualismo jurídico pela função social dos direitos.

A pessoa humana é um ser que pertence ao mundo particular e público, à comunidade familiar e à comunidade universal, nos quais interage com dever de solidariedade. Torna-se humana apenas na convivência. Parafraseando o pré-socrático Heráclito, a solidariedade se inscreve no princípio do porvir incessante das coisas. O princípio da solidariedade não é apenas novidade na aplicação do direito civil, mas dos demais ramos do direito.

A interdependência de todos os seres humanos "transmuda-se, assim, em autêntica solidariedade jurídica, que cria direitos e gera obrigações" (Comparato, 2006, p. 579). O direito civil é palco, nessa quadra da história, do conflito entre a marca funcional do direito na solidariedade e a busca do sujeito de realizar seus próprios interesses com liberdade: no direito das sucessões, a marca da solidariedade para com os seus se contrapõe à de solidariedade para com todos os outros; no direito de família, a liberdade plena que se reclama se contrapõe a quem tem a vida na dependência da não liberdade do outro; no direito dos contratos, reclamam-se novas reflexões sobre os conceitos de lealdade e igualdade; nos direitos reais, há o dilema do uso egoístico das coisas (Nery, 2004, p. 67).

3.4. Princípio da Igualdade

O princípio jurídico da igualdade sempre foi concebido como um princípio formal. Ou seja, todos são iguais perante a lei (art. 5º da CF), nos limites e posições estabelecidos nesta. O grande dilema da igualdade formal é, no dizer de

Pietro Barcellona, que ela convive com a desigualdade que não se pode ler nos códigos, que a pressupõem necessariamente, mas que não regulam diretamente; à igualdade entre os homens se contrapõe, de fato, a desigualdade dos poderes privados (1998, p. 62).

As desigualdades são, em sua maior parte, sociais ou históricas, segundo os autores que sobre elas se detiveram. Por exemplo, Rousseau, no seu conhecido discurso sobre a origem da desigualdade entre os homens, afirma que a natureza fez os homens iguais e a civilização os tornou desiguais. Para Norberto Bobbio, no *Elogio da serenidade*, essa diferença continua relevante para o problema do preconceito, quando a desigualdade natural é agravada pela superposição da desigualdade social, como ocorreu na questão feminina, sendo que a última, não justificada naturalmente, é produto artificial da sociedade dirigida pelos homens.

O princípio jurídico da igualdade contempla e considera as diferenças naturais entre as pessoas. São diferentes as pessoas em razão de suas idades (ex.: crianças, adultos, idosos), do sexo ou gênero (ex.: homem, mulher), ou da orientação sexual (ex.: heterossexual, homossexual, transexual, intersexual), da integridade psicofísica ou não, entre outras situações. As diferenças existem naturalmente, mas não podem repercutir no tratamento jurídico desigual das pessoas. Como diz Guido Alpa (2009, p. 351), as diferenças não devem traduzir-se em discriminações ou em preconceitos.

Nas grandes codificações civis, despontou a desigualdade jurídica nos três principais protagonistas: a) o poder doméstico, revelado no poder marital sobre a mulher ou no poder sobre os filhos, segundo a concepção de família como entidade hierarquizada, desigual e fundada na legitimidade da origem; b) o poder do proprietário, exercido de modo absoluto e exclusivo contra todos e sem limitação, segundo o conceito moderno de liberdade como não impedimento, e, nesse sentido, afastando a intervenção do Estado e da sociedade; c) o poder contratual dominante, encoberto pela igualdade formal dos contratantes, sem contemplar as suas potências econômicas, ou seja, o poder real de um e a vulnerabilidade do outro.

Essa trajetória dos poderes privados marcou a história do direito civil, sendo revista apenas recentemente, considerando-se que no Brasil o Estado social apenas foi inaugurado na década de trinta do século XX. Somente ao final das últimas décadas do século XX os juristas começaram a refletir sobre as desigualdades provocadas pelos poderes privados, que estão em desarmonia com os fundamentos da justiça social e de igualdade material (arts. 3º, III, e 170 da CF). Busca-se, no plano jurídico, a ampliação do conceito de igualdade, desafiando as desigualdades sociais e a imensa concentração de renda, que têm marcado a vida social brasileira. E isso se reflete, evidentemente, na aplicação efetiva do direito em geral e do direito civil.

A mudança de atitude com relação ao princípio da igualdade faz emergir outra visão da igualdade jurídica, que não afasta a igualdade formal – a igualdade de todos perante a lei –, considerada conquista da humanidade. Amplia-se para a igualdade de todos na lei, suprimindo-se os componentes de desigualdades do conteúdo das normas jurídicas. Apesar do princípio da igualdade, afirmado nas Constituições brasileiras, a mulher somente adquiriu a plenitude da igualdade em relação ao marido, em direitos e obrigações, em 1988, com a Constituição Federal. Porque, nem o Estatuto da Mulher Casada, de 1962, nem mesmo a Lei do Divórcio, de 1977, apagaram por completo as assimetrias jurídicas havidas historicamente entre o homem e a mulher. Do mesmo modo, entendia-se normal e justificável que o consumidor, que não tem poder contratual algum, especialmente quando se depara com condições gerais dos contratos predispostas, pudesse ser tratado como igual relativamente ao fornecedor, o que se afastou com o advento do CDC, de 1990.

Alguns fatores têm contribuído para a transformação do princípio da igualdade no direito civil, no sentido de associar a igualdade formal e a igualdade material ou substancial, além das dimensões da justiça social:

a) a constitucionalização das relações civis, que supera a cisão histórica entre Constituição e Código Civil, que eram tidos como espaços normativos estanques, uma voltada às relações de poder e cidadania e o outro às relações igualitárias e autônomas entre sujeitos de direitos. As normas constitucionais, privilegiando a igualdade substancial, passaram a conformar e delimitar a produção e aplicação das normas de direito civil, tendo em conta que "o individualismo do mundo atual criou a vulnerabilidade", segundo Gilles Lipovetsky (2007, p. 53);

b) a aproximação dos conceitos de sujeito privado e cidadania, a exemplo dos direitos da personalidade;

c) a gradativa substituição da natureza patrimonializante das relações civis para a repersonalização delas, significando um redirecionamento do ter para o ser. Em primeiro lugar a pessoa, depois seu patrimônio, e não o inverso, como era na codificação liberal;

d) a crescente compreensão do papel da ordem econômica, cujos princípios determinam a funcionalização da propriedade e do contrato, especialmente o da justiça social, quanto à imposição posta a todo o Estado e ao Direito de redução das desigualdades sociais;

e) a tensão criativa entre interesses privados, interesses sociais e interesses públicos. Porque interesses sociais não mais se confundem com interesse público-estatal. Ou, quando muito, podem ser denominados interesse público-social e interesse público-estatal. Às vezes há conflito entre eles. Eventualmente, um membro do Ministério Público ou uma associação organizada para esse fim poderá, defendendo o interesse social, a exemplo do meio ambiente, entrar em conflito com o interesse público-estatal e com os interesses privados;

f) a contenção dos abusos do poder econômico que a Constituição estabelece e que se difunde pela legislação infraconstitucional.

No CC de 2002 o princípio da igualdade se materializa em vários pontos, nomeadamente:

I – a propriedade. A propriedade deve considerar a promessa constitucional dos direitos sociais (art. 6º da CF/88), que introduziu o direito à moradia, distinto do direito da propriedade clássico; e para a relevância da posse, com a desapropriação judicial do art. 1.228 do CC. O trabalho, neste caso, completa a mera detenção fática da coisa;

II – o contrato. Os princípios sociais despontam com primazia sobre os princípios individuais do contrato. Os princípios sociais do contrato são: a) o princípio da função social, referido especialmente no Código (art. 421), que a doutrina e o sistema jurídico já vinham adotando há certo tempo; b) o princípio da boa-fé objetiva (art. 422), que inclui a probidade, pois não se pode pensar em boa-fé objetiva sem probidade, apesar da distinção feita no Código; e c) o princípio da equivalência material, não claramente expresso no Código, mas que dele deflui, necessariamente, exigente do equilíbrio real de direitos e obrigações das partes. A compreensão da vulnerabilidade do aderente, no contrato de adesão (arts. 423 e 424), é um sintoma dessa preocupação, com relação à igualdade material ou substancial dos contratantes, além de todas as previsões legais de juízo de equidade atribuído ao julgador.

III – A família. A legislação infraconstitucional deve concretizar o princípio da igualdade na família, que se expressa em três dimensões: entre as entidades familiares, entre os cônjuges e companheiros e entre os filhos de qualquer origem. Não são admissíveis regras de desigualdade jurídica entre cônjuges e companheiros, porque não há primazia constitucional entre eles.

Diz Pietro Perlingieri que a igualdade não se exaure na paridade de tratamento, pois as disparidades sociais e econômicas devem ser tratadas de forma diversa, isto é, sem paridade. A "igualdade constitucional tende a realizar a igual dignidade social, removendo os obstáculos que limitam a liberdade dos cidadãos, de maneira a realizar a justiça social e distributiva" (1997, p. 46). Assim, quando houver conflito entre o princípio da igualdade de nível constitucional, necessariamente substancial ou material, e o princípio da igualdade formal, emergente da legislação civil, prevalece o primeiro.

3.5. Princípio da Liberdade

"Os homens, pela sua própria essência, buscam a liberdade", segundo Milton Santos (2007, p. 20). E, querendo a liberdade, descobrimos que ela depende inteiramente da liberdade dos outros, e que a liberdade dos outros depende da nossa (Sartre, 2014, p. 40).

A regra-matriz do princípio da liberdade é o art. 5º da CF, que assegura sua inviolabilidade aos brasileiros e estrangeiros residentes no Brasil. A Constituição admite a liberdade de adquirir e dispor de bens, de constituir e extinguir entidade familiar, de testar, de contrair obrigações, de associar-se. No âmbito do direito civil, o princípio da liberdade se revela na faculdade conferida à pessoa de realizar escolhas, sem impedimentos legais, desde que observados os princípios fundamentais.

A liberdade torna responsável quem a exerce, porque a responsabilidade decorre da consciência das consequências das próprias decisões ou das escolhas feitas, de seus exercícios intelectivos.

A legislação infraconstitucional utiliza-se das normas facultativas ou permissivas e das normas dispositivas ou supletivas para realização do princípio da liberdade. As normas permissivas especificam o âmbito da liberdade da pessoa nas relações civis, para além da regra geral que enuncia ser permitido tudo o que não for objeto de norma cogente (proibido ou determinado). As normas dispositivas apenas incidem quando as pessoas não estipulam de forma diferente ao que elas dispõem; ou seja, essas normas corresponderiam ao que as pessoas livremente disporiam se elas não existissem. A área do direito civil onde mais intensamente o princípio da liberdade se aplica é a das obrigações contratuais. Exemplo de norma permissiva é o art. 425 do CC: "É lícito às partes estipular contratos atípicos, observadas as normas gerais fixadas neste Código". Exemplo de norma dispositiva é o art. 435 do CC: "Reputar-se-á celebrado o contrato no lugar em que foi proposto" (as partes podem indicar outro lugar). Exemplo de norma cogente proibitiva é o art. 426: "Não pode ser objeto de contrato a herança de pessoa viva".

Ao longo da história, a liberdade saiu do espaço coletivo (sentido positivo), de acordo com a cultura greco-romana, para o individual (sentido negativo), que se tornou triunfante na modernidade. Em famoso discurso proferido em 1819, Benjamin Constant intuiu a distinção que se tornou célebre entre a liberdade dos antigos e a dos modernos, título, aliás, como se tornou conhecido o discurso, para demonstrar a excelência da liberdade dos modernos, em época de triunfo da burguesia: "é a liberdade de cada um dizer sua opinião, de escolher sua profissão e de exercê-la; de dispor de sua propriedade, de abusar mesmo; de ir, de vir, sem obter permissão"; comparando-a com a dos antigos, que era a: "de deliberar no espaço público sobre a guerra e a paz, de concluir com os estrangeiros alianças, de votar as leis, de julgar, de verificar as contas dos magistrados", o que levava à "submissão completa do indivíduo à autoridade da coletividade" (1819, *passim*). Em suma, a liberdade dos modernos, que ele valoriza, é entendida como não impedimento à ação individual, como desimpedida fruição dos bens privados, enquanto a dos antigos, que não conheceram a liberdade na dimensão individual, era o *status* político ou ação política, ou seja, o poder de governar e decidir a *res publica*, ou a vida privada dos cidadãos.

Posteriormente, Hannah Arendt retomou essa interessante temática para demonstrar que o campo original da liberdade era o âmbito da política entre os antigos; livre era o titular da ação política, entendida como fato da vida cotidiana; era o governante entre governantes, movendo-se entre iguais (1979, p. 188-220). Os não livres não eram cidadãos: eram escravos ou *alieni juris*. Assim, para os antigos, a ideia de autonomia ou liberdade individual era incogitável. Na antiga Roma os escravos exerciam a atividade comercial (eram "livres" para exercê-la), considerada degradante para os homens livres. Entre os modernos, ocorreu a inversão: livre é o que detém a livre-iniciativa econômica, pouco importando que politicamente esteja submetido a uma ditadura.

Franz Wieacker (1980, p. 491) demonstra a tendência conservadora dos fundadores do positivismo científico, que atuaram de acordo com as exigências políticas e econômicas da época do Estado liberal, particularmente favoráveis à expansão da revolução industrial. Com o advento dos valores corporificados no Estado social, no século XX, fez-se bastante natural a reação à dogmática liberal, máxime no campo das obrigações, com seu favorecimento do capitalismo industrial irrestrito (o da pretensa liberdade do contrato de trabalho), da liberdade de propriedade, da liberdade do direito das obrigações, da liberdade das formas de crédito, convertendo-se em instrumento de uma sociedade injusta. Com referência ao Código Civil alemão, Wieacker esclarece que a tendência da sociedade burguesa (*burgerliche* = cidadã) a um *Burgerliches Gesetzbuch* (Código Civil) seria uma reminiscência em nenhum modo casual.

Sob outra ótica, entende-se que o problema atual não residiria em construir uma esfera de autonomia individual, contraposta ao poder do Estado, típico modo de pensar do liberalismo jurídico, porque, para além da soberania do Estado, depara-se com "a aliança planetária entre técnica e empresa, cuja presença de nada serve para defender a vontade do particular" (Lorenzetti, 1998, p. 541).

A perpetuação dos efeitos do patriarcalismo nas relações familiares, impediente da emancipação feminina, notadamente econômica e social, compromete a aplicação do princípio da liberdade.

No mundo da vida, ou da realidade social, onde irrompe a necessidade não há liberdade.

3.6. Princípio da Autonomia Privada

"O direito dos nossos tempos, depois de se haver o homem libertado do direito do clã e da tribo, bem como do privatismo oligárquico da Idade Média, é baseado em que cada um tem *campo de autonomia*" (Pontes de Miranda, 1974, v. 1, p. XVII).

A autonomia privada é espécie do gênero "autodeterminação", que abrange tanto as relações existenciais quanto as relações patrimoniais. A autodeterminação sobre a vida e o corpo tem sido entendida como o ponto mais intenso e extremo da liberdade existencial, nos limites estabelecidos pelo direito. Por exemplo, o art. 15 do CC prevê que ninguém pode ser constrangido a submeter-se, com risco de vida, a tratamento médico ou a intervenção cirúrgica.

Quando a lei não admite a autonomia privada, estabelece normas cogentes, que não podem ser modificadas ou desconsideradas pelas pessoas; por exemplo, não há autonomia privada para afastar a regra de que toda pessoa é capaz de direitos e deveres na ordem civil (art. 1º do CC). Na linha de repersonalização, que caracteriza o direito civil atual, destaca Orlando de Carvalho o "reconhecimento de um poder de autodeterminação ou de autogestão do indivíduo, que assim se eleva necessariamente a pressuposto número um do próprio modo de regulamentação civilístico" (1981, p. 11).

Além do direito das obrigações, há negócios jurídicos que são próprios ao direito de família, ao direito das coisas e ao direito das sucessões. Até mesmo nos direitos da personalidade, o CC (art. 14) estabelece que é válida, com objetivo científico ou altruístico, a disposição gratuita do próprio corpo, delimitando espaço próprio de autonomia privada.

A CF atribui à União a competência privativa para legislar sobre direito civil (art. 22, I), mas também assegura competência aos sujeitos privados para configurar relações jurídicas com autonomia, por exemplo, celebrar contratos, estabelecer disposições testamentárias, contrair casamento ou constituir outra entidade familiar, vincular seu patrimônio com garantia de hipoteca ou penhor.

No campo dos serviços médicos, a autodeterminação converteu-se em direito indeclinável do paciente, como modo especial de realização efetiva da garantia da dignidade da pessoa humana ou direito subjetivo fundamental. Não se confunde, todavia, com a autonomia privada negocial, da qual emergem os negócios jurídicos. Diferentemente, a autodeterminação integra os direitos da personalidade, para que a pessoa humana seja adequadamente informada por quem detém o domínio do conhecimento especializado, de modo a permitir-lhe a liberdade de escolha. Na relação médico/paciente é o direito de ser informado dos procedimentos e consequências das intervenções médicas e o respectivo dever do profissional de prestar as informações. Daí que não produz efeito jurídico o consentimento puro e simples, mas o consentimento informado.

Para Karl Larenz, a autonomia privada é um dos "princípios capitais e fundamentais do direito privado", porque o homem que vive em frequente comunicação com outros dela necessita para poder decidir livremente nos que lhe afetam diretamente, e com ela afirma-se como pessoa (1978, p. 55). Para Kelsen, todavia, o princípio da autonomia privada não é possível justificar-se pela via objetiva e racional do conhecimento científico (1979, p. 57). Quando se pergunta se é justo que uma ordem jurídica faça uso, em qualquer medida, do princípio da autonomia, isto é, se se coloca o problema da justificação de tal princípio, seria necessário remontar até aos últimos juízos de valor, tais como o individualismo liberal e o coletivismo socialista, para se comprovar finalmente que o princípio político da autonomia descansa sobre uma concepção individualista ou liberal da vida. Para Kelsen, uma teoria geral das obrigações, para ser científica, deveria valer também para as obrigações convencionais estipuladas por uma ordem jurídica não liberal.

Desconhecido pelos romanos antigos e pelos juristas medievais, o princípio tem origem nos postulados filosóficos do iluminismo. Em Immanoel Kant (1986, p. 93 e 102), a autonomia da vontade confundiu-se com a própria noção de liberdade, ou seja, a liberdade como não impedimento e a autonomia como propriedade de ser lei para si mesma. A vontade é que seria, diferentemente da causalidade natural (causas estranhas), uma espécie de causalidade humana.

Os juristas, apropriando-se do princípio kantiano de autonomia, deram-lhe feição dogmático-jurídica estrita, fixando as limitações exteriores do espaço mais amplo possível de autorregulamentação de interesses privados, mediante o ordenamento jurídico.

Seja qual for a concepção que se lhe atribua, a autonomia privada apenas é apreensível a partir dos seus limites. Estranho princípio, voltado à sublimação da liberdade individual, que se explica por seu oposto, a limitação.

Como categoria ou princípio jurídico, a autonomia privada apenas irrompe ao final do século XIX, justamente quando não mais podia ser concebida como corolário pressuposto e inviolável do indivíduo. Com idêntica orientação, Jörg Neuner, após ressaltar sua dependência à justiça distributiva, entende que "a autonomia privada é um valor categorialmente autônomo, mas simultaneamente vinculado a essa autonomia coletiva exercida em conjunto pelos cidadãos no âmbito da legislação" (2004, p. 10).

O advento da legislação intervencionista dos Estados sociais do século XX provocou o estreitamento do espaço de autonomia, ampliando a incidência de normas cogentes imperativas ou proibitivas, com o propósito de proteger o contratante presumivelmente vulnerável, a exemplo do trabalhador, do inquilino, do segurado, do autor, do promitente comprador, do consumidor, do aderente em contrato de adesão.

Em suma, a autonomia privada não mais pode ser concebida como o espaço livre e desimpedido onde os particulares possam autorregular seus interesses, máxime quando o poder privado submete o outro juridicamente vulnerável. Sua função atual é muito mais a de permitir que os poderes privados atinjam o equilíbrio de direitos e obrigações, sem submissão de um titular a outro. Ou, então, em dimensão fortemente axiológica, que seja repensada como importante instrumento de promoção da dignidade da pessoa humana e da solidariedade social.

3.7. Princípio da Função Social

A função social é princípio autônomo que deriva originariamente do macroprincípio da solidariedade. Significa que o exercício de qualquer direito deve estar em conformidade com o interesse social da comunidade onde se insere. Em outras palavras, o interesse individual não pode prevalecer sobre o interesse social.

Muito importante tem sido a distinção entre interesse público estatal e interesse público social, que tem tido curso independente do fenômeno da atual globalização econômica. É muito mais consequência do amadurecimento do Estado social, que passou a ter convivência menos traumática com a sociedade civil organizada. Durante o período do Estado liberal, havia nítida separação entre o que era público, sempre no sentido de estatal, e o que era privado. Todavia, o interesse público não está contido apenas no poder político organizado; pode estar na sociedade, de modo transubjetivo, para além dos interesses particulares, não se confundindo com a soma destes. E pode até mesmo conflitar com o interesse público estatal. Veja-se o exemplo do meio ambiente, pois interessa a todos, a toda a sociedade, que seja preservado, mesmo que a Administração Pública tenha entendido que deva ser sacrificado ou limitado em benefício do progresso econômico.

Às vezes, e até com frequência, o poder público está em total sintonia com o poder econômico, especialmente nessa era de sujeição dos Estados à globalização econômica, o que faz emergir o contraponto do interesse (público) social, especialmente por esse achado da cidadania ativa que são as ações coletivas (no Brasil, especialmente as ações civis públicas e as ações populares). Quando um cidadão, na ação popular, ou o membro do Ministério Público, na ação civil pública, postula a defesa do meio ambiente contra decisões e escolhas legítimas da Administração Pública, dentro do campo indiscutível do interesse público, o conflito se dá com o interesse público social.

O conceito de função insere-se no direito a partir de estudos de juristas, na virada do século XIX para o século XX, que testemunharam o declínio do individualismo jurídico e seu caudal de injustiças, agregando a ideia de atividade dirigida a fins de realização dos interesses sociais. Norberto Bobbio refere-se a duas funções essenciais do direito na sociedade: a de conservação e a de promoção de mudanças, nesta última valendo-se primacialmente de sanções positivas (1977, p. 30).

É precisamente no direito privado que esse princípio jurídico enfrenta seus maiores desafios, no que concerne ao campo de incidência. A força da pré-compreensão, ancorada na visão de mundo de predomínio do individualismo jurídico nas relações privadas entre muitos intérpretes, tem dificultado a correta interpretação de seu conteúdo e alcance nas relações e situações jurídicas concretas. Não é fácil situar a função social em áreas que se desenvolveram sem consideração de suas dimensões sociais, como as dos sujeitos de direito, dos negócios jurídicos, dos ilícitos civis, das obrigações em geral, dos contratos, das famílias, das coisas, das sucessões e das empresas.

A CF alude expressamente à função social da propriedade, quando trata dos direitos individuais (art. 5º, XXIII) e da atividade econômica (art. 170, III), a qual se desenvolve mediante contratos. Relativamente aos bens imóveis, especifica o mínimo que deve observar a propriedade urbana para cumprir a função social (art. 182, § 2º) e a propriedade rural (art. 186). Essas especificações não esgotam o universo da função social nos vários âmbitos do direito civil.

Muitas são as compreensões doutrinárias da função social dos direitos privados, mas há um denominador comum, que, de um modo ou de outro, nelas se encontram: os direitos subjetivos privados não se confinam no âmbito individual de seus titulares, projetando-se no ambiente social que contribui para conformação de seus significados. Os direitos subjetivos apenas fazem sentido em sua intrínseca intersubjetividade. O ambiente social, ao ser impactado pelo advento ou modificação de direitos subjetivos, enlaça-os na formação de seus significados, conjugando indivíduo e sociedade, valores individuais e valores sociais. Não há subjugação dos valores individuais aos valores sociais, ou o inverso como ocorreu no passado, mas sim conjugação e harmonização.

Antes da construção da dogmática jurídica da função social, principalmente na viragem do século XIX para o século XX, influentes juristas já cogitaram do "caráter social dos direitos privados". Assim Rudolf von Ihering denominou o fenômeno. Em sua época, disse von Ihering que todos os direitos privados estão influenciados e vinculados por "considerações sociais".

No período do Estado Moderno liberal a inevitável dimensão social dos direitos civis era desconsiderada para que não prejudicasse a realização individual, em conformidade com a ideologia constitucionalmente estabelecida; o interesse individual era o valor supremo, apenas se admitindo limites negativos gerais de ordem pública e bons costumes, não cabendo ao Estado e ao direito considerações de justiça social.

A função exclusivamente individual do direito civil é incompatível com o Estado social, caracterizado, sob o ponto de vista jurídico-constitucional, pela tutela explícita da ordem econômica e social na CF. O art. 170 da CF estabelece que toda a atividade econômica está submetida à primazia da justiça social.

O princípio da função social harmoniza-se com a modificação substancial relativa à regra básica de interpretação dos negócios jurídicos introduzida pelo art. 112 do CC de 2002, que abandonou a investigação da intenção subjetiva dos figurantes em favor da declaração objetiva, socialmente aferível, ainda que contrarie aquela.

O preceito do CC que melhor expressa essa transformação paradigmática é o seu art. 421. A liberdade contratual, ou autonomia privada negocial, um dos valores mais caros do liberalismo individualista, sobrepunha-se a qualquer consideração de natureza social, com o mínimo de regulação apenas para se garantir o *fair play* dos interesses individuais contrapostos. O art. 421 assegura a liberdade contratual, mas determina que ela deve ser limitada pela função social. Não se trata somente de estabelecer limites externos (negativos) ao seu exercício, mas também os limites internos (positivos).

Vários institutos jusprivados, alguns antigos e outros mais recentes, são especificações da função social. Extraiamos alguns exemplos do CC: a desconsideração da personalidade jurídica, a lesão, o estado de perigo, a fraude contra credores, o abuso do direito, o enriquecimento sem causa, a prescrição das pretensões individuais, a decadência dos direitos subjetivos, os juros legais, a revisão ou resolução do contrato por onerosidade excessiva, os direitos de vizinhança, a prevalência da posse sobre a titularidade inerte de direito real, o condomínio, a parentalidade socioafetiva, a prevalência do fato real da união estável sobre a vontade individual dos companheiros, o direito aos alimentos, o direito à herança necessária como limite do direito do testador.

Em termos estruturais, a função social exsurge como norma jurídica e como dever jurídico. O princípio jurídico é espécie do gênero norma jurídica, que incide quando se realiza o suporte fático ou hipótese normativa que ele contém. Assim, toda vez que houver a celebração de contrato haverá a incidência do princípio da função social, integrando a determinação de seu conteúdo (validade), ou impedindo que certo conteúdo convencionado prevaleça (invalidade). Ao mesmo tempo, a função social é dever jurídico geral que se integra à situação jurídica ou relação jurídica, independentemente da vontade dos titulares. No exemplo citado do contrato, a função social é dever geral de conduta dos contratantes, que se integra àquele independentemente das vontades destes.

3.8. Princípio da Boa-Fé

A boa-fé apresenta-se sob duas modalidades: subjetiva e objetiva.

A boa-fé subjetiva diz respeito à ignorância do sujeito acerca da existência do direito do outro, ou, então, à convicção justificada de ter um comportamento conforme o direito. É a boa-fé de crença. No CC é sempre delimitada, a exemplo do art. 1.201: "É de boa-fé a posse, se o possuidor ignora o vício, ou o obstáculo que impede a aquisição da coisa".

A boa-fé objetiva é regra de conduta das pessoas nas relações jurídicas, principalmente obrigacionais. Interessam as repercussões de certos comportamentos na confiança que as pessoas normalmente neles depositam. Confia-se no significado comum, usual, objetivo da conduta ou comportamento reconhecível no mundo social. A boa-fé objetiva importa conduta honesta, leal, correta. É a boa-fé de comportamento, segundo uma ideia básica de correção na maneira de comportar-se nas relações sociais. A boa-fé objetiva não nos dá uma regra apta a ser aplicada a cada caso particular, mas exige um juízo valorativo que o tempo e o espaço determinam. Para Erlich Danz significa confiança, segurança e honorabilidade baseada nela, pelo que se refere sobretudo à palavra dada, e a palavra "fé" alude "a fidelidade; quer dizer que uma das partes se entrega confiadamente à conduta leal da outra no cumprimento de suas obrigações, fiando-se que esta não a enganará" (1951, p. 191).

Por suas múltiplas interferências nas relações obrigacionais e sua potencialidade de aplicação, a boa-fé objetiva já foi denominada, positivamente, "topos subversivo do direito obrigacional" (Martins-Costa, 1999, p. 409). Em outro escrito, a mesma autora esclarece que a boa-fé subjetiva e a boa-fé objetiva têm diferentes âmbitos e diversas funções: o agir "de boa-fé" denota estado de fato, isto é, a boa-fé subjetiva, e não um princípio prescritivo, um *standard* de conduta, como denota a boa-fé objetiva (2014, p. 195).

A boa-fé não se confunde com o dever de observância dos bons costumes, os quais têm sentido mais amplo de condutas socialmente aceitas, como tradução da moral comunitária dominante no plano jurídico, que lhe empresta juridicidade. A boa-fé objetiva oferece dimensão mais específica, como dever de conduta dos participantes da relação obrigacional segundo fundamentos e padrões éticos. Sabe-se que a moral e as normas morais, existentes em cada comunidade, não se confundem com a ética, sublimada como padrões ideais de conduta. A moral extrai-se da realidade social, com suas contingências e vicissitudes (por isso, fala-se de moral cristã, moral burguesa, por exemplo), enquanto a ética é um dever-ser otimizado, ideal, que orienta a conduta humana à máxima harmonia e perfectibilidade. Com risco de simplificação, dizemos que os bons costumes estão mais próximos da moral, e a boa-fé, da ética.

Ao contrário da omissão do Código anterior, que expressava a rejeição da ideologia liberal e individualista à intervenção do juiz nas relações privadas, o CC de 2002 incorporou expressamente a boa-fé objetiva como princípio regente dessas relações, a exemplo do art. 113: "Os negócios jurídicos devem ser interpretados conforme a boa-fé e os usos do lugar de sua celebração". Essa regra é cogente, não podendo ser afastada pelas partes. Cada figurante (devedor ou credor) assume o dever próprio e em relação ao outro de comportar-se com boa-fé, obrigatoriamente. Ao regular o abuso do direito, o art. 187 qualifica como ato ilícito, gerador de dever de indenizar, exercer o direito contrariamente à boa-fé. O art. 422 refere-se a ambos os contratantes do contrato comum civil ou mercantil, não podendo o princípio da boa-fé ser aplicado preferencialmente ao devedor. São, portanto, tríplices as funções da boa-fé: de interpretação (hermenêutica), de integração e de controle ou limite dos atos jurídicos.

Nas relações de consumo, ainda que o inciso III do art. 4º do CDC cuide de aplicá-lo a consumidores e fornecedores, é a estes que ele se impõe, principalmente em virtude da vulnerabilidade daqueles. Por exemplo, no que concerne à informação, o princípio da boa-fé volta-se em grande medida ao dever de informar do fornecedor.

Por seu turno, o art. 422 do CC de 2002 associou ao princípio da boa-fé o que denominou princípio da probidade ("[...] os princípios da probidade e boa-fé"). No direito público a probidade constitui princípio autônomo da Administração Pública, previsto explicitamente no art. 37 da CF, como "princípio da moralidade", a que se subordinam todos os agentes públicos. No direito contratual privado, todavia, a probidade é qualidade exigível sempre à conduta de boa-fé. Quando muito seria princípio complementar da boa-fé objetiva ao lado dos princípios da confiança, da informação e da lealdade. Pode dizer-se que não há boa-fé sem probidade.

Impressiona como velhas soluções jurídicas contribuem com sopro renovador para a decisão dos conflitos entre particulares. A boa-fé teve função prestante nos negócios da antiga Roma e, agora, penetra capilarmente nos esquemas relacionais, adequando-se às exigências contemporâneas.

Capítulo IV

Pessoa Física e Outros Sujeitos de Direito

4.1. Conceito de Pessoa

Pessoa é o sujeito de direito em plenitude, capaz de adquirir e transmitir direitos e deveres jurídicos. Todo ser humano nascido com vida é pessoa. Pessoa é atributo conferido pelo direito, ou seja, não é conceito que se extrai da natureza. É, portanto, conceito cultural e histórico, que o direito traz para seu âmbito.

O sistema jurídico poderia qualificar como pessoa o ser humano em desenvolvimento no ventre materno, ou o embrião concebido *in vitro*. Todavia, histórica e culturalmente, a qualidade de pessoa sempre foi conferida ao ser humano que nasceu com vida. O natimorto não é e nunca foi pessoa.

Muitos filósofos e juristas concordam que o termo "humano" pode ser compreendido a partir de duas noções: 1) ser humano da espécie *homo sapiens*; 2) ser pessoa. A noção de pessoa implica ser autoconsciente, que pode se relacionar completamente com outros membros de sua espécie, o que exige o nascimento com vida.

A opção do legislador brasileiro é a melhor, principalmente se considerarmos que o conceito de sujeito de direito é mais abrangente, sem necessidade de expansão do significado de pessoa, com risco de sua descaracterização. Como diz Carlos Fernández Sessarego (1992, p. 23), não se pode ser pessoa senão em relação, em comunicação, com os demais seres humanos, com os "outros".

Como explicita Pontes de Miranda, "por trás dessas pessoas estão sempre, no plano econômico e político, homens: a distinção entre pessoas físicas e pessoas jurídicas emana do direito e somente como tais se impõem esses conceitos. Umas e outras têm começo; hão de ser nascidas, isto é, já estarem na vida social, para que sejam pessoas" (1974, v. 1, p. 170), pois o que o direito protege é o interesse dos homens e outros entes.

O direito também atribui o conceito e a natureza jurídica de pessoa a entidades que não têm existência física ou tangível, seja uma coletividade de pessoas que se associam para alcançar fins comuns (associação ou sociedade), seja um patrimônio destinado a um fim (fundação). São as pessoas jurídicas. Há, também, variadas entidades que o direito não considera pessoas, ainda que lhes atribua capacidade para agir. Esse fato bem demonstra que o conceito de pessoa não é natural, mas exclusivamente jurídico.

O ser humano nascido com vida é pessoa física. Essa denominação é tradicional e continua adequada para os fins do direito civil. Teixeira de Freitas, todavia, preferiu denominá-las pessoas de existência visível, justamente para estremá-las das pessoas jurídicas (que ele denominou de existência ideal – ou não visível), como se vê no seu Esboço do Código Civil. Outros optaram por pessoa natural, certamente pela confusão entre conceito jurídico e conceito da natureza, denominação essa utilizada pelo CC de 1916 e mantida no CC de 2002. Não é a melhor, pois, como criticou acertadamente Teixeira de Freitas, conduziria ao paradoxo de considerar a pessoa jurídica como não natural ou artificial.

Para os fins do direito, a personalidade é atributo jurídico, sem estar condicionada ao dado da natureza. Assim, a pessoa jurídica é juridicamente tão "natural" quanto a pessoa física. A expressão "pessoa física" conquistou o uso linguístico e é amplamente utilizada em diversos ramos do direito. A Constituição não alude a "pessoa natural", preferindo simplesmente pessoa no sentido de portadora de direitos e deveres civis; "pessoa humana" e "indivíduo" são termos empregados na Constituição para as questões pertinentes à cidadania. Concordamos com Pontes de Miranda que nenhuma expressão usada é boa, mas "o melhor caminho é o de se chamar física à que é correspondente a homem, e jurídica – subentendido *stricto sensu* – às outras" (1974, v. 1, p. 156).

A humanidade começou a se indagar sobre "o que é ser alguém" ainda na Grécia antiga. Foi Sócrates quem trouxe o exame da pessoa humana para o centro do debate, mudando o foco do *cosmos* para o *anthropos*, buscando encontrar definições para o ser humano. Na Idade Média, sob influência da Igreja Católica, o homem foi concebido como imagem e semelhança de Deus, como parte de uma totalidade cosmo-teológica. Mas é na modernidade que se encontra o fundamento da noção de pessoa como ser racional, livre e responsável por suas ações. No pensamento filosófico da modernidade, principalmente a partir de Kant, pessoa é o ser humano considerado como fim em si mesmo, e por essa razão apresentando um valor absoluto, em oposição a coisas e objetos inanimados; se todos os seres humanos são iguais deve-se tratar a todos do mesmo jeito. Na contemporaneidade, Freud acrescentou o inconsciente à dimensão racional da pessoa.

Historicamente, sob o conceito de pessoa não estavam todas as pessoas. Tal como ocorreu no Brasil, Noam Chomsky lembra que a garantia constitucional à pessoa, prevista na 5ª Emenda à Constituição norte-americana (1791), foi fortemente restringida, pois não incluía os nativos americanos, os escravos e, na mesma época sob as leis britânicas, as mulheres, que eram consideradas propriedades de seus pais e que eram entregues aos seus maridos. Somente em 1975 a Suprema Corte as reconheceu como "pares", com direito a servir em júris federais, reconhecendo sua plenitude como pessoas (2018, p. 79).

O conceito de pessoa física foi enriquecido com a expansão do conceito de direitos humanos, máxime a partir da Declaração Universal dos Direitos do Homem, de 1948, cujo art. 1º enuncia: "Todos os homens nascem livres e iguais em dignidade e direitos. São dotados de razão e consciência e devem agir em relação uns aos outros com espírito de fraternidade". Ainda que "homem" seja entendido como gênero neutro, as declarações e convenções internacionais mais recentes optaram por "pessoa humana", denominação esta adotada pela Constituição brasileira, que estabelece em seu art. 1º como princípio fundamental "a dignidade da pessoa humana". Assim, o conceito jurídico formal e operacional de pessoa física recebe o influxo determinante desse princípio fundamental.

A pessoa referida na Constituição brasileira não se confunde com o indivíduo abstrato, pois é abrangente de suas dimensões afetivas, psicofísicas, sociais, políticas, culturais e até eletrônicas. A constitucionalização da pessoa transpõe a concepção do sujeito como mero centro de imputações de direitos e deveres. Nesse sentido é que se ressalta a transição do indivíduo para a pessoa, em processo concebido como "repersonalização" do sujeito.

No mundo antigo greco-romano, pessoa (daí personagem) era a máscara utilizada pelo artista, nas representações teatrais. A máscara indicava o personagem do drama, o papel a ela atribuído pelo autor. Progressivamente, passou ao direito como atributo conferido aos homens livres. No auge de Atenas, no século V antes de Cristo, em uma população de quatrocentos mil habitantes, metade era constituída de escravos, em grande parte aprisionados em guerras, e a outra metade de pessoas em graus distintos, pois apenas trinta mil podiam votar nas assembleias. O escravo não era pessoa ou até mesmo sujeito de direito limitado, mas sim objeto, coisa negociável e submetida à propriedade arbitrária de seu dono. Um filósofo antigo define sua condição ao dizer que o escravo era uma "ferramenta animada" – uma espécie de máquina que oferecia a vantagem de compreender e executar as ordens que lhe dessem (Bonnard, 2007, p. 120). Até mesmo Aristóteles acreditava em seu tempo que havia, além dos prisioneiros de guerra reduzidos à escravidão – escravos convencionais –, homens que seriam escravos *naturais*, isto é, destinados pela natureza a ser uma posse animada de outros. No século VI depois de Cristo, o imperador romano Justiniano justifica a escravidão, como oriunda do direito das gentes, ainda que contrária ao direito natural, porque por este "todos os homens nasciam livres desde o começo" (1979, p. 9).

No Brasil, igualmente, a mácula da escravidão (índios e africanos) marcou o direito de propriedade quase absoluta sobre os escravos, durante 388 anos, desde o início da colonização portuguesa até a Lei Áurea; o escravo não era pessoa, nem sujeito de direito. Percebe-se que a concepção tradicional de pessoa era de algo que se possuía, não o que era, formulando-se como *habere personam* e não como *essere persona*.

O fim da escravidão levou à fusão ou conjugação dos conceitos de homem, pessoa e capacidade jurídica, que se encontram concentrados no ser humano, nascido com vida. Nesse sentido é a disposição do art. 1º do CC de 2002: "Toda pessoa é capaz de direitos e deveres na ordem civil"; complementada pela primeira parte do art. 2º: "A personalidade civil da pessoa começa do nascimento com vida". Todavia, a concentração desses conceitos não significou que todas as pessoas eram dotadas dos mesmos direitos na ordem civil. Somente com a Constituição de 1988 a mulher adquiriu expressamente a plenitude da igualdade conjugal, uma vez que seus direitos e deveres eram desiguais em relação aos do marido, situação essa mitigada com o Estatuto da Mulher Casada, de 1962, e com a Lei do Divórcio, de 1977.

No plano da teoria jurídica, o conceito de pessoa envolve relação jurídica ou relacionamento com outras pessoas. Ninguém é pessoa sem estar em relação a alguém. É uma qualificação jurídica que constitui eficácia de fato jurídico específico, mas sempre em razão de estar ou potencialmente poder estar em relação. Entende Lourival Vilanova que o simples ser sujeito de direito é efeito dentro de um plexo de relações de conduta; "é-se pessoa num contexto inter-relacional de condutas em possíveis interferências"; o fato mínimo de ser pessoa é já estar em posição de sujeito de direito potencial em várias relações, "e de estar na relação jurídica mínima, fundamental de ser sujeito de direito de personalidade, que é interpessoal, intersubjetivo" (2000, p. 79 e 242). Diferentemente, Marcos Bernardes de Mello inclui as pessoas entre as situações jurídicas simples ou unissubjetivas, o que importa dizer que não se inserem necessariamente em relação jurídica, ainda que só tenham sentido se consideradas no plano da intersubjetividade, pois o homem sozinho não necessita ser capaz ou ter personalidade (2019a, p. 243).

Na contemporaneidade, a proteção jurídica da pessoa tem ido além do corpo físico. Diz Stefano Rodotà (2012, p. 26) que a unidade física, o perímetro delineado pela pele, não define mais o espaço do corpo, que se dilata para outros lugares como os bancos de sangue, do cordão umbilical, dos gametas, dos embriões, das células e de outros tecidos do corpo.

4.2. Sujeito de Direito e Entes Não Personalizados

Sujeitos de direito são todos os seres e entes dotados de capacidade para adquirir ou exercer titularidades de direitos e responder por deveres jurídicos. Nesse sentido, o conceito de sujeito de direito é mais amplo que o de pessoa, que fica abrangido por ele. Em outras palavras, há sujeitos de direito que não são pessoas físicas ou jurídicas. Mas não há direito sem sujeito, pois todo direito é de alguém. Como esclarece Fábio Konder Comparato, a personificação não recobre toda a esfera da subjetividade, em direito, arrematando, na direção que adotamos, que "nem todo sujeito de direito é uma pessoa" (1976, p. 290).

Sujeito de direito e pessoa não são categorias ontológicas, mas sim deontológicas, pois não emergem da natureza ou da realidade da vida. São categorias jurídicas, ou seja, desenvolvidas pelo direito. Podem ser simplesmente ideais, inexistentes na realidade visível, física ou tangível, como a pessoa jurídica. São assim concebidos quando o direito necessita atribuir a um ente ou a uma entidade a titularidade de conjunto amplo de direitos, inclusive expectativos, ou de deveres jurídicos, centralizando neles a imputação de relações e situações jurídicas.

A evolução do direito e as exigências do mundo da vida levaram à necessidade de conferir a certos entes partes ou parcelas de capacidades para aquisição, exercício e defesa de direitos, dispensando-lhes a personalidade. São os entes não personificados. Para a realização dos fins a que estão destinados, ou para sua tutela jurídica, não precisam ser personalizados nem equiparados a pessoas. Para que possam defender seus interesses em juízo basta que se lhes atribua excepcional capacidade processual.

Quando se deparou com esses fenômenos, a doutrina tendeu a expandir o conceito de pessoa, de modo que pudesse acolhê-los em seu seio. A consequência foi ou a rejeição, como se tais entes não existissem juridicamente, ou a descaracterização da noção de pessoa, que, de tão expandida, desprendia-se de suas funções prestantes, ou a concepção insustentável de direitos sem sujeitos. A jurisprudência dos tribunais restringe-se a admitir esses entes como partes processuais, com capacidade processual, deixando de lado a capacidade material de que são dotados (Maciel, 2001, p. 104).

Pessoa é o sujeito de direito dotado de capacidade plena ou ilimitada na ordem civil. Os entes não personificados são sujeitos de direito dotados de capacidade jurídica limitada à sua proteção ou à consecução de seus fins.

Exemplo frisante é a distinção entre pessoa e nascituro, segundo o art. 2º do CC. Pessoa é o ser humano nascido com vida; nascituro é o ser humano não nascido e que ainda está no ventre materno. Ambos são sujeitos de direito, a primeira personalizada e o segundo não personalizado.

São sujeitos de direitos não personalizados os seres humanos concebidos ou não, aos quais o direito empresta consequências jurídicas ou tutela. Não há necessidade, nesses casos, de se atribuir personalidade. No estágio atual do direito brasileiro, podemos assim enumerá-los, com referências aos preceitos legais básicos:

a) o nascituro (CC, art. 2º);

b) os embriões excedentários, concebidos *in vitro* e ainda não implantados no útero de mulher, crioconservados até três anos da concepção, desde que considerados aptos para procriação (CC, art. 1.597, IV);

c) os ainda não concebidos (*nondum concepti*), entes humanos futuros ou prole eventual, destinatários de sucessão testamentária (CC, art. 1.799, I), ou de outros negócios jurídicos unilaterais, ou de estipulações em favor de terceiro;

d) as futuras gerações humanas, como titulares de preservação do meio ambiente, que lhes permitam vida digna, quando nascerem (CF, art. 225).

O art. 1.597, IV, do CC denomina "excedentários" os embriões que não foram implantados no ventre materno, resultantes de descarte de reprodução medicamente assistida. Segundo a Lei de Biossegurança (Lei n. 11.105/2005), que regula a utilização de células-tronco embrionárias obtidas de embriões humanos produzidos por fertilização *in vitro*, esses embriões devem ser crioconservados por até três anos, ou em prazo menor, se foram considerados totalmente inaptos para a procriação. O destino desses embriões descartados ou excedentários tem constituído um dos mais delicados problemas relacionados com as técnicas de reprodução humana, especialmente quando os cônjuges ou companheiros não têm mais interesse em conceber outros filhos, nem permitem que sejam utilizados em outras mulheres. O CC apenas trata da presunção de concepção em relação ao embrião que tiver sido introduzido no útero da mulher, silenciando quanto ao destino dos demais que permanecem na condição de excedentários. O STF, na Ação Direta de Inconstitucionalidade n. 3.510, após consultar a comunidade científica em audiência pública sobre quando começa a vida do ser humano, considerou constitucional o art. 5º da Lei de Biossegurança, permitindo a utilização dos embriões inviáveis em pesquisas e tratamentos médicos com as células embrionárias; segundo o relator, Min. Carlos Britto, a pessoa humana é a que se contém entre o nascimento e a morte cerebral. A doutrina condena a exigência da Lei n. 11.105 do "consentimento dos genitores" para a utilização dos embriões congelados para fins de terapia e pesquisa, pois o "mero dador de gametas não é juridicamente progenitor", atuando fora dos processos naturais e de qualquer projeto de paternidade, tudo se esgotando no fornecimento de material para reprodução que realiza, como na hipótese de procriação heteróloga (Ascensão, 2007, p. 18).

A regra do direito brasileiro é que somente podem ser legitimados a suceder hereditariamente as pessoas nascidas ou os já concebidos no momento da morte do autor da herança. Mas é admitida, excepcionalmente, a legitimidade dos "filhos, ainda não concebidos, de pessoas indicadas pelo testador, desde que vivas estas ao abrir-se a sucessão" (art. 1.799). Assim, há sujeitos de direitos potenciais, ou seja, titulares de direito sucessório, que ainda não foram concebidos (= implantados no útero materno). Para o direito brasileiro, incluem-se entre os não concebidos os embriões concebidos *in vitro*, mas não implantados no útero materno. Essa titularidade é dependente de dois requisitos: 1) que os prováveis genitores dos ainda não concebidos estejam vivos quando houver a morte do testador; 2) que o herdeiro ou herdeiros esperados sejam concebidos até o termo final de dois anos após a morte do testador, podendo ser antes desta. Se a prole eventual não se consumar, dentro desse prazo, ou tornar-se impossível (morte ou esterilidade do provável genitor), a destinação é considerada ineficaz, indo a sucessão para os herdeiros legítimos do testador.

Finalmente, as "futuras gerações", aludidas no art. 225 da CF, são investidas como sujeitos de direito, ainda que não existam fisicamente. São sempre "futuras", pois a expectativa é que a população não se extinga. Como contrapartida ao direito desses sujeitos de direito, as atuais gerações têm o dever jurídico de preservação do meio ambiente, para quando as futuras gerações puderem viver com dignidade. Nesses casos de sujeitos de direitos coletivos, o ordenamento jurídico legitima órgãos públicos ou entidades para que promovam a defesa, inclusive judicialmente, dos direitos e interesses, como representantes processuais adequados. Esses representantes, como o Ministério Público ou uma associação civil, não são titulares do direito, mas titulares de legitimação para sua defesa.

4.3. Nascituro

Nascituro é o ser humano que se desenvolve no ventre feminino. Sua existência, para os fins do direito civil, tem início com a implantação uterina efetiva, por meios naturais ou artificiais, e se encerra quando nasce com vida ou morto. Não é pessoa, no sentido de qualificação jurídica, nem mesmo "pessoa por nascer", como pretendeu Teixeira de Freitas em seu *Esboço do Código Civil*, pois ainda não dotado de personalidade civil. Mas é sujeito de direito, pois o art. 2º do CC brasileiro estabelece que "a lei põe a salvo, desde a concepção, os direitos do nascituro". O nascituro já é ser humano, e como tal sujeito de direito, ainda que não seja pessoa. É titular de direito atual e não futuro.

O nascituro não é pessoa, mas poderia ser se o direito assim determinasse e não julgasse suficiente seu reconhecimento como sujeito de direito. Porém, não é recomendável como política legislativa, pois sua condição de sujeito de direito assegura-lhe integralmente a tutela jurídica necessária.

Sob a ótica filosófica, seguimos Jürgen Habermas, para quem deve ser feita distinção entre a dignidade da vida humana e a dignidade da pessoa humana, esta reservada juridicamente a toda pessoa. As manipulações genéticas impulsionaram essa distinção, pois o embrião ou o nascituro não é pessoa, mas goza da dignidade da vida humana. "A individualização da história de vida realiza-se por meio da socialização. Aquilo que, somente pelo nascimento, transforma o organismo numa pessoa, no sentido completo da palavra, é o ato socialmente individualizante de admissão no contexto *público* de interação de um mundo da vida partilhado intersubjetivamente. Somente a partir do momento em que a simbiose com a mãe é rompida é que a criança entra num mundo de pessoas, que *vão ao seu encontro*, que lhe dirigem a palavra e podem conversar com ela" (2004, p. 49).

A doutrina, que não consegue enxergar a natureza jurídica do nascituro como sujeito de direito, ou que confunde sujeito de direito e pessoa, enreda-se em configurações que não convencem. Pontes de Miranda alude a alguns autores, que recorreram à ideia de ficção jurídica (ficção de já ter nascido), à de direitos sem sujeito (que, "em vez de fingir o sujeito de direito, o escamoteava, o que é fingir o pior"), ou à de herança sem dono até o nascimento, ou à de direitos futuros, ou à de direitos com sujeito indeterminado, ou à de pessoa "jurídica" que antecederia a pessoa física, ou à de pessoa sujeita a condição, ou à de representação atribuída ao curador do nascituro sem definir a existência jurídica do representado (1974, v. 1, p. 167).

No Brasil, Silmara J. Chinelato e Almeida advoga a tese da personalidade do nascituro (= pessoa), pois "apenas certos efeitos de certos direitos dependem do nascimento com vida, notadamente os direitos patrimoniais materiais, como a doação e a herança"; o nascimento com vida apenas seria elemento de eficácia total desses direitos (2000, p. 81). Já Arnoldo Wald afirma que o nascituro não é sujeito de direito porque "há nele uma personalidade condicional que surge, na sua plenitude, com o nascimento com vida e se extingue no caso de não chegar o feto a viver" (2002, p. 118). Para Caio Mário da Silva Pereira "não há falar, portanto, em reconhecimento de personalidade ao nascituro, nem se admitir que antes do nascimento já ele é sujeito de direito" (2004, p. 217), confundindo pessoa e sujeito de direito. Essas orientações contradizem a nossa, quando afirmamos ser suficiente o conceito de sujeito de direito.

A Corte Europeia de Direitos Humanos, em decisão de 8 de julho de 2004, considerou não ser desejável, sequer possível no presente momento, responder em abstrato à questão que procura saber se o nascituro é uma "pessoa", no sentido do art. 2º da Convenção Europeia de Direitos Humanos, segundo o qual "o interesse e o bem-estar do ser humano devem prevalecer sobre o interesse exclusivo da sociedade ou da ciência".

A concepção do nascituro é entendida como a que viabiliza o desenvolvimento do embrião. Dá-se a concepção quando se efetiva no aparelho reprodutor da mulher, ainda que o embrião tenha resultado de manipulação em laboratório (*in vitro*). Somente a partir daquele instante incide a norma do art. 2º do CC, relativamente à ressalva dos direitos expectativos do nascituro. Diferentemente, corrente doutrinária entende que a concepção ocorre no momento da penetração do espermatozoide no óvulo, embora fora do corpo da mulher (Diniz, 2002, p. 373). Esse entendimento é insustentável, ante a possibilidade de armazenamento de embriões descartados quando da inseminação artificial, e que não serão aproveitados em outra, por desinteresse ulterior do casal em ter outros filhos, conforme estabelece o art. 5º da Lei de Biossegurança.

Embrião é o ser humano durante as primeiras semanas de seu desenvolvimento intrauterino, ou em proveta e depois no útero, nos casos de fecundação *in vitro*. O CC não define a partir de quando se considera embrião, devendo ser apropriados, subsidiariamente, os conceitos utilizados pela medicina. Os cientistas divergem sobre, quando, exatamente, a vida biológica se inicia, mas parece inegável que um embrião humano é um organismo vivo identificável ao menos no momento em que é implantado em um útero, o que ocorre quatorze dias depois da concepção (Dworkin, 2003, p. 29).

Há quem distinga o embrião do pré-embrião, entendendo-se este como o que foi desenvolvido até quatorze dias após a fecundação; a partir de quatorze dias, tem-se propriamente o embrião, ou vida humana. Nesse sentido: "Embrião: O ser humano nas primeiras fases de desenvolvimento, isto é, do fim da segunda até o final da oitava semana, quando termina a morfogênese geral" (Zago; Covas, 2006, p. 18), e: "Chama-se pré-embrião, embrião pré-implantatório ou substância embrionária humana o produto da concepção, desde a efetiva fecundação do óvulo pelo espermatozoide, realizada fora ou não do útero materno, até o 14º dia da gestação, quando se forma a estrutura básica do sistema nervoso central (linha primitiva). Por embrião ou embrião pós-implantatório entende-se como a fase de desenvolvimento embrionário que, continuando a anterior, completa-se, assinalando a origem e incremento da organogênese ou formação dos órgãos humanos, cuja duração é de aproximadamente dois meses e meio, a partir da nidação. E, finalmente, o feto é a fase mais avançada do desenvolvimento embriológico. Visualiza-se a aparência humana, e seus órgãos, já formados, crescem paulatinamente, preparando-se para funcionar autonomamente, após o parto. O feto é, portanto, um embrião mais desenvolvido" (Souza: 2001, p. 61-2). Essa distinção é aceita em vários direitos estrangeiros, especialmente na Europa, como concluiu o Relatório Warnock. A situação mais comum é geração de vários pré-embriões ou embriões, necessários para as tentativas de concepção bem-sucedida no útero materno. Também entende Heloisa Helena Barboza que "não nos parece razoável considerar-se o embrião antes da transferência para o útero materno um nascituro" (1993, p. 83).

Garante-se ao nascituro a tutela dos direitos que lhe serão transferidos se nascer com vida, quando se converterá em pessoa. É o direito expectativo, que incide imediatamente ao início da gravidez. O direito expectativo é resolúvel, pois se encerra com o parto (nascimento com vida ou morte do nascituro). Se nascer com vida, resolve-se o direito expectativo, de que é titular o nascituro, e adquire definitivamente os direitos próprios à pessoa. Se nascer morto, resolve-se o direito expectativo, sem qualquer transmissão ou aquisição. Exemplo de direito expectativo é a herança deixada pelo pai que faleceu antes do nascimento do filho (CC, art. 1.798); se este nascer com vida, herdará, mas se nascer morto a herança seguirá diretamente para os demais herdeiros (para os outros filhos do pai pré-morto, se existirem, ou para os avós paternos, se não houver outros filhos, porque no direito brasileiro primeiro herdam os descendentes, depois os ascendentes, depois o cônjuge, depois os parentes colaterais).

Decidiu o STF (RE 99.038) que a proteção do nascituro é "na verdade proteção de expectativa, que se tornará direito, se ele nascer vivo. Venda feita pelos pais à irmã do nascituro. As hipóteses previstas no CC, relativas aos direitos do nascituro, são exaustivas, não os equiparando em tudo ao já nascido". Confunde essa decisão direito expectativo, que já existe, com expectativa de direito, o que é ainda não existente. O nascituro é sujeito de direito expectativo (existente), o que o legitima a ser defendido, inclusive em juízo, por seu representante legal; é diferente da titularidade como pessoa, se nascer com vida, e de natureza diferente serão os direitos que advierem desse fato. Expectativa de direito é algo distinto: diz respeito a direito que ainda não se constituiu; portanto, não é ainda figura do mundo do direito, porque é suporte fático que ainda não se completou.

O CC também prevê situações específicas de direitos expectativos do nascituro: o art. 542 prevê que a doação feita ao nascituro valerá se aceita por seu representante legal; o art. 1.609 permite que o reconhecimento do filho possa preceder seu nascimento; o art. 1.798 legitima à sucessão hereditária os já concebidos no momento do falecimento do autor da herança. Também se enquadra no conceito de direito expectativo o previsto no art. 650 do CPC, o qual estabelece que se um dos interessados na partilha decorrente de sucessão hereditária for nascituro, o quinhão que poderá lhe caber será reservado em poder do inventariante até seu nascimento.

Pode haver, também, exercício imediato de direito, pelo nascituro, quando estiver em risco sua vida ou seu patrimônio potencial. Se a mãe for mentalmente incapacitada, tendo falecido o pai, o juiz deverá nomear curador do nascituro, que será o mesmo dela (CC, art. 1.779). A doutrina e a jurisprudência têm admitido o direito de alimentos ao nascituro quando o pai abandonar a mãe e esta não puder prover sua subsistência e os gastos adicionais da gravidez; nesta hipótese, são devidos os alimentos para as necessidades diretas da mãe e, consequentemente, do nascituro.

A Lei n. 11.804/2008 instituiu os chamados "alimentos gravídicos", para hipóteses de paternidade ainda não determinada, podendo a mãe os requerer judicialmente ao suposto pai "para cobrir as despesas adicionais do período da gravidez e que sejam dela decorrentes, da concepção ao parto"; mas o titular, segundo a lei, não é o nascituro e sim a mulher grávida, que também arcará com as despesas proporcionais aos seus próprios recursos.

A jurisprudência dos tribunais tem admitido ao nascituro indenização por danos morais. No REsp 1.170.239, o STJ considerou-os cabíveis em virtude de realização de exame de ultrassonografia cujo resultado, erroneamente, indicou síndrome de Down, sendo responsáveis solidários o centro radiológico e a operadora do plano privado de saúde. Decidiu o STJ (REsp 399.028) que "o nascituro tem direito aos danos morais pela morte do pai, mas a circunstância de não tê-lo conhecido em vida tem influência na fixação do *quantum*".

Também, após o nascimento, pode a pessoa exercer pretensões em relação a acontecimentos que refletiram em sua condição de nascituro. Pode, por exemplo, pleitear reparação por deficiências físicas ou mentais, cujas causas foram, comprovadamente, atos ou atividades médicas ou hospitalares, provenientes de erros de diagnósticos, de omissões, de exames, de prescrições etc.

Pode o nascituro ser adotado? O CC de 1916 admitia sua adoção expressamente (art. 372). O CC de 2002 não reproduziu a regra. Entendemos, todavia, que não há impedimento legal para tanto, pois todos os direitos da futura pessoa já estão reservados, caso o nascituro nasça com vida, inclusive o de ser adotado. Assim, a adoção pode ser deferida pelo juiz, ficando suspensa até que se confirme o nascimento com vida, quando produzirá todos os seus efeitos. Essa solução contempla melhor os princípios constitucionais da dignidade da pessoa humana (ainda que futura) e da solidariedade, assegurando uma família para a futura criança quando a gestante não deseje assumir a maternidade.

4.4. Tempo da Pessoa Física: Início e Término

A pessoa física começa a existir quando nasce com vida. O nascimento é um fato jurídico, cuja eficácia independe da vontade de quem quer que seja. Pouco importam as feições que apresente, as deficiências físicas inatas ou as deficiências mentais. Antes do nascimento tem-se o nascituro, sujeito de direito que ainda não é pessoa física, como assim qualifica nosso sistema jurídico.

Costumes antigos dos povos ou de sociedades não civilizadas legitimavam a morte ou o abandono de bebês malformados. O antigo direito romano recusava personalidade aos que fossem gerados sem forma humana (Digesto, 1,5, fr. 14), o que a modernidade repudiou, pois todo ser gerado e nascido de mulher é humano e, consequentemente, pessoa. Longo foi o caminho percorrido pela humanidade para assegurar dignidade de pessoa humana a todos os nascidos, independentemente de seu grau de sanidade. Toda pessoa, portanto, desde o nascimento, é igualmente dotada de capacidade jurídica.

Às vezes ocorre dificuldade para confirmar o nascimento com vida. Para o direito brasileiro, o mais leve indício de vida, ainda que seguido de morte, é suficiente para ter início a personalidade e os consequentes efeitos jurídicos. A lei não estabelece critério único para se aferir o nascimento com vida, nessas circunstâncias. Remete ao que o conhecimento científico admite como meio de aferição. A literatura médico-legal reflete os avanços do conhecimento nesse mister. Antes, entendia-se que bastava indício de respiração; depois se constatou sua fragilidade, pois pode haver expiração em decorrência de pressão manual, o que não provaria o nascimento com vida. Do mesmo modo, a pulsação do coração não é inquestionável. Na dúvida, deve prevalecer o laudo ou parecer médico.

O CC estabelece que "a existência da pessoa natural termina com a morte". Mas o que é a morte? Os conceitos de vida e morte estão sujeitos a diferentes momentos culturais e não apenas científicos. Antes, a morte se constatava com o desaparecimento da função circulatória e respiratória de forma definitiva. Atualmente, tem sido entendido que para apurar a morte da pessoa o órgão determinante é o cérebro, máxime considerando que procedimentos e equipamentos médico-hospitalares podem prolongar artificialmente a vitalidade de outros órgãos do corpo humano, o que suscita questões delicadas no campo da bioética e dos limites da ciência.

Assim, a morte cerebral ou encefálica, constatada indiscutivelmente pela equipe médica, constitui o fim da personalidade, ainda que outros órgãos do corpo sejam mantidos artificialmente, pois não existe mais autonomia de vida pessoal. Em 1992 a legislação brasileira incorporou o conceito de morte cerebral, em substituição do conceito de morte por parada cardiorrespiratória; portanto, ocorre a morte da pessoa, ainda que sem parada cardiorrespiratória do corpo. De acordo com o art. 3º da Lei n. 9.434/1997, a retirada *post mortem* de tecidos, órgãos ou partes do corpo humano, destinada a transplante, "deverá ser precedida de diagnóstico de morte encefálica, constatada e registrada por dois médicos não participantes das equipes de remoção e transplante". Portanto, para o direito brasileiro, não há mais vida em corpo humano com morte encefálica, que se converteu em cadáver.

A Suprema Corte norte-americana, em *Cruzan by Cruzan v. Director, Missouri Department of Health*, de 1990, admitiu o direito de pessoas capazes a rechaçar um tratamento médico que mantenha a vida, como consequência do princípio da liberdade e da privacidade. Esse é o campo da ortotanásia, que pode ser comparada a uma eutanásia passiva, ou seja, o direito de morrer naturalmente, quando não há mais condições de a pessoa manter-se viva, segundo os dados atuais de ciência. Essa situação dramática recebeu destaque internacional quando o papa João Paulo II, em 2005, desenganado pelos médicos, pediu para desligar os equipamentos, de modo que pudesse morrer em seus aposentos, fora do ambiente hospitalar e dos tratamentos médicos, deixando-se concluir naturalmente o ciclo biológico da vida; antes, em 1995, esse papa tinha editado a encíclica *Evangelium Vitae*, na qual reconhece como legítima a renúncia "a tratamentos que dariam somente um prolongamento precário e penoso da vida", que não equivale a suicídio ou eutanásia, mas antes exprime "a aceitação da condição humana defronte à morte". A Declaração sobre a Eutanásia da Associação Mundial de Medicina, de 1987, considera a eutanásia eticamente inadequada, o que "não impede o médico de respeitar o desejo do paciente em permitir o curso natural do processo de morte na fase terminal de uma doença". Como ressalta Marcos Ehrhardt Jr., houve importante mudança de paradigma do tratamento da doença para a pessoa doente (2009, p. 209).

Se a vida cerebral é determinante, então a ausência de cérebro ou de suas funções (caso do anencéfalo, ou seja, malformação no tubo neural, no cérebro) deve ser considerada para apurar o início da personalidade. O nascimento de anencéfalo impede a atribuição de personalidade, pois equiparado ao natimorto. Logo após decisão do STF (ADPF 54) que autorizou a antecipação terapêutica do parto em caso de comprovada anencefalia, sem necessidade de decisão de autoridade judiciária ou administrativa, o Conselho Federal de Medicina editou a Resolução n. 1.989/2012 para regulamentar o diagnóstico médico, mediante exame ultrassonográfico detalhado e assinado por dois médicos, a partir da décima segunda semana de gravidez, cabendo à gestante decidir se quer ou não mantê-la.

O documento que atesta a morte da pessoa física é a declaração de óbito, que deve ser preenchida em tantas vias quantas forem determinadas. De acordo com a Lei n. 11.976/2009, uma das vias será remetida obrigatoriamente ao cartório de registro civil, onde haja o assento de nascimento. Por sua vez, o oficial de registro civil comunicará o óbito à Receita Federal e à Secretaria de Segurança Pública da unidade da Federação que tenha emitido a cédula de identidade, exceto se, em razão da idade do falecido, essa informação for manifestamente desnecessária (Lei n. 13.114/2015). Por força do art. 77 da Lei de Registros Públicos, com a redação dada pela Lei n. 13.484/2017, nenhum sepultamento será feito sem certidão do oficial de registro do lugar do falecimento ou do lugar de residência do *de cujus*, quando o falecimento ocorrer em local diverso do seu domicílio, extraída após a lavratura do assento de óbito, em vista do atestado de médico, se houver no lugar, ou em caso contrário, de duas pessoas qualificadas que tiverem presenciado ou verificado a morte.

Não mais existe, em nosso direito, a "morte civil", admitida no mundo ocidental até o século XVIII. A pessoa condenada com a morte civil perdia todos os direitos civis e políticos, cessando as relações de família e abrindo-se sua sucessão, como se estivesse morto. O CC prevê a exclusão da sucessão de herdeiro, por indignidade (art. 1.814), e a deserdação de descendente em determinadas hipóteses (art. 1.962), o que ainda pode significar resíduo da pena de morte civil, pois o herdeiro indigno ou deserdado é substituído por seus herdeiros "como se ele morto fosse antes da abertura da sucessão" (art. 1.816).

Para o STJ, não há exigência de formalidade específica acerca da manifestação de última vontade do indivíduo sobre a destinação de seu corpo após a morte, sendo possível a submissão do cadáver ao procedimento de cremação, em atenção à vontade manifestada em vida (REsp 1.693.718/2019).

A comoriência é a simultaneidade das mortes de duas ou mais pessoas. As mortes acontecem no mesmo evento, por exemplo, em acidente de automóvel, ficando difícil apurar quem morreu antes ou depois. O interesse do direito nesse fato fica patenteado quando as pessoas falecidas têm relação de parentesco entre si, por exemplo, pai e filho, tendo em vista as consequências da sucessão hereditária, principalmente. O direito vale-se de presunção legal relativa, entendendo que ambos morreram simultaneamente. Por ser uma presunção relativa, a prova médico-legal pode indicar a ordem real dos falecimentos. Não se admite a presunção de que o mais velho tenha morrido em primeiro lugar, porque nem sempre assim ocorre no mundo real. Se a presunção legal não for afastada por prova consistente, então, no exemplo citado de pai e filho, este não herdou daquele e vice-versa. Os atestados de óbito de ambos consignarão o mesmo horário do falecimento.

A morte pode ser presumida, em duas situações: em virtude de ausência e sem declaração de ausência. A ausência é o desconhecimento, por longo período de tempo, do paradeiro de uma pessoa, por seus parentes e conhecidos, constatada pela demorada interrupção de informações. Quando a ausência for configurada em juízo, a sucessão hereditária da pessoa é aberta em caráter provisório e, também, definitivo, ainda que seus efeitos possam ser alterados, se a pessoa reaparecer.

Avançou o direito brasileiro, com o CC de 2002 (art. 7º), na direção reclamada pela sociedade e pela doutrina jurídica, para admitir a presunção definitiva da morte da pessoa desaparecida. São eventos e circunstâncias com altíssimo grau de probabilidade da morte, nos quais o corpo não é encontrado. Ocorrem, principalmente, em tragédias naturais ou provocadas por acontecimentos humanos ou por falhas de equipamentos, principalmente de meios de transporte, além de desaparecimento de prisioneiro de guerra, após dois anos do encerramento desta.

Às vezes, há conhecimento do provável local do desaparecimento, mas este é inacessível aos meios disponíveis. Fato de grande repercussão ocorreu com o desaparecimento do Deputado Federal Ulysses Guimarães, que foi presidente da Assembleia Nacional Constituinte na qual votou a Constituição de 1988, cujo corpo desapareceu no mar em virtude da queda do helicóptero em que viajava. Todas as tentativas de encontrar o corpo foram baldadas. Outras vezes, o local do desaparecimento é conhecido, mas as circunstâncias não permitiram a localização do corpo. Em 17 de julho de 2007, o avião do voo JJ 3054 explodiu após tentar aterrissar no aeroporto de Congonhas, em São Paulo; os corpos de quatro passageiros não foram localizados, tendo sido encontrados apenas destroços de seus pertences. São hipóteses de mortes reais, sem cadáveres.

Para que seja declarada a morte presumida, o perigo de vida há de ser configurado como de probabilidade extrema, além da prova de esgotamento das buscas possíveis, de acordo com os meios e tecnologia disponíveis. O juiz, convencido da presunção da morte e da inutilidade de novas buscas, decidirá fixando a data do falecimento, segundo as informações colhidas e laudos periciais. A data provável do falecimento deve ser preferencialmente a da ocorrência do fato ou da tragédia, e não a do encerramento das buscas. A sentença judicial tem o mesmo efeito da certidão de óbito, inclusive para os fins de inventário e partilha definitivos dos bens deixados. Sustenta-se que são aplicáveis as regras da sucessão provisória previstas para o ausente (CC, arts. 26 e s.) à morte presumida prevista no CC, art. 7º, como se lê no Enunciado 614 das Jornadas de Direito Civil (CJF/STJ). Todavia, são hipóteses distintas. A declaração de morte presumida, nas situações estritas previstas no art. 7º de probabilidade extrema (perigo de vida comprovado ou soldado desaparecido após dois anos do fim da guerra), não se confunde com ausência, pois nesta, ao contrário daquela, não se fixa a data do falecimento. Assim, a sucessão é definitiva e não provisória.

A Lei n. 13.812/2019 instituiu o Cadastro Nacional de Pessoas Desaparecidas, com intuito de organizar bancos de informações públicas ou sigilosas, para que sejam adotadas as providências para suas localizações. Em caso de dúvida acerca da identidade de cadáver, devem ser promovidas coletas de informações que serão inseridas no Cadastro. O Cadastro não substitui as providências judiciais para declaração de morte presumida.

A Lei n. 9.140/1995 reconhece como mortas pessoas desaparecidas em razão de participação, ou acusação de participação, em atividades políticas no período de 2 de setembro de 1961 a 15 de agosto de 1979, período que corresponde à preparação e execução da ditadura militar no Brasil, ocasião em que várias pessoas, consideradas adversárias do regime, desapareceram. Essa lei especial vai além da simples ausência, pois estabelece a condição de morto ao desaparecido político, com todas as consequências jurídicas daí decorrentes, inclusive da imediata abertura da sucessão e da viuvez, sem necessidade do processo de ausência. Na hipótese de localização com vida da pessoa desaparecida serão revogados os atos decorrentes da aplicação dessa lei.

4.5. Registro Civil da Pessoa Física

Após o nascimento da criança é obrigatório (CC, art. 9º) o registro público no cartório de registro civil das pessoas físicas em cuja circunscrição se deu o parto ou no lugar da residência dos pais, dentro do prazo de quinze dias, ou de três meses, para os lugares distantes mais de trinta quilômetros do cartório (Lei n. 6.015/1973 – Lei de Registros Públicos, arts. 50 e 52, este último com a redação da Lei n. 13.112/2015). A Lei de Registros Públicos, com as alterações havidas em 2017, permite que a criança seja registrada como sendo natural do Município onde reside a mãe, mesmo que o nascimento não tenha ocorrido ali.

São declarantes o pai ou a mãe, isoladamente ou em conjunto. Se os pais não promoverem o registro, devem fazê-lo, no prazo de quarenta e cinco dias, o parente mais próximo, ou o médico ou parteira, ou outra pessoa idônea da casa onde ocorrer o parto. Se a criança tiver nascido morta também se exige o registro do óbito. O Provimento n. 13/2010 do CNJ permite que a emissão de certidão de nascimento seja feita nos estabelecimentos de saúde que realizam partos, por meio da utilização de sistema informatizado que os interligue às serventias de registro civil.

O registro de nascimento é considerado direito fundamental, constitutivo da pessoa humana. Assim é previsto no art. 7º da Convenção Internacional dos Direitos da Criança, com força de lei no Brasil, impondo-se como dever à família, à sociedade e ao Estado.

No Brasil colonial e imperial não havia registro civil das pessoas físicas, uma vez que se atribuía tal função às paróquias católicas, em razão do batismo. O assento de batismo tinha efeito equivalente ao de registro de nascimento. Somente com o advento da República o reconhecimento do nascimento tornou-se laico, com a organização do registro civil.

A Lei n. 11.790/2008 permite que a declaração de nascimento possa ser feita após o decurso do prazo legal, desde que registrada no lugar da residência do interessado, com assinaturas de duas testemunhas, podendo o oficial exigir prova suficiente se suspeitar da falsidade da declaração; essa providência contempla a facilitação do registro de brasileiros que não o têm, às vezes até mesmo em idade adulta. Os procedimentos para o registro tardio foram regulamentados pelo Provimento n. 28/2013 do CNJ, que dispensou as duas testemunhas quando o registrando for menor de doze anos de idade.

A Lei n. 12.662/2012 instituiu a Declaração de Nascido Vivo (DNV) com validade em todo o território nacional até que seja lavrado o assento do registro do nascimento, emitida por profissional de saúde responsável pelo acompanhamento da gestação, do parto ou do recém-nascido. A declaração não dispensa o registro civil, que é obrigatório e gratuito. A maternidade é presumida pela gestação e parto, assim figurando no registro. O nome do pai constante da DNV, salvo se casado com a mãe, não constitui prova ou presunção da paternidade, somente podendo ser lançado no registro de nascimento quando verificado nos termos da legislação civil vigente, isto é, voluntariamente, após ser notificado, ou mediante decisão judicial em processo de investigação de paternidade.

O registro do nascimento tem eficácia declarativa (*ex tunc*), pois apenas declara o fato do nascimento da pessoa. A personalidade adquire-se com o nascimento e não com o registro. A prova do nascimento é feita em regra pela certidão respectiva, fornecida pelo oficial de registro. Os nascimentos ocorridos a bordo de aeronaves ou navios devem ser declarados no cartório de destino da viagem, dentro de cinco dias.

São obrigados a fazer a declaração o pai, a mãe; o parente mais próximo, na falta ou impedimento dos pais, se estiver presente no nascimento; os diretores do hospital ou maternidade, na falta do parente; a parteira, se o nascimento se der fora de instituição de saúde; por fim, a pessoa que ficar encarregada da guarda da criança. Se os pais viverem em união estável, devem fazer a declaração em conjunto. Tratando-se de criança abandonada após o nascimento (infante exposto), sem conhecimento de quem seja a mãe, faz-se o registro de acordo com as declarações dos estabelecimentos de caridade ou de saúde que a acolher, ou da autoridade policial. Não pode o oficial de registro atribuir nome ao exposto.

Se os pais não forem casados ou companheiros de união estável, cabe à mãe a declaração, devendo o oficial do registro encaminhar certidão ao juiz competente, com os dados do suposto pai biológico indicado pela mãe, para ser averiguada oficiosamente a procedência da alegação (Lei n. 8.560/1992); o suposto pai será notificado para dizer se confirma ou não a alegação. Se confirmar, será lavrado termo de reconhecimento em juízo e encaminhado para o cartório para proceder ao registro; se o suposto pai negar ou não atender à notificação judicial, o juiz remeterá os autos ao Ministério Público, que poderá ingressar com ação de investigação de paternidade.

O registro de nascimento não poderá conter qualquer indicação sobre a natureza da filiação, nem do estado civil dos pais. Se apenas a mãe fizer a declaração, não sendo casada, o registro conterá exclusivamente seu nome, deixando-se em branco o nome do pai.

O registro do nascimento conterá o prenome e o sobrenome da criança; o dia, mês, ano e lugar do nascimento e a hora precisa; o sexo; os prenomes e sobrenomes dos pais; os prenomes e sobrenomes dos avós paternos e maternos; o número da declaração de nascido vivo; a data do registro. O oficial não registrará prenome que possa levar a pessoa ao ridículo, segundo os valores e costumes da sociedade; se os pais não se conformarem, o oficial suscitará a dúvida ao juiz competente.

O registro civil da pessoa adotada depende de sentença judicial, pois o direito brasileiro atual não mais admite a adoção convencional. A certidão do registro do adotado não consignará a origem biológica, pois a adoção faz cessar o vínculo com a família anterior, exceto para fins de impedimento matrimonial.

Alterações havidas na Lei de Registro Público em 2017 (Lei n. 13.484) estabeleceram que as certidões de nascimento também mencionarão a data em que foi feito o assento, a data, por extenso, do nascimento e, ainda, expressamente, a naturalidade; os nomes e prenomes, a profissão e a residência das duas testemunhas do assento, quando se tratar de parto ocorrido sem assistência médica em residência ou fora de unidade hospitalar ou casa de saúde; o número de identificação da Declaração de Nascido Vivo, com controle do dígito verificador; a naturalidade do registrando. Na hipótese de adoção iniciada antes do registro do nascimento, o declarante poderá optar pela naturalidade do Município de residência do adotante na data do registro. A Lei n. 13.484 também admite que a naturalidade poderá ser do Município em que ocorreu o nascimento ou do Município de residência da mãe do registrando na data do nascimento, desde que localizado em território nacional, e a opção caberá ao declarante no ato de registro do nascimento.

Pode haver retificações no registro civil do nascimento, sem necessidade de decisão judicial, diretamente pelo oficial do registro ou a requerimento do interessado, nas hipóteses de erros evidentes ou omissões de dados que a lei considera necessários, de acordo com o art. 110 da Lei de Registros Públicos.

A modificação do sobrenome do pai ou da mãe no registro de nascimento e no de casamento dos filhos, em decorrência de casamento, separação ou divórcio, pode ser requerida diretamente ao registro civil, mediante a apresentação da respectiva certidão, na conformidade do que determina o Provimento n. 82/2019 da Corregedoria Nacional do CNJ, dispensando decisão judicial. De acordo com esse provimento, também poderá ser feito diretamente no registro civil o acréscimo do sobrenome do pai ou da mãe ao nome do filho menor de idade, quando houver alteração de tal sobrenome em decorrência de separação, divórcio ou viuvez, ou nos casos em que o filho tiver sido registrado apenas com o sobrenome de um dos pais.

Quem são os pais? O reconhecimento jurídico da parentalidade socioafetiva, de um lado, e da multiparentalidade, de outro, afastou a aparente certeza que antes havia, de acordo com os padrões estabelecidos, que afastavam as demais hipóteses havidas na realidade social e da vida.

O STF passou a admitir a multiparentalidade, consolidando seu entendimento, como Tema 622 de repercussão geral, em decisão plenária tomada em 22-9-2016, tendo como caso paradigma o RE 898.060, com a seguinte tese geral: *a paternidade socioafetiva, declarada ou não em registro público, não impede o reconhecimento do vínculo de filiação concomitante baseado na origem biológica, com os efeitos jurídicos próprios*. Como consequência, a pessoa pode ter contemplados em seu registro civil, além dos pais registrais, os pais biológicos e vice-versa, com iguais efeitos jurídicos da relação paterno-filial, sem necessidade de cancelamento do registro anterior da parentalidade socioafetiva em prol da parentalidade biológica, como ocorria anteriormente.

No Acórdão do referido RE 898.060, o STF alude à contemplação, pela tese de repercussão geral, das situações "assemelhadas", ou seja, de acordo com o caso concreto que serviu de paradigma, uma paternidade socioafetiva, acrescentada de uma paternidade biológica. A situação inversa (parentalidade biológica acrescida de outra socioafetiva) é assemelhada. A existência de uma parentalidade (paternidade ou maternidade) socioafetiva é imprescindível para aplicação da tese. Se há, por exemplo, a concomitância de duas ou mais ancestralidades genéticas, sem outra socioafetiva, não se aplica a tese.

O Provimento n. 63/2017 do CNJ regulamentou o registro civil da multiparentalidade, sem necessidade de decisão judicial, desde que um dos vínculos seja socioafetivo, mas o reconhecimento apenas poderá ser feito de modo unilateral.

Não há multiparentalidade se a técnica de reprodução assistida utilizar materiais genéticos de dador anônimo, crioconservados em estabelecimentos especializados para inseminação artificial. Se o dador de material genético o fizer conscientemente é alcançado pela multiparentalidade. Porém, se o material genético for complementar, vindo de outra pessoa, como ocorre com o DNA mitocondrial, mantendo-se o DNA nuclear? Mitocôndrias são minúsculas organelas no interior das células humanas, que produzem a energia usada pela célula. O DNA mitocondrial defeituoso acarreta doenças debilitantes ou mesmo fatais e sua substituição ou correção por outro de terceiro acarreta questões ético-jurídicas, uma vez que estar-se-ia ante embrião de três pais biológicos. Em 2000, nasceu uma criança saudável nos EUA, mas cujo DNA mitocondrial veio de outra mulher, pois a mãe o tinha defeituoso. Um ano depois, após intensos debates, o governo norte-americano proibiu esse tratamento. Porém, em 2015 o Parlamento britânico aprovou lei permitindo-o. No Brasil, por ausência de lei autorizadora, tal procedimento não é admitido.

O CNJ regulamentou, mediante o Provimento n. 63/2017, o reconhecimento voluntário da paternidade ou da maternidade socioafetiva de pessoa de qualquer idade – exceto por irmãos entre si ou por ascendente – perante o oficial de registro civil, ainda que diverso do que lavrou o assento anterior, desde que o pretenso pai ou mãe seja 16 anos mais velho que o filho a ser reconhecido. O reconhecimento somente poderá ser desconstituído pela via judicial, se houver vício de vontade, fraude ou simulação. Podem reconhecer pessoas sem relação de parentesco biológico com o perfilhado e parentes colaterais deste a partir do 3º grau (tios), quando a posse de estado da filiação tiver sido constituída. Não poderá haver o reconhecimento voluntário da parentalidade socioafetiva se tiver processo judicial pendente ou procedimento de adoção regular.

O Provimento n. 63/2017 do CNJ também autoriza o registro de nascimento da criança gerada mediante técnicas de reprodução assistida, independentemente de prévia autorização judicial. O Provimento exige que ambos os pais, heterossexuais ou homossexuais, compareçam ao cartório, ou apenas um deles, se munido de certidão de casamento, ou de escritura ou sentença de constituição de união estável, ou de escritura ou sentença de conversão da união estável em casamento. São também necessárias a declaração de nascido vivo (DNV) e a declaração do diretor técnico da entidade que procedeu à técnica de reprodução assistida, indicando a modalidade de técnica e o nome do dador ou dadora dos gametas, exceto se anônimos. O Provimento também admite o registro na hipótese de gestação por substituição (popularmente conhecida como "barriga de aluguel"), no qual não constará o nome da parturiente, além da hipótese de reprodução assistida *post mortem*, quando o falecido houver deixado documento público ou particular de autorização para uso do material genético que deixar. O Provimento veda a recusa pelo registrador ao registro de nascimento e à emissão da certidão dos havidos por técnicas de reprodução assistida.

Para o STJ, é possível a inclusão de dupla paternidade (casal homoafetivo) em assento de nascimento de criança concebida mediante as técnicas de reprodução assistida heteróloga e com gestação por substituição, não configurando violação ao instituto da adoção unilateral. Tratou-se de reprodução assistida entre irmã, doadora, e pai biológico, com companheiro estável em união homoafetiva (REsp 1.608.005/2019).

Também é possível a retificação do registro civil para acréscimo do segundo sobrenome do marido ao nome da mulher durante a convivência matrimonial (STJ, REsp 1.648.858/2019).

As correções de erros de fácil constatação no registro civil (por exemplo, erros de grafia ou dos nomes dos ascendentes) poderão ser feitas sem necessidade de ação judicial, por ato de ofício do próprio registrador, após manifestação conclusiva do Ministério Público, sem pagamento de taxas, de acordo com a Lei n. 12.100/2009, que deu nova redação ao art. 110 da Lei de Registros Públicos. A decisão judicial far-se-á necessária apenas se o membro do Ministério Público entender que o pedido exige maior indagação.

Por força do Decreto n. 8.270/2014, foi instituído o Sistema Nacional de Informações de Registro Civil (SIRC), que reúne os dados atualizados relativos aos registros de nascimento, casamento, óbito e natimorto, que são disponibilizados eletronicamente.

A Lei n. 13.444/2017 criou a Identificação Civil Nacional (ICN), que agrupará, além dos dados do Sistema Nacional de Informações de Registro Civil (Sirc), a base de dados biométricos da Justiça Eleitoral e as informações dos institutos de identificação dos Estados. Compete ao Comitê Gestor da ICN definir o padrão biométrico, a formação do número da ICN, o padrão e os documentos necessários para expedição do Documento Nacional de Identidade (DNI), com fé pública e validade nacional, o qual incorporará o Cadastro de Pessoas Físicas (CPF) e poderá ser emitido pela Justiça Eleitoral, pelos órgãos estaduais e outros órgãos delegados pelo Tribunal Superior Eleitoral (TSE).

Para o exercício de direitos e petições perante os serviços públicos federais, relativos ao Poder Executivo, o Decreto n. 9.723/2019 faculta o uso apenas do número de inscrição no CPF, dispensando-se a apresentação dos demais documentos de identificação pessoal.

As únicas pessoas nacionais que estão dispensadas do registro civil são os indígenas ainda não integrados. A lei previu o Registro Administrativo de Nascimento do Indígena (RANI) pela FUNAI, em razão de a Constituição garantir os usos e costumes dos povos indígenas. A Resolução Conjunta CNJ/CNMP n. 3, de 2012, regulamenta os procedimentos de registro civil facultativo da pessoa indígena não integrada; a seu pedido, podem ser lançadas sua etnia, sua aldeia de origem e a de seus pais.

O filho de brasileiro, nascido no estrangeiro, terá o assento de seu nascimento lançado no consulado brasileiro (art. 32 da Lei n. 6.015/1973). A Lei n. 12.376/2010, que modificou a LINDB, dispõe que, "tratando-se de brasileiros, são competentes as autoridades consulares brasileiras para lhes celebrar o casamento e os mais atos de Registro Civil e de tabelionato, inclusive o registro de nascimento e de óbito dos filhos de brasileiro ou brasileira nascido no país da sede do Consulado". O traslado do assento será registrado no Livro "E" do 1º Ofício de Registro Civil de Pessoas Naturais da Comarca do domicílio do interessado ou do 1º Ofício de Registro Civil de Pessoas Naturais do Distrito Federal, sem a necessidade de autorização judicial. A Resolução n. 155/2012, do CNJ, que regulamentou a matéria, exige o documento, lavrado por autoridade estrangeira, que não tenha sido previamente registrado em consulado brasileiro, deva ser traduzido por tradutor público juramentado, inscrito em junta comercial brasileira, salvo se houver tratado que dispense essas providências. Não há necessidade de residência no Brasil.

Pode haver registro de nascimento no Brasil de filho de estrangeiros, em que pelo menos um deles esteja a serviço de seu país, realizando-se no 1º Registro da Comarca onde se deu o nascimento, consignando-se a seguinte observação: "O registrando não possui nacionalidade brasileira', referindo-se ao dispositivo da Constituição.

4.6. Nome da Pessoa Física

O nome é composto de prenome e sobrenome. O prenome, simples ou composto, é individual, enquanto o sobrenome indica a procedência familiar ou o pertencimento a um grupo familiar. No Brasil, costuma-se compor o sobrenome, sucessivamente, com os nomes das famílias materna e paterna, mas não há obrigatoriedade legal, pois pode conter apenas um ou outro.

Na tradição castelhana, são invertidos: primeiro vem o nome da família paterna. O CC/2002 nada diz sobre a composição do nome. O Código Civil argentino admite que, havendo divergência entre os pais sobre a ordem dos sobrenomes, far-se-á um sorteio.

O patronímico (da união das palavras gregas *patro* e *ónoma*) é espécie do gênero sobrenome e significa derivação do nome do pai, a exemplo de Rodrigues, filho de Rodrigo, ou de Domingues, filho de Domingos; forma-se pela desinência de genitivo, de origem germânica, para indicar filiação.

Os historiadores indicam que o uso de sobrenomes reproduzindo animais ou árvores (Lôbo, Carvalho, Pereira, Coelho), na tradição brasileira, pode indicar origem nos cristãos novos, banidos da Península Ibérica, de famílias judias convertidas forçadamente à religião católica pela intolerância religiosa e pela Inquisição, nos séculos XVI a XVIII.

Deve-se evidenciar que todo nome é sempre expressão de um grupo familiar que tem a sua história e a sua reputação (Perlingieri, 1997, p. 180).

Os gregos tinham um nome. Os romanos desde cedo traziam vários nomes. Para Fustel de Coulanges (2011, p. 136), era costume em Roma que todo patrício tivesse três nomes; chamava-se, por exemplo, alguém Públio Cornélio Cipião, sendo inútil pesquisar o nome verdadeiro, pois Públio era apenas um nome colocado antes (*praenomen*), Cipião era um nome acrescentado (*agnomem*) e Cornélio era o nome de sua gens, ou nome do antepassado de todos os descendentes (*nomen*). Com o passar do tempo, os ramos que separavam adotavam um sobrenome (*cognomen*). Diferentemente do "luxo de nomes" dos romanos, os séculos medievais caracterizaram-se pela pobreza dos nomes, prevalecendo o nome individual ou de batismo, sendo que o sobrenome apenas surgiu mais tarde.

No Brasil durante muito tempo o prenome foi imutável, salvo hipóteses estreitas de erro gráfico ou ridicularia, ou durante o primeiro ano após adquirir a maioridade. Essa regra foi mudada pela Lei n. 9.708/1998, que admite a mudança por apelidos públicos notórios, ou seja, quando uma pessoa é conhecida no meio social por nome diverso do que foi registrada, e pela Lei n. 12.100/2009, que faculta a alteração tanto do prenome quanto do sobrenome, quando houver erro de fácil constatação, para o que basta o pedido ao oficial do registro público, após manifestação favorável do promotor de justiça, sem necessidade de ação judicial. Também o prenome pode ser alterado, por decisão judicial, para proteção de vítimas e testemunhas de crimes que estejam ameaçadas (Lei n. 9.807/1999). Ao atingir a maioridade civil – dezoito anos –, o interessado pode alterar seu prenome (direito potestativo), desde que o faça no prazo de um ano (Lei n. 6.015/1973, art. 56). Também o prenome poderá ser mudado em razão de fundada coação ou ameaça decorrente de colaboração com a apuração de crime (Lei n. 6.015/1973, art. 58, parágrafo único).

O sobrenome não é totalmente imutável no direito brasileiro. Com o casamento, por exemplo, "qualquer dos nubentes, querendo, pode acrescer ao seu o sobrenome do outro" (CC, art. 1.565). O direito de acrescer não significa proibição de suprimir, como decidiu o STJ: "Desde que não haja prejuízo à ancestralidade, nem à sociedade, é possível a supressão de um patronímico, pelo casamento, pois o nome civil é direito de personalidade" (REsp 662.799). É admissível o restabelecimento do nome de solteiro na hipótese de dissolução do vínculo conjugal pelo falecimento do cônjuge (STJ, REsp 1.724.718). O erro de fácil constatação pode ser corrigido mediante pedido ao oficial do registro público (Lei n. 12.100/2009).

No casamento, o cônjuge pode adotar livremente o sobrenome do outro. Esse direito não se esgota com o casamento, podendo ser exercido depois dele, durante a convivência conjugal. A companheira de união estável pode acrescentar ao seu o sobrenome do companheiro, após cinco anos do início da união estável (Lei n. 6.015/1973, art. 57, § 2º). Na separação ou no divórcio, pode-se retomar o sobrenome de solteiro (CC, art. 1.578).

O direito ao nome é direito da personalidade e não cessa com o fim do casamento ou da união estável; retomar o nome de solteiro é direito exclusivo de quem porta o sobrenome e não dever. O outro cônjuge ou companheiro não são titulares do sobrenome, porque este não se enquadra com coisa, para fins de titularidade de posse ou propriedade.

Com a adoção, a totalidade do nome (prenome e sobrenome) pode ser mudada, pois ela extingue o vínculo com a família biológica originária, na conformidade do ECA, art. 47, § 5º. O prenome pode ser mantido, salvo se os adotantes solicitarem a alteração, que deverá contar com o consentimento do adotado se maior de 12 anos.

A mudança voluntária do sobrenome, com supressão de uma ou de ambas as origens familiares, não tem sido admitida em nosso direito. Essa regra persiste, ainda quando o sobrenome paterno ou o materno sejam rejeitados ou causem constrangimento. Entendemos que a supressão do sobrenome paterno ou materno pode ser admitida, quando ele seja causa de lesão à integridade psíquica da pessoa, pois este direito da personalidade, em tais circunstâncias, adquire peso maior que o da identidade pessoal.

A Lei n. 11.924/2009 ("Lei Clodovil") faculta ao enteado ou enteada que seja acrescido, a seu sobrenome, o sobrenome de seu padrasto ou de sua madrasta, desde que estes concordem e haja motivo ponderável, por decisão judicial. O acréscimo não pode suprimir parcial ou totalmente o sobrenome sob o qual foi registrado o interessado. Essa alteração busca dar ao interessado uma satisfação moral, para compatibilizar a identidade pessoal com suas relações afetivas e sociais, mas não repercute em suas relações de parentesco, até porque são parentes afins, por força de lei, o padrasto ou madrasta e seu enteado. A averbação não significa substituição ou supressão do sobrenome anterior, mas acréscimo, de modo a não ensejar dúvida sobre a antiga identidade da pessoa, para fins de eventuais responsabilidades. O acréscimo do sobrenome não altera a relação de parentesco por afinidade com o padrasto ou a madrasta, cujo vínculo assim permanece, sem repercussão patrimonial, uma vez que tem finalidade simbólica, existencial e identitária. Consequentemente, não são cabíveis pretensões a alimentos ou sucessão hereditária em razão desse fato.

O estrangeiro admitido na condição de permanente, temporário ou asilado é obrigado a registrar-se no Ministério da Justiça, dentro de trinta dias de sua entrada no País, mantendo seu nome de origem e a nacionalidade. É possível a alteração de seu nome se tiver sentido pejorativo, for errado ou for de pronunciação e compreensão difíceis e puder ser traduzido para a língua portuguesa, a pedido do estrangeiro (Lei n. 6.815/1980, arts. 30, 31 e 43). A mudança do prenome é também possível em razão de fundada coação ou ameaça decorrente de colaboração com a apuração de crime (Lei n. 6.015/1973, art. 58). A jurisprudência brasileira tem admitido a mudança do prenome em caso de *bullying* comprovado e que torne tormentosa a vida da pessoa.

A jurisprudência do STJ tem admitido a alteração do nome (tanto o prenome quanto o sobrenome) mesmo após o decurso do prazo de um ano, contado da maioridade civil, quando houver motivo justo ou relevante. Essas decisões fazem prevalecer o princípio da dignidade da pessoa humana e o direito ao livre desenvolvimento da personalidade, sobre o princípio da segurança jurídica, a que serve a imutabilidade do nome.

Inclui-se no direito ao nome a proteção do pseudônimo utilizado para atividades profissionais, que pode ser agregado ao nome completo.

Os transexuais tiveram reconhecido o direito, pelos tribunais brasileiros, de alteração do registro civil, com intuito de mudança do prenome e do sexo, para adaptar estes à realidade psíquica, ainda que não tenha havido operação cirúrgica de transgenitalização. A linguagem em torno de sua identidade tende a utilizar o termo "transgênero", no esforço de inclusão, como "pessoas em não conformidade de gênero" (Rosenvald, 2018, p. 53). Ao contrário dos homossexuais, qualificam-se como heterossexuais, uma vez que o sexo psíquico predomina sobre o anatômico. A Organização Mundial de Saúde retirou o transexualismo da classificação de transtornos mentais ou comportamentais, por considerá-lo questão de direitos fundamentais. Em 2010, o CFM editou a

Resolução n. 1.955, para permitir a cirurgia de mudança e sexo (transgenitalização), independentemente de autorização judicial.

O STF, na ADI 4.275 de 2018 (tema 761 de repercussão geral), julgou procedente a ação para dar interpretação conforme a Constituição e o Pacto de São José da Costa Rica ao art. 58 da Lei 6.015/73, de modo a reconhecer às pessoas transexuais que assim o desejarem, independentemente da cirurgia de transgenitalização, ou da realização de tratamentos hormonais ou patologizantes, o direito à substituição de prenome e sexo, diretamente no registro civil, podendo exercer tal faculdade pela via judicial. O Tribunal decidiu, ainda, que essa alteração deve ser averbada à margem do assento de nascimento, vedada a inclusão do termo "transgênero"; que nas certidões do registro não constará nenhuma observação sobre a origem do ato, vedada a expedição de certidão de inteiro teor, salvo a requerimento do próprio interessado ou por determinação judicial; e que, efetuando-se o procedimento pela via judicial, caberá ao magistrado determinar de ofício ou a requerimento do interessado a expedição de mandados específicos para a alteração dos demais registros nos órgãos públicos ou privados pertinentes, os quais deverão preservar o sigilo sobre a origem dos atos.

Os procedimentos que devem ser adotados pelos registradores foram objeto de regulamentação mediante o Provimento n. 73/2018 do CNJ, que limitou a alteração dos dados do registro civil aos transexuais ou transgêneros maiores ou capazes, ainda que o STF não tenha estabelecido tal limitação. As alterações dizem respeito ao prenome e ao sexo, mas não podem alcançar o sobrenome. A opção pela via administrativa está condicionada ao arquivamento da ação judicial, caso haja. O requerente deverá juntar todos os seus documentos de identidade e outros, no total de dezessete, de acordo com o Provimento. Finalizado o procedimento, o registrador oficiará aos órgãos emissores do RG, INC, CPF, título eleitoral e passaporte, para que a alteração seja também nestes processada.

O Decreto n. 8.727/2016 prevê o reconhecimento do nome social, designação pela qual a pessoa travesti ou transexual se identifica e é socialmente reconhecida, no âmbito da Administração Pública federal direta, autárquica e fundacional, sem alteração do registro civil. A pessoa travesti ou transexual poderá requerer, a qualquer tempo, a inclusão de seu nome social em documentos oficiais e nos registros dos sistemas de informação, de cadastros, de programas, de serviços, de fichas, de formulários, de prontuários e congêneres dos órgãos e das entidades da Administração Pública federal direta, autárquica e fundacional. Em 2018, o TSE decidiu que os travestis e transexuais poderão solicitar à Justiça Eleitoral a emissão do título de eleitor com seu respectivo nome social, acompanhando o nome civil, devendo o cadastro eleitoral manter as informações dos dois nomes.

4.7. Capacidade Jurídica

Qualquer pessoa, desde o início de sua existência (nascimento com vida), é dotada de capacidade jurídica (CC, art. 1º: "Toda pessoa é capaz de direitos e deveres na ordem civil"). Essa concentração em um mesmo sujeito (homem, pessoa, capacidade jurídica) resulta do processo histórico de emancipação da humanidade, no sentido de afirmação da dignidade da pessoa humana, sem discriminações, como proclama a Declaração Universal dos Direitos do Homem ("Todos os homens nascem livres e iguais em dignidade e direito").

A capacidade jurídica é classificada em capacidade de direito e capacidade de agir. A capacidade de direito é a investidura de aptidão para adquirir e transmitir direitos e para sujeição a deveres jurídicos. A pessoa física, por ser sujeito de direito em plenitude, tem capacidade de direito ilimitada. Ao nascer, a pessoa adquire o conjunto de direitos que lhe são próprios, sejam de caráter econômico, sejam não econômicos, como os direitos da personalidade; insere-se automaticamente nas relações de parentesco, no estado de filiação e no estado de família. Normas jurídicas de diversas procedências incidem imediatamente, gerando direitos subjetivos, como o direito ao reconhecimento ou investigação de paternidade ou maternidade, o direito a ser herdeiro, o direito a ser beneficiário previdenciário, os direitos consagrados na Constituição como prioritários da criança e do adolescente e regulamentados no ECA.

Também é titular dos direitos que emergem da capacidade civil todo aquele que a lei considere incapaz total ou relativamente a certos atos. Ainda que seja representado ou assistido, o direito é seu e não do representante ou assistente. Por exemplo, é a criança a autora da ação de alimentos, e não a mãe que a represente em juízo. O fato de os menores até dezesseis anos e as pessoas consideradas relativamente incapazes terem capacidade jurídica decorre da sua condição como pessoas, sem consideração às limitações fáticas de exercício. São, nesse sentido amplo, juridicamente capazes, pois titulares dos direitos que correspondem à dignidade da pessoa humana.

4.8. Capacidade Jurídica da Pessoa com Deficiência

Pessoas com deficiência mental ou intelectual deixaram de ser consideradas absoluta ou relativamente incapazes, com o advento da Convenção Internacional dos Direitos das Pessoas com Deficiência, de 2007, aprovada pelo Decreto Legislativo n. 186, de 2008, e incorporada ao direito brasileiro pelo Decreto Executivo n. 6.949, de 2009, além do Estatuto da Pessoa com

Deficiência, de 2015. São dotadas de capacidade jurídica própria. O direito evoluiu para aceitação das pessoas com deficiência como parte da diversidade e da condição humanas.

O CC/16 qualificava-as como "loucos de todo o gênero" e as impedia, pela interdição, de praticar pessoalmente qualquer ato da vida civil. O CC/2002 atenuou essa discriminatória qualificação, mas manteve a incapacidade absoluta para pessoas com "enfermidade ou deficiência mental", sem o necessário discernimento para a prática desses atos, sujeitas a interdição e curatela permanentes.

A qualificação de pessoa com deficiência mental ou intelectual nunca foi objeto de consenso entre os especialistas, cujos tratamentos restritivos e invasivos passaram a ser considerados degradantes ou inúteis, com reflexo no campo do direito. O estágio atual do conhecimento científico das dimensões da mente ou psique nega antigos paradigmas sobre sanidade mental e previne os riscos de sua manipulação, o que levou, inclusive, ao fechamento dos hospitais psiquiátricos. O maior do Brasil foi o Colônia, que começou a funcionar em 1903, em Barbacena (MG). Lá, pelo menos 60 mil pessoas perderam a vida numa trajetória de quase um século de desrespeitos aos direitos humanos.

A história da loucura é marcada por abusos e intrusões na autonomia das pessoas. O comportamento social, político ou ético desviante não significa deficiência ou enfermidade mental, mas exercício livre de escolhas, ainda que colidam com as que dominam na sociedade. Em verdade, as grandes mudanças sociais e os avanços do conhecimento foram provocados por pessoas que se desviaram dos comportamentos e valores comuns.

Os resultados das pesquisas científicas desse ainda desconhecido campo da mente revelam que a incapacidade civil, fundada em suposta incapacidade mental, não protegia a pessoa. Algumas pessoas têm maior adaptabilidade ao excesso de estímulos e repressões que a vida atual traz e exige; outras, menos. Tome-se o exemplo do denominado "transtorno bipolar", que acomete algumas pessoas, que apresentam variações extremas e, às vezes, repentinas de humor, sem razão aparente. Ora estão alegres, expansivas e criativas, ora estão deprimidas ou agressivas. São conhecidos exemplos de pessoas célebres, que sofreram desse transtorno, de origem exclusivamente mental, mas que não as incapacitaram: Abraham Lincoln, Agatha Christie, Virginia Woolf, Ernest Hemingway, Tchaikovsky, Mozart, Paul Gauguin, Platão, Isaac Newton, Ulysses Guimarães.

O direito da pessoa com deficiência é, em primeiro lugar, aquele de ser reconhecido e respeitado de acordo com sua condição pessoal, sem que possa de algum modo ser considerado como destinatário de uma obrigação de reentrar na "normalidade" (Rodotà, 2012, p. 203).

A Convenção Internacional dos Direitos das Pessoas com Deficiência considera pessoas com deficiência (e não "portadoras de deficiência") as que têm impedimentos de longo prazo de natureza física, mental, intelectual ou sensorial, os quais, em interação com diversas barreiras, podem obstruir sua participação plena e efetiva na sociedade em igualdade de condições com as demais pessoas. O art. 12 da Convenção estabelece que as pessoas com deficiência "gozam de capacidade legal em igualdade de condições com as demais pessoas em todos os aspectos da vida"; essa capacidade legal ou jurídica é distinta da capacidade jurídica em geral, disciplinada no CC brasileiro, estendendo-se à capacidade de agir, inclusive em relação às pessoas com deficiência mental ou intelectual. A Lei n. 13.146/2015 (Estatuto da Pessoa com Deficiência) regulamentou a Convenção no Brasil.

A interpretação das normas do CC e das leis especiais deve ser feita em conformidade com as normas da Convenção, pois esta prevalece sobre aquelas, tendo em vista o que dispõe o art. 5º, § 3º, da CF, sobre a equivalência dos tratados e convenções sobre direitos humanos às emendas constitucionais.

Após o início de vigência da Convenção, no direito brasileiro, em 2009, portanto, a pessoa com deficiência não mais se inclui entre os absolutamente incapazes de exercício dos direitos. A Convenção, nessa matéria, já tinha derrogado o CC. A Lei n. 13.105/2015 tornou explícita essa derrogação, ao estabelecer, em nova redação ao art. 3º do CC, que são absolutamente incapazes apenas os menores de dezesseis anos, excluindo as pessoas "com enfermidade ou deficiência mental". Também suprimiu da incapacidade absoluta os que, por causa transitória, não puderem exprimir sua vontade, tornando-os relativamente incapazes.

A Convenção Internacional dos Direitos das Pessoas com Deficiência (art. 12) assegura que todas as medidas relativas ao exercício da capacidade jurídica das pessoas com deficiência, inclusive mental, incluam "salvaguardas apropriadas" que assegurem as medidas relativas ao exercício dos direitos, de modo a que a vontade e as preferências da pessoa sejam isentas de conflito de interesses e de influência indevida, sejam proporcionais e apropriadas às circunstâncias da pessoa, se apliquem pelo período mais curto possível e sejam submetidas à revisão regular pela autoridade judiciária competente. Fê-lo a Lei n. 13.146/2015 (Estatuto da Pessoa com Deficiência), mediante o instituto da curatela temporária e específica e a tomada de decisão apoiada.

As salvaguardas serão proporcionais ao grau em que tais medidas afetarem os direitos e interesses da pessoa com deficiência. Salvaguarda não é restrição de direito e é estabelecida sempre em favor da pessoa com deficiência e de acordo com o princípio da beneficência. A Convenção explicita, sem configurar enumeração taxativa, que a pessoa com deficiência pode possuir ou herdar bens, controlar as próprias finanças e ter igual acesso a empréstimos bancários, hipotecas e outras formas de crédito financeiro.

A curatela, ao contrário da interdição total anterior, deve ser, de acordo com o art. 84 do Estatuto da Pessoa com Deficiência, proporcional às necessidades e circunstâncias de cada caso "e durará o menor tempo possível". Tem natureza, portanto, de medida protetiva temporária para determinados fins e não de interdição de exercício de direitos, diferentemente da natureza anterior. Para a pessoa com deficiência, não há curatela permanente, porque, além do requisito da temporalidade, o § 3º do art. 84 do Estatuto da Pessoa com Deficiência alude aos requisitos de proporcionalidade e excepcionalidade, relativamente "às necessidades e circunstâncias de cada caso".

Essa específica curatela apenas afetará os negócios jurídicos relacionados aos direitos de natureza patrimonial. A curatela não alcança nem restringe os direitos de família (inclusive de se casar, de ter filhos e exercer os direitos da parentalidade), do trabalho, eleitoral (de votar e ser votado), de ser testemunha e de obter documentos oficiais de interesse da pessoa com deficiência. O caráter de excepcionalidade impõe ao juiz a obrigatoriedade de fazer constar da sentença as razões e motivações para a curatela específica e seu tempo de duração.

A capacidade jurídica da pessoa com deficiência não se confunde com a capacidade jurídica, nem com as hipóteses de incapacidades absoluta e relativa, estas especificadas nos arts. 3º e 4º do CC. São duas modalidades de capacidade jurídica, que transitam paralelamente, sem se confundirem: a capacidade jurídica geral, prevista no CC, e a capacidade geral específica, prevista no Estatuto da Pessoa com Deficiência.

A pessoa com deficiência não é absolutamente incapaz nem relativamente incapaz. É dotada de capacidade jurídica irrestrita para os atos jurídicos não patrimoniais e de capacidade jurídica restrita para os atos jurídicos patrimoniais, para os quais fica sujeita a curatela temporária e específica, sem interdição transitória ou permanente, ou a tomada de decisão apoiada.

Até mesmo para evitar os estigmas que o regime das incapacidades produziu ao longo da história, Joyceanne Bezerra de Menezes e Ana Carolina Brochardo Teixeira optam por utilizar a expressão "pessoa com capacidade restringida" para a pessoa com deficiência sob curatela temporária e específica (2016, p. 594), o que não significa incapacidade relativa.

A pessoa com deficiência é regulada por lei especial, não se lhe aplicando as regras gerais do CC concernentes às incapacidades absoluta e relativa. Não lhe é aplicável o inciso III do art. 4º do CC, porque não se enquadra na espécie ali configurada de incapacidade relativa aos que, "por causa transitória ou permanente, não puderem exprimir sua vontade". A pessoa com deficiência pode exprimir sua vontade, que é tutelada pela legislação especial, sem imputação de invalidade.

Para o exercício da capacidade jurídica, a pessoa com deficiência poderá, se assim quiser, adotar o procedimento de tomada de decisão apoiada (TDA), escolhendo duas ou mais pessoas consideradas idôneas e que gozem de sua confiança, com o objetivo de que lhe aconselhem, orientem e apoiem na celebração ou não de negócios jurídicos, de natureza patrimonial. Com esse procedimento não há perda ou limitação da capacidade jurídica, porque tem por escopo reforçar a segurança e a validade dos negócios jurídicos, em relação ao apoiado e a terceiros, sendo que estes poderão solicitar que os apoiadores também assinem os atos.

A tomada de decisão apoiada não poderá ter por objeto a realização de atos e negócios jurídicos não patrimoniais (por exemplo, reconhecimento voluntário de filho), porque para estes a pessoa com deficiência não depende de curatela ou apoio. Pode ser útil, por exemplo, para que os apoiadores acompanhem o apoiado na celebração, em cartório de notas, de escritura pública de compra e venda de imóveis ou de testamento público.

A idade avançada não é por si deficiência ou enfermidade mental. A pessoa pode viver muito tempo como idosa, sem qualquer comprometimento de sua higidez mental. Todos os órgãos da pessoa, inclusive o cérebro, sofrem mutações com o passar dos anos, reduzindo-se as habilidades antes desenvolvidas. Mas essa circunstância natural não é suficiente para suprimir ou reduzir a capacidade de agir da pessoa, se permanece nela a faculdade de discernir. O Estatuto do Idoso (Lei n. 10.741/2003) considera idosa a pessoa com idade igual ou superior a sessenta anos e tem por fito sua proteção e não a redução da sua capacidade de agir, pois "o envelhecimento é um direito personalíssimo e a sua proteção um direito social" (art. 8º).

Nem mesmo quando houver perda progressiva da integridade mental e intelectual (exemplo, doença de Alzheimer), a curatela será permanente. Deverá ser temporária, para abranger tempo suficiente à realização de negócios jurídicos no interesse da pessoa com deficiência, renovando-se sempre que necessário, ou não.

Os atos ou negócios jurídicos de natureza patrimonial, realizados pela pessoa com deficiência mental ou intelectual, são ineficazes juridicamente, se não tiver havido a intervenção judicial que instituiu a curatela ou homologou a tomada de decisão apoiada. O ato ou negócio jurídico existem no mundo do direito porque houve manifestação de vontade da pessoa com deficiência, mercê de sua capacidade jurídica específica; são válidos se observaram a forma exigida em lei e tiverem objeto lícito e possível, porém não produzem efeitos jurídicos.

A introdução de institutos legais equivalentes à tomada de decisão apoiada, em vários países do mundo, reduziu o papel que antes se atribuía à curatela, tendo a Alemanha a afastado por inteiro. Comentando a experiência italiana, Nelson Rosenvald (2015, p. 19) afirma que a administração apoiada se tornou verdadeira revolução institucional, reconhecida pela Corte Constitucional em 2005, "culminando por confinar a curatela em um espaço residual", antevendo que se reproduza no Brasil o êxito ocorrido na Itália, porque mais bem realizam a proteção e a promoção da dignidade da pessoa humana.

Em suma, a capacidade jurídica da pessoa com deficiência mental ou intelectual é plena, para os atos existenciais, e restringida para os atos negociais patrimoniais, neste caso dependente de medida de apoio (curatela específica e temporária ou tomada de decisão apoiada). Porém, a capacidade jurídica restringida, dependente de apoio, não se confunde com incapacidade relativa; não é espécie desta nem, muito menos, de incapacidade absoluta. Se faltar a medida de apoio ter-se-á ineficácia jurídica do ato negocial e não invalidade, que é a consequência da atuação do relativamente incapaz.

4.9. Capacidade de Agir

A capacidade de agir é também denominada na doutrina capacidade de fato, capacidade de exercício ou capacidade negocial, isto é, capacidade da pessoa de agir com eficácia jurídica, em especial a capacidade de produzir, mediante negócios jurídicos, efeitos jurídicos para si e para outros.

Há, igualmente, como lembra Karl Larenz, a capacidade delitual, ou seja, a capacidade de fazer-se responsável pelas próprias ações (1978, p. 104).

A capacidade de agir diz respeito apenas ao exercício da capacidade jurídica em relação aos direitos patrimoniais, atribuída aos que tenham um nível mínimo de discernimento. Toda pessoa com idade igual ou superior a dezoito anos é, em princípio, plenamente capaz e pode exercer os atos da vida civil, diretamente. Tem, portanto, além da genérica capacidade jurídica, a capacidade de agir. A capacidade de agir não abrange os direitos não patrimoniais, que emergem exclusivamente do estado da pessoa humana, como o direito à identidade pessoal ou ao nome, cujo exercício não depende da capacidade do titular.

Ainda que sejam titulares diretos de direitos patrimoniais, muitas pessoas não os podem exercer, porque não podem ou estão impedidos de manifestar vontade ou porque não têm o necessário discernimento ou compreensão para a realização de atos da vida civil que os vinculam e comprometem seu patrimônio. Por exemplo, a criança que é titular de direito de propriedade de um imóvel não pode alugá-lo ou vendê-lo diretamente, sendo necessário que outra pessoa possa fazê-lo em seu lugar ou assisti-lo, sempre no seu melhor interesse.

A exigência da capacidade de agir leva a considerar os que não a têm como incapazes civilmente. A incapacidade jurídica, repita-se, é apenas relativa ao exercício dos direitos patrimoniais; tem finalidade de proteção da pessoa e não de discriminação ou estigma. São de dois tipos as incapacidades civis: a incapacidade absoluta e a incapacidade relativa.

Os tipos legais, tanto na hipótese de incapacidade absoluta quanto na de incapacidade relativa, são taxativamente enumerados. Qualquer situação que não se enquadre em um dos tipos legais não pode ser considerada como impediente da plena capacidade de agir. A interpretação é restritiva, pois diz respeito às mais graves restrições ao exercício dos direitos civis, que integram a existência da pessoa humana.

O critério decisivo para a decisão judicial de limitação da capacidade de agir, é o do maior favorecimento da dignidade da pessoa humana que a sofre; na dúvida, não deve ser decretada. No passado, o valor predominante era o do interesse dos terceiros que se relacionam com a pessoa que se pretendia interditar, além de um não revelado intuito punitivo ao diferente.

Problema de difícil solução diz respeito aos *atos existenciais*, segundo expressão de Clóvis do Couto e Silva, que são os atos absolutamente necessários à vida humana, inclusive de natureza patrimonial, que se referem às necessidades básicas do indivíduo, tais como alimentação, vestuário, água, lazer etc. "Ninguém poderá pensar em anulá-los desde que se realizem dentro de moldes normais e adequados, sob a alegação, por exemplo, de incapacidade das partes" (1976, p. 92). Com efeito, a invalidade jurídica desses atos existenciais, sem os quais a sobrevivência da pessoa fica comprometida, e desde que a criança ou o adolescente demonstre discernimento suficiente para eles, importaria negar aplicabilidade ao princípio constitucional da dignidade da pessoa humana. As regras de incapacidade jurídica têm natureza de proteção, não podendo prejudicar as pessoas tuteladas, além de que, no caso das crianças e adolescentes, prevalece o princípio constitucional de seu melhor interesse (art. 227 da CF).

No âmbito processual, o CPC estabelece que toda pessoa que se encontre no exercício de seus direitos também tem capacidade de estar em juízo (art. 70). Essa capacidade processual não abrange o direito de postular diretamente em juízo (*jus postulandi*), que é atribuída aos profissionais da advocacia (Lei n. 8.906/1994, art. 1º) e, no âmbito de sua competência específica, ao Ministério Público. Na ADI 1.127-8, o STF admitiu a possibilidade de postulação direta nos juizados especiais e na Justiça do Trabalho.

4.10. Absolutamente Incapaz

Após o advento da Lei n. 13.146/2015 (Estatuto da Pessoa com Deficiência), que alterou o art. 3º do CC, restou única hipótese de incapacidade absoluta para exercício dos atos da vida civil: a pessoa menor de dezesseis anos.

A idade de até dezesseis anos menos um dia alcança a infância e parte da adolescência de qualquer pessoa. O ECA, art. 2º, considera criança a pessoa com até doze anos incompletos, e adolescente a pessoa entre doze e dezoito anos. Já a Convenção Internacional dos Direitos da Criança, incorporada ao nosso direito interno com força de lei, qualifica como criança a pessoa com até dezoito anos incompletos. O CC está em desarmonia com essas normas de proteção integral da criança (e do adolescente), pois a incapacidade absoluta ou deveria considerar o limite de doze anos incompletos (criança em sentido estrito) ou dezoito anos (criança em sentido amplo). Manteve-se a idade-limite de dezesseis anos que o CC de 1916 estabelecia, quando a maioridade era fixada em vinte e um anos.

Fora do âmbito do direito civil, a idade pode conferir determinadas capacidades. O art. 7º, XXXIII, da Constituição considera absolutamente incapazes para exercer qualquer trabalho os menores de dezesseis anos, salvo na condição de aprendiz, a partir de quatorze anos. Os maiores de dezesseis e menores de dezoito anos podem alistar-se e ser eleitores (CF, art. 14, § 1º).

A incapacidade absoluta impede que a pessoa exerça qualquer de seus direitos. O exercício dos direitos é feito mediante a figura do representante legal, assim entendido o que o direito impõe nessas circunstâncias. Os pais são os representantes legais de seus filhos até que completem dezesseis anos (CC, art. 1.634, V), ou, na falta deles, o tutor (CC, art. 1.728).

Em juízo o absolutamente incapaz é representado pelo representante legal, ou seja, pelos pais ou pelo tutor ou curador, na forma da lei civil, ou ainda por curador especial (defensor público) designado pelo juiz, se não tiver representante legal (CPC, arts. 71 e 72). O Ministério Público sempre será intimado para intervir nos processos que envolvam interesses de incapazes (CPC, art. 178, II).

4.11. Relativamente Incapazes

A incapacidade relativa não impede as pessoas de exercer os atos da vida civil, mas estes ficam dependendo da confirmação de outra pessoa, que funciona como seu assistente. Na maioria das situações, a incapacidade relativa é temporária, ou seja, enquanto perdurar a circunstância que a determina (por exemplo, até atingir a maioridade). Pode ser duradoura se a circunstância determinante se prolongar por muito tempo (alcoolista reincidente e sem autocontrole).

O CC prevê os seguintes tipos:

a) o primeiro diz respeito à pessoa com idade superior a dezesseis e inferior a dezoito anos. Para os fins do ECA, são adolescentes. A proteção jurídica, nesse caso, é mitigada ou reduzida, pois o adolescente já pode exercer os atos da vida civil, desde que acompanhado por seu representante legal (pais ou tutor). Se os pais – ou, na falta deles, o tutor – negarem seu consentimento ao ato jurídico que deseje praticar, pode receber suprimento judicial, quando o juiz se convencer de que a recusa é injustificada.

Há, todavia, alguns atos jurídicos que a pessoa nessa idade pode praticar diretamente, sem assistência de seu representante legal, como se maior fosse. O CC admite, por exemplo, que o adolescente nessa idade possa ser procurador, representando pessoa maior, mas este não terá ação contra aquele pelos atos que cometer, no exercício do mandato ou da procuração, salvo nas hipóteses em que a lei admite que o menor responda pelas obrigações que contrair. Também, nessa idade, é admissível que a pessoa seja testador, ou seja, expresse suas últimas vontades em testamento. Pode também o menor montar seu próprio negócio (atividade comercial, de serviços, de indústria ou agrária), desde que tenha economias ou recursos próprios, o que o faz, nessa hipótese, adquirir automaticamente a capacidade, para que não fique a depender de seu representante legal toda vez que realizar transações com os adquirentes ou utentes de seus produtos ou serviços.

Ao adolescente, maior de doze anos, o ECA outorga garantias processuais (arts. 110 e 111), incluindo a defesa técnica por advogado ou por defensor público, principalmente quando tiver de confrontar seus interesses com os dos pais ou para pedir suprimento judicial.

b) o segundo tipo abrange os dependentes de álcool ou drogas em geral. A ocorrência de uma dessas causas importa interdição parcial. Em relação aos dependentes de bebidas alcoólicas, a incapacidade alcança apenas os chamados alcoolistas ou ébrios contumazes, ou seja, aqueles que não têm qualquer controle ou resistência ao álcool, afetando sua autonomia e comprometendo sua vida social, afetiva e econômica. Muitos estudiosos consideram o alcoolismo doença crônica e progressiva, manifestada pela ingestão repetida de bebidas alcoólicas com dificuldade de abstenção e perda de controle, causada quando o indivíduo começa a beber, provocando dessa forma problemas biopsicossociais. Essas pessoas apresentam transtornos mentais e de comportamento devido ao consumo incontrolável do álcool. Do mesmo modo, os dependentes de outras drogas, substâncias, produtos ou tóxicos ilícitos. A dependência inibe até mesmo o desejo de largar o vício. Nessas circunstâncias, a manifestação de vontade não pode ser considerada livre, o que impõe a interdição parcial.

A tendência da legislação brasileira, de acordo com a orientação mundial nessa matéria, é de preservação no limite máximo da autonomia dessas pessoas e de seus direitos fundamentais, de modo a que não sejam subtraídos de sua vida social, cultural e econômica, ainda que, em determinadas circunstâncias, sob cuidado e acompanhamento de outras. Essa é a orientação observada pela Lei Antidrogas (Lei n. 11.343/2006), que prevê a necessidade de tratamento personalizado para os usuários e dependentes de drogas, a implantação de políticas de reinserção social, a prevenção, além do fortalecimento da autonomia e da responsabilidade individual em relação ao uso indevido de drogas.

A incapacidade é parcial tanto em sua extensão quanto no tempo. O dependente de drogas pode gerir seus negócios e realizar atos jurídicos, desde que seja acompanhado pelo curador nomeado pelo juiz. Se for considerado curado ou tiver reassumido o autocontrole, a incapacidade será suspensa por decisão judicial. Algumas drogas, inclusive o álcool, levam a dependência permanente a alguns indivíduos, correndo-se o risco de recaídas, circunstância esta que deve ser levada em conta pelo juiz.

c) o terceiro tipo é a causa transitória ou permanente que impede a pessoa de exprimir sua vontade. Não se confunde com a deficiência mental ou intelectual. Trata-se de qualquer situação que não permita que a pessoa possa livremente manifestar sua vontade, ainda que sua integridade mental não tenha sido afetada. Os exemplos comuns são de pessoa submetida a anestesia geral, a estado de coma induzido ou a sequestro praticado por grupo criminoso ou, ainda, quando sofrer temporariamente perda do "pleno discernimento" para testar (CC, art. 1.860). Assim, a pessoa está incapaz, sem ser incapaz. Para o direito alemão, a causa transitória é hipótese de nulidade da declaração de vontade, mas não de incapacidade (§ 105, 2, do BGB), o que nos parece a solução mais adequada. Esse tipo não abrange a pessoa com deficiência, pois esta é dotada de capacidade jurídica própria atribuída pela Convenção e pelo Estatuto da Pessoa com Deficiência e não está impedida de exprimir sua vontade.

d) o quarto tipo admite a incapacidade relativa dos pródigos. A prodigalidade significa o desfazimento ou o comprometimento descontrolados e sem critério do patrimônio pessoal, favorecendo pessoas ou entidades em prejuízo de si próprio. O pródigo é sujeito a interdição e a curatela, por decisão judicial. A interdição é parcial, pois o CC, art. 1.782, restringe-a aos atos de emprestar, transigir, dar quitação, alienar, hipotecar, demandar ou ser demandado em juízo e praticar os atos que não sejam de mera administração do patrimônio.

Entendemos sem razão a inclusão da prodigalidade entre os tipos de incapacidade relativa, pois privilegia o patrimônio em detrimento da autonomia, e até mesmo da dignidade, da pessoa. Afinal, por que a pessoa, que acumulou patrimônio em determinado momento de sua vida, não pode dele se desfazer por razões de foro íntimo, por ideologia, ou por sentimento religioso? Desde que a pessoa preserve um mínimo para sua existência – por exemplo, os proventos de aposentadoria ou pensão previdenciária –, não pode o Estado interferir em sua opção de vida. Levada ao extremo, a interdição da prodigalidade impede que uma pessoa siga o exemplo de São Francisco de Assis, que se desfez de todos os bens que possuía em benefício dos pobres. Segundo a lei brasileira, esse santo, vivendo hoje, seria relativamente incapaz. Em verdade, a interdição à prodigalidade é resquício da visão prevalentemente patrimonialista do direito civil, do indivíduo proprietário segundo a concepção burguesa de vida, que não concebia pessoa sem patrimônio. Em contrapartida, não há qualquer restrição à avareza, que maior mal causa não só ao avaro, mas também às pessoas que com ele convivem. Concluímos, pois, que a incapacidade por prodigalidade é incompatível com o princípio constitucional da dignidade da pessoa humana.

Em juízo, a pessoa relativamente incapaz é assistida pelos pais, tutor ou curador, na forma da lei civil (CPC, art. 71).

4.12. Capacidade Relativa do Índio

Tipo especial de capacidade relativa é a dos índios, regulada por legislação especial (Lei n. 6.001/1973, Estatuto do Índio). O art. 50 da Lei de Registros Públicos dispensa os índios "não integrados" do registro de nascimento, que poderá ser feito na Fundação Nacional dos Índios (FUNAI), que por sua vez exerce peculiar tutela legal sobre eles. Cabe à FUNAI o Registro Administrativo do Nascimento de Indígena (RANI), de acordo com o art. 13 do Estatuto do Índio.

A Constituição reconhece aos índios sua organização social, costumes, línguas, crenças e tradições, além dos direitos originários sobre as terras que tradicionalmente ocupam. Mas não há reconhecimento explícito de sua capacidade jurídica, e sim apenas legitimação para "ingressar em juízo em defesa de seus direitos e interesses" (CF, art. 232).

No plano internacional, a Convenção n. 169 da Organização Internacional do Trabalho, sobre os povos indígenas e tribais em países independentes, ratificada e internalizada no Brasil em 2002, conceitua o índio a partir de seu grupo social, ou seja, são povos indígenas os que "descenderem de populações que habitavam o país ou uma região geográfica pertencente ao país na época da conquista ou da colonização ou do estabelecimento das atuais fronteiras estatais" e que "conservam todas as suas próprias instituições sociais, econômicas, culturais e políticas, ou partes delas".

O art. 18 da Declaração sobre os Direitos dos Povos Indígenas, da ONU, estabelece que "os povos indígenas têm o direito de participar da tomada de decisões sobre as questões que afetem seus direitos, por meio de representantes por eles eleitos de acordo com seus próprios procedimentos, assim como de manter e desenvolver suas próprias instituições de tomada de decisões". Essa tutela, ainda que mitigada pela Constituição brasileira, tem sido objeto de críticas (por exemplo, de Boaventura de Sousa Santos, 2007, p. 38), considerando que outros países do continente americano reconhecem a plena capacidade jurídica dos índios.

4.13. Maioridade

A pessoa alcança a maioridade quando completa dezoito anos. O efeito determinante da maioridade nas relações privadas é a aquisição da capacidade plena de exercício, que permite à pessoa exercer diretamente os atos da vida civil, responsabilizando-se com seu patrimônio. Com relação aos pais, extingue-se o poder familiar com o advento da idade de dezoito anos do filho.

Somente com o CC de 2002 houve a unificação em dezoito anos para a maioridade. Em dezoito anos já estavam definidas as maioridades penal, eleitoral, trabalhista. Essa tardia aceitação da idade de dezoito anos para a maioridade civil decorre de resistência cultural em vários segmentos da sociedade brasileira. Durante o período de vigência das Ordenações Filipinas, na Colônia e no Império, a maioridade apenas se adquiria aos vinte e cinco anos. Os autores do projeto do atual CC mantiveram a idade de vinte e um anos, o que apenas se alterou no Congresso Nacional, que se convenceu da realidade social.

A permanência da pessoa, após adquirir a maioridade, na casa de seus pais, fato muito comum na atualidade, não altera a plena capacidade de agir de que é titular. O exercício pleno da capacidade jurídica, em virtude da maioridade, não depende da autonomia econômica ou profissional. Os pais não mais exercem qualquer autoridade sobre os filhos. Por consequência, tampouco assumem qualquer responsabilidade pelos danos que venham a cometer seus filhos maiores.

4.14. Emancipação

As pessoas maiores de dezesseis anos e menores de dezoito podem ser emancipadas. A emancipação é um modo de antecipação da plena capacidade jurídica, equiparável à maioridade. Tem a natureza de ato jurídico em sentido estrito, pois é declaração unilateral de vontade, cujos efeitos são definidos por lei.

A emancipação é ato dos pais ou, na falta destes, do tutor, quando se conclui pela conveniência da antecipação da capacidade jurídica plena. Não depende do consentimento ou aceitação do menor, o que converteria o ato em negócio jurídico. Mas depende de realizar o melhor interesse do emancipado. O ato é irrevogável, por envolver o estado civil das pessoas. Nos atos jurídicos que encetar deverá ser consignada a qualificação de emancipado.

A emancipação promovida pelos pais se perfaz por escritura pública, celebrada perante tabelião de notas, produzindo seus efeitos independentemente de homologação judicial. A escritura deve ser levada a registro no Cartório de 1º Ofício de cada comarca. Antes do registro, a emancipação, em qualquer caso, não produzirá efeitos (Lei n. 6.015/1973). A publicidade da emancipação é necessária para preservação dos interesses de terceiros que realizem transações com o emancipado.

O CC admite que a emancipação seja feita por sentença do juiz (art. 9º, II). Essa hipótese é excepcional, quando o menor não tenha pais ou tenha sido abandonado por eles, ou quando os pais negarem a emancipação sem justificativa razoável. O juiz, após ouvir os pais e o Ministério Público, decidirá no melhor interesse do menor que deseja ser emancipado, além das razões deste.

Igualmente quando o menor estiver sob autoridade de tutor, em virtude da falta dos pais ou da perda do poder familiar destes, a emancipação depende de sentença judicial. O tutor não pode emancipar diretamente, pois é desprovido de poder familiar. Somente o juiz pode fazê-lo, ouvido o tutor.

A emancipação, apesar de equivalente, não é igual à maioridade. Sempre que o legislador fizer alusão expressa à maioridade, para aquisição ou extinção de direitos e deveres, não se estenderá a regra aos emancipados. Na dúvida ou quando a alusão for à capacidade jurídica plena, então os emancipados estarão incluídos.

Os tribunais têm admitido que a emancipação não exclui a responsabilidade dos pais pelos danos cometidos por seus filhos menores, distinguindo, problematicamente, a capacidade de agir da capacidade delitual. Nesse sentido, decidiu o STJ (REsp 122.573) que "a emancipação por outorga dos pais não exclui, por si só, a responsabilidade decorrente de atos ilícitos do filho".

É problemática a harmonização da admissibilidade da emancipação dos menores entre dezesseis e dezoito anos com a doutrina de proteção integral da criança e do adolescente, consagrada na Convenção Internacional dos Direitos da Criança, no ECA e, sobretudo, no art. 227 da CF. A Convenção considera criança a pessoa até dezoito anos, e o ECA considera adolescente a pessoa entre doze e dezoito anos; até dezoito anos a pessoa é qualificada nesses diplomas legais como "pessoa em formação". Os pais que perderam o interesse afetivo pelo filho podem valer-se da emancipação, por ato exclusivo deles, sem homologação judicial ou audiência do filho, para desobrigar-se dele e libertar-se dos deveres materiais e morais do poder familiar (criação, educação, assistência). Estabelece o art. 227 da Constituição que é dever da família assegurar à criança e ao adolescente, "com absoluta prioridade", o direito à vida, à saúde, à alimentação, à educação, ao lazer, à profissionalização, à cultura, à dignidade, ao respeito, à convivência familiar. Para que a norma do inciso I do parágrafo único do art. 5º do CC seja interpretada em conformidade com a Constituição e em harmonia com a Convenção e o ECA, a emancipação do filho por ato dos pais apenas deve ser admitida se realizar o melhor interesse do adolescente. Assim, cabe ao tabelião anotar na escritura a justificativa dos pais, para eventual averiguação judicial, inclusive por iniciativa do Ministério Público, que tem o dever constitucional de zelar pelos direitos indisponíveis das crianças e adolescentes; se a justificativa não for razoável, deve suscitar a dúvida ao juiz competente, antes da lavratura da escritura de emancipação. Não pode haver emancipação desmotivada.

4.15. Outros Modos de Cessação da Incapacidade Civil

Além da emancipação, o direito brasileiro admite que cesse totalmente a incapacidade civil de pessoas menores, nas seguintes hipóteses: a) casamento; b) emprego público efetivo; c) graduação universitária; d) atividade empresarial própria; e) relação de emprego privado.

a) O direito brasileiro admite o casamento de pessoa com menos de dezoito anos. O casamento opera como fato jurídico cuja eficácia é a cessação da incapacidade. O casamento produz efeitos a partir de sua celebração, civil ou religiosa, inclusive para fins de cessação da incapacidade civil. São duas as hipóteses de casamento de pessoa menor: entre dezesseis e dezoito anos incompletos e com menos de dezesseis anos.

Para contrair matrimônio, a capacidade é reduzida para os dezesseis anos, considerada pelo direito brasileiro como a idade núbil. A idade núbil não excepciona a capacidade jurídica plena, pois o menor ou a menor de dezesseis a dezoito anos podem casar, mas dependem de autorização dos pais, ou seja, do pai e da mãe, em conjunto. Essa restrição significa uma inibição imposta pela lei, para restringir o casamento de pessoas ainda em formação, que passam a assumir posições de adultos. A autorização conjunta dos pais é apresentada no pedido de habilitação e é exigível ainda que vivam separados. Somente pode ser dispensada a autorização de um dos pais se este tiver perdido o poder familiar. Quando o menor estiver sob tutela, em virtude da ausência ou perda do poder familiar dos pais, cabe ao tutor autorizar o casamento do tutelado em idade núbil.

O art. 1.520 do CC/2002, com a redação dada pela Lei n. 13.811/2019, não permite o casamento de quem não atingiu a idade núbil. A redação anterior do art. 1.520 admitia o casamento de menores com até 16 anos, com dispensa da autorização dos pais, para evitar imposição de pena criminal ou quando houvesse gravidez.

A Lei n. 13.811/2019 deixou intactos os arts. 1.550 a 1.553 do CC/2002, que estabelecem a anulabilidade do casamento de "quem não completou a idade para casar" (art. 1.551, I), a validade desse casamento se resultou gravidez (art. 1.551) e a convalidação desse casamento quando o menor atingir a idade núbil, se confirmá-lo com autorização dos pais ou com suprimento judicial (art. 1.553). Essas normas do CC/2002 permaneceram inalteradas e não foram revogadas nem expressa nem tacitamente pela referida lei.

Tem-se, portanto, a seguinte interpretação, após o advento da Lei n. 13.811/2019:

a) O casamento religioso ou civil, celebrado quando um ou ambos os nubentes conte ou contem com menos de 16 anos, não pode ser levado a registro civil. Se o for é anulável. Não é nulo porque o CC, art. 1.550, I, considera-o apenas anulável, e as regras gerais de invalidade, máxime no que concernem à nulidade dita absoluta, não se aplicam ao direito de família.

b) A anulabilidade desse casamento depende de iniciativa dos legalmente legitimados para promovê-la, ou seja, o cônjuge menor, ou seus ascendentes ou representantes legais (CC, art. 1.552). Porém, nem estes poderão promovê-la se, do casamento, resultar gravidez (CC, art. 1.551).

c) Esse casamento será convalidado legalmente, ainda que tenha sido registrado com violação do art. 1.520, quando o cônjuge menor atingir a idade de 16 anos e confirmá-lo.

d) Se tiver havido celebração sem registro civil desse casamento, ante recusa do registrador em face do art. 1.520, será convolado em união estável, que, por sua natureza de ato-fato, não depende de registro para ser considerada entidade familiar.

e) O CC refere-se a emprego público efetivo, que deve ser entendido como emprego, sob regime celetista, ou cargo público de provimento efetivo, sob regime estatutário. Ambos dependem de prévia aprovação em concurso público e contratação ou nomeação pela autoridade competente (CF, art. 37, II). Excluem-se os cargos de provimento em comissão, de livres nomeação e exoneração, e os empregos de caráter temporário, nas hipóteses autorizadas por lei. Mas a possibilidade de investidura em cargo público com menos de dezoito anos depende de lei que expressamente a autorize. No âmbito federal, a Lei n. 8.112/90 estabelece que a idade mínima de dezoito anos é requisito básico indispensável.

f) Hipótese também muito rara é a graduação universitária com idade inferior a dezoito anos. Todavia, a Lei de Diretrizes e Bases da Educação Nacional – LDB (Lei n. 9.394/1996, art. 47) admite que alunos com extraordinário aproveitamento nos estudos, demonstrado por meio de avaliação aplicada por banca examinadora especial, poderão ter abreviada a duração dos seus cursos. A LDB também não exige que a seleção para curso universitário esteja limitada a determinada idade. Em 2008 chamou a atenção a aprovação em vestibular para curso de Direito de uma criança de oito anos, na cidade de Goiânia, mas que teve impedido seu ingresso, pois não tinha concluído o ensino médio. Nada impediria que o aprovado, com tenra idade, pudesse ingressar no curso, se tivesse abreviado o ensino médio, adquirindo a plena capacidade jurídica ao concluir o curso universitário, antes dos dezoito anos (o próprio curso universitário pode ser abreviado, nas hipóteses do art. 47 da LDB).

g) O menor com extraordinário talento para negócios e economia própria adquirida por si mesmo ou por herança ou doação, se montar "estabelecimento civil ou comercial", adquirirá a plena capacidade jurídica, antes dos dezoitos anos, se já contar com mais de dezesseis. O CC, art. 972, estabelece que "podem exercer a atividade de empresário os que estiverem em pleno gozo da capacidade civil", o que aparenta contradição. Porém, a lei não exige que tenha havido registro civil ou empresarial, contentando-se com atividade de fato e com economia própria proveniente do negócio. A empresa individual registrada ou não é suficiente para gerar a cessação da incapacidade. Quem foi capaz de viabilizar uma atividade empresarial já adquiriu de fato a capacidade para os atos da vida civil; é o quanto basta. Por outro lado, o CC admite que sociedades possam ser assim consideradas, sem necessidade de registro: a sociedade em comum e a sociedade em conta de participação. A vontade contrária dos pais é inoperante.

h) A Constituição admite que o menor com idade superior a dezesseis anos seja empregado regular. O contrato de trabalho é o título que automaticamente lhe assegura a plena capacidade jurídica, bastando fazer prova dele.

4.16. Lugar das Pessoas Físicas: Domicílio e Residência

Toda pessoa necessita de uma referência espacial, ou seja, um lugar onde possa ser encontrada pelas demais e pelo Estado para responder pelos deveres e obrigações resultantes das relações jurídicas em que se insere no cotidiano. O domicílio simboliza o pertencimento de uma pessoa a determinada comunidade. É o centro de sua atividade no mundo jurídico. Todos têm domicílio, até mesmo o que não tem residência ou morada. A escolha do domicílio é um direito fundamental da pessoa no Estado Democrático de Direito. É no domicílio da pessoa que devem ser efetuadas as comunicações judiciais e extrajudiciais que lhe são dirigidas.

O CC dispõe que o domicílio é o lugar onde a pessoa estabelece a sua residência com ânimo definitivo. Assim, os conceitos de domicílio e residência se imbricam. Domicílio é uma qualificação totalmente jurídica, enquanto a residência é um conceito jurídico referente a uma situação de fato a que o direito atribui consequências jurídicas. Residência é o local onde uma pessoa vive em caráter transitório ou permanente, seja ou não proprietário dele; é sua morada. Quem aluga um imóvel por temporada, para realizar alguma atividade profissional ou para turismo, tem residência, mas não domicílio. Exemplifique-se com a pessoa que tem residência permanente em uma cidade e alugou uma casa de praia, em outro Estado, durante suas férias. A primeira residência é seu domicílio, ainda que não esteja nela durante as férias; a segunda é mera residência, que não assume a qualificação de domicílio. Se, durante esse período de férias, alguém ajuizar uma ação contra ela, o foro processual será o de seu domicílio e não o da casa de praia, porque nesta falta o requisito de definitividade ou permanência. Admite-se que morada, simplesmente, ainda é mais restrito que residência, pois é situação de fato: a pessoa que se hospeda nos hotéis, em viagens de turismo ou de negócios, mora, mas não reside.

Quando se fala em domicílio nem sempre se alude à casa. Domicílio é o espaço em que o fato da domiciliação tem eficácia. O militar tem por domicílio o lugar em que serve, não o quartel; o funcionário público, o lugar em que trabalha, e não a repartição pública. Se uma pessoa reside em uma cidade, mas tem escritório em outra, para onde se dirigem todas as declarações ou comunicações de vontade que tenham de ser conhecidas por ele, seu domicílio é o lugar onde tem o escritório (Pontes de Miranda, 1974, v. 1, p. 248).

A permanência, ou ânimo definitivo, não significa longa duração. As circunstâncias da vida podem levar a pessoa a, em curto espaço de tempo, mudar várias vezes de domicílio. Estabelece o CC, art. 74: "Muda-se o domicílio, transferindo a residência, com a intenção manifesta de o mudar". Não há necessidade de que a mudança seja comunicada a qualquer autoridade pública, notadamente policial, ou divulgada publicamente. Basta a manifestação tácita, quando, por exemplo, desocupa uma casa e transporta seus móveis para outro lugar. Mas, se uma pessoa morava em uma cidade e não se sabe agora onde é seu domicílio, entende-se que não houve mudança, e é seu o ônus de provar o contrário.

A escolha do domicílio, isto é, do local onde pretende viver solitariamente ou com seus familiares, é exercício de liberdade da pessoa, sem interferência do Estado. A evolução da humanidade libertou as pessoas do vínculo controlado a determinado lugar, em razão de vínculos de servidão ou de discriminação política, religiosa ou étnica, principalmente após a Segunda Guerra Mundial, no século XX. Livre é a pessoa que pode escolher seu domicílio. A Constituição assegura essa liberdade, no território nacional, tanto para os nacionais quanto para os estrangeiros.

A liberdade de escolha do domicílio não significa liberdade de definição dos efeitos jurídicos. A pessoa o escolhe, mas os efeitos jurídicos do domicílio são definidos em lei, de modo igualitário. Com tais características, o domicílio é classificado como ato jurídico em sentido estrito e não como negócio jurídico. O critério básico a ser observado é a habitualidade. Se a pessoa costuma passar algumas semanas numa casa alugada, em férias, não se tem aí domicílio.

Às vezes a liberdade de escolha do domicílio está condicionada à liberdade de escolha de atividade profissional ou de meios de vida. As pessoas que vivem em constantes mudanças, que nunca se fixam em um lugar para viver, não têm residência permanente ou com ânimo definitivo. Ilustrem-se com situações dos artistas circenses, que moram no circo, onde quer que esteja instalado, e de grupos nômades, como os ciganos, que se identificam com esse estilo de vida. Nestas hipóteses, a lei define que o domicílio é qualquer lugar onde estejam.

O princípio que rege o domicílio, no direito brasileiro, é o da unicidade, ou seja, a pessoa apenas pode ter um domicílio, em virtude das exigências de proteção dos interesses de terceiros e de segurança jurídica. Mas esse princípio não é absoluto, admitindo exceções. Quando uma pessoa se apresenta na vida social com mais de um centro de atividades profissionais, ou com mais de uma residência, sendo encontrada em qualquer delas, sem se identificar uma com ânimo definitivo, o direito admite, para proteção dos interesses sociais, que o domicílio seja qualquer desses centros de atividade profissional ou de vida pessoal. Admite-se, portanto, o domicílio profissional, ou domicílios profissionais, ao lado do domicílio pessoal. Assim, ter-se-ia excepcionalmente pluralidade de domicílios. Ilustre-se com determinado médico que mantém clínicas em duas cidades, atendendo alternadamente em ambas.

Em determinadas circunstâncias, a lei determina o domicílio, sem permitir liberdade de escolha. É o denominado domicílio necessário ou legal. Classifica-se como ato-fato jurídico, assim considerado o que deriva de participação originária de pessoa humana, mas que o direito apenas capta o resultado fático, atribuindo a este consequências jurídicas. Em vez de o domicílio ser localizado na residência permanente da pessoa, passa a ser no local de trabalho. O domicílio da criança ou do adolescente é o dos pais ou responsáveis ou, ainda, do lugar onde se encontre quando da falta dos seus responsáveis (ECA, art. 147).

O domicílio legal ou necessário é determinado para todos os funcionários ou servidores públicos, civis e militares. O órgão público é o domicílio do funcionário público. Se residir com sua família em uma cidade e for lotado em órgão público instalado em outra, nesta será seu domicílio, para efeitos de todos os atos da vida civil e para as comunicações de juízo. No caso da Marinha e da Aeronáutica, o domicílio do militar é o da sede do comando onde servir. O domicílio do marítimo de marinha mercante é o do local onde esteja matriculado o navio no qual esteja embarcado. Se a função pública é temporária ou de provimento em comissão, não há domicílio necessário, permanecendo o domicílio pessoal do titular.

Também têm domicílio necessário o preso, no local da prisão, e o incapaz, seja a incapacidade absoluta ou relativa, no domicílio de seu representante legal ou assistente. Assim, o domicílio da pessoa menor é o de seus pais, ou, na falta destes, o do tutor.

Domicílio específico é o foro do contrato. Quando os contratantes têm domicílios distintos, necessitam eleger o foro do contrato, ou seja, o lugar escolhido para exercer suas pretensões em juízo, quando houver algum conflito entre eles. A liberdade de escolha, todavia, pode ser excluída, sempre que um dos contratantes for considerado juridicamente vulnerável, notadamente nos contratos de adesão entre fornecedores de produtos ou serviços e o consumidor. A fixação do foro contratual que contemple o local da sede da empresa contratante predisponente, em contrato de adesão, configura cláusula abusiva, considerada nula, por força do art. 51, IV, do CDC e do art. 424 do CC, o qual também considera nula a cláusula que estipule renúncia do aderente a direito resultante da natureza do negócio. A cláusula de fixação de foro não importa eleição ou escolha, em contrato de adesão, consistindo em renúncia a direito de facilitação de acesso ao Judiciário, justamente no local em que o contrato é executado (domicílio do aderente). A Lei n. 11.280/2006 determina que o juiz poderá declarar de ofício a nulidade de cláusula de eleição de foro em contrato de adesão, declinando sua competência para o juízo do domicílio do réu.

4.17. Ausência

Ausência é presunção da morte da pessoa física, para fins civis, em virtude de desconhecimento de seu paradeiro, após longo tempo e cujas circunstâncias levam a fundadas dúvidas da continuação de sua existência. Para Pontes de Miranda, é o fato de não estar presente, mais a carência de notícias (1971, v. 1, p. 370). Esse é o sentido em direito civil, diferente dos sentidos empregados na linguagem comum. A presunção não é absoluta, pois deixará de produzir efeitos se a pessoa retornar ou houver notícia de sua existência. Também ocorre ausência quando a pessoa tiver outorgado procuração para outra, que não queira ou não possa exercer os poderes. A ausência é um instrumento jurídico voltado a resolver problemas de natureza patrimonial resultantes do desconhecimento duradouro da existência da pessoa, mas que não pretende se igualar ao fato natural da morte. Sua finalidade fundamental é propiciar a abertura da sucessão do ausente, de modo que seu patrimônio possa ser administrado durante certo período de tempo – para oportunizar seu eventual retorno –, findo o qual será transmitido para seus herdeiros ou sucessores.

No CC de 1916, a ausência era tratada no âmbito do direito de família, o que rendia crítica pertinente da doutrina. Com efeito, a ausência diz respeito à pessoa em si, em virtude de sua aproximação à morte. Todos os direitos existenciais e patrimoniais da pessoa física são afetados pela ausência, e não apenas as relações de família, além dos efeitos preferenciais que provoca no campo do direito das sucessões.

A ausência importa a caracterização dos seguintes requisitos: a) desaparecimento da pessoa física de seu domicílio; b) duração do tempo do desaparecimento, relativamente longo, apreciável no caso concreto, pois a lei não o determina; c) carência de notícias por parte das pessoas com quem se relacionava: parentes, familiares, amigos, credores, devedores; d) abandono da administração de seus bens e negócios. Se não há bens suscetíveis de sucessão hereditária, não há utilidade na declaração de ausência.

A ausência deverá ser declarada judicialmente, em processo promovido por interessados (herdeiros, legatários, credores) ou pelo Ministério Público, dando-se início a três etapas: a) a curadoria dos bens do ausente; b) a sucessão provisória; c) a sucessão definitiva. O processo é de ser ajuizado no lugar do último domicílio do ausente e não no da situação dos bens, por aplicação do art. 1.785 do CC.

Quando o juiz declarar a ausência, deverá nomear curador, a quem cabe administrar os bens da pessoa ausente, definindo os poderes e obrigações dessa específica curatela. O cônjuge ou o companheiro de união estável têm preferência para a assunção da curatela, salvo se já estavam separados de fato do ausente por mais de dois anos, contados da declaração de ausência. O CC apenas se refere a cônjuge, mas deve ser entendido como abrangente do companheiro da união estável, em virtude da regra de reciprocidade de seu art. 1.775 e do princípio da igualdade das entidades familiares garantido pela CF. Na falta deles, ou se não puderem exercer a curatela, será observada a seguinte ordem: os pais, os filhos, os demais descendentes e, na falta destes, qualquer pessoa. A ordem é para a preferência, dentro da qual o juiz escolherá o familiar ou parente mais apto a exercer a curatela (o pai, ou a mãe, ou o filho mais velho, ou o mais novo). Essa ordem pode ser invertida, dependendo de várias circunstâncias, especialmente a ocorrência de hipóteses de incapacidade ou escusa do escolhido (CC, art. 1.763): maior de sessenta anos, mulher, o que tiver mais de três filhos, enfermo, quem residir distante, quem já for tutor ou curador, militar em serviço. O CC não alude aos demais ascendentes, como os avós, mas um destes pode ser o escolhido pelo juiz, de acordo com as circunstâncias (por exemplo, jovem criado por seus avós e que foi trabalhar no exterior, sem enviar notícias por longo tempo). A escolha do juiz deve ser justificada na decisão que declarar a ausência. Após um ano da decisão, poderão o cônjuge ou o companheiro, ou herdeiro, ou credor, requerer a abertura da sucessão provisória; se nenhum interessado a requerer, fá-lo-á o Ministério Público. Cessa a curatela com a abertura da sucessão provisória.

A sucessão provisória funda-se em presunção *juris tantum*: a morte da pessoa. Em razão disso, abre-se a sucessão prematura do ausente por sentença que a determine; e logo que esta passe em julgado procede-se à abertura do testamento, se existe, e ao inventário e à partilha dos bens como se o ausente fosse falecido (Pontes de Miranda, 1971, v. 9, p. 379). Ainda que todos os herdeiros sejam capazes, o inventário terá de ser judicial, não se lhe aplicando a faculdade da Lei n. 11.441/2007, que disciplina o inventário por via administrativa, mediante escritura lavrada em tabelião.

A sucessão provisória perdura pelo tempo prudencial de dez anos, no qual ocorre a transmissão condicionada dos bens do ausente a seus sucessores, para que estes se imitam na posse; se o ausente retornar ou houver notícias comprovadas de sua existência, dentro desse prazo de dez anos, desfaz-se a sucessão, devolvendo-se-lhe os bens. A decisão do juiz que determinar a abertura da sucessão só produzirá efeitos a partir de seis meses de sua publicação, após o que se dará o inventário e partilha dos bens, o que demonstra a cautela que deve cercar esse tipo de presunção de morte ("como se o ausente fosse falecido", enuncia o art. 28 do CC). A imissão na posse dos bens, até que se dê a sucessão definitiva, depende de garantias (penhoras ou hipotecas) que os herdeiros prematuros ofereçam em valores correspondentes aos bens recebidos, porque seus direitos pendem de condição resolutiva e para evitar os danos provenientes de dissipação desses bens. Se o herdeiro não puder oferecer tais garantias, não poderá ser imitido na posse dos bens herdáveis, salvo se for ascendente, descendente, cônjuge ou companheiro. Nessa fase não há transmissão de domínio ou direito de propriedade, mas apenas de posse.

Como possuidores legais dos bens do ausente, os sucessores provisórios têm direito à administração, usufruto e aquisição dos frutos e rendimentos correspondentes. Mas, se houver herdeiros que não puderam oferecer garantias de penhor ou hipoteca, terão direito aos valores proporcionais de sua quota hereditária, devendo, no entanto, investir ou capitalizar cinquenta por cento deles, prestando conta ao juiz desse emprego, ao fim de cada ano. Essa providência tem por fito manter uma reserva financeira, que será transferida ao ausente, se reaparecer, durante o período da sucessão provisória, salvo se ficar provado que a ausência foi voluntária ou sem justificativa razoável. Em situações comprovadas de ruína do bem, com a consequente desvalorização, o juiz poderá autorizar o sucessor provisório a alienar bem imóvel; apenas nessa hipótese é possível a venda, permuta ou dação em pagamento, ou hipoteca de imóvel. Os sucessores provisórios também assumem a representação ativa e passiva do ausente, de modo que respondem pelas ações que os credores contra este ajuizarem ou tenham antes ajuizado.

A sucessão definitiva, após o cumprimento do prazo de dez anos da sucessão provisória, convalida com caráter de permanência a transmissão dos bens, que podem ser livremente geridos e alienados pelos sucessores, da mesma forma como ocorre com a morte do autor da herança; pesa-lhe, todavia, uma condição resolutiva, para a hipótese do reaparecimento a qualquer tempo do ausente, quando este retomará seu patrimônio no estágio em que encontrar, sem força retroativa. Se um bem tiver sido vendido a terceiro, e com o produto da venda o herdeiro tiver adquirido outro, este passará ao ausente que retornou, pois a venda não poderá ser desfeita; do mesmo modo, se o herdeiro tiver aplicado o preço recebido em valores mobiliários.

O prazo de dez anos será dispensado se o ausente tiver desaparecido quando já contava setenta e cinco anos. Neste caso, a sucessão será definitiva, sem necessidade da sucessão provisória, passados cinco anos do desaparecimento, quando atingiria a idade de oitenta anos.

Em ambas as hipóteses de sucessão definitiva, se o ausente reaparecer nos dez anos seguintes à publicação da decisão judicial que decretar a abertura daquela, terá direito à devolução dos bens, mas no estado em que os encontrar, valorizados ou depreciados, ou submetidos às garantias de hipoteca ou penhor. Não tem o reaparecido direito aos bens que já foram alienados, salvo se foram empregados na aquisição de outros bens (nesse sentido, são considerados sub-rogados no lugar dos anteriores) pelo sucessor. Tem também direito ao preço recebido pelo sucessor em virtude de venda de algum bem; esse valor é histórico, não sendo objeto de atualização, pois o sucessor pode tê-lo inteiramente consumido.

No âmbito do direito de família, a declaração judicial de ausência leva à tutela dos filhos se a ausência for de ambos os pais (CC, art. 1.728, I). O casamento também se dissolve pela declaração de ausência, em virtude da regra introduzida pelo § 1º do art. 1.571 do CC. Antes, por mais prolongada que fosse, não se considerava a ausência como equivalente à morte, a não ser para efeitos patrimoniais, o que condenava o cônjuge sobrevivente a um estado de "semiviuvez" permanente (Pereira, 2004, p. 231). Para os fins desse artigo deve ser considerada apenas a ausência definitiva, ou seja, a decisão judicial de abertura da sucessão definitiva, que gera a presunção de morte, em face do art. 6º do CC.

CAPÍTULO V

Direitos da Personalidade

5.1. Reconhecimento dos Direitos da Personalidade

Os direitos da personalidade são os direitos não patrimoniais inerentes à pessoa, compreendidos no núcleo essencial de sua dignidade. Os direitos da personalidade concretizam a dignidade da pessoa humana, no âmbito civil.

"Com a teoria dos direitos de personalidade, começou, para o mundo, nova manhã do direito. Alcança-se um dos cimos da dimensão jurídica". Assim Pontes de Miranda introduziu a matéria, para realçar sua magnitude (1971, v. 7, p. 6). O giro conceitual é bem destacado quando se compara essa afirmação com a rejeição de Teixeira de Freitas no século XIX e tantos outros juristas centrados nos seguintes argumentos: 1) difícil enquadramento no modelo do direito subjetivo; 2) ausência de valor patrimonial ou econômico; 3) imprecisão das consequências jurídicas. Paradoxalmente, esses supostos defeitos converteram-se nas bases virtuosas da construção da teoria dos direitos da personalidade.

A constitucionalização dos direitos fundamentais muito contribuiu para se alcançar essa relevância jurídica, pois os direitos da personalidade, ambientados nas relações privadas, são espécies do gênero direitos fundamentais. Contudo, nem todos os direitos fundamentais, corporificados ou não na Constituição, são direitos da personalidade, porque aqueles vão mais longe que estes, na medida em que atribuem direitos a organizações que não são pessoas e envolvem direitos sociais, econômicos e culturais, que não são direitos da personalidade. Os direitos da personalidade fizeram percurso oposto ao dos demais institutos jurídicos fundamentais: em vez de migrarem do direito civil para a Constituição, vieram desta para o direito civil infraconstitucional.

Para Adriano de Cupis, "existem direitos sem os quais a personalidade restaria em uma atitude completamente insatisfeita, privada de qualquer valor concreto; direitos desacompanhados dos quais todos os outros direitos subjetivos perderiam qualquer interesse para o indivíduo: a ponto de chegar-se a dizer que, se esses não existissem, a pessoa não seria mais a mesma" (1950, p. 18).

Sua natureza não patrimonial, em desacordo com a cultura jurídica ocidental de valorização do indivíduo proprietário, fez com que permanecessem à margem do direito civil. Foi preciso que se avançasse na compreensão de que sua violação deveria se enquadrar no âmbito dos danos e, fundamentalmente, dos danos não patrimoniais ou danos morais. As trajetórias dos dois institutos ficaram indissoluvelmente ligadas, com reconhecimento expresso na CF/88, que os tratou em conjunto, principalmente no inciso X do art. 5º, que assim dispõe: "*X – São invioláveis a intimidade, a vida privada, a honra e a imagem das pessoas, assegurado o direito à indenização pelo dano material ou moral decorrente de sua violação*". A interação não é ocasional, mas necessária. A referência aos danos morais é abrangente dos danos existenciais, que comprometem o projeto de vida da pessoa e sua vida em relação, de modo permanente.

O CC/2002 dedica um capítulo da parte geral aos direitos da personalidade, selecionando aqueles que produzem efeitos mais agudos nas relações civis, a saber: direito à integridade física, proibindo-se atos de disposição ao próprio corpo, salvo para fins de transplante e, gratuitamente, após a morte, para fins científicos ou altruísticos; vedação de tratamento médico ou intervenção cirúrgica não consentidos; direito à identidade pessoal (direito a ter nome e a impedir que seja usado de modo a expor ao ridículo ou com intenção difamatória; proibição de usar o nome alheio, sem autorização, para fins publicitários; proteção ao pseudônimo); direito à imagem; direito à honra; direito à vida privada.

Essa fragmentação normativa não deve perder o sentido da estrutura existencial da pessoa, que exige uma proteção unitária e integral, não admitindo ser substancialmente parcelada em multiplicidade de aspectos, desconectados uns dos outros, cada um dos quais se apresenta como um interesse juridicamente tutelável de modo autônomo (Sessarego, 1992, p. 36).

Os principais desafios que a aplicação dos direitos da personalidade enfrenta, inclusive no cotidiano do sistema judiciário, máxime os que se enquadram no direito à privacidade, são: a) sua abdicação no inconsciente coletivo em prol da sensação de mais segurança, multiplicando-se aspectos do que já se denominou de sociedade de vigilância; b) o argumento da tutela da liberdade de expressão, que passa a ser tida, equivocadamente, como dotada de primazia *a priori*; c) a exposição pública dos dados pessoais, voluntária ou praticada ilicitamente por terceiros na sociedade da informação e do espetáculo, nos meios de comunicação e nas chamadas redes sociais.

5.2. Características Essenciais dos Direitos da Personalidade

A natureza não patrimonial dos direitos da personalidade e a circunstância de serem inerentes e essenciais à realização da pessoa resultam em características que os singularizam, a saber: intransmissibilidade, indisponibilidade, irrenunciabilidade, inexpropriabilidade, imprescritibilidade e vitaliciedade. O CC brasileiro refere-se à intransmissibilidade, à irrenunciabilidade e à impossibilidade de limitação voluntária, que pode ser entendida como indisponibilidade.

Os direitos da personalidade, por serem inerentes à pessoa em si, não se originam de qualquer relação jurídica. Neles, a relação jurídica é derivada, ou seja, dá-se por efeito reflexo de sua violação por outrem, geradora de deveres e obrigações de fazer, ou de não fazer ou de reparar o dano.

A renúncia a qualquer direito da personalidade afetaria sua inviolabilidade e significaria renunciar a si mesmo, para converter-se de sujeito em objeto. O direito de povos antigos, fundado na escravidão, admitia que uma pessoa pudesse renunciar à sua liberdade para converter-se em escravo, como forma de pagamento de dívidas, o que é inadmissível na contemporaneidade. Como diz Pontes de Miranda, "a razão para a irrenunciabilidade é a mesma da intransmissibilidade: ter ligação íntima com a personalidade e ser eficácia irradiada por essa. Se o direito é direito de personalidade, irrenunciável é" (1971, v. 7, p. 8).

A titularidade dos direitos da personalidade é única e exclusiva, não podendo ser transferida para terceiros, herdeiros ou sucessores. Por não serem objetos externos à pessoa, não podem ser disponíveis, inclusive quanto ao exercício deles, ainda que gratuito. O Poder Público não pode desapropriar qualquer direito da personalidade, porque este não pode ser de domínio público ou coletivo. Pela mesma razão, não pode ser objeto de execução ou de penhora judicial, pois isso importaria subtração de parte essencial da pessoa, o que comprometeria seu desenvolvimento existencial. As pretensões ou exigências para o cumprimento do dever e da obrigação de abstenção ou de fazer jamais prescrevem.

Intransmissíveis são os direitos da personalidade, estabelece o CC. Mas há certos aspectos que podem ser objeto de transmissão. Como conciliar essa aparente contradição? O direito de imagem-retrato é transmissível, por exemplo, principalmente nos casos de pessoas que vivem profissionalmente da exposição pública, como os modelos, os artistas, os desportistas. A Lei de Direitos Autorais admite expressamente o chamado direito de arena, para pessoas que não são criadores ou autores, mas cujas habilidades corporais, físicas ou dramáticas os singularizam, atraindo público e gerando renda para si e para as organizações que as utilizam; são situações essencialmente patrimoniais e, portanto, transmissíveis, não podendo terceiro fazer uso delas para proveito próprio sem autorização. Porém, um esclarecimento se impõe, para se ultrapassar a contradição, é dizer, o que se transmite não é o direito da personalidade, mas a projeção de seus efeitos patrimoniais, quando haja. O direito permanece inviolável e intransmissível, ainda que o titular queira transmiti-lo, pois o que é inerente à pessoa não pode ser dela destacado. A pessoa não transmite sua imagem, ficando dela privada durante certo tempo, o que acarretaria sua despersonalização. O que se utiliza é certa e determinada projeção de sua imagem (a foto, o filme, a gravação), que desta se originou. A regra do Código está, portanto, correta.

No sentido do discrime entre intransmissibilidade dos direitos da personalidade, em si, e a transmissibilidade da projeção de seus efeitos patrimoniais, decidiu o STJ (REsp 268.660) pelo direito de a mãe defender a imagem da falecida filha: "Ademais a imagem de pessoa famosa projeta efeitos econômicos para além de sua morte, pelo que os seus sucessores passam a ter, por direito próprio, legitimidade para postularem indenização em juízo". O direito próprio é sobre os efeitos patrimoniais (reparação por danos morais) em virtude da sucessão hereditária. Quanto à defesa da imagem da filha, não se trata de direito próprio, mas de legitimação para defesa de direito alheio.

Relativamente à imprescritibilidade, dúvidas assomam em virtude da regra do art. 206 do CC, que estabelece a prescrição em três anos da "pretensão de reparação civil". O dano moral não se indeniza, mas a compensação pecuniária pode ser entendida como espécie do gênero reparação civil. Assim, prescreve em três anos a pretensão para reparação compensatória do dano moral que violou direitos da personalidade. Todavia, não se prescrevem as demais pretensões decorrentes da violação dos direitos da personalidade, que não têm natureza pecuniária. São imprescritíveis as pretensões relativas a fazer cessar a violação ou para interdição preventiva, apesar de ultrapassados os três anos, ou para obrigações de fazer. Os direitos da personalidade, por si mesmos, são inatingíveis pela prescrição. Daí a orientação do STJ (REsp 970.697 e REsp 1.027.652) de que são imprescritíveis as pretensões reparatórias por danos derivados de atos de tortura ocorridos durante a ditadura militar no Brasil.

Os direitos da personalidade extinguem-se com a pessoa; pode haver a transeficácia deles, *post mortem*, de modo que a defesa seja atribuída a familiares, como no caso da lesão à honra ou à imagem do falecido, ocorrida posteriormente ao falecimento. Por exemplo, no REsp 113.963, em caso de publicação de álbum de figurinhas de futebolistas, o STJ determinou indenização, à viúva e à nora, pela exploração não autorizada da imagem de atleta da seleção brasileira falecido.

Não se pode alvitrar de sucessão de direitos da personalidade, enquanto tais, porque não são bens patrimoniais.

O CC/2002 refere-se adequadamente à legitimação aos cônjuges (compreendem-se, também, os companheiros de união estável), ascendentes e descendentes do morto, para que cesse a ameaça ou a lesão aos direitos da personalidade deste, ou para reclamar perdas e danos. Ainda que morta a pessoa, seus direitos da personalidade não podem ser violados posteriormente, o que franqueia a defesa por parte de seus familiares. Contudo, o espólio, diferentemente do cônjuge sobrevivente, não possui legitimidade para postular reparação por prejuízos decorrentes de ofensa, após a morte do *de cujus*, à memória e à imagem do falecido, porque adstrito ao patrimônio deixado por este. Quem está legitimado à defesa não exerce direito próprio, mas direito de outrem. Os aspectos patrimoniais decorrentes da reparação civil são efeitos atribuídos ao legitimado. Os familiares podem ser atingidos diretamente, não apenas por via reflexa, nas hipóteses em que a ofensa não apenas lesa os direitos do falecido, mas se estende a seus familiares; nessas hipóteses não se cuida de legitimação, mas de exercício direto de direito (*jure proprio*).

Os direitos da personalidade, na perspectiva do direito constitucional, são espécies do gênero direitos fundamentais. Na perspectiva do direito civil, constituem o conjunto de direitos inerentes à pessoa, notadamente a pessoa humana, que prevalecem sobre todos os demais direitos subjetivos privados.

5.3. Tipicidade Aberta dos Direitos da Personalidade

Os tipos previstos na Constituição e na legislação civil são apenas enunciativos, não esgotando as situações suscetíveis de tutela jurídica à personalidade. Assim, além dos tipos de direitos da personalidade já positivados na Constituição e na legislação civil, os tipos socialmente reconhecidos são aferíveis a partir de sua compatibilidade com o princípio da dignidade da pessoa humana, fonte determinante de todos. Significa dizer que são tipos de direitos da personalidade:

a) os tipos exemplificativos previstos na Constituição e na legislação civil;

b) os tipos reconhecidos socialmente e conformes com o princípio da dignidade da pessoa humana.

Os direitos à vida, à honra, à integridade física, à integridade psíquica, à privacidade, dentre outros, são essenciais e inerentes à pessoa, pois sem eles não se concretiza a dignidade humana. A cada pessoa não é conferido o poder de deles dispor, sob pena de reduzir sua condição humana; todas as demais pessoas devem abster-se de violá-los.

Não é possível imaginar um número fechado de direitos da personalidade. Eles não se esgotam nos tipos que nos oferecem as distintas legislações. Nesta altura da história, não se pode prever quais outros direitos dessa categoria serão acolhidos e tipificados no ordenamento jurídico futuro (Sessarego, 1992, p. 40). Quando o juiz deparar-se com situação fática que não se enquadra nos tipos legais de direitos da personalidade, mas que evidencia violação a esta, deve verificar se é cabível, no caso, a tutela do princípio da dignidade da pessoa humana. Essa operação hermenêutica de reenvio ao princípio assegura a plena aplicabilidade dos direitos da personalidade.

5.4. Tipos Mais Gerais de Direitos da Personalidade

Aceita a tipicidade aberta, ajustada ao princípio da dignidade humana, podem ser destacados os tipos mais gerais de direitos da personalidade, consolidados nos sistemas jurídicos dos povos e no sistema jurídico brasileiro, máxime em nossa Constituição.

O recurso ao princípio fundamental da dignidade da pessoa humana dispensa a identificação dos direitos da personalidade em planos suprajurídicos, principalmente em argumentos jusnaturalistas ou políticos. A história dos direitos da personalidade se confunde com a história dos direitos fundamentais, nas declarações de direitos humanos, enfim, na progressiva emancipação humana para afirmar sua dignidade. No estádio atual, contudo, tanto os direitos fundamentais quanto os direitos da personalidade estão firmemente assentados em sistemas jurídicos positivos, como o brasileiro, e nestes devem ser localizados.

Como acima se disse, a especificidade dos direitos da personalidade reside na sua natureza de direitos inerentes à pessoa, sem os quais ela não se revela inteiramente. Entretanto, como adverte Adriano de Cupis (1950, p. 14), não se pode dar à expressão o sentido de direito pertencente à natureza humana, como direito natural racional de reação ao poder estatal.

O art. 223-C da CLT, com a redação dada pela Lei n. 13.467/2017, estabelece que: "A honra, a imagem, a intimidade, a liberdade de ação, a autoestima, a sexualidade, a saúde, o lazer e a integridade física são os bens juridicamente tutelados inerentes à pessoa física". O claro intuito do legislador foi limitar os direitos da personalidade no âmbito trabalhista apenas aos que ele listou. Todavia, essa lista viola o princípio reitor da dignidade da pessoa humana, que não pode ser cerceado, com quebra do sistema jurídico.

Os direitos da personalidade são direitos subjetivos, mas sem a restrição histórica que estes tiveram, de exprimir e perseguir valores econômicos, segundo o paradigma do direito de propriedade. São direitos subjetivos não patrimoniais, no sentido de estarem previstos e tutelados pelo direito objetivo. Assim, todos os direitos subjetivos que não tenham objeto econômico e sejam inerentes e essenciais à realização da pessoa, especialmente nas relações privadas, são direitos da personalidade.

A investigação do sistema jurídico brasileiro (doutrina, legislação e jurisprudência dos tribunais) conduz à identificação de direitos da personalidade típicos, comuns a outros sistemas jurídicos, como se destacará a seguir, que são recorrentes na jurisprudência dos tribunais, sem nenhuma pretensão de exauri-los. Advirta-se que dificilmente se pode isolar qualquer dos direitos da personalidade, pois cada situação de fato poderá configurar lesão a um conjunto deles. A lesão ao direito à imagem (retrato, efígie) redunda frequentemente em lesão à honra, à vida privada e à intimidade. O juiz deverá levar em conta esse fato quando fixar a reparação compensatória.

5.4.1. Direito à vida

Quem nasce com vida tem direito a ela. Esse direito é inerente, mas também é um dever imposto à própria pessoa, que não pode dele dispor. Os sistemas jurídicos, de modo geral, negam o direito ao suicídio, porque a vida é indisponível.

No âmbito dos direitos da personalidade, o direito à vida diz respeito ao que nosso sistema jurídico considera pessoa, ou seja, o ser humano nascido com vida, que é seu termo inicial. Não se confunde, portanto, com o direito à vida em geral dos considerados seres humanos, inclusive o nascituro, que é sujeito de direito, mas ainda não pessoa, o que afasta a discussão entre as concepções natalistas e concepcionistas, que são fundadas em valores morais, religiosos ou filosóficos. Entre a concepção e o nascimento há diversos estágios evolutivos, que ensejam teorias diversas sobre o início da vida. Na ADI 3.510, o STF julgou constitucional o art. 5º da Lei n. 11.105/2005, que permite a utilização de células -tronco embrionárias para fins de pesquisa. Na ADPF 54, o STF declarou possível a antecipação terapêutica do parto de feto anencéfalo. No HC 124.306, o STF considerou não haver crime de aborto na interrupção voluntária da gestação efetivada no primeiro trimestre de gravidez. Neste último julgado, o Tribunal considerou que a criminalização viola direitos fundamentais da mulher e o princípio da proporcionalidade.

O direito à vida, por ser como os demais direitos da personalidade irrenunciável, é incompatível com o consentimento a ato contra a vida. O direito à vida não inclui o direito à antecipação da morte no sistema jurídico brasileiro. Não se considera antecipação ou violação do direito à vida, a pretensão à morte natural (ortotanásia), quando a vida é mantida artificialmente mediante o uso de equipamentos ou medicações.

A CF admite uma única limitação ao direito à vida, relativa à pena de morte em caso de guerra declarada (art. 5º, XLVII, *a*).

No âmbito do direito à vida, na modalidade de preservação, pode ser incluído o direito à saúde. Nas relações privadas, o direito à saúde deve prevalecer sobre considerações exclusivamente econômicas, como tem ocorrido na mais ampla compreensão de sua natureza pelos tribunais, principalmente nos conflitos acerca da abrangência dos planos de saúde. Exemplo frisante é declaração de nulidade de cláusula que limite a permanência do paciente em unidade de terapia intensiva, com risco de agravamento da saúde e até mesmo de morte; tais circunstâncias devem estar compreendidas no risco do negócio da empresa responsável pelo plano.

5.4.2. Direito geral à liberdade

O direito geral à liberdade é o direito de ser livre, desde o nascimento até à morte, o direito de não estar subjugado a outrem, o direito de ir e vir, salvo a restrição em virtude do cometimento de crime. A privação ou a restrição indevida da liberdade dá ensejo à reparação compensatória por danos morais.

Na história da humanidade, é direito relativamente recente, pois o vínculo à escravidão, à servidão, a estamentos, a corporações de ofício, a posições sociais em virtude do nascimento e equivalentes marcou a trajetória de todos os povos.

A liberdade geral da pessoa não se confunde com a liberdade econômica, que fundamenta a livre-iniciativa (CF, art. 1º, IV, e art. 170) e a autonomia privada, porque esses princípios não integram os direitos da personalidade. Assim como a liberdade política, que se dá em face do Estado (liberdade de associação, liberdade de expressão, liberdade de culto, liberdade de pensamento, liberdade de trabalho). São direitos fundamentais, porém exteriores (não inerentes) à pessoa.

A prisão, embora prive ou restrinja o direito à liberdade, não o extingue, pois a CF não admite a prisão perpétua (art. 5º, XLVI, *a*) nem o desrespeito à integridade física e moral do presidiário (art. 5º, XLIX). Por outro lado, ninguém poderá ser privado da liberdade sem o devido processo legal (art. 5º, LIV), que busca impedir o abuso e o arbítrio e assegurar sua tutela.

A crescente utilização de meios tecnológicos invasivos, como os dados biométricos da pessoa, é risco nada desprezível à preservação da liberdade pessoal. "A proteção dos dados constitui, atualmente, um dos aspectos mais significativos da liberdade das pessoas" (Rodotà, 2004, p. 97). A implantação de *microchip* no corpo da pessoa, por exemplo, além de violar a integridade física e a dignidade, compromete a liberdade, que passa a ser controlada.

5.4.3. Direito à integridade física e psíquica

O direito à integridade física tem por objeto a preservação da intocabilidade do corpo físico e mental da pessoa humana. Na *Magna Carta* de 1215 já havia a promessa de ninguém ser molestado ou de não "tocar em ti". É garantia da higidez psicofísica. Não se admite a agressão física e psicológica, nem se permite a mutilação do próprio corpo, salvo o que é renovável, como se dá com o corte dos cabelos e das unhas e a doação de sangue, ou de transplante de órgãos duplos ou de partes de órgãos, sem prejuízo das funções vitais. A proteção estende-se ao corpo morto, pois o transplante, ainda que para fins altruísticos, haverá de ser consentido.

A integridade psíquica é tida por Pontes de Miranda (1971, v. 7, p. 28) como direito autônomo da personalidade. O avanço do conhecimento humano pode levar a práticas invasivas da integridade psíquica, como ocorre com a internação não consentida para tratamento de insanidade mental ou a introdução de medicamentos que afetam o comportamento da pessoa. Os tribunais têm enfrentado situações desse jaez, como no RHC n. 64.387-6, julgado pelo STF, relativo à internação de paciente em hospital psiquiátrico, contra sua vontade, mediante consenso da família e orientação médica, de onde somente veio a sair após a concessão do *habeas corpus*. O CC prevê que ninguém pode ser constrangido, com risco de vida, a tratamento médico ou a intervenção cirúrgica. A reparação compensatória por danos morais, nesses casos, independe de prova, bastando a falta de consentimento do paciente. Apenas motivos comprovados de periculosidade justificam a internação coativa de pacientes.

Esse direito, como todos os demais direitos da personalidade, não é ilimitado, sendo razoável a admissibilidade de pequenas intervenções no corpo, como a vacinação obrigatória, ou a extração de sangue para confirmação de doença contagiosa, ou tratamento sanitário obrigatório, ou a realização obrigatória de provas para comprovar a inexistência de enfermidades, como condição de acesso ao trabalho ou a cargos públicos.

Pertinente ao direito da personalidade à integridade física é a legislação sobre transplantes de tecidos, órgãos e partes do corpo humano, que procura regulamentar a intervenção externa no corpo da pessoa e sua disposição *post mortem*, particularmente a CF, a Lei n. 9.434/1997, e o Decreto n. 2.268/1998. A Lei n. 10.211/2001 regulamentou o transplante de órgãos e tecidos de pessoa falecida, que passou a ser dependente do consentimento de familiares, parentes em linha reta ou irmãos, pondo fim à autorização presumida. A legalidade do transplante exige ato diagnóstico de morte encefálica do doador, sendo vedada a comercialização. O serviço de captação e distribuição de órgãos ou partes do corpo humano é de responsabilidade de um sistema oficial (Sistema Nacional de Transplantes). Depende de consentimento informado espontâneo, revogável do doador ou de seus representantes legais (pai, mãe, filho, cônjuge, que poderão manifestar-se contrariamente na ausência de manifestação daquele).

A Lei n. 9.263/1996 regulamentou o § 7º do art. 226 da CF, concernente ao planejamento familiar, inclusive a esterilização de homens e mulheres, que apenas é permitida aos maiores de vinte e cinco anos, com pelo menos dois filhos vivos, após sessenta dias da manifestação de vontade, ou quando haja risco à vida ou à saúde da mulher ou do futuro filho. Mas não se permite a esterilização durante os períodos de parto ou aborto, salvo no caso de cesarianas sucessivas anteriores. A esterilização dá-se mediante laqueadura tubária, vasectomia ou outro método cientificamente aceito, desde que haja consentimento do outro cônjuge, quando o interessado for casado.

O CC procurou estabelecer limites à disposição do próprio corpo, que importe diminuição permanente da integridade física, ou contrariar os bons costumes. E é apenas admissível quando se impuser exigência médica (CC, art. 13). Essa faculdade enseja a interpretação de autorizar "as cirurgias de transgenitalização, em conformidade com os procedimentos estabelecidos pelo Conselho Federal de Medicina, e a consequente alteração do prenome e do sexo no registro civil", de acordo com o Enunciado 276 da IV Jornada de Direito Civil promovida pelo CJF, em 2006. Já a disposição gratuita do próprio corpo, após a morte, é permitida desde que seja para fins altruísticos ou científicos.

5.4.4. Direito à privacidade

Sob a denominação "privacidade" cabem os direitos da personalidade que resguardam de interferências externas os fatos da intimidade e da reserva da pessoa, que não devem ser levados ao espaço público. O termo, de origem anglo-saxônica, difundiu-se no uso linguístico, no Brasil, a partir da década de 1970, tendo sido adotado por nossos dicionários. Apesar do anglicanismo, não pode ser substituído simplesmente por intimidade, liberdade pessoal, vida íntima ou sossego, como sugere o dicionarista Houaiss, pois cada uma dessas situações insere-se no todo da privacidade. Incluem-se nos direitos à privacidade os direitos à intimidade, à vida privada, ao sigilo e à imagem. O CC, art. 21, ressalta que a "vida privada da pessoa natural é inviolável", o que deve ser entendido como inviolabilidade oponível ao Estado, à sociedade e à própria pessoa.

No centro do interesse para proteger a privacidade encontra-se uma concepção do indivíduo e de sua relação com a sociedade. A ideia das esferas de atividades privadas e públicas supõe que uma comunidade em que não somente tal divisão faça sentido, mas também as composições institucionais e estruturais que facilitam uma representação orgânica desse tipo estejam presentes (Wacks, 1989, p. 7). A necessidade de equilíbrio entre as esferas pública e privada é ressaltada no entendimento da Comissão de Direitos Humanos da ONU de que, se "todas as pessoas vivem em sociedade, a proteção da privacidade é necessariamente relativa".

No ambiente anglo-saxão, onde mais se expandiu, deplora-se que o conceito de privacidade tenha se tornado demasiadamente vago e difícil de controlar para executar um trabalho analítico útil. O conceito cresceu dentro de uma nebulosa noção de propriedade, de liberdade (com a qual é frequentemente igualado) ou de autonomia (com a qual é frequentemente confundido). "É visível o deslizar dos direitos de personalidade num sentido individualista, em que a solidariedade está de todo ausente", tendo em vista a origem da *privacy* norte-americana como direito de estar só, o que o tornaria "um direito associal, que em si nada tem que ver com o desenvolvimento da pessoa humana" (Ascensão, 2006, p. 55).

É consenso entre os autores dessa matéria que o primeiro texto consagrado diretamente ao direito à privacidade foi o de Warren e Brandeis, publicado em 1890 nos Estados Unidos, na *Harvard Law Review*, n. 193. Esses autores, então jovens advogados, que foram pessoalmente molestados com a invasão de suas privacidades por jornalistas sensacionalistas, apontam como núcleo indevassável o direito de estar só ou de ser deixado só, como espécie de propriedade individual estendida, concebida como direito absoluto, ou seja, a propriedade do indivíduo é o valor supremo, inviolável pelo Estado e pela sociedade. Não é esse o sentido atual de núcleo essencial, pois ancorado no âmbito irredutível da dignidade da pessoa humana, de caráter extrapatrimonial, cuja violação possa afetar o próprio significado de dignidade e do valor da pessoa humana. Warren e Brandeis admitiram que o direito à privacidade não proibia a publicação de qualquer matéria que fosse de "interesse público e geral", coincidindo com a ideia de esfera pública e social. Também admitiram a comunicação de qualquer matéria, quando a publicação for feita de acordo com a lei que interdita a difamação, o que a aproxima da segunda esfera (esfera privada). Mas em nenhuma circunstância poderia haver publicação concernente a "vida privada, hábitos, atos e relações de um indivíduo" sem qualquer conexão com atividade pública que ele desenvolva ou pretenda desenvolver. Por fim, a verdade da matéria publicada ou a falta de malícia de quem a publicou não pode ser salvo-conduto para violação da privacidade.

5.4.5. Direito à intimidade e à vida privada

O direito à intimidade diz respeito a fatos, situações e acontecimentos que a pessoa deseja ver sob seu domínio exclusivo, sem compartilhar com qualquer outra. É a parte interior da história de vida de cada um, que o singulariza, e que deve ser mantida sob reserva. Estão cobertos pelo manto tutelar da intimidade os dados e documentos cujas revelações possam trazer constrangimento e prejuízos à reputação da pessoa, quer estejam na moradia, no automóvel, nos arquivos pessoais físicos ou virtuais, na bagagem, no computador, no ambiente do trabalho. O conceito de intimidade varia de pessoa para pessoa, mas acima de tudo depende da cultura de onde emergiu sua formação, em cada época e nos diferentes lugares onde desenvolva seu projeto existencial. A divulgação não autorizada de eventos íntimos da vida de alguém, obtidos em razão de atividade profissional, é considerada ilícito penal pelo CP.

Visando à proteção da intimidade, a Lei n. 13.271/2016 veda as revistas íntimas em mulheres, seja por órgãos públicos, incluindo presídios, seja por empresas privadas, prevendo multa em caso de descumprimento, a ser revertida para órgãos de proteção dos direitos da mulher.

O direito à vida privada diz respeito ao ambiente familiar, e sua lesão resvala nos outros membros do grupo. O gosto pessoal, a intimidade do lar, as amizades, as preferências artísticas, literárias, sociais, gastronômicas, sexuais, as doenças porventura existentes, medicamentos tomados, lugares frequentados, as pessoas com quem conversa e sai, até o lixo produzido, interessam exclusivamente a cada indivíduo, devendo ficar fora da curiosidade, intromissão ou interferência de quem quer que seja (Monteiro, 2003, p. 99). Com o avanço da tecnologia e da tecnologia da informação, a vida privada encontra-se muito vulnerável à violação.

Estabelece o inciso XI do art. 5º da CF que a casa é o asilo inviolável do indivíduo, ninguém podendo penetrar sem o consentimento do morador, salvo em flagrante delito ou para prestar socorro ou por determinação judicial. O STF, para fins de proteção da privacidade, expandiu o conceito constitucional de "casa" como asilo inviolável, de modo a "estender-se a qualquer compartimento privado onde alguém exerce profissão ou atividade", não podendo nenhum agente público ingressar no recinto reservado ao exercício da atividade do profissional, sem consentimento deste (RE 251.445).

Mais graves são as imensas possibilidades de invasão dos arquivos pessoais e das informações veiculadas pelas mídias sociais, causando danos às vezes irreversíveis à intimidade das vítimas, pela manipulação desses dados. A legislação brasileira considera crime "realizar interceptação de comunicações telefônicas, de informática ou telemática, ou quebrar segredo de Justiça, sem autorização judicial ou com objetivos não autorizados em lei" (Lei n. 9.296/1996, art. 10).

Adverte Stefano Rodotà que estamos diante de progressivos resvalos na privacidade: da pessoa "perscrutada", através de câmaras de vídeo e de técnicas biométricas, pode passar-se à pessoa "modificada" mediante a inserção de *chips* e de etiquetas "inteligentes", em um contexto que cada vez mais claramente nos individualiza como *networked persons*, pessoas permanentemente em rede, configuradas de modo a emitir e receber pulsos que permitem esquadrinhar e reconstruir movimentos, hábitos, contatos, alterando sentidos e conteúdos da autonomia das pessoas (2004, p. 95).

A Lei n. 12.965/2014 (Marco Civil da Internet) isenta de responsabilidade civil o provedor de aplicações de internet, que disponibilize conteúdo gerado por terceiros, salvo se, após ordem judicial, não tornar indisponível o conteúdo, dentro do prazo que lhe for assinalado pelo juiz, de acordo com os limites técnicos do serviço. Também será responsabilizado subsidiariamente pela violação da intimidade decorrente de divulgação não autorizada de imagens, vídeos ou de outros materiais contendo cenas de nudez ou de atos sexuais, quando, após notificado pelo próprio interessado (sem necessidade de ordem judicial), não retirar tais conteúdos. O art. 19 da lei estabelece que a responsabilidade civil do provedor de aplicações de internet por conteúdo ofensivo de usuário somente se caracterizará se não tomar providências para torná-lo indisponível após ordem judicial específica, o que configura restrição desproporcional ao direito do ofendido, que não poderá dirigir-se direta e extrajudicialmente ao provedor.

Em situações excepcionais, a lei pode admitir a violação da privacidade na internet. A Lei n. 13.441/2017, que introduziu o art. 190-A no ECA, prevê a infiltração de agentes de polícia na internet para investigar os crimes contra crianças e adolescentes mediante autorização judicial que defira requerimento do Ministério Público ou representação de delegado de polícia durante o prazo renovável de 90 dias.

A distinção entre intimidade e vida privada nem sempre é fácil, pois condicionada aos variados ambientes culturais e às mutações ocorridas no tempo, razão por que quase sempre essas expressões estão conjugadas, como optou a Constituição. A alusão a uma quase sempre é abrangente da outra. De toda forma, quando a norma jurídica se refere a uma delas o intérprete deve considerar implicitamente referida a outra.

Uma das questões mais discutidas é se pessoas com vida pública (políticos, artistas, desportistas) têm direito à privacidade. Entendemos que há uma esfera mínima de proteção da privacidade que deve ser observada, independentemente da maior ou menor exposição pública dessas pessoas, inclusive nos espaços públicos. Ao contrário do senso comum difundido, as pessoas públicas não perdem o direito à intimidade e à vida privada, pois a tutela do art. 5º, X, da Constituição os inclui. As pessoas públicas são também titulares de direitos da personalidade, os quais, ainda que limitados pelo fato de maior exposição a que estão submetidas, não são suprimidas. O direito à informação e a liberdade de imprensa não são ilimitados e devem contemplar o equilíbrio entre o interesse social e a esfera mínima da privacidade.

O STJ teve oportunidade de apreciar caso de publicidade, por revista de divulgação nacional, de foto em que conhecido ator está beijando mulher desconhecida, o que lhe causou repercussões negativas em família e abalo em seu casamento. O Tribunal entendeu que o direito à imagem de pessoas públicas é mais restrito, mas teria havido abuso no fato da divulgação da foto, com propósito de incrementar as vendas da revista. Julgamentos semelhantes levaram o STJ a editar a Súmula 403, consolidando o entendimento de ser cabível a indenização pela publicação não autorizada de imagem de uma pessoa com fins econômicos e comerciais.

Afirmando-se vítima de imprensa sensacionalista, que documentou em fotos cenas de sua vida privada, durante dez anos, na Alemanha, a princesa Caroline de Mônaco foi à Corte Europeia de Direitos Humanos (CEDH), alegando vulneração do art. 8º da Convenção Europeia de Direitos Humanos, pelos tribunais alemães. O Tribunal Federal de Justiça alemão, qualificando-a como "personalidade da sociedade contemporânea por excelência", deferiu-lhe a proteção à privacidade, quando estivesse em ambiente público, mas apenas em local retirado (isolado), fora do olhar do público, cuja demarcação se apresentasse objetivamente discernível por terceiras pessoas, revelando-lhes, também objetivamente, desejo de isolamento. Já o Tribunal Constitucional Federal alemão decidiu que somente as fotos em que a requerente se fazia acompanhar de seus filhos menores mereciam a tutela da Lei Fundamental, à luz da qual o direito à privacidade, neste caso, seria aplicável. A CEDH, todavia, decidiu, com razão, que: a) a proteção da vida privada vai além do círculo privado da família, incluindo, também, uma dimensão social; b) que qualquer pessoa, mesmo aquela conhecida do público em geral, deve poder gozar de uma "expectativa legítima" de proteção e respeito à sua vida privada; c) a publicação se justificaria na medida em que trouxesse uma contribuição para o debate de interesse geral, para além da satisfação de uma mera curiosidade do público.

Nos Estados Unidos, onde a liberdade de imprensa é considerada princípio quase absoluto, a Suprema Corte decidiu que o político em campanha que apresenta sua mulher e filhos ao eleitorado não pode pretender que suas qualidades como marido e pai permaneçam como assunto privado, o que significa profunda restrição à privacidade das pessoas públicas.

A Lei n. 13.772/2018, passou a considerar crime a violação da intimidade da mulher, quando houver registro não autorizado de conteúdo com cena de nudez ou ato sexual ou libidinoso de caráter íntimo ou privado. Basta o registro, ainda que não tenha sido objeto de divulgação pública. Acrescentou-se o art. 216-B ao CP, para prever a pena de detenção de seis meses a um ano e multa a quem produzir, fotografar, filmar ou registrar, por qualquer meio, conteúdo de tal jaez.

5.4.6. Direito ao sigilo

O direito ao sigilo protege o conteúdo das correspondências e das comunicações. Não é apenas ilícito divulgar tais manifestações, mas também tomar delas conhecimento, e revelá-las, não importa a quantas pessoas. A CF, art. 5º, XII, garante a inviolabilidade do sigilo da correspondência e das comunicações telegráficas, de dados e das comunicações telefônicas, "salvo, no último caso, por ordem judicial". A ressalva diz respeito, exclusivamente, às comunicações telefônicas. O STF (MS 21.729 e RE 418.416) ressaltou que "a proteção a que se refere o art. 5º, XII, é da comunicação 'de dados' e não os 'dados', o que tornaria impossível qualquer investigação administrativa" (houve apreensão da base física na qual se encontravam os dados, mediante prévia decisão judicial). A autorização judicial para interceptação telefônica, para fins de prova em processo criminal, e apenas nessa hipótese, é problemática, pois quase sempre viola a intimidade da pessoa, em relação a comunicações pessoais ouvidas e gravadas.

Em razão da controvérsia acerca de prova obtida por meio de abertura de pacotes postados nos Correios, o STF (RE 1.116.949, Tema 1041) fixou a seguinte tese de repercussão geral: "Sem autorização judicial ou fora das hipóteses legais, é ilícita a prova obtida mediante abertura de carta, telegrama, pacote ou meio análogo".

O direito ao sigilo impede que cônjuges, companheiros ou pais violem correspondências e comunicações sob pretexto de dever de fidelidade ou de poder familiar, pois lesivos à dignidade pessoal dos atingidos.

O sigilo profissional não constitui direito da personalidade, pois tutela muito mais o cliente que o profissional, o qual tem o dever de guarda; sua revelação viola a intimidade e a vida privada do cliente.

Não se inclui no âmbito do direito da personalidade o sigilo bancário, pois exprime um valor patrimonial do banco ou do cliente. O exame da movimentação bancária permite o conhecimento de aspectos da vida da pessoa, mas não sua intimidade ou vida privada. A expressão "sigilo bancário" está consagrada no uso linguístico, mas o sigilo não se aplica a instituição financeira, pois os dados e informações dos clientes são acessíveis a centenas ou milhares de dirigentes, gerentes e empregados. A própria Lei Complementar n. 105/2001, que dispõe sobre o sigilo das operações das instituições financeiras, admite que não constitui violação do dever de sigilo a troca de informações entre instituições financeiras, para fins cadastrais, o fornecimento de informações sobre emitentes de cheques sem fundos a entidades de proteção ao crédito e a comunicação às autoridades da prática de ilícitos. Todavia, em sentido contrário a esse nosso entendimento, o STF (RE 215.301) decidiu que "o sigilo bancário é espécie do direito à privacidade, que a CF consagra", e somente pode ser quebrado por intervenção da autoridade judiciária.

5.4.7. Direito à imagem

O direito à imagem diz respeito a toda forma de reprodução da figura humana, em sua totalidade ou em parte. Não se confunde com a honra, reputação ou consideração social de alguém, como se difundiu na linguagem comum.

Relaciona-se ao retrato, à efígie, cuja exposição não autorizada é repelida. Neste, como nos demais casos de direitos da personalidade, pode haver danos materiais, mas sempre há dano moral, para tanto bastando a revelação ou a publicação não autorizadas. Quando a divulgação ou exposição do retrato, filme ou assemelhado danifica a reputação da pessoa efigiada, viola-se o direito à honra e, quase sempre, a intimidade.

Há quem sustente, de acordo com o uso linguístico, que o direito à imagem pode conter duas dimensões: a) a primeira é a imagem externa da pessoa (efígie), ou externalidade física; b) a segunda é a imagem-atributo, ou seja, o conceito público de que a pessoa desfruta, ou externalidade comportamental. Parece ter sido na primeira dimensão (efígie) a alusão que a CF faz à imagem no art. 5º, inciso X, e na segunda dimensão (atributo) a referência à imagem, no inciso v. "É importante notar que a imagem-atributo nasce do próprio uso vulgar do termo 'imagem', o qual passa a significar não apenas a fisionomia e a sua reprodução, mas também o conjunto de características comportamentais que identificam o sujeito" (Souza, 2003, p. 49).

O direito à imagem é um dos principais alvos de tensão ou colisão com a liberdade de imprensa, também constitucionalmente garantida. Os limites são tênues, e há tendência para abuso dessa liberdade, que, como todas as garantias constitucionais, não é absoluta. Apenas o caso concreto poderia indicar qual garantia constitucional incide (se a do direito à imagem ou a do direito à informação), não se podendo defini-la *a priori*. O STJ (REsp 480.625) julgou caso de reportagem veiculada em revista de circulação nacional, na qual se publicou fotografia de uma adolescente, apontada como suicida, que alegou danos morais por ofensa à sua imagem. O STJ levou em conta a repercussão da ofensa, a situação econômica da ofensora e grau da culpa, para elevar o valor da reparação devida.

O art. 20 do CC/2002 determina que "a exposição ou utilização da imagem de uma pessoa poderão ser proibidas" se "lhe atingirem a honra, a boa fama ou a respeitabilidade, ou se se destinarem a fins comerciais". Essa regra, de redação ambígua, tem ensejado controvérsias acerca de sua constitucionalidade, pois o inciso X do art. 5º da CF enuncia a imagem e a honra como direitos da personalidade autônomos, sem depender um do outro para seu exercício ou proteção, notadamente quanto à reparação por danos moral e material. Pode haver lesão ao direito à imagem sem ter havido simultânea lesão à honra, bastando a primeira para a incidência da norma constitucional. Para salvar a regra do art. 20, sem a incompatibilidade que a interpretação literal acarretaria, não se pode condicionar a tutela jurídica de um direito à existência de idêntica lesão a outro, recorrendo-se à interpretação em conformidade com a Constituição. Assim, a interpretação a ser acolhida não é a que subordina ou condiciona um direito a outro, mas a que exclui a lesão à imagem quando o fato não causar qualquer dano ou prejuízo ao titular, sendo a referência à honra meramente exemplificativa. Nesse sentido, em caso de publicação não consentida de fotografia de artista de televisão, decidiu o STF (RE 215.984) que "para a reparação do dano moral não se exige a ocorrência da ofensa à reputação do indivíduo"; desde que o fato exista, por si só, há o dano moral que deve ser reparado.

5.4.8. Dados pessoais

A esfera privada abrange na atualidade o autogoverno dos dados pessoais, os quais impactam fortemente na compreensão dos direitos da personalidade, agravando os riscos de sua violação. A coleta de dados pessoais por parte dos provedores de bens e serviços, notadamente dos que os utilizam para fins de mercado, cresceu exponencialmente com a difusão da informática, fragilizando as garantias legais da privacidade.

No caixa do supermercado, no balcão da loja de roupas, na agência bancária e em tantos outros locais que fazem parte do cotidiano das pessoas, estas são confrontadas com a exigência de fornecimento de dados pessoais, que passam a compor os denominados bancos de dados, gerenciados e operados sem qualquer controle do titular das informações (Schreiber, 2014, p. 158).

Os dados pessoais passaram a constituir fonte de incalculável lucro para empresas que tratam esses dados, em detrimento da privacidade de seus titulares, no denominado capitalismo de vigilância, baseado na mais-valia comportamental, o qual transita ao lado do Estado de vigilância da contemporaneidade.

Stefano Rodotà (2014b, p. 32) anota que "se constrói hoje a esfera privada, entendida como conjunto de informações referidas a determinada pessoa", pois, na atualidade, cedemos informações, deixamos traços quando desejamos produtos e serviços, quando obtemos informações, quando nos movimentamos no espaço real ou virtual. A grande massa de dados pessoais, recolhidos em escala sempre mais larga e postos em circulação intensamente, modifica o conhecimento e a identidade mesma da pessoa.

Em 2014, a Assembleia Geral da ONU adotou nova resolução sobre o "direito à privacidade na era digital", reconhecendo que até mesmo os metadados podem revelar informações pessoais e fornecer elementos sobre comportamento individual, relações sociais, preferências individuais e identidade, e estabeleceu que "toda interferência no direito à privacidade não deve ser arbitrária ou ilegal, tendo presente aquilo que é razoável para a persecução de escopos legítimos".

A Carta dos Direitos Fundamentais da União Europeia (cap. III, par. 6.1), tendo previsto duas normas distintas, uma sobre privacidade e a outra sobre proteção dos dados pessoais, parece estabelecer diferença entre os dois direitos e ao mesmo tempo qualificar o direito à proteção dos dados como um direito fundamental. Mas a Corte de Justiça da União Europeia e a Corte Europeia de Direitos Humanos têm entendido o direito à proteção dos dados pessoais como um aspecto do direito à privacidade.

Em 2018, entrou em vigor na União Europeia o Regulamento Geral de Proteção de Dados: todas as empresas envolvidas com a manipulação e tratamento de dados de usuários estão obrigadas a criar configurações de privacidade em seus produtos e propriedades digitais, reavaliar regularmente impactos na privacidade das pessoas e explicar como buscam permissão para usar dados e documentar como os utilizam. De acordo com referido Regulamento Geral, a) os usuários podem, em algumas situações, ver, corrigir ou até deletar as informações que empresas guardam sobre eles; b) as empresas devem coletar apenas dados necessários para que seus serviços funcionem; c) a coleta e o uso de dados pessoais só podem ser feitos com consentimento explícito; d) qualquer serviço conectado tem de conceder direito ao esquecimento; e) as informações de crianças gozam de proteção especial; f) os clientes que tiverem dados invadidos devem ser avisados em até 72 horas; g) as empresas devem informar com linguagem compreensível sua política de proteção de dados; h) os infratores são punidos com multa pesada, de até 20 milhões de euros ou 4% do volume global de negócios da empresa; i) os dados de europeus podem ser transferidos só para países com lei de proteção de dados equivalente à europeia; j) grandes processadoras de informação têm de guardar registros sobre todas as vezes em que manipularam dados. O Regulamento Geral tem reflexos indiretos no Brasil, quando houver fornecimento de produtos e serviços de empresas europeias ou sediadas na Europa a brasileiros, que envolvam dados pessoais, nesses tempos de economia conectada eletronicamente, com transações que ultrapassam as barreiras nacionais.

No Brasil, para efeitos da Lei n. 12.414/2011, considera-se "banco de dados" o conjunto de dados relativo a pessoa natural ou jurídica, armazenados com a finalidade de subsidiar a concessão de crédito, a realização de venda a prazo ou de outras transações comerciais e empresariais que impliquem risco financeiro. A lei assegura ao cadastrado o direito de obter o cancelamento do cadastro quando solicitado; de acessar gratuitamente as informações sobre ele existentes no banco de dados; de solicitar impugnação de qualquer informação sobre ele erroneamente anotada em banco de dados e ter, em até sete dias, sua correção ou cancelamento; de conhecer os principais elementos e critérios considerados para a análise de risco; de ser informado previamente sobre o armazenamento, a identidade do gestor do banco de dados, o objetivo do tratamento dos dados pessoais e os destinatários dos dados em caso de compartilhamento; de ter os seus dados pessoais utilizados somente de acordo com a finalidade para a qual eles foram coletados.

A Lei n. 9.507/1997, que regulamenta o *habeas data*, estabelece, dentre as finalidades dessa garantia constitucional, o direito da pessoa de promover a anotação nos assentamentos de seus dados de "contestação ou explicação sobre dado verdadeiro, mas justificável e que esteja sob pendência judicial ou amigável".

A Lei n. 13.709/2018 (LGPD), que dispõe sobre a proteção de dados pessoais, procurou sistematizar no Brasil a matéria, inspirada pela regulamentação europeia, com objetivo explícito de "proteger os direitos fundamentais de liberdade e de privacidade e o livre desenvolvimento da personalidade da pessoa natural". Não protege, portanto, os dados de pessoas jurídicas. O titular dos dados pessoais tem direito de obter do controlador (pessoa física ou jurídica que realiza o tratamento desses dados), mediante requisição direta, sem necessidade de decisão judicial, a confirmação da existência do tratamento, o acesso aos dados, a correção dos dados, o bloqueio ou eliminação de dados, a eliminação dos dados, além da revogação de seu consentimento. Assegura a lei o direito de acesso aos dados pessoais armazenados.

Pela LGPD, o tratamento de dados pessoais depende do consentimento do titular, ou quando houver previsão legal que o admita (obrigação legal, agência reguladora, execução de políticas públicas, pesquisa, decisão judicial etc.). Considera-se tratamento toda operação realizada com dados pessoais, como as que se referem a coleta, produção, recepção, classificação, utilização, acesso, reprodução, transmissão, distribuição, processamento, arquivamento, armazenamento, eliminação, avaliação ou controle da informação, modificação, comunicação, transferência, difusão ou extração. O consentimento poderá ser revogado expressamente pelo titular, a qualquer momento. O consentimento será dispensado quando o titular tornar públicos seus dados, principalmente nas hipóteses de autolimitação da privacidade. Além do consentimento e de sua revogação, o titular exerce os direitos de acesso facilitado às informações sobre o tratamento de seus dados e o de sua revisão. O titular pode solicitar a revisão do tratamento automatizado de dados pessoais que afetem seus interesses, incluídas as decisões destinadas a definir o seu perfil pessoal, profissional, de consumo e de crédito ou os aspectos de sua personalidade.

O § 1º do art. 14 da LGPD estabelece regra problemática, ao determinar que o tratamento dos dados pessoais das crianças deverá ser realizado com o consentimento específico "dado por pelo menos um dos pais". Essa regra parece contradizer o *caput* do art. 14, para o qual deverá ser observado sempre o melhor interesse da criança, pois dispensa o consentimento do outro genitor, que não pode ser presumido, estando o casal unido ou separado, em virtude da autoridade parental de ambos. O consentimento de apenas um dos pais pode ser movido por interesses econômicos, nas hipóteses de superexposição da criança em redes sociais e *blogs*, para fins publicitários. Ademais há violação da indisponibilidade dos direitos da personalidade da criança.

A LGPD prevê que os direitos do titular possam ser garantidos pela autoridade nacional, mediante direito de petição, salvo se preferir ajuizar diretamente ação nesse sentido, individual ou coletivamente. Os dados pessoais, igualmente, podem ser objeto de ação civil pública, qualificados como direitos difusos ou coletivos.

A LGPD distingue, dos dados pessoais em geral, os dados pessoais sensíveis, com proteção reforçada, neles compreendidos a origem racial ou étnica, a convicção religiosa, a opinião política, a filiação a sindicato ou a organização de caráter religioso, filosófico ou político, a saúde ou a vida sexual e os dados genéticos e biométricos. O tratamento ou o uso dos dados pessoais sensíveis somente podem ocorrer quando o titular ou seu responsável legal consentir explicitamente para finalidades específicas, ou, sem consentimento, quando o controlador desses dados tiver de cumprir obrigação legal ou regulatória, ou para execução pela Administração Pública de políticas públicas previstas em lei, ou para estudos por órgão de pesquisa, ou para proteção da vida ou incolumidade física do titular ou de terceiro e outras hipóteses previstas em lei.

O tratamento admitido dos dados pessoais não é permanente. Cessará quando: a) sua finalidade específica for alcançada ou se tornar desnecessária; b) ocorrer o término do prazo que tenha sido fixado; c) houver revogação do consentimento pelo titular; d) houver violação da lei; e) houver determinação da autoridade nacional nesse sentido.

A LGPD também alterou o Marco Civil da Internet (Lei n. 12.965/2014), para assegurar ao titular a exclusão definitiva de dados pessoais que tiver fornecido, mediante simples requerimento, ao término da relação jurídica entre as partes.

Ainda sobre a legislação brasileira que dispõe, direta ou indiretamente, sobre os dados pessoais, deve ser mencionada a Lei Complementar n. 166/2019, que regula os cadastros positivos de crédito e a responsabilidade civil dos respectivos operadores. A pessoa jurídica gestora está autorizada a abrir cadastro em bancos de dados com informações de adimplementos de pessoas físicas ou jurídicas e compartilhar esses dados com outros bancos de dados, desde que o cadastrado seja comunicado no prazo de trinta dias após a abertura do cadastro. Ao cadastrado é assegurado o acesso gratuito às informações e a impugnação de dados errôneos para correção ou cancelamento. O pedido de cancelamento é gratuito e dirigido diretamente ao gestor, que terá até dois dias úteis para encerrar o cadastro e transmitir essa informação aos demais gestores.

O cadastro positivo brasileiro faz emergir conflito entre os interesses das empresas e agentes financeiros, de um lado, com o argumento de propiciar redução de taxas de juros, e dos consumidores, do outro lado, cujas entidades de defesa argumentam que têm violadas sua privacidade, pois os dados são inseridos no cadastro sem prévio consentimento destes, que, se não concordarem com essa inserção, devem ter o ônus dos procedimentos de exclusão (*opt-out*), além de nenhuma garantia de redução das taxas de juros.

Situação ainda sem solução jurídica clara é a pretensão de acesso a dados privados, em situações justificadas, por pessoas privadas. Em 2016 noticiou-se a luta de um pai italiano contra uma empresa fabricante de telefone móvel para desbloquear o aparelho de seu filho de 13 anos, morto de câncer ósseo, e recuperar fotos e lembranças dele.

5.4.9. Liberdade de expressão e direito de resposta e retratação

A liberdade de expressão é um dos princípios fundamentais fixados em nossa Constituição. Todavia, não prevalece *a priori* sobre os demais. Cabe ao intérprete e aplicador identificar se ele incidiu ou não, isto é, ante as circunstâncias, se seu suporte fático se concretizou no mundo dos fatos, ou se foi outro princípio que incidiu, como, por exemplo, o da tutela da privacidade.

É sempre oportuna a advertência de Hannah Arendt, expressada em suas obras, de que devemos diferenciar ente verdades factuais e opiniões, porque a liberdade de opinião é uma farsa se não se garantir a informação objetiva e os próprios fatos não forem aceitos.

Em relação ao art. 20 do CC/2002, tem sido discutida a constitucionalidade da proibição nele contida de divulgação ou publicação de dados e informações de uma pessoa, "salvo se autorizadas, ou necessária à administração da justiça ou à manutenção da ordem pública", ante a possível colisão entre a liberdade de informação e de imprensa e a garantia da intimidade e da vida privada, que a CF tutela. Sobre o tema, escreveu Luís Roberto Barroso que é possível a interpretação constitucionalmente adequada desse artigo (ou de interpretação conforme com a Constituição) (2003, p. 98). Essa tese terminou vencedora no STF, em 2015, no caso das biografias não autorizadas (ADI 4.815), tendo o Tribunal dado "interpretação conforme à Constituição aos arts. 20 e 21 do Código Civil, sem redução de texto, para, em consonância com os direitos fundamentais à liberdade de pensamento e de sua expressão, de criação artística, produção científica, declarar inexigível autorização de pessoa biografada relativamente a obras biográficas literárias ou audiovisuais".

Nessa decisão, o STF pendeu para a liberdade de expressão, em detrimento da inviolabilidade da intimidade, da privacidade e da honra da pessoa biografada, restando a esta a reparação pelos danos decorrentes e o direito de resposta, *a posteriori*. Porém, a Constituição não determina essa prevalência. Ao contrário, a CF, art. 220, remete expressamente ao inciso X de seu art. 5º, que garante o direito à privacidade. Por outro lado, a reparação dos danos apenas *a posteriori* importa negativa da prevenção ou da não continuidade do dano. O próprio STF, no caso Ellwanger (HC 82.424), decidiu que a liberdade de imprensa não incluía a incitação ao racismo; também decidiu (RHC 146.303) que a incitação ao ódio público contra qualquer denominação religiosa e seus seguidores não está protegida pela liberdade de expressão, cujo exercício não é absoluto.

No sentido que defendemos é o Enunciado 613 das Jornadas de Direito Civil (CJF/STJ): "A liberdade de expressão não goza de posição preferencial em relação aos direitos da personalidade no ordenamento jurídico brasileiro".

As empresas provedoras de dados de informações pessoais e de redes sociais têm atitude ambígua em relação à privacidade: de defesa, no interesse do *business of privacy*, e de negação, quando dificulta ou impede a pretensão das pessoas em suspender a divulgação dos dados pessoais e de informações ofensivas. Todavia, o art. 8º da Lei do Marco Civil da internet (Lei n. 12.965/2014) estabelece que a "garantia do direito à privacidade e à liberdade de expressão nas comunicações é condição para o pleno exercício do direito de acesso à internet", não estabelecendo qualquer primazia *a priori* de uma sobre outra.

O direito de resposta, gratuito e proporcional à matéria ofensiva, foi regulamentado pela Lei n. 13.188/2015, facultado ao ofendido em qualquer meio de comunicação social, distribuição, transmissão ou plataforma de distribuição, inclusive na Internet. Considera-se matéria ofensiva o conteúdo que atente, ainda que por equívoco de informação, contra a honra, a intimidade, a reputação, o conceito, o nome, a marca ou a imagem de pessoa física ou jurídica identificada ou passível de identificação. Não são consideradas matérias ofensivas os comentários realizados por usuários da Internet nas páginas eletrônicas dos veículos de comunicação social. A retratação espontânea ou a retificação não impedem o exercício do direito de resposta. É de sessenta dias o prazo, que a lei qualifica como de decadência, para o exercício do direito de resposta, mediante ação judicial, se não for atendido no prazo de sete dias pelo meio de divulgação e transmissão, o qual ainda responderá por perdas e danos.

Para muitos, o direito de resposta constitui verdadeiro corolário do direito de informação e da liberdade de expressão, garantias da cidadania, na medida em que permite a reposição da verdade. Sob outra perspectiva, expressa a necessidade de limite do exercício do poder privado de comunicação e informação, o qual, como os demais poderes, não pode ser considerado ilimitado.

Além do direito de resposta, impõe-se o direito à retratação, quando matéria divulgada pela mídia ofende injustamente a honra de pessoa, seja figura pública ou privada. Nesse sentido, decidiu o STJ (REsp 1.771.866) que o direito à retratação e ao esclarecimento da verdade possui previsão constitucional, não tendo sido afastado pelo STF no julgamento da ADPF n. 130/DF, que considerou não recepcionada pela Constituição a Lei de Imprensa, de 1967; para o STJ o direito à retratação tem fundamento nos arts. 927 e 944 do CC.

5.4.10. Direito ao esquecimento

Toda pessoa deve ter garantido o direito de não serem trazidos à contemporaneidade fatos ocorridos no passado, ainda que verdadeiros, cuja recordação lhe cause sofrimentos ou repercussões negativas em suas atuais relações pessoais, sociais e profissionais.

No mundo atual, da Internet e das mídias sociais, convive-se, paradoxalmente, com a perene recordação. Na implacável memória coletiva da Internet, nos rendemos prisioneiros a um passado destinado a não desaparecer jamais, sem libertar a pessoa do peso de todas as recordações, submetida a contínuo escrutínio social de infinito número de pessoas que podem facilmente conhecer as informações sobre os outros.

Nasce, assim, a necessidade de defesas adequadas, que tomam forma de direito novo – o direito ao esquecimento, o direito de não saber, de não ser seguido, de permanecerem intocados os dados pessoais (Rodotà, 2012, p. 404). "Libertar-se da opressão da recordação, de um passado que continua a hipotecar pesadamente o presente, torna-se um objetivo de liberdade" (Rodotà, 2014b,

p. 43). O direito ao esquecimento se apresenta, assim, como direito de governar a própria memória.

A Lei brasileira n. 12.965/2014 (Marco Civil da Internet), ainda que não refira explicitamente ao direito ao esquecimento, favorece-o quando determina que o provedor poderá ser responsabilizado se, após ordem judicial específica, não tomar as providências para tornar indisponível o conteúdo apontado como infringente, ressalvadas as disposições legais em contrário. O Enunciado n. 531 das Jornadas de Direito Civil do CJF/STJ assim interpreta o tema: "A tutela da dignidade da pessoa humana na sociedade de informação inclui o direito ao esquecimento".

O ponto-chave para uma decisão adequada, como diz Stefano Rodotà (2014b, p. 45), está na relação entre memória individual e memória social. A via de uma memória social seletiva, voltada ao respeito dos direitos fundamentais da pessoa, pode levar ao equilíbrio necessário entre a história (memória social) e o direito ao esquecimento (memória individual).

O direito ao esquecimento foi reconhecido por uma decisão do Tribunal de Justiça da União Europeia, em 2014. No caso julgado, um espanhol processou a empresa Google, pois, quando digitava seu nome no mecanismo de busca, era levado a uma notícia de jornal que informava sobre um leilão compulsório de um apartamento, em que seu nome era citado como proprietário do imóvel.

No Brasil, o direito ao esquecimento foi reconhecido pelo STJ, notadamente nos julgados REsp 1.334.097 e REsp 1.335.153, ambos de 2013, e no REsp 1.334.097. No primeiro (caso "chacina da Candelária"), o autor teve assegurado o direito ao esquecimento, no tocante a fatos desabonadores, de natureza criminal, nos quais se envolveu, mas que, posteriormente, fora inocentado. No segundo (caso Aída Curi), a família da vítima pleiteou que sua morte, ocorrida em 1958, e os fatos a ela relacionados não mais fossem objeto de divulgação jornalística, quase sempre de caráter sensacionalista, além de reparação por dano moral por violação à imagem; o STJ, todavia, ainda que reconhecendo o direito ao esquecimento, em tese, afastou-o no caso concreto (crime de repercussão nacional), porque deve ser ponderado pela historicidade do fato narrado, como acontecimento que entrou para o domínio público. No terceiro caso, o STJ reconheceu o direito ao esquecimento a um engenheiro, ex-militante de oposição à ditadura militar, ex-preso político e deputado federal nos anos 2000, condenando a empresa jornalística que publicou entrevista com antigo político vinculado ao regime militar, que acusou aquele de participação em atentado a bomba durante aquela época. Neste caso, o STJ entendeu que a Lei de Anistia de 1979 fundamenta o direito de esquecimento ao ofendido em relação ao seu passado político.

O direito ao esquecimento não abrange fatos que ultrapassaram o âmbito da privacidade e alcançaram o espaço público ou histórico, desde que haja interesse social em sua divulgação. Nesse sentido decidiu o STJ (REsp 1.736.803) que, existindo evidente interesse social no cultivo à memória histórica e coletiva de delito notório, incabível o acolhimento da tese do direito ao esquecimento para proibir qualquer veiculação futura de matérias jornalísticas relacionadas ao fato criminoso cuja pena já se encontra cumprida, sob pena de configuração de censura prévia. Entendemos que, na dúvida sobre se o fato constitui ou não interesse relevante à memória histórica, deve prevalecer o direito constitucional à privacidade.

Notícia publicada na imprensa, em 2016, informou sobre o suicídio por enforcamento de uma mulher na Itália, de 31 anos, após lutar por meses para que fosse retirado da internet um vídeo em que aparecia em relação sexual com um homem. O vídeo, enviado a algumas amigas, foi visto por mais de um milhão de pessoas sem que ela soubesse. Ela passou a se sentir angustiada e humilhada por ter se transformado em alvo de *bullying*, mesmo depois da tentativa de mudar de identidade e de cidade.

Esse é um dos numerosos exemplos da denominada pornografia não consentida, definida como a distribuição de imagens sexuais de determinada pessoa sem seu consentimento, ou com propósito de vingança, após fim de relacionamento (exposição pornográfica não consentida, ou pornografia de vingança, esta sendo espécie daquela). No Brasil, casos semelhantes têm sido noticiados, com suicídios principalmente de adolescentes. Para o STJ (REsp 1.735.712) a pornografia de vingança não se descaracteriza apenas pela ausência de nudez total. Na hipótese, a ofendida encontrava-se sumariamente vestida, em posições com forte apelo sexual.

Nessas hipóteses, aplica-se o art. 21 da Lei n. 12.965/2014, que permite à pessoa ofendida exigir diretamente dos provedores, sob pena de responsabilidade civil destes, independentemente de decisão judicial, a retirada de conteúdos de cenas de nudez ou de atos sexuais de caráter privado.

Um dos mais fortes argumentos em prol do direito ao esquecimento, no direito brasileiro, é que entre nós, no campo penal e também no campo administrativo disciplinar, permite-se a reabilitação, passado determinado tempo da condenação ou sanção (dois anos no âmbito criminal, contados da extinção da pena ou do término de sua execução), permitindo ao que foi sancionado o retorno ao convívio social e laboral. De acordo com o art. 93 do CP, "a reabilitação alcança quaisquer penas aplicadas em sentença definitiva, assegurando ao condenado o sigilo dos registros sobre o seu processo e condenação". No âmbito administrativo disciplinar, tem-se como exemplo o art. 41 da Lei n. 8.906/1994, que permite ao advogado que tenha sofrido qualquer sanção disciplinar requerer, um ano após seu cumprimento, a reabilitação, em face de provas efetivas de bom comportamento. Nenhuma informação pode ser divulgada acerca do ilícito cometido pelo reabilitado, o que configura modalidade de direito ao esquecimento.

A Súmula 323 do STJ enuncia que a inscrição do nome do devedor pode ser mantida nos serviços de proteção ao crédito até o prazo máximo de cinco anos, independentemente da prescrição da execução. Configura modalidade de direito ao esquecimento, uma vez que os dados desabonadores do devedor não mais poderão ser informados após esse prazo.

O argumento contrário ao direito ao esquecimento que mais tem sido utilizado é o do princípio da liberdade de expressão. Porém, nenhum princípio constitucional tem natureza absoluta e o suposto interesse público não é superior *a priori* ao interesse individual. A intimidade e a vida privada gozam de idêntico *status* constitucional ao da liberdade de expressão.

Paralelo ao direito ao esquecimento e em sentido oposto está o direito ao conhecimento de dados ou informações relativas a pessoas, constantes de registros de bancos de dados de entidades governamentais ou privadas de interesse público. Para assegurá-lo, é possível se valer de impetração de *habeas data*, garantida pela Constituição (art. 5º, LXXII). Essa garantia constitucional também pode ser utilizada para fins de retificação dos dados pessoais. A Lei n. 9.507/1997 estabeleceu que o procedimento de *habeas data* é gratuito tanto no âmbito judicial quanto no administrativo, exceto para recurso contra a decisão.

5.4.11. Direito à honra

Também denominado direito à integridade moral ou à reputação, o direito à honra tutela o respeito, a consideração, a boa fama e a estima que a pessoa desfruta nas relações sociais. Toda pessoa, por mais que se conduza de modo não ético, desfruta desse direito, em grau maior ou menor, a depender de seu comportamento moral e da comunidade em que vive ou atua. A honra, que se constrói no ambiente social, é o mais frágil dos direitos da personalidade, porque pode ser destruída em virtude de informação maliciosa ou dolosa. A honra há de ser aferida pelo juiz considerando os valores do lesado em harmonia com os valores cultuados na comunidade em que vive ou atua profissionalmente.

Costuma-se confundir o direito à honra com o direito à imagem, mas esta não diz respeito à reputação.

A honra pode ser entendida como subjetiva, quando toca à pessoa física, porque somente ela pode sofrer constrangimentos, humilhações, vexames. É objetiva a honra que resulta dos padrões morais existentes em determinada sociedade, considerada a conduta razoável ou média. Tem-se admitido a honra objetiva, no caso das pessoas jurídicas, que também dependem de consideração, apreço e estimas sociais (STJ, REsp 60.633-2).

A honra de uma pessoa pode entrar em colisão com direitos da personalidade de outras pessoas e até com outros bens jurídicos de natureza constitucional, máxime com direitos subjetivos públicos, devendo ser resolvida a partir do balanceamento desses direitos ou bens de acordo com o caso concreto.

5.4.12. Direito ao nome ou à identidade pessoal. Sexo e gênero

"Toda pessoa tem direito a um prenome e aos nomes de seus pais ou ao de um deles" (Pacto de São José da Costa Rica, incorporado ao direito brasileiro pelo Decreto n. 678/92).

O direito à identidade pessoal significa o direito a ser identificado por símbolos e signos, principalmente o de ter nome. Além de direito, o registro civil é imposição legal e a pessoa tem o dever de portar o nome, no interesse da sociedade. Essa natureza complexa de direito/dever tem sido destacada na doutrina. Para Adriano de Cupis (1950, p. 143), "mais exato é dizer que existe um direito privado ao nome, com reflexos especiais de natureza publicística".

Sustenta-se doutrinariamente que a identidade, além do nome e de outros signos que se exteriorizam (dimensão estática), inclui uma dimensão dinâmica que envolve aspectos mais internos da pessoa, de sua biografia, de suas crenças e experiências (Naves; Sá, 2017, p. 81).

A lesão ao direito ao nome acarreta danos morais sempre que haja utilização indevida ou não autorizada e possa ser indiscutivelmente referida à pessoa, máxime quando se tratar de homônimos. A utilização indevida dá-se com intuito difamatório ou de provocar o desprezo público ou, ainda, de interesse publicitário ou mercantil.

Estabelece o CC, art. 17, que o nome da pessoa não pode ser empregado por outrem em publicações ou representações que a exponham ao desprezo público, ainda quando não haja intenção difamatória. Nesta hipótese, a proteção legal ao direito ao nome imbrica-se com a proteção à honra.

Além do nome, a pessoa também se identifica por outros signos que a projetam socialmente. A voz, a maneira de ser, os gestos, o estilo de escritos e outros modos de expressão que singularizam a pessoa no ambiente social não podem ser utilizados indevidamente, com intuito econômico ou que levem ao prejuízo de sua reputação. O CC, art. 20, ao aludir aos escritos e transmissão das palavras, enuncia exemplos que amplificam o conceito de identidade pessoal.

"O corpo em si está se tornando uma senha" (Rodotà, 2004, p. 93). Impressões digitais, geometria da mão ou dos dedos, da orelha, íris, retina, traços faciais, odores, assinatura, uso do teclado, o andar, o DNA. Recorre-se cada vez mais a esses dados biométricos para finalidade de identificação. Ao mesmo tempo, crescem as preocupações e resistências ao uso indiscriminado dos dados biométricos, inclusive o DNA. Documento da Organização para Cooperação e Desenvolvimento Econômico – OCDE, de 2004, adverte que "estas tecnologias parecem funcionar adequadamente em usos reduzidos e limitados de identificação pessoal, mas sua precisão, confiabilidade e adequação não foram suficientemente refinadas para utilização em larga escala". Além disso, é preocupante o risco de furto de identidade, com a reprodução desses dados, pois eles, como a impressão digital ou o dado genético, não podem ser substituídos como fazemos com uma senha violada. A dimensão do problema é salientada no dado genético, que pode ser facilmente coletado e utilizado sem que o interessado saiba, a exemplo do ocorrido com a saliva em ponta de cigarro jogada fora e utilizada em exame de DNA, recusado pela filha de uma mulher acusada de tê-la sequestrado em maternidade, em caso rumoroso decidido sob pressão da grande mídia brasileira.

Tem sido entendido que a categoria de gênero ultrapassa a ideia de sexo biológico, levando-se em conta o princípio da dignidade da pessoa humana, o que abre a possibilidade de alteração do nome e do registro civil.

No julgamento da ADO 26 e da MI 4.733, o STF, fundado, entre outros, no princípio da igualdade, reconheceu a mora do Legislativo e qualificou as condutas de discriminação por orientação sexual ou identidade de gênero como enquadráveis no crime de racismo, com aplicação da Lei n. 7.716/1989.

Questão singular é a da identidade pessoal dos transexuais, que não se enquadram no conceito de homossexual. O transexual não tem orientação sexual voltada para pessoas do mesmo sexo, mas é aquele que apresenta conflito, normalmente inato, entre o sexo biológico e o sexo psíquico, que lhe é determinante.

A Organização Mundial da Saúde estabeleceu internacionalmente um conceito para o transexualismo, incluindo-o no Código Internacional de Doenças

(CID – 10). "Trata-se de um desejo de viver e ser aceito enquanto pessoa do sexo oposto. Este desejo se acompanha em geral de um sentimento de mal-estar ou de inadaptação por referência ao seu próprio sexo anatômico e do desejo de submeter-se a uma intervenção cirúrgica ou a um tratamento hormonal a fim de tornar seu corpo tão conforme quanto possível quanto ao sexo desejado". No Brasil, Resolução do Conselho Federal de Medicina estabelece os requisitos para a cirurgia de transgenitalização.

Cogita-se do direito à identidade sexual, que suporia a possibilidade de troca de sexo, com fundamento no livre desenvolvimento da personalidade, e que o impedimento de alteração do registro civil de seu "sexo psíquico" impede o livre desenvolvimento da personalidade. Como diz Stefano Rodotà (2012, p. 306), é na psique, e não somente no corpo, que a identidade sexual tem seu lugar. O STF, na ADI 4.275, reconheceu às pessoas transexuais o direito à substituição do prenome e do sexo diretamente no registro civil, sem necessidade de cirurgia de transgenitalização.

A intersexualidade difere da transexualidade por ser qualificada como um distúrbio de diferenciação sexual (DDS), quando características como genitais, órgãos reprodutivos ou padrões cromossômicos não se desenvolveram segundo os padrões binários de sexo. A pessoa nasce com variação de caracteres sexuais incluindo cromossomos, gônadas ou órgãos genitais que dificultam a identificação de um indivíduo como totalmente feminino ou masculino. Dados da ONU indicam que até 1,7% da população mundial têm traços intersexuais. O erro na identificação do sexo pode ser traumático para a vida da pessoa.

Em 2015, a justiça francesa (Tribunal de Tours) reconheceu o sexo neutro, para contemplar a intersexualidade. O processo foi movido por uma pessoa de 64 anos que é intersexual, classificada como do sexo masculino quando nasceu, ocasião em que foi descrita como portadora de uma "vagina rudimentar" e um "micropênis", mas sem possuir ovários nem testículos. No Brasil, a biografia *Marjorie, por favor*, lançada em 2018, retrata o drama da biografada, registrada com sexo masculino, que descobriu a intersexualidade depois dos 40 anos, quando se deparou com manchas vermelhas no colchão; após exames, constatou-se a presença de ovário e útero adormecidos, ainda não totalmente desenvolvidos e progressiva atrofia do órgão reprodutor masculino.

Essa matéria tem provocado a busca por solução adequada no mundo. Em 2016 e 2018, a Alemanha, após decisão e recomendação do Tribunal Constitucional ao legislador, editou legislação admitindo o direito de consignar no registro civil um terceiro gênero, sob a determinação de "outro" ou "diverso", além de masculino e feminino. Em 2018, a cidade de Nova York, nos Estados Unidos, aprovou lei permitindo que as pessoas que não se identificam com gêneros binários e os pais de bebês intersexuais possam não classificar o sexo, indicando "x", no registro de nascimento. Na Austrália, em 2014, a Suprema Corte admitiu o registro do gênero neutro. Na Índia, em 2014, e no Nepal, desde 2015, é permitido que se indique nos documentos de identidade o terceiro sexo ou gênero.

O Brasil ainda não enfrentou diretamente o problema da identidade dessas pessoas, havendo apenas a previsão em formulário da Declaração de Nascido Vivo, elaborado pelo Ministério da Saúde, de sexo "ignorado", além de feminino e masculino, que deve ser preenchido pela unidade de saúde que assistiu ao parto.

5.5. Direitos da Personalidade da Pessoa Jurídica

O art. 52 do CC estabelece: "Aplica-se às pessoas jurídicas, no que couber, a proteção dos direitos da personalidade". A aplicação, no que couber, não significa que a pessoa jurídica seja titular de direitos da personalidade, mas sim que está equiparada à pessoa física para exercer alguns deles. O direito constantemente se vale do instituto da equiparação, para resolver problemas de ordem prática, sem necessidade de igualar o que não pode ser igualado. Portanto, o universo dos direitos da personalidade apenas pode ter a titularidade da pessoa física ou humana, porque nenhum deles é inerente à pessoa jurídica.

Esclarece Gustavo Tepedino que "o ataque que na pessoa humana atinge a sua dignidade, ferindo-a psicológica e moralmente, no caso da pessoa jurídica repercute na sua capacidade de produzir riqueza, no âmbito da iniciativa econômica por ela legitimamente desenvolvida" (2004, p. 5). O autor refere-se às pessoas jurídicas de fins lucrativos, mas a violação também pode ocorrer em face de associações civis e fundações, que, por sua natureza, não perseguem fins lucrativos; nessa hipótese a violação compromete exatamente a boa realização de suas atividades, com possível retraimento do voluntariado ou das contribuições que cobrem suas despesas. Em outro escrito, o autor propõe, para essas pessoas jurídicas sem fins lucrativos (as únicas, rigorosamente, de direito civil), a configuração de *danos institucionais*, distintos dos danos patrimoniais e morais, e conceituados como os que atingem a pessoa jurídica em sua credibilidade ou reputação (2003, p. 21).

Determinados direitos da personalidade apenas dizem respeito à pessoa humana. Evidentemente, não tem cabimento violação à vida, ou à integridade física ou psíquica, ou à liberdade (privação) da pessoa jurídica. Outros direitos da personalidade, todavia, são suficientemente exercitáveis pela pessoa jurídica, e sua violação proporciona a indenização compensatória por danos morais, que o Enunciado 227 da Súmula do STJ menciona. A doutrina aponta como cabíveis à pessoa jurídica: a) a honra objetiva ou honra externa, objeto de tutela jurídica contra atos difamatórios; b) a reputação ou "imagem social" (Frota, 2008, p. 258). Para o STJ (REsp 1.258.389), a Súmula 227 não pode ser estendida às pessoas jurídicas de direito público; no caso, município pleiteava dano moral contra rede de rádio e televisão em virtude de notícias que teriam atingido a honra e a imagem daquele.

O direito à reputação é o mais atingido, pois a consideração e o respeito que passa a granjear a pessoa jurídica integra sua personalidade própria e não as das pessoas físicas que a compõem. A difamação não apenas acarreta prejuízos materiais, mas também morais, que devem ser compensados. Do mesmo modo, pode ocorrer a lesão à imagem, com retratação ou exposição indevidas de seus estabelecimentos, instalações, marcas, nomes e símbolos.

A tutela legal também alcança os entes não personificados, que são equiparados à pessoa jurídica para determinadas finalidades legais, ou seja, o condomínio de edifício, o espólio, a herança jacente, a massa falida, o consórcio, a família, a empresa de fato, a empresa individual ilimitada, entre outros.

Capítulo VI

Pessoa Jurídica

Sumário: 6.1. Conceito e abrangência da pessoa jurídica. 6.2. Funções e teorias sobre a pessoa jurídica. 6.3. Elementos da pessoa jurídica. 6.4. Atos constitutivos e efeitos do registro da pessoa jurídica. 6.5. Órgãos da pessoa jurídica. 6.6. Desconsideração da personalidade jurídica. 6.7. Entidades não personificadas. 6.8. Associações civis. 6.8.1. Direito de ser associado. 6.8.2. Categorias de associados. 6.8.3. Direitos e deveres dos associados entre si e em face da associação. 6.8.4. Igualdade de direitos dos associados. 6.8.5. Direito à restituição das contribuições patrimoniais. 6.8.6. Direito à quota do patrimônio da associação. 6.8.7. Desligamento e exclusão de associado. 6.8.8. Órgãos da associação. 6.8.9. Extinção da associação. 6.9. Fundações de direito privado. 6.10. Organizações religiosas. 6.11. Extinção das pessoas jurídicas de direito privado. 6.12. Domicílio das pessoas jurídicas de direito privado.

6.1. Conceito e Abrangência da Pessoa Jurídica

Pessoa jurídica é a entidade constituída por grupo de pessoas para realização de determinado fim ou a resultante da afetação de um patrimônio para fim específico, cuja personalidade é reconhecida pelo direito mediante o registro público. A pessoa jurídica é conceito do mundo do direito, ainda que captada no mundo dos fatos.

Desde os primórdios da elaboração moderna do conceito de pessoa jurídica, no século XIX, ficou patenteada sua estreita ligação com o conceito e a natureza de sujeito de direito. Essa construção jurídica decorreu da necessidade de atribuir às entidades e organizações sociais, nomeadamente as mercantis, *status* equivalente ao de pessoa. Se todos os seres humanos eram pessoas, e estas eram sujeitos de direito, titulares de direitos subjetivos (principalmente de propriedade), a solução lógica foi transformar por analogia essas entidades em "pessoas". Não pessoas no sentido originário ou ético (pessoa humana), mas análogas a elas. Como pessoa, reclama os atributos desta: nome, domicílio, direitos da personalidade (salvo naquilo que é inerente à pessoa física), bens, direitos de autor, propriedade intelectual, capacidade de agir, nacionalidade.

A ideia de realidade análoga da pessoa jurídica, ou uma realidade ontológica preexistente (a pessoa jurídica não é idêntica à pessoa física, pois carece da substancialidade desta, mas é tão real quanto, por analogia, e esta não é uma ficção), está no centro do pensamento de José Lamartine Corrêa de Oliveira (1979, *passim*), que rejeita a tese de ser a pessoa jurídica um conceito apenas cultural ou jurídico.

Pessoa jurídica é expressão e conceito de origem relativamente recente: a sua primeira formulação aparece no começo do século XIX; sua mais completa elaboração e seu ingresso na linguagem legislativa são da segunda metade desse século. No direito romano, no Medievo e até mesmo durante a fase inicial do Estado Moderno, a pessoa jurídica não tinha obtido a sistematização que veio a ser consumada na modernidade liberal. A própria expressão "pessoa jurídica" nunca foi definitiva, pois, em alguns sistemas jurídicos, e por influência do direito francês, optou-se por "pessoa moral", para diferenciar de pessoa física.

O conceito de pessoa jurídica deve-se, sobretudo, aos pandectistas alemães, porque todo direito subjetivo (outro conceito sistematizado nessa época) há de ter um sujeito. Segundo Francesco Galgano, é parte integrante da filosofia jurídica da classe dominante; integra a racionalização das posições de poder conquistadas pela burguesia (1988, p. 100). Tendo a burguesia se estabelecido como a classe dominante, passou a recear a intervenção estatal na economia; daí ter preconizado o reconhecimento automático das comunidades consideradas naturais ou instituições sociais autônomas. Em épocas anteriores não se concebiam outros sujeitos de direito que não fossem os seres humanos: distinguiam-se somente entre direitos e deveres entre si e entre direitos e deveres dos membros dos grupos organizados. A ideia de separação patrimonial é anterior à de pessoa jurídica, inclusive no direito romano, entre as pessoas singulares e os grupos organizados, mas sem personalização destes.

O antigo direito romano só disciplinava as pessoas físicas; os *collegia* e as *sodalitates* não eram pessoas, apesar de organizações sociais. A *res publica* era o bem do povo romano; e este não era pessoa. A personificação rudimentar de certos entes apenas ocorreu durante o Império Romano: os *collegia*, as *sodalitates*, as *universitates*, o *municipium*, o *fiscus Caesaris* e o *aerarium populi Romanum*. Não é de estranhar que os glosadores e pós-glosadores medievais tenham recolhido os termos *universitas* e *corpus*, em vez de pessoa, e que estes tenham sido empregados em sentido técnico até o século XIX (Castro y Bravo, 1984, p. 143).

Poucas categorias de direito foram tão estudadas e, surpreendentemente, tão pouco esclarecidas como a pessoa jurídica. O problema é que não existe apenas um tipo de pessoa jurídica, mas vários, com elementos e fundamentos distintos. A função principal da pessoa jurídica, tal qual se consolidou nos últimos duzentos anos, é a de assegurar a separação entre o patrimônio da entidade e das pessoas físicas que a integram como sócios, associados, acionistas para que estes não respondam, ou tenham responsabilidade limitada pelas dívidas daquelas.

Ocorre que a fundação, que é espécie de pessoa jurídica, é constituída sem qualquer pessoa física para integrá-la, pois a personalidade é conferida a um patrimônio afetado pelo seu instituidor. Pouco há de comum entre esses tipos de pessoas jurídicas (as que se constituem com pessoas físicas e as que se constituem apenas com a afetação de patrimônio).

Em três grandes áreas do direito, pelo menos, a pessoa jurídica é tratada: a) no direito civil; b) no direito empresarial; c) no direito público. Na legislação brasileira atual, as pessoas jurídicas de direito civil, em sentido estrito, são as associações civis, as fundações de direito privado, as organizações religiosas, os sindicatos e os partidos políticos, ou seja, as entidades que não têm finalidade lucrativa ou econômica. O Código Civil argentino de 2014 inclui as comunidades indígenas.

As pessoas jurídicas de direito empresarial são as sociedades com fins lucrativos, as empresas individuais de responsabilidade limitada (Lei n. 12.441/2011) e as cooperativas; além destas, as que o CC denomina sociedades simples (antigas sociedades civis), porque são ontologicamente empresas. O CC, art. 982, considera empresária a sociedade que tem por objeto o exercício de atividade própria de empresário sujeito a registro (art. 967); e, simples, as demais, nas quais inclui as cooperativas. Todavia, essa opção legal não apaga a existência real da atividade econômica organizada dessas entidades. Com razão Rachel Sztajn (2008, p. 142), para quem o enquadramento legal da cooperativa no espaço das sociedades simples é equivocado, porque "imaginar que, se a sociedade não tem atividade de empresa não é sociedade mercantil, constitui verdadeiro anacronismo", até porque as cooperativas geram para os cooperados e as demais sociedades simples para seus sócios resultados econômico-financeiros que se assemelham a lucros.

A antiga distinção entre atividade civil e atividade comercial desapareceu com o advento do CC/2002, cujo art. 966 conceitua empresa como o exercício de atividade econômica organizada para a produção de bens ou serviços. Até mesmo a atividade de profissionais liberais, quando assume caráter de organização de atividade econômica, deve ser assim tratada. As cooperativas exercem atividades econômicas (produção, crédito, consumo, serviços), isto é, empresárias, além de estarem submetidas ao registro de empresas (Lei n. 5.764/1971, art. 18, § 6º, e CC, art. 1.093). É a organização da atividade econômica voltada para os mercados o que permite distinguir entre empresários e profissionais autônomos; portanto, até mesmo os serviços intelectuais assim organizados subsumem-se no conceito de empresa. A exceção é a organização de sociedades de advogados, unilaterais ou coletivas, porque têm natureza distinta, pois são voltadas às atividades-meio de apoio aos advogados que as integram, de acordo com o art. 15 da Lei n. 8.906/1994.

As pessoas jurídicas de direito público têm estrutura e função inteiramente diversas das pessoas jurídicas de direito privado, pois integram a Administração Pública direta e indireta. O CC classifica as pessoas jurídicas de direito público entre as de direito público interno ou de direito público externo. São pessoas jurídicas de direito público interno a União, o Estado-membro, o Município, as autarquias e as fundações de direito público. Integram a Administração Pública, com personalidade jurídica própria de direito privado, as empresas estatais (empresa pública e empresa de economia mista), que se valem dos instrumentos de direito privado para o exercício de atividades econômicas controladas pelo Estado (União, Estado-membro e Município), como verdadeira *longa manus*. As pessoas jurídicas de direito público externo são os países, além das entidades, nações e organizações que o direito internacional reconhece. Deve ser criticada a inserção das pessoas jurídicas de direito público e até mesmo as empresas estatais em um CC, pois é reminiscência do início da codificação, quando o direito civil fornecia as categorias não apenas do direito privado, mas também do direito público, e o direito administrativo – que primacialmente as rege – dava os primeiros passos. Essa inserção deve ser entendida como meramente classificatória e com finalidade de exclusão das pessoas jurídicas que não sejam regidas pelo direito privado.

Os partidos políticos são apenas aludidos no CC, mas são pessoas jurídicas próprias de direito privado, regidos por legislação específica, não mais sendo concebidos como associações civis desde o advento da Lei n. 10.825/2003, que os excluiu da natureza de associação civil em sentido estrito. A CF, art. 17, estabelece que os partidos políticos adquirem personalidade jurídica "na forma da lei civil", que não é o CC, mas a Lei de Registros Públicos. Essa peculiaridade diz respeito não apenas à finalidade, mas a seus modos de organização e associação, remetendo-se principalmente à Constituição e à Lei Orgânica dos Partidos Políticos (Lei n. 9.096/1995). O registro de seus estatutos, além do feito no registro civil das pessoas jurídicas, deve também ser promovido no Tribunal Superior Eleitoral. A Lei n. 12.016/2009 equiparou os representantes e órgãos dos partidos políticos às autoridades públicas para fins de responderem a mandado de segurança, o que revela sua natureza mista e peculiar.

A CF, art. 8º, garante a liberdade de "associação profissional ou sindical", mas não lhe atribui natureza diferenciada de personalidade jurídica. Todavia, os sindicatos patronais e de empregados, as federações e confederações desses sindicatos e as centrais sindicais, ainda que tenham natureza de associação civil, apresentam peculiaridades. Interpretando o art. 8º, I, da CF, a Súmula 677 do STF enuncia que, "até que lei venha dispor a respeito, incumbe ao Ministério do Trabalho proceder ao registro das entidades sindicais e zelar pela observância do princípio da unicidade". Assim, não é o registro civil das pessoas jurídicas competente para proceder ao registro dessas entidades. Por seu turno, a Portaria n. 1.277/2003, do Ministério do Trabalho destaca a singularidade do sindicato como ente associativo e estabelece que "a personalidade jurídica sindical decorre de registro no Ministério do Trabalho", sem necessidade de adaptação ao que dispõe o CC.

Os juristas do século XIX pretenderam fechar o ciclo dos sujeitos de direito mediante a categoria de pessoa jurídica, que parecia suficientemente ampla para abranger todas as hipóteses que não se enquadrassem na de pessoa física. Como visto, a empreitada não foi bem-sucedida. Os paradigmas de onde partiram não se confirmaram, mercê de três fatores principais: 1º) a competição do conceito jurídico mais dúctil de empresa; 2º) o crescente reconhecimento pelo direito legislado da doutrina da desconsideração da personalidade jurídica (*disregard doctrine*), que fere o núcleo da pessoa jurídica, a saber, a separação dos patrimônios, obrigações e responsabilidades, entre ela e seus sócios; 3º) a emergência das entidades não personificadas.

A pessoa jurídica também foi vítima de excesso de conceptualismo, exasperado pelos pandectistas e seus sucessores, legando uma tendência niilista que ainda a cerca, reduzida, em alguns casos, a simples *nomen juris*, vazio de conteúdo. Para alguns autores, mercê da dupla crise em que se envolveu, não teria mais sentido o estudo da pessoa jurídica em geral, mas sim o dos tipos existentes.

A empresa é conceito de ciência econômica que foi lentamente absorvido pelo direito, com significado mais amplo que pessoa jurídica, pois entende-se como atividade organizada para produção e distribuição de bens e serviços que recebe a tutela jurídica. O direito vale-se de equiparações à pessoa jurídica, para fins prático-operacionais, a exemplo das empresas individuais. Todavia, há pessoas jurídicas que não são empresas, como as entidades de direito público, as associações civis e as fundações. Em suma, a pessoa jurídica, sob certos aspectos, é conceito mais amplo que empresa; mas sob outros aspectos, é menos amplo que empresa. Para ser reconhecida como sujeito de direitos pleno, necessita ser pessoa jurídica. Há empresas que são sociedades e outras que não são sociedades (empresas individuais). Há sociedades personificadas e há sociedades não personificadas, sendo todas empresas. A empresa é definida pelo controlador, o empresário, o que conduz a atividade de produção e distribuição de produtos e serviços, e não pela personalidade jurídica. No direito público e no direito civil há pessoas jurídicas, mas não há empresas.

A Lei n. 12.441/2011 introduziu no direito brasileiro a empresa individual de responsabilidade limitada (EIRELI), constituída por uma única pessoa titular da totalidade do capital social, que não poderá ser inferior a cem vezes o salário mínimo vigente, tanto originariamente quanto por conversão, em razão de concentração, em único sócio, das quotas de uma sociedade. Diferentemente da empresa individual pura, que não é pessoa jurídica, apesar de equiparada em alguns efeitos (principalmente tributários), a EIRELI converteu-se em espécie de pessoa jurídica, de modo a permitir a separação patrimonial, de créditos e obrigações entre ela e a pessoa física do titular. A separação patrimonial é a finalidade precípua dessa modalidade de pessoa jurídica, razão por que o § 7º do art. 980-A do CC, introduzido pela Lei n. 13.874/2019, estabelece que somente o patrimônio social dessa empresa responderá por suas dívidas, excluindo-se o patrimônio pessoal do titular.

A CF não fornece indicações seguras sobre a pessoa jurídica, cuja expressão convive com várias outras, de significados assemelhados, refletindo a imprecisão conceitual que reina entre os juristas. Ela é frequentemente utilizada quando a CF procura estabelecer distinção com a pessoa física. Há predomínio de termos vulgarizados em determinadas situações da vida: "entidade" para organizações sociais e para a Administração Pública; "instituição" para organizações financeiras e educacionais; "empresa" para organizações econômicas; "associações" para associações civis; "fundação" para fundações de direito público; "cooperativas"; "partidos políticos". Em um único artigo (222) há referência a pessoa jurídica, empresa e sociedade.

6.2. Funções e Teorias sobre a Pessoa Jurídica

São múltiplas as teorias que pretendem explicar a essência e a funcionalidade da pessoa jurídica em virtude de ser criação que radica no mundo ideal e não no físico. Por essa razão, Teixeira de Freitas, em seu *Esboço* de Código Civil, propôs fosse denominada simplesmente pessoa de existência ideal.

Em obra clássica, dedicada ao tema, Francesco Ferrara (1938, p. 15-35) agrupa as teorias da seguinte forma: a) teorias da ficção (pessoa é só a pessoa física; pessoa jurídica é uma ficção criada por lei para atender a fins práticos); b) teoria do patrimônio destinado a um fim (não apenas a fundação); c) teoria orgânica ou da realidade; d) teoria do direito subjetivo; e) teoria individualista; f) teoria da instituição. Depois de Ferrara, outras teorias surgiram, inclusive o desenvolvimento autônomo da teoria normativista ou formalista de Hans Kelsen. O próprio Ferrara é responsável por uma teoria própria, que encara a pessoa jurídica como realidade abstrata, ideal, sem materialidade ou espiritualidade, que é própria de todos os institutos de direito, com a particularidade de ser o ponto de referência da capacidade, o centro da potestade jurídica, que a força normativa do Estado cria como unidade jurídica. É realidade jurídica, não realidade corporal sensível.

De modo geral, as teorias ou são realistas ou formalistas. Em outras palavras, a pessoa jurídica ou é uma realidade preexistente ao direito ou é uma construção jurídica. Como realidade, haveria uma personalidade natural, social ou moral que o legislador não pode ignorar; o reconhecimento estatal é ato meramente declarativo. Como construção jurídica, a personalidade seria uma atribuição formal do legislador, concebida como centro de imputação de interesses, de normas ou de relações jurídicas, conferindo-lhe autonomia jurídica; o reconhecimento estatal é constitutivo.

No século XIX, a principal corrente formalista ou da construção jurídica, a teoria da ficção de Savigny (1888, p. 239), foi contraditada fortemente pela corrente realista da teoria dos órgãos (principalmente Gierke), que exerceu influência sobre a legislação e a doutrina brasileiras. Savigny dizia que só o homem é capaz de direitos. Mas o sistema positivo pode modificar esse princípio estendendo a capacidade a entes que não são homens, por simples ficção, para efeitos patrimoniais. "Esses entes, sendo simples ficção da lei, são naturalmente incapazes de querer e agir, e têm necessidade de perpétua representação, à semelhança dos incapazes". Contrariamente, O. von Gierke (1904, p. 39) sustenta que a teoria orgânica considera organismos sociais o Estado e demais associações. Por conseguinte, "coloca a existência do organismo total, do qual o homem constitui uma parte, por cima do organismo individual". O conceito de organismo é abstraído originariamente do ente vivo individual. No século XX a teoria normativista de Kelsen da pessoa jurídica, entendida como simples meio auxiliar da ciência jurídica, foi contraditada pela teoria da instituição. Essas quatro importantes tendências, resultantes de percepções variadas da mesma realidade jurídica, continuam a influir nas opções da doutrina e da legislação.

A orientação teórica adotada conduz, evidentemente, a resultados distintos. Por exemplo, a denominação "órgãos da pessoa jurídica", corrente no direito brasileiro, é influência da teoria orgânica, recebida criticamente por muitos doutrinadores, como Pontes de Miranda. Os órgãos da pessoa jurídica (assembleia geral, diretoria, gerência etc.) são considerados equivalentes aos órgãos da pessoa física. Quem segue a teoria da ficção vê a pessoa jurídica como ente incapaz (como se dizia no *Esboço* de Teixeira de Freitas), que deve ser representado por pessoas físicas (diretores, gerentes); assim, a pessoa jurídica é "representada" nos atos jurídicos que celebra. Para a teoria orgânica, o órgão não representa e sim "presenta" a pessoa jurídica, da mesma forma como ocorre com o cérebro ou a mão da pessoa física. O CC/2002 inclina-se à teoria orgânica, pois a pessoa jurídica age por meio de órgãos (administradores).

A teoria da instituição deu o suporte inicial ao desenvolvimento da construção jurídica da empresa e passou ao vocabulário jurídico como sinônimo de organismo social concreto, de entidade viva, que se impõe ao reconhecimento do direito. Para Maurice Hauriou, a instituição é uma "ideia de obra ou empresa que se realiza e dura juridicamente em um meio social; para a realização desta ideia se organiza um poder com os órgãos necessários; por outra parte, entre os membros do grupo social interessado na realização da ideia, se produzem manifestações de comunhão dirigidas por órgãos do poder e regulamentadas por procedimentos" (1968, p. 39).

Pontes de Miranda vê na pessoa jurídica um conceito do mundo jurídico, mas o direito não a cria do nada; traz, para a criar, algo do mundo fático, sendo tão real quanto a pessoa física (1974, v. 1, p. 282).

6.3. Elementos da Pessoa Jurídica

Os elementos comuns da pessoa jurídica são: a) capacidade jurídica autônoma; b) autonomia patrimonial; c) limitação da responsabilidade; d) reconhecimento estatal. Não concordamos com Ferrara, que apenas encontra dois elementos comuns, a saber, o substrato e o reconhecimento do Estado; para ele o substrato é diverso e resulta de uma coletividade de associados (*universitas personarum*) ou de patrimônio destinado a fim (*universitas bonorum*), o que resulta em elemento impreciso, pois resultante de situações diversas.

Devemos afastar outros elementos, ordinariamente apontados pela doutrina, pois não são comuns a todas as pessoas jurídicas. Assim, a *affectio societates* e a finalidade comum são afetas apenas às sociedades, não se aplicando aos demais tipos, especialmente as fundações.

A *capacidade jurídica* confere à pessoa jurídica a qualidade de sujeito de direito pleno, como portadora de aptidão de querer, além de capacidade de agir.

A *autonomia patrimonial* é de extrema importância, pois resulta da separação de seu patrimônio do patrimônio dos sócios ou associados, ou do patrimônio remanescente dos instituidores da fundação. Todavia, há associações que se constituem sem qualquer patrimônio, dadas suas finalidades. As fundações não têm sócios com que possam destacar os patrimônios, mas há autonomia patrimonial em relação a seus instituidores. Há sociedades (exemplo, a sociedade em nome coletivo) que não têm rigorosamente separação patrimonial entre elas e seus sócios, pois estes respondem solidária e ilimitadamente pelas dívidas daquelas.

A *limitação da responsabilidade* diz respeito a não responder o patrimônio dos sócios ou instituidores ou administradores da fundação, de modo preferencial, pelas dívidas e obrigações contraídas pela pessoa jurídica. Essa limitação é variável, indo da total irresponsabilidade dos acionistas não controladores da sociedade anônima, ou dos associados das associações civis, ou dos instituidores das fundações, até a responsabilidade subsidiária dos sócios de certas sociedades empresárias. Mas, até mesmo nas sociedades anônimas, há responsabilidade de acionistas controladores, em caso de desconsideração da personalidade jurídica. O *reconhecimento estatal* é reminiscência do controle do Estado sobre a criação de associações políticas que o desafiem, ou, sob perspectiva oposta de restrição ao Estado para garantia da liberdade de constituição associativa; tem por função a publicidade, para ressalva de interesses públicos ou privados de terceiros, dando-se exclusivamente por meio do respectivo registro (art. 45 do CC) ou por força de lei.

No direito brasileiro, a autorização estatal para funcionamento de pessoa jurídica não é exigível, como fora no passado, salvo situações excepcionais de relevante interesse público, como as instituições de ensino ou as instituições financeiras e securitárias. A CF garante a liberdade de criação de associações para fins lícitos (exceto as de caráter paramilitar) e de cooperativas, independentemente de autorização, "sendo vedada a interferência estatal em seu funcionamento" (art. 5º, XVII e XVIII). Essa é uma das mais caras conquistas das liberdades individual e social. Por sua vez, o art. 170 assegura a livre-iniciativa, a saber, a liberdade de empreender ou de criar empresas, observados os princípios que conformam o interesse social.

As pessoas jurídicas integrantes da Administração Pública, tanto as de direito público quanto as de direito privado, dependem de prévia autorização legislativa para sua criação. A lei federal, estadual ou municipal cria a entidade, definindo suas finalidades, sua vinculação com a Administração, sua estrutura e os meios patrimoniais e financeiros. Os estatutos e regimentos das autarquias e fundações são aprovados pela autoridade pública competente, sem necessidade de registro público.

6.4. Atos Constitutivos e Efeitos do Registro da Pessoa Jurídica

O ato constitutivo é negócio jurídico que tem por fito expressar a vontade de criação da pessoa jurídica. O estatuto é o modelo adotado para a constituição das associações civis e cooperativas e para a instituição de fundações de direito privado. Costuma-se denominar o ato constitutivo das sociedades "contrato social", mas o negócio jurídico de criação não é contrato, pois, ao contrário deste, não regula créditos e débitos, pretensões e obrigações; classifica-se como "ato jurídico coletivo" (Pontes de Miranda, 1974, v. 1, p. 360) criador da pessoa jurídica.

Porém, o ato constitutivo não cria, por si só, a pessoa jurídica. No direito brasileiro, o registro público é imprescindível para o reconhecimento estatal da pessoa jurídica de direito privado. Diferentemente do registro da pessoa física, que é meramente declarativo do fato constitutivo do nascimento com vida, o registro da pessoa jurídica é constitutivo. A pessoa jurídica apenas nasce quando se conclui seu registro público. Antes do registro há associação, fundação ou sociedade, mas não pessoa jurídica.

O ato constitutivo deve conter obrigatoriamente, para que possa obter o registro público, a denominação, os fins (econômicos ou não econômicos), a sede, o tempo de duração, o fundo social, se houver, o nome, a qualificação dos fundadores e dos primeiros diretores, o modo de administração da entidade, o órgão que a presenta passiva ou ativamente em juízo ou fora dele, como o ato constitutivo pode ser reformado, se os membros da entidade respondem com seus bens pelas dívidas da entidade, o modo de extinção da entidade e o destino do patrimônio. Quando houver mais de um órgão, devem ser definidas suas competências ou atribuições, as relações de subordinação; na hipótese de órgãos colegiados, deve o ato constitutivo dispor sobre os modos de sua composição, funcionamento e votação.

O ato constitutivo pode ser objeto de anulação quando se demonstrar violação ou fraude à lei, ou qualquer das hipóteses de defeitos dos negócios jurídicos. O registro não imuniza a pessoa jurídica contra a invalidação (anulabilidade ou nulidade). A invalidação do ato constitutivo contamina, por consequência, o registro. Porém, a pretensão para invalidar o registro sujeita-se à decadência, devendo ser exercida no prazo de três anos, contados da publicação, após o que não poderá ser suscitada.

Ante a multiplicidade de tipos de pessoas jurídicas há, igualmente, multiplicidade de registros competentes, observadas as circunscrições territoriais onde tenham fixado suas sedes. As pessoas jurídicas de direito civil (associações civis, fundações de direito privado e organizações religiosas) são registradas nos cartórios de registro civil das pessoas jurídicas. As sociedades empresárias são registradas no registro público das empresas mercantis a cargo das Juntas Comerciais de cada Estado-membro (CC, art. 1.150). As sociedades simples, que têm fins lucrativos mas não são consideradas empresárias, são registradas no registro civil das pessoas jurídicas. As cooperativas, apesar de não terem natureza mercantil, são registradas nas Juntas Comerciais onde estiverem sediadas (Lei n. 5.764/1971, art. 17). Os partidos políticos são registrados no registro civil das pessoas jurídicas (Lei n. 9.096/1995) e no Tribunal Superior Eleitoral. As sociedades de advogados, individuais ou coletivas, são registradas no Conselho Seccional da OAB respectivo (Lei n. 8.906/1994, art. 15).

Para cada tipo de pessoa jurídica de direito privado, a lei respectiva pode estabelecer requisitos especiais para o conteúdo do ato constitutivo. Não há forma especial para o ato. Mas há o mínimo exigido pelo CC, a saber: a denominação, os fins, a sede, o tempo de duração, o fundo social, quando houver, o nome e a qualificação dos fundadores e diretores, os órgãos de administração e de deliberação, se houver, como pode ser reformado o ato constitutivo, os sócios ou associados (salvo as fundações) e se respondem pelas dívidas da pessoa jurídica, como se extingue e a destinação do patrimônio.

6.5. Órgãos da Pessoa Jurídica

A pessoa jurídica atua mediante órgãos, que, por sua vez, são integrados por pessoas físicas, segundo o que determina o ato constitutivo. O órgão não representa; presenta a pessoa jurídica. O órgão não representa, porque a pessoa jurídica não é incapaz. Os órgãos são partes da pessoa jurídica, sem os quais ela não pode realizar suas finalidades e desenvolver sua atividade. Uma pessoa, seja ela física ou jurídica, pode ser representada por outra. Mas o órgão não é pessoa, ente ou entidade, e sim parte integrante de pessoa jurídica. Um sócio ou associado pode representar a pessoa jurídica, mediante procuração que esta lhe outorgue, nunca como órgão.

O uso linguístico tem generalizado o termo órgão, como se fosse gênero, do qual a pessoa jurídica ou a entidade não personificada seriam espécies. Assim, costuma-se denominar órgão tanto a pessoa jurídica de direito público (ex.: o Município) como uma simples repartição deste. Todavia, no sentido jurídico estrito, órgão apenas é a parte da estrutura da pessoa jurídica dotada de competência ou capacidade para agir, dentro dos limites que a lei, ou o estatuto, ou o contrato social estabeleçam. Quando o órgão atua, dentro dos seus limites, é a própria pessoa jurídica que atua.

Os órgãos são variados, dependendo da dimensão e da estrutura da pessoa jurídica, de acordo com a organização estabelecida em seus estatutos ou contratos sociais. Podem ser singulares (um gerente ou um diretor), ou colegiados, cujas decisões dependem de deliberação coletiva, obtida pela maioria dos votos; ou, ainda, administrativos e deliberativos. Pode ser apenas um, quando se trata de pequena sociedade ou empresa, normalmente a gerência, atribuída a um ou mais sócios. Podem ser diversos e organizados de modo hierárquico, como no caso de sociedades anônimas ou associações civis. Um órgão pode estar subordinado a outro. A associação civil pode conter a assembleia geral (órgão colegiado máximo, para questões relevantes), conselho fiscal ou de outra natureza (administrativo, ou de representantes), diretoria, coordenações etc.

Pontes de Miranda entende que os membros da pessoa jurídica são órgãos dela, ainda que fora da assembleia geral, que é órgão composto de órgãos. Membro é órgão de menor poder e sem presentação, mas órgão (1974, v. 1, p. 392).

Quando o órgão atua nos limites de suas atribuições, a responsabilidade recai sobre a pessoa jurídica, pois foi ela quem se obrigou diretamente. Mas, se o fez com abuso ou excesso de poderes, atribuições ou competência, a pessoa jurídica tem pretensão regressiva contra os titulares do órgão que lhe causaram prejuízo.

As decisões dos órgãos colegiados são tomadas pela maioria dos membros presentes, independentemente do valor das quotas sociais de que cada um seja titular, quando for o caso. A maioria simples computa-se considerando a metade dos presentes mais um. Mas o ato constitutivo pode estipular de modo diferente, por exemplo, exigindo que seja sempre a maioria não dos presentes, mas sim da totalidade dos membros.

Nos órgãos de deliberação coletiva, as decisões dependem do que tiver estipulado o ato constitutivo. Nas associações civis e nas cooperativas, cada pessoa detém a titularidade de um voto. Nas sociedades, os sócios detêm votos com valores diferenciados, dependentes das quotas sociais de que sejam titulares;

assim, na sociedade por quotas, um sócio que detenha mais de cinquenta por cento das quotas será sempre maioria nas deliberações.

Independentemente do que estipular o ato constitutivo, e até mesmo se tiver previsto em contrário, quando a pessoa jurídica ficar acéfala, por desídia ou abandono dos integrantes dos órgãos administrativos, o juiz, a requerimento de qualquer interessado (sócio, associado, terceiro credor), nomeará administrador provisório. Essa intervenção judicial, introduzida pelo CC/2002, é necessária em situações recorrentes de desativação fática da pessoa jurídica (sem cancelamento do registro público): sociedade que cerra suas portas, sem pagar os credores, ou associação civil cujos órgãos diretivos não estão preenchidos por omissão dos associados.

As pessoas jurídicas em geral são representadas em juízo "por quem seus atos constitutivos designarem ou, não havendo essa designação, por seus diretores" (art. 75, VIII, do CPC/2015). Com o fim de facilitar a comunicação dos atos processuais às pessoas jurídicas estrangeiras no Brasil, o art. 75, X, do CPC/2015 prevê que a pessoa jurídica estrangeira é representada em juízo "pelo gerente, representante ou administrador de sua filial, agência ou sucursal aberta ou instalada no Brasil".

6.6. Desconsideração da Personalidade Jurídica

A desconsideração da personalidade jurídica tem por finalidade alcançar os reais controladores da pessoa jurídica (outra pessoa jurídica, sócios, acionistas, administradores), para que respondam com seus patrimônios pelos atos considerados como desvio de finalidade ou confusão patrimonial.

Com a denominação *disregard of legal entity*, teve origem no direito anglo-americano, no final do século XIX. A doutrina especializada aponta como marco inicial da *disregard doctrine* o caso *Salomon versus Salomon & Company Ltd.* O comerciante Salomon e seis membros de sua família constituíram uma empresa, na qual o primeiro detinha 20.000 ações e os demais uma ação cada, com nítido propósito de proteção e limitação patrimonial sob o véu da pessoa jurídica. Quando entrou em insolvência e liquidação, os credores sustentaram que os demais sócios eram meros testas de ferro, tendo os tribunais de primeira e segunda instâncias decidido que a pessoa jurídica foi utilizada por Salomon como projeção de seus negócios pessoais, devendo este responder pelas dívidas daquela. Porém a Casa dos Lordes reformou esse entendimento, decidindo não haver responsabilidade pessoal do sócio majoritário e controlador, mas a semente da desconsideração fora lançada.

A doutrina da *disregard* procura revelar o propósito real que a pessoa jurídica encobre. Pretende imputar ao real controlador da pessoa jurídica, esteja dentro ou fora dela, a responsabilidade pelos atos da pessoa jurídica que importem abuso do direito e prejuízo a ela própria, aos demais sócios ou a terceiros, especialmente os credores. O princípio norteador é a realização da justiça equitativa, sobretudo a prevalência da boa-fé. A técnica de personificação, principalmente no que respeita à pretendida separação patrimonial entre pessoa jurídica e seus sócios, não pode constituir meio para tangenciar as normas jurídicas ou destruir valores superiores; ou, como disse Rubens Requião, para proteger velhacos e delinquentes. O problema se agravou com a tendência verificada no correr do século XX da concentração de empresas ou dos grupos econômicos de subordinação, quando várias empresas são controladas por uma empresa dita *holding*.

No Brasil, a primeira recepção legislativa da *disregard* ocorreu na CLT/43, para resolver o problema das dívidas trabalhistas não pagas pela empresa empregadora, mas de fato controlada por outra, que se escudavam na autonomia patrimonial de cada uma. O art. 2º, § 2º, estabelece que, sempre que uma ou mais empresas, tendo embora cada uma delas personalidade jurídica própria, estiverem sob direção, controle e administração da outra, serão, para os efeitos da relação de emprego, solidariamente responsáveis. A regra teve por fito considerar as empresas não isoladas, mas como partes de um todo, de um grupo. A Lei n. 4.137/1962, sobre repressão ao abuso do poder econômico, proibiu a coligação, incorporação, fusão, integração e concentração de empresas quando se realizarem com o fim de impedir ou dificultar a livre concorrência no mercado. A Lei das Sociedades Anônimas (Lei n. 6.404/1976) definiu o que considera acionista controlador, seja ou não administrador, respondendo por abuso de poder. Mas foi com o CDC que a legislação brasileira a adotou expressamente, destinando uma seção à "desconsideração da personalidade jurídica" (art. 28). Também a contemplou a Lei n. 8.884/1994 (Lei Antitruste), reproduzindo o CDC. A Lei n. 9.605/1998 admitiu a desconsideração da pessoa jurídica quando sua personalidade for obstáculo ao ressarcimento de prejuízos causados ao meio ambiente. O CC/2002, art. 50, a consagrou definitivamente.

O CPC, no art. 133, estabelece os procedimentos necessários para o reconhecimento judicial da desconsideração da personalidade jurídica, cujo incidente poderá ser instaurado, em qualquer fase processual, a pedido da parte interessada ou do Ministério Público e será resolvido por decisão interlocutória. No art. 674, § 2º, considera-se terceiro, para fins de ajuizamento de embargos de terceiro, quem sofre constrição judicial de seus bens por força de desconsideração da pessoa jurídica, de cujo incidente não fez parte. Sustenta-se (Silva, 2016) que a própria pessoa jurídica tem legitimidade para requerê-la, quando um de seus sócios tiver abusado de sua condição, prejudicando-a.

Na doutrina brasileira, desde o trabalho pioneiro de Rubens Requião (1968, p. 10-24), que a fundamenta nas noções de abuso do direito e de fraude à lei, a doutrina da desconsideração da personalidade jurídica é um tema sempre presente. Duas outras importantes obras chegam a conclusões diversas, ao aplicarem a doutrina da desconsideração. Para José Lamartine Corrêa de Oliveira, a doutrina demonstra que não apenas a função mas também a natureza da pessoa jurídica são revalorizadas, como realidade ontológico-institucional (1979, p. 262). Já Fábio Comparato extrai da desconsideração a tendência para a função puramente instrumental da pessoa jurídica, como centro de imputação de situações subjetivas; a confusão patrimonial entre controlador e sociedade controlada é, portanto, o critério fundamental para a desconsideração, pois a pessoa jurídica nada mais é que uma técnica de separação patrimonial; e a ligação da pessoa jurídica aos bens sociais não é de poder e sim de mera pertinência, pois aquele é exercido efetivamente pelo titular do poder de controle (1976, p. 286).

Não apenas as pessoas jurídicas de fins econômicos estão sujeitas à desconsideração da personalidade. Se as fundações e as associações civis forem utilizadas com abuso da personalidade, a elas se aplica, igualmente. Com efeito, essas pessoas jurídicas podem ter sido criadas ou utilizadas para fins de confusão patrimonial, o que, por outro lado, evidencia o desvio de suas finalidades. A regra de não responsabilidade solidária ou subsidiária aplicável a essas entidades depende da existência de boa-fé.

Em situação excepcional, o STJ (REsp 797.999) admitiu a desconsideração da personalidade jurídica de associação, para determinar a responsabilidade solidária aos associados administradores (presidente, secretário e tesoureiro), juntamente com a própria associação e a prefeitura municipal, para ressarcimento de danos ambientais e respectivas obrigações de fazer (recuperação do complexo ecológico atingido pela implantação de loteamento, com a demolição das edificações lá realizadas, recomposição da superfície do terreno, recobrimento do solo com vegetação e demais providências a serem indicadas em laudo técnico de reparação dos danos).

A desconsideração da personalidade jurídica atinge profundamente os elementos caracterizadores da pessoa jurídica, nomeadamente a autonomia patrimonial, a capacidade jurídica própria e a limitação da responsabilidade dos sócios. A sanção jurídica em tais casos, como acentuou Fábio Comparato, não é de nulidade ou anulação do ato, mas de ineficácia (1976, p. 294). Não é de destruição da pessoa jurídica, mas de suspensão dos efeitos da separação patrimonial e de responsabilidade. O ato desviante é válido, porém ineficaz. A ineficácia não desce ao plano da validade ou da existência. Não há falar, pois, em despersonalização. A legislação processual também optou pela ineficácia jurídica, estabelecendo o atual CPC, no art. 137, que se o pedido de desconsideração for acolhido, será ineficaz em relação ao requerente a alienação ou oneração de bens, havida em fraude de execução.

O CC/2002 optou pela denominada teoria objetiva da desconsideração da pessoa jurídica, concentrando a noção de abuso da personalidade no fato do desvio de finalidade ou da confusão patrimonial sem perquirir se houve intenção de fraudar, abusar ou prejudicar por parte do sócio ou controlador. Antes do CC/2002, a tendência no direito brasileiro era pela teoria subjetiva, desde o trabalho de Rubens Requião, com recurso às noções fundadas na intencionalidade de abuso e de fraude. Até porque há situações que impõem a desconsideração da personalidade, sem ter havido intenção ou fraude, máxime quando se confunde a atividade da pessoa jurídica com o interesse do titular do poder de controle.

A Lei n. 13.874/2019 introduziu os §§ 1º a 3º ao art. 50 do CC, com intuito de definir ou delimitar o alcance dos conceitos indeterminados de desvio de finalidade e de confusão patrimonial. O desvio de finalidade passou a ser entendido como "utilização da pessoa jurídica com o propósito de lesar credores e para a prática de atos ilícitos". O propósito de lesar tem o significado de finalidade de lesão, pois não são relevantes a intencionalidade ou o dolo, bastando a demonstração de que tal conduta lesou credores ou se qualifica como ato ilícito.

A confusão patrimonial é definida pelo § 2º do art. 50 do CC como "ausência de separação de fato entre os patrimônios" da pessoa jurídica e dos sócios. Essa norma apresenta, como características da confusão patrimonial, ou o pagamento repetitivo pela pessoa jurídica de obrigações do sócio ou do administrador, ou a transferência injustificada de ativos ou de passivos entre a pessoa jurídica e o sócio, ou outros atos que lesem a autonomia patrimonial da pessoa jurídica, tal como enunciada no art. 49-A.

Essas definições e características legais não configuram enumeração taxativa (*numerus clausus*), tendo função essencialmente interpretativa. As normas interpretativas não se qualificam como normas cogentes (imperativas ou proibitivas), devendo ser recebidas como diretrizes auxiliares de interpretação, ao lado de outras que decorrem do sistema jurídico. Portanto, não esgotam a apreciação judicial de cada caso. São as circunstâncias dos fatos concretos que determinarão ou não a desconsideração da pessoa jurídica direta ou inversa. Outras situações, que não se enquadrem nesses enunciados, podem ser considerados objetivamente pelo juiz como enquadráveis em um ou nos dois requisitos da desconsideração da personalidade jurídica.

Além do que prevê de modo geral o CC, há outras normas especiais de desconsideração da pessoa jurídica, para responsabilizar seu controlador de fato em situações específicas: a CLT, art. 2º; o CDC, art. 28; o Código Tributário Nacional, art. 124; a Lei n. 9.605/1998, art. 4º (danos ambientais), a Lei n. 9.847/1999, art. 18, § 3º (danos ao abastecimento nacional de combustíveis); a Lei n. 12.529/2011, art. 34 (infração à ordem econômica); a Lei n. 12.846/2013, art. 14 (responsabilização por atos contra a Administração Pública).

O CDC optou por uma linha analítica, conjugando critérios objetivos e subjetivos – fugindo à precisão doutrinária que desembocou no CC – para proteger o consumidor, quando houver por parte do fornecedor de produtos e serviços "abuso de direito, excesso de poder, infração da lei, fato ou ato ilícito ou violação dos estatutos ou contrato social", além de falência, estado de insolvência, encerramento ou inatividade da pessoa jurídica provocados por má administração, quando a personalidade for obstáculo ao ressarcimento dos prejuízos causados aos consumidores. Estas últimas hipóteses, não aspeadas, nunca foram contempladas pelo desenvolvimento da doutrina da desconsideração da personalidade jurídica, mas derivam das peculiaridades da proteção ao consumidor. Assim, na relação de consumo, basta apenas "à prova de causar, a mera existência da pessoa jurídica, obstáculo ao ressarcimento de prejuízos causados aos consumidores" (STJ, REsp 279.273). Também para o direito ambiental, o risco empresarial normal às atividades econômicas não pode ser suportado por quem contrata com pessoa jurídica. Essas são hipóteses acolhidas em nosso direito da chamada teoria menor da desconsideração da pessoa jurídica. Nas demais hipóteses regidas pelo CC, não basta, por exemplo, a insolvência, pois há de se provar o desvio de finalidade ou a demonstração da confusão patrimonial.

A desconsideração da personalidade jurídica é apenas mais uma hipótese em que não há prazo – decadencial, se existisse – para o exercício desse direito potestativo.

O CPC (art. 133, § 2º) admite, igualmente, a desconsideração inversa da personalidade jurídica. Tal se dá quando o sócio controlador de sociedade empresária transfere parte de seus bens à pessoa jurídica controlada com o intuito de fraudar terceiro, a exemplo do cônjuge ou companheiro em relação à futura partilha dos bens do casal em divórcio ou dissolução de união estável. Nessa hipótese, não é alcançado o patrimônio do controlador, mas sim o da pessoa jurídica, no montante correspondente ao que lhe foi transferido.

Não se pode perder de vista que a doutrina da desconsideração da pessoa jurídica nasceu sob o signo da excepcionalidade. Apenas em caráter excepcional é que deve ser decidida. Rubens Requião já advertira que a doutrina "não visa a anular a personalidade jurídica, mas somente objetiva desconsiderar no caso concreto, dentro de seus limites, a pessoa jurídica, em relação às pessoas ou bens que atrás dela se escondem" (1968, p. 17).

A lei pode expressamente excluir determinadas situações da desconsideração da pessoa jurídica, ainda que configurem controle real desta. Assim, os §§ 4º e 5º do art. 50 do CC, introduzidos pela Lei n. 13.874/2019, estabelecem que: a) a mera existência de grupo econômico, sem prova de desvio de finalidade ou confusão patrimonial, não autoriza a desconsideração da personalidade jurídica; b) não há desvio de finalidade original da pessoa jurídica na sua expansão ou alteração. Essa segunda hipótese configura presunção legal, que pode ser contraditada pelos credores, mediante demonstração de que essas mudanças ocorreram após a constituição de seus créditos e que foram prejudicados por elas.

Relativamente à existência de grupo econômico, o STJ se manifestou em diversas ocasiões, como noticiado no AgInt no AResp 491.300, no sentido de ser possível atingir, com a desconsideração da personalidade jurídica, empresa pertencente ao mesmo grupo econômico, quando evidente que a estrutura deste é meramente formal.

Igualmente, a Lei Complementar n. 155/2016 (art. 61-A) prevê a possibilidade da figura do "investidor-anjo" – espécie de sócio de fato mas não de direito – da sociedade enquadrada como microempresa ou empresa de pequeno porte, o qual, ainda que aporte capital e seja remunerado por ele, não responde por dívida da empresa nem fica sujeito à desconsideração da pessoa jurídica.

O STJ tem admitido que a dissolução irregular da pessoa jurídica, por si só, não autoriza a desconsideração de sua personalidade, sendo necessária a comprovação de prática pelos sócios de atos intencionais de desvio de finalidade com o propósito de fraudar terceiros ou de confusão patrimonial, manifestada pela inexistência de separação entre o patrimônio do sócio e o da sociedade executada, mitigando a teoria objetiva. Esse entendimento prevaleceu na 2ª Seção do Tribunal (EREsp 1.306.553).

6.7. Entidades Não Personificadas

As entidades não personificadas são dotadas de capacidade jurídica limitada e de personalidade judiciária, suficientes para alcançarem suas finalidades. Dispensam a personificação plena para a tutela do direito.

Ao lado e à margem das pessoas jurídicas, o direito passou a conviver com essas entidades dotadas de capacidades de direito e de exercício limitadas. São as entidades não personificadas, do mesmo modo como há os entes não personificados análogos à pessoa física. A personalização é uma técnica jurídica utilizada para atingir determinados efeitos práticos, "não recobrindo toda a esfera da subjetividade em direito. Nem todo sujeito de direito é pessoa. Assim, a lei reconhece direitos a certos agregados patrimoniais, como o espólio ou a massa falida, sem personalizá-los" (Comparato, 1976, p. 290).

O atual CPC, art. 75, admite expressamente as seguintes entidades não personificadas, com os respectivos agentes que as representam em juízo: a) a massa falida, pelo administrador judicial; b) a herança jacente ou vacante, por seu curador; c) o espólio, pelo inventariante ou pelo administrador provisório (art. 614); d) a sociedade e a associação irregulares e outros entes organizados sem personalidade jurídica, pela pessoa a quem couber a administração de seus bens; e) a pessoa jurídica estrangeira, pelo gerente, representante ou administrador de sua filial, agência ou sucursal aberta ou instalada no Brasil; f) o condomínio, pelo administrador ou síndico.

O CC/2002 alude expressamente a duas espécies de "sociedade não personificada" (arts. 986 a 996), que são a sociedade em comum e a sociedade em conta de participação, para estremá-las das sociedades personificadas. No art. 1.348, II, estabelece que o condomínio em unidades autônomas pode praticar, "em juízo ou fora dele, os atos necessários à defesa dos interesses comuns", inclusive contra os condôminos, impor multas, adquirir bens que serão considerados comuns, além de relações jurídicas com terceiros (ex.: empregados, empreiteiros, fornecedores de materiais), podendo adquirir unidade autônoma do mesmo edifício em seu nome.

Para a doutrina tradicional, sujeito de direito só pode ser quem o direito considere pessoa. Consequentemente, se essas entidades não são pessoas, então não seriam sujeitos de direito, desqualificando a capacidade de direito que ostentam, ainda que limitada, como de caráter meramente processual, ou como simples legitimação, ou como parte de ofício. A negação da capacidade jurídica para as entidades não personificadas não é a solução, pois ela existe, embora não plenamente. De qualquer modo, a capacidade jurídica da pessoa jurídica não tem a plenitude da que se confere à pessoa física, e mesmo esta sofre limitações em certas situações.

Como acima já demonstramos, sujeito de direito é todo aquele que seja portador ou titular de direito (não necessariamente de todos os direitos), que possa contrair obrigações autonomamente, ou que possa por si ir a juízo, tenha ou não personalidade jurídica própria.

A concepção moderna da personalidade jurídica, como qualidade atribuída a certas entidades mediante a qual são capazes de assumir a titularidade de direitos e deveres, revela-se como consequência necessária de um preconceito de amplo caráter: o respeito ao conceito clássico de direito subjetivo, como âmbito do domínio da vontade exclusiva do indivíduo. O que se percebe, entretanto, é uma evolução diferenciada de ambos os conceitos. Na CF e no CDC, por exemplo, emprega-se com amplitude o direito subjetivo público nas hipóteses de direitos coletivos e difusos, cujo titular não é pessoa física ou jurídica determinada. Neste caso, sujeito de direito é toda a comunidade interessada, desprovida de personalidade, atribuindo-se a entidades ou a órgãos públicos legitimação para agir em juízo.

A pessoa jurídica contém a função de sujeito de direito, porém a recíproca não é verdadeira. Portanto, as entidades não personificadas são sujeitos de direito, ainda que não sejam pessoas jurídicas. Afastamos as explicações que as procuram caracterizar como personalidade natural, personalidade incompleta, legitimação para agir, parte de ofício ou equivalentes. Subjetividade há, e é impossível negá-la, não havendo necessidade de serem enquadradas como pessoas jurídicas de gênero novo.

Veja-se o exemplo frisante da família contemporânea. Com o desaparecimento do patriarcalismo, sua transformação em entidade de livre constituição e conformação fundada no afeto, no respeito à dignidade das pessoas que a integram e na solidariedade, e sua migração ao plano constitucional como unidade geradora de direitos e deveres, a família converteu-se claramente em sujeito de direito não personalizado. Para alcançar suas finalidades é dispensável a personalização. Também, para defesa de seus interesses não há conveniência nem necessidade de conferir personalidade jurídica, pois a família pode fazê-lo em juízo ou fora dele como entidade não personalizada.

A sociedade em comum é o reconhecimento jurídico da sociedade de fato como sujeito de direitos e obrigações distinto dos sócios que a integram, sejam pessoas físicas ou pessoas jurídicas. Toda sociedade passa por uma fase de organização antes de ser registrada, e ingressa necessariamente em várias relações jurídicas; realiza negócios jurídicos de locação, de compra de materiais, de prestação de serviços, de contratação de empregados e pode ingressar em juízo como autora e ré, inclusive quando houver recusa de registro ou autorização oficial. São relações lícitas necessárias à sua instalação. Considera-se também sociedade em comum a que nunca obteve o respectivo registro, tendo sido antes dele extinta, por eventual discordância ou desinteresse dos sócios.

A sociedade em conta de participação, desde o Código Comercial de 1850, foi concebida como entidade não personificada. Permanece, assim, no CC/2002, comprovando-se mediante contrato firmado entre uma pessoa jurídica e pessoas investidoras, ou por quaisquer meios de direito, em virtude de ser uma entidade de natureza contábil. Os negócios da sociedade em conta de participação são contabilizados em conta distinta da pessoa jurídica que figura como sócia ostensiva. Consiste em dois tipos de sócios: o ostensivo, a pessoa jurídica que aparece desenvolvendo as atividades com terceiros, e os sócios ocultos, que são os investidores, desconhecidos dos terceiros. A separação patrimonial entre a sociedade e os sócios (ostensivo e ocultos) somente produz efeitos em relação a eles e não perante terceiros. Portanto, apenas a pessoa jurídica (sócia ostensiva) assume a responsabilidade, partilhando os resultados econômicos com os sócios ocultos, de acordo com a divisão estabelecida em contrato. O eventual registro do contrato e o necessário cadastro no CNPJ (Cadastro Nacional das Pessoas Jurídicas) não conferem personalidade jurídica à sociedade.

A empresa individual ilimitada ou pura é exemplo constante de entidade não personificada. É equiparada à pessoa jurídica para certos fins, tributários principalmente, mas sem jamais adquirir personalidade própria, distinta da pessoa física (empresário). O registro na Junta Comercial e o cadastro no CNPJ não têm por fito atribuir-lhe personalidade, mas o reconhecimento estatal da atividade econômica desenvolvida paralelamente à vida pessoal do empresário. É registro de empresa e não de pessoa jurídica. Nem todas as empresas necessitam de personalidade jurídica; a empresa individual é uma delas.

A massa falida caracteriza-se pela perda da posse e da administração dos bens do falido. A situação é singular, pois não se altera a titularidade de domínio, que permanece com o falido. O síndico não o representa, pois atua em nome da massa falida, podendo ingressar em juízo contra o próprio falido.

O grupo de sociedades, regido pela Lei n. 6.604/1976, é constituído mediante convenção, definindo-se a sociedade controladora (*holding*), mas conservando cada sociedade sua personalidade jurídica própria, sua administração e apresentação perante terceiros. Do mesmo modo, o consórcio de sociedades (*joint venture*) não tem personalidade jurídica própria e visa, através de contrato, realizar determinado empreendimento.

Em todas essas hipóteses de não personalização, é de ser afastada a qualificação restritiva de apenas partes processuais, pois são sujeitos de direito material. Noções de direito processual, como legitimação e parte de ofício, são inidôneas. Por outro lado, a capacidade processual pressupõe a capacidade de direito material, ainda que derive de sujeito não personificado.

6.8. Associações Civis

Associação civil é a comunidade de pessoas físicas, ou jurídicas, ou físicas e jurídicas, organizada com o intuito de realizar fins altruísticos e não econômicos. Podem ser membros da associação civil pessoas jurídicas e até mesmo pessoas físicas incapazes, que são representadas ou assistidas no ato constitutivo. Este é o estatuto aprovado pelos fundadores, que deve ser levado ao registro civil das pessoas jurídicas para passar a existir juridicamente. Deve conter com clareza a denominação; o fim ou fins não econômicos; o local ou município de sua sede; o tempo determinado ou indeterminado de sua duração, os nomes dos fundadores e dos primeiros dirigentes; admissão, modalidades, direitos e deveres, admissão e exclusão dos associados; os órgãos que a integram com suas atribuições; a forma de aprovação das contas da administração; o modo de manutenção da entidade; os requisitos para reforma do estatuto; o modo de extinção e destinação de seu patrimônio, que não pode ser partilhado pelos associados.

As pessoas reúnem esforços para consecução de objetivos que, isoladamente, têm dificuldades em atingir, e que apenas indiretamente lhes beneficiam, máxime pela satisfação interior de prestar serviços comunitários. São diversos os fins propostos: culturais, científicos, filantrópicos, religiosos, profissionais, de defesa de interesses coletivos e difusos (por exemplo, dos consumidores e do meio ambiente), esportivos, recreativos, de defesa de regiões ou de vizinhança, políticos não partidários, ideológicos. Constituem o instrumento por excelência do chamado terceiro setor (ao lado do setor público e do setor privado econômico), ou das organizações não governamentais (ONGs).

As associações podem ser criadas livremente, exceto para fins paramilitares. Não pode o Estado negar-lhes reconhecimento nem criar restrições a seu funcionamento. Não dependem, pois, de autorização de qualquer autoridade pública, devendo apenas registrar o estatuto. Essas são garantias estabelecidas na Constituição, que resultam de conquistas da ordem democrática. As restrições às associações sempre estão associadas a regimes políticos autoritários, que procuram detê-las ou controlá-las, principalmente quando desafiam ou possam desafiar tais regimes.

O CC/2002 adotou diretriz clara e correta no sentido de impedir o uso das associações civis com interesses predominantemente econômicos e, até mesmo, de lucro dissimulado aos dirigentes, mediante formas de pagamento e retiradas financeiras em benefício de dirigentes, em virtude do desvirtuamento propiciado pela redação imprecisa do CC anterior. Em nenhuma hipótese a associação civil pode distribuir lucros ou dividendos de qualquer espécie a associados ou dirigentes, diretos ou indiretos, o que a desnaturaria completamente, convertendo-se em sociedade simples ou empresária.

A norma legal (CC, art. 53) é restritiva: "união de pessoas que se organizam para fins não econômicos". Assim, os fins não podem ser de produção ou distribuição de produtos ou serviços, pois a associação não é fornecedora deles nem lida com consumidores. Todavia, não há impedimento legal a que a associação desenvolva meios econômicos, tais como vendas de objetos, aluguéis, prestação de serviços, desde que tais receitas sejam revertidas inteiramente para subsidiar os fins estatutários não econômicos.

As pessoas jurídicas, incluindo as de fins econômicos, podem compor associação civil. Associações civis podem organizar associação civil mais ampla, que as congregue. Fundações podem integrar associação civil. No caso das pessoas jurídicas de fins econômicos surge aparente contradição, pois as associações civis não podem ter fins econômicos. Porém, não há contradição se forem constituídas para fins não econômicos, isto é, se não houver obtenção de resultados econômicos e sua partilha como lucros. Assim, as empresas de determinado setor econômico podem se associar para a defesa conjunta de seus interesses, perante a sociedade ou a Administração Pública, ou para fins de promoção cultural, científica, artística, ambiental.

Tem sido entendido que as associações civis podem sofrer transformação, fusão, incorporação ou cisão, como se lê no Enunciado 615 das Jornadas de

Direito Civil (CJF/STJ). Todavia, essas ocorrências são típicas das entidades de fins econômicos e sua utilização nas associações civis as desnatura, pois estas não podem ser concebidas como ativos patrimoniais.

6.8.1. Direito de ser associado

A ampla liberdade de associação é assegurada tanto na CF quanto no CC (art. 53). O art. 5º, XVII, da Constituição estabelece que é plena a liberdade de associação, observado o requisito de finalidade lícita, com a única proibição do caráter paramilitar, porque esta circunstância põe em risco a sociedade em geral.

Em contrapartida, ninguém pode ser obrigado a ser associado. Assim dispõe o inciso XX do art. 5º da Constituição: "ninguém poderá ser compelido a associar-se ou a permanecer associado". Essa garantia resulta de longa evolução política das sociedades ocidentais, pois, antes do constitucionalismo moderno, cada pessoa era vinculada, como requisito de sobrevivência social, a ordens, corporações de ofícios, guildas, associações forçadas; seu lugar era definido e imutável.

No direito brasileiro, podem ser associadas pessoas físicas, pessoas físicas e pessoas jurídicas, ou apenas pessoas jurídicas. Até mesmo pessoas físicas civilmente incapazes podem ser associadas, desde que representadas (absolutamente incapazes) ou assistidas (relativamente incapazes) no ato constitutivo ou em ato posterior de ingresso como associado.

A admissão ou ingresso depende do ato constitutivo (estatuto), que é soberano para definir de que modo é composta a associação, de acordo com suas finalidades. O estatuto pode exigir determinados requisitos, por exemplo, uma idade mínima, ou o exercício de determinada profissão, em conformidade com suas finalidades.

Não há direito potestativo a ser admitido como associado, nem se pode inferir da Constituição tal direito. O estatuto define quem pode ou não ser admitido como tal. Porém, não pode utilizar critérios discriminatórios que violem princípios e garantias constitucionais de igualdade e de dignidade da pessoa humana. Assim, a associação de moradores de um bairro ou rua não pode impedir a admissão de morador, em razão de sua religião, sua etnia ou sua convicção política.

Tampouco é justificável a recusa imotivada, se ela importar restrição a exercício profissional ou dificuldade de atuação na ordem econômica. Tenha-se o exemplo de médico, cujo exercício da especialidade depende de ser admitido na associação respectiva. Em tais casos, há direito de admissão à associação e respectivo dever desta.

6.8.2. Categorias de associados

Como corolário da liberdade de associação, admite-se que possa haver categorias variadas de associados, segundo o ato constitutivo, tais como fundadores, efetivos, beneméritos. Se o ato constitutivo for omisso, entende-se que não haja tais distinções entre os associados. Essas distinções ocorrem, frequentemente, para contemplar certas pessoas que foram decisivas para a viabilização da associação, como as que firmaram o ato constitutivo (fundadoras), ou que destinaram recursos financeiros ou patrimoniais, que se fizeram necessários à consecução das finalidades associativas.

Se o estatuto não dispuser em contrário, todos os associados têm deveres iguais, como os de votar nas assembleias gerais e de pagar as contribuições. Mas o estatuto pode dispensar para alguns a participação nas assembleias gerais ou dispensar do pagamento de contribuições, a exemplo dos associados beneméritos.

Não há direito à transmissibilidade ou sucessão hereditária da qualidade de associado. A regra, portanto, é a da intransmissibilidade da qualidade de associado e de seus direitos respectivos. A qualidade de sócio e os direitos que dela derivam configuram relação jurídico-pessoal, na qual o elemento fiduciário é determinante. O CC, em norma dispositiva (art. 56), admite que o estatuto possa dispor em contrário. Ainda assim, o estatuto não pode transferir a qualidade de associado, mas sim o direito do herdeiro de ser associado. Relações jurídicas não se transmitem; transmitem-se direitos, até porque a entrada como associado é negócio jurídico.

Na hipótese de associações de pessoas jurídicas empresárias não há transferência da qualidade de associada, se determinada pessoa jurídica sofreu alteração de sua composição societária, ainda que afetando o controle. Se não houver alteração dos fins sociais, não haverá alteração da pessoa jurídica. A mudança do controle societário, contudo, pode configurar transferência, quando houver incompatibilidade com os fins da associação, se, por exemplo, foi constituída para a defesa de determinado setor agrícola, em face da indústria, e a associada passar a ser controlada por empresa industrial, gerando conflito de interesses.

6.8.3. Direitos e deveres dos associados entre si e em face da associação

Dada a natureza da associação civil, os associados não estabelecem relações jurídicas entre si. As relações jurídicas são entre o associado e a entidade. Mas o estatuto pode estipular, excepcionalmente, relações entre eles, ainda que esteja em causa uso comum das coisas pertencentes à associação ou atritos dos associados, ao usarem. Por essa razão, Pontes de Miranda considera que os associados são órgãos (unipessoais) da associação.

Os direitos dos associados são delimitados pela autonomia da associação, que regula sua organização e as relações jurídicas com os associados, os quais a elas se submetem em virtude de seu ingresso voluntário. A associação é caracterizada por sua "incolumidade à mudança" de associados (Westermann, 1991, p. 58), seja para ingresso, seja para saída.

Os direitos do associado, inerentes a esta condição, diferem dos direitos que ele, eventualmente, possa ter e exigir contra a associação em virtude de relações jurídicas externas eventuais, como a de contrato de fornecimento de coisas ou serviços. O fato de o associado figurar como contratante não suprime a natureza externa dessa relação jurídica, tal como se daria com pessoa estranha ao quadro associativo.

Os associados têm direito a tomar parte nas assembleias gerais, a votar, a eleger os membros da diretoria e de outros órgãos, a pedir convocações juntamente com outros associados segundo o estatuto, a usar os bens destinados a uso dos associados.

O direito de voto é potestativo gerador (eleição dos órgãos diretivos), ou modificativo (alteração do estatuto), ou extintivo (dissolução da associação). O direito de voto não pode ser exercido quando se configurar conflito de interesse entre a entidade e o associado (por exemplo, celebração de negócio jurídico, no qual o associado seja parte). O direito de voto na associação não pode converter-se em dever, diferentemente do que ocorre nas eleições gerais dos representantes políticos. O voto é livre; o associado não poderá ser sancionado por não exercê-lo.

O estatuto define o modo de convocação da assembleia geral e quem está autorizado a fazê-lo; a lei assegura a convocação igualmente ao grupo de associados que corresponda ao mínimo de um quinto do total.

O associado tem direito a convocar assembleia geral, ordinária ou extraordinária, integrando o percentual mínimo de associados, de acordo com o que estipular o estatuto, para tal fim, se os órgãos da associação incumbidos de fazê-lo se omitem.

O direito de uso das coisas, em comum ou individualmente, pertencentes a entidade, inclusive sua sede, depende dos critérios definidos no estatuto, no regimento ou nas instruções da entidade. Esse direito não pode ser restringido pelo estatuto ou pelo regimento interno, quando encobre motivação discriminatória ou preconceituosa. Assim, uma associação recreativa não pode impedir o direito de uso dos equipamentos de lazer aos casais de associados que não sejam casados, ou que não sejam heterossexuais.

Nenhum associado responde pelas dívidas contraídas pela associação, ainda que seja titular de quota ou fração ideal do patrimônio da entidade. Nenhum associado pode responder pessoalmente por qualquer obrigação negocial ou extranegocial (danos) da associação. A natureza da associação é incompatível com a responsabilidade solidária ou subsidiária do associado, por suas finalidades altruísticas e não econômicas. Esse é o direito à incolumidade dos efeitos das obrigações associativas.

Outros direitos são os de participar dos órgãos de gestão e de deliberação da associação, de formular requerimento aos órgãos associativos, de exigir o cumprimento das regras estatutárias e regimentais. Um maior desenvolvimento dos direitos e deveres dos associados é guardado ao regimento interno da associação, cuja modificação costuma se dar por processos deliberativos mais simplificados que as alterações estatutárias, como esclarece Rodrigo Xavier Leonardo (2014, p. 262).

Não se pode conceber filiação perpétua à entidade. Ninguém é obrigado a permanecer associado. Para o ingresso, sobretudo quando for posterior ao ato constitutivo, há necessidade de consentimento da associação, mediante os órgãos designados no estatuto, de acordo com os critérios estabelecidos. Se é assim para o ingresso, não o é para a saída ou desligamento: não se exige consentimento da associação, pois é negócio jurídico unilateral, apenas dependente de recepção pelo órgão competente da associação. Ainda que haja pendências atribuíveis ao associado que se desliga, como débitos com as contribuições associativas ou empréstimos não liquidados, tais situações não impedem o direito ao desligamento, uma vez que podem ser exigíveis pelos meios legais e processuais. A denegação da possibilidade do desligamento seria uma limitação excessiva da liberdade pessoal e estaria em colisão com o princípio da voluntariedade, em que se baseiam as agrupações jurídico-privadas. A saída da associação é para o associado, especialmente, a única possibilidade de subtrair-se às consequências de uma modificação dos estatutos não admitida por ele, por exemplo, a que aumentou excessivamente a contribuição (Larenz, 1978, p. 216).

Em tese de repercussão geral fixada no RE 612.043 entendeu o STF que: "A eficácia subjetiva da coisa julgada formada a partir de ação coletiva, de rito ordinário, ajuizada por associação civil na defesa de interesses dos associados, somente alcança os filiados, residentes no âmbito da jurisdição do órgão julgador, que o fossem em momento anterior ou até a data da propositura da demanda, constantes de relação juntada à inicial do processo de conhecimento". Os interesses individuais homogêneos dos não associados deixam de ser alcançados pela decisão judicial que lhes beneficiaria.

6.8.4. Igualdade de direitos dos associados

A regra fundamental das associações civis é que os associados sejam dotados dos mesmos direitos, principalmente quanto ao valor do voto nas assembleias gerais. A igualdade, em razão dos fins comuns, aplica-se aos direitos fundamentais ou essenciais dos associados, de modo a que os de alguns não sejam diminuídos em favor de outros.

Se não se considerasse princípio fundamental o da igualdade de tratamento e de exercício dos direitos, entre os associados, ter-se-ia o absurdo de a maioria poder diminuir o número de associados ou excluir a minoria; tais deliberações são inválidas (nulas), porque ilícitas (Pontes de Miranda, 2012, p. 550). As associações são regidas, portanto, pelo princípio da igualdade de tratamento nas relações com seus associados, no sentido de proibição da arbitrariedade, o que não exclui diferenciações de acordo com a realidade, desde que previstas no estatuto.

Depois de enunciar a regra da igualdade, peremptoriamente, o CC (art. 55) passou a admitir que ela possa ser flexibilizada, se o estatuto "instituir categorias com vantagens especiais". Vantagens especiais não significam direitos fundamentais ou institucionais desiguais. É o que ocorre com a dispensa de pagamento das contribuições periódicas para certas categorias de associados beneméritos.

A norma legal não admite, todavia, que haja gradação de direitos entre os associados naquilo que diga respeito às finalidades essenciais da associação, notadamente quanto ao exercício do voto. Na assembleia geral, o voto é sempre unipessoal, independentemente da categoria do associado.

A igualdade do voto é da essência da associação, justamente porque o associado não defende interesses pessoais ou econômicos, que caracterizam as sociedades de fins econômicos. Na associação o móvel é altruísta, o que lhe confere a singularidade. Os direitos dos associados não são exercidos em proveito próprio, ou de acordo com seus próprios interesses, mas sim no interesse das finalidades da associação.

De acordo com Karl Larenz (1978, p. 212), em relação aos associados há duas categorias de direitos: "direitos à cooperação", que não são créditos que permitam a seu titular exigir uma prestação, mas sim constituem uma categoria própria de direitos; e outra categoria de direitos, denominados "direitos de gozo", que são direitos exercidos no proveito próprio dos associados, como o direito de uso de dependências e equipamentos, tais como campo de desportes, aparelhos de ginástica, em uma associação desportiva, ou o direito a bonificações, como a utilização de determinados serviços que a associação oferece aos associados (exemplo, assessoramento profissional ou jurídico). Os direitos da segunda categoria têm com frequência determinadas prestações que o associado pode exigir da associação, mas não são créditos independentes que possam ser transmitidos em separado, porque vinculados à condição de associado e podem ser suprimidos por deliberação ulterior da assembleia.

6.8.5. Direito à restituição das contribuições patrimoniais

Excepcionalmente, o estatuto pode prever, ou a assembleia geral pode deliberar, que a contribuição especial ao patrimônio da associação, dada por algum associado, seja a ele revertida, com a atualização do respectivo valor, de acordo com o CC, art. 61, § 1º.

Essa reversão patrimonial não significa partilha dos bens ou distribuição dos haveres entre os associados, mas garantia ao associado benemérito de que o patrimônio que destinou à associação será exclusivamente utilizado para os fins desta, não se transmitindo a outra congênere ou à Fazenda Pública. Assemelha-se à cláusula de reversão (CC, art. 547), que o doador pode estipular para a hipótese de sobreviver ao donatário.

A norma legal adota o significado amplo de contribuições, para o fim de restituição atualizada dos respectivos valores, mas desde que "tiverem prestado ao patrimônio da associação", ou seja, que tiverem por objetivo incrementá-lo, o que exclui as contribuições ordinárias destinadas à manutenção das atividades. Depende do que dispuser o estatuto a respeito, ou, havendo omissão, o que definir a assembleia geral que deliberar pela dissolução da associação.

Se a assembleia geral não definir o modo de atualização dos valores, os associados poderão exigir que se faça por qualquer índice de correção monetária divulgado por órgão oficial competente, cabendo ao juiz defini-lo, em caso de divergência. O CC proíbe a correção monetária em ouro ou moeda estrangeira. A Constituição (art. 7º, IV) proíbe a utilização do salário mínimo com tal função. Sua desobediência configura ilicitude estrita, sendo-lhe aplicável a hipótese de nulidade prevista no CC, art. 166.

6.8.6. Direito à quota do patrimônio da associação

O CC/2002, contrariando longa tradição, admitiu que possa haver quotas ou frações ideais do patrimônio da associação, com valores ou participações diferentes. De qualquer forma, a titularidade em quotas patrimoniais não implica diferença no valor do voto nas deliberações coletivas, pois todos os associados são iguais.

A quota diz respeito, exclusivamente, ao patrimônio da associação, não interferindo na igualdade do exercício dos direitos dos associados relativos aos fins daquela. Ainda antes do CC/2002, era frequente a utilização da figura de associado que adquiria título patrimonial, notadamente de associação esportiva ou recreativa, quando esta necessitava de recursos financeiros adicionais; esse título poderia dispensar o adquirente das contribuições periódicas, total ou parcialmente, de acordo com o estatuto ou deliberação da assembleia geral.

A titularidade sobre a quota ou fração ideal do patrimônio da associação pode ser transferida, entre vivos, por meio de negócios jurídicos, ou por sucessão hereditária. Não há transferência simultânea da qualidade de associado, quando há transferência da quota ou parte ideal do patrimônio. O adquirente da quota apenas assume a qualidade de associado se o estatuto tiver expressamente permitido essa hipótese. Assim, poderá haver titular de quota patrimonial de associação, que não seja associado desta.

Há quem veja vantagens na regra introduzida pelo parágrafo único do art. 56 do CC, que admite a titularidade de quota ou parte ideal do patrimônio da associação. Segundo Caio Mário da Silva Pereira (atualização de Maria Celina Bodin de Moraes, 2009, p. 302), esse dispositivo legal veio pôr fim a querelas frequentes, quando, ao ser criada uma associação, um dos instituidores reserva-se certo número de quotas, ou quando alguém adquire título patrimonial por ato entre vivos ou sucessão hereditária e reivindica sua admissão no quadro social. O dispositivo dissociou as duas condições. Somente no caso de estabelecer o estatuto, expressamente, a atribuição de sócio à titularidade da fração ideal é que ocorre a conjugação.

6.8.7. Desligamento e exclusão de associado

O estatuto deve fixar os critérios e as situações que autorizam a exclusão do associado. Além disso, deve definir o órgão competente para decidir, que pode ser a diretoria, o conselho ou a própria assembleia geral. Cabe recurso a esta, como órgão de deliberação máximo e soberano, quando for outro órgão da associação que tiver determinado a exclusão. Há exigência legal de motivação, para evitar decisões pessoais e desmotivadas, apenas admitindo a exclusão se houver justa causa ou causa grave. Se o estatuto for omisso quanto ao órgão competente, a exclusão deverá ser deliberada em assembleia geral especialmente convocada para esse fim, com a votação da maioria dos presentes.

Em qualquer hipótese, deverá ser assegurado o direito de defesa do associado, pois o STF firmou entendimento de ser aplicável diretamente às associações o princípio constitucional do devido processo legal (RE 201.819), além do direito a recurso, de acordo com o estatuto (Lei n. 11.127/2005). O espaço de autonomia privada garantido pela Constituição às associações não está imune à incidência dos princípios constitucionais que asseguram o respeito aos direitos fundamentais de seus associados e de terceiros.

O associado é livre para desligar-se da associação quando quiser. Não se pode conceber associação compulsória ou filiação perpétua à entidade. Suas obrigações sociais encerram-se quando de seu desligamento voluntário.

Não é constitucional condicionar o desligamento de associado à quitação de débitos ou multas. Tais obrigações devem ser cobradas pelos meios próprios, inclusive judicialmente, não se podendo, contudo, impedir o direito do associado de retirar-se da associação. Esse tema foi reconhecido como repercussão geral pelo STF no RE 820.823, no qual uma associada teve condicionado o pedido de desligamento ao pagamento de débitos junto a instituição parceira da associação, em afronta à CF, art. 5º, XX, segundo o qual "ninguém poderá ser compelido a associar-se ou a permanecer associado".

6.8.8. Órgãos da associação

Com relação aos órgãos, a associação civil é livre para criá-los em seu estatuto, de acordo com a organização interna que entenda conveniente ou necessária. Todavia, são imprescindíveis o órgão administrativo – comumente, uma diretoria – e a assembleia geral. O conselho fiscal é opcional, dependendo do estatuto da associação.

A diretoria da associação civil apenas pode ser eleita pela assembleia geral, para a qual devem ser convocados todos os associados com direito a voto. É inadmissível, ao contrário do que se entendia sob o CC/16, que os administradores possam ser eleitos por via indireta (conselhos deliberativos, eleitorais etc.). Igualmente privativas da assembleia geral são a destituição dos administradores e a aprovação de contas que não podem ser mais atribuídas a outros órgãos. Assim, o Conselho Fiscal, por exemplo, poderá opinar sobre a aprovação de contas, mas não poderá aprová-las.

O estatuto define o modo de convocação da assembleia geral e quem está autorizado a fazê-lo; a lei assegura a convocação igualmente ao grupo de associados que corresponda ao mínimo de um quinto do total. Algumas matérias são de atribuição privativa da assembleia geral: a destituição dos dirigentes antes do encerramento de seus mandatos e a alteração dos estatutos.

Deve ser assegurado ao dirigente associado o amplo direito de defesa, antes da deliberação por sua destituição. A destituição do dirigente ou a reforma do estatuto dependem do *quorum* que tiver sido estipulado no estatuto; se este for omisso, aplica-se a regra geral do *quorum* de maioria simples dos presentes na assembleia geral.

6.8.9. Extinção da associação

A associação se extingue quando se conclui o tempo de sua existência fixado no estatuto, ou quando se tornar impossível sua finalidade, ou quando os associados deliberam por sua dissolução. Por se tratar de entidade sem fins econômicos, o patrimônio remanescente não pode ser partilhado pelos associados e sim destinado a outra entidade congênere, conforme deliberação da assembleia geral ou previsão estatutária. Na falta de entidade congênere, o patrimônio destinar-se-á a uma instituição pública cujas finalidades sejam assemelhadas; por fim, e na falta desta, será incorporado à fazenda pública estadual.

Excepcionalmente, o estatuto pode prever, ou a assembleia geral pode deliberar, que a contribuição especial ao patrimônio da associação, dada por algum associado, seja a ele revertida, com a atualização do respectivo valor. Essa reversão patrimonial não significa partilha dos bens ou distribuição dos haveres entre os associados, mas garantia ao associado benemérito de que o patrimônio que destinou à associação será exclusivamente utilizado para os fins desta, não se transmitindo a outra congênere ou à fazenda pública. Assemelha-se à cláusula de reversão (CC, art. 547), que o doador pode estipular para a hipótese de sobreviver ao donatário.

Problema comum nas associações civis é a acefalia, quando finda o tempo estabelecido nos estatutos para a diretoria eleita sem ter o órgão colegiado (assembleia geral) promovido nova eleição, especialmente quando os associados falecem, retiram-se ou não mais cumprem as obrigações sociais. A pessoa jurídica continua existindo, mas a associação não mais existe. Essa situação anormal faz nascer a qualquer associado ou terceiro interessado legitimidade para requerer ao juiz que nomeie administrador provisório para reativá-la ou extingui-la.

6.9. Fundações de Direito Privado

A fundação é a personalização jurídica de um patrimônio ou de um conjunto de bens destinados à realização de fins definidos pelo instituidor. O negócio jurídico criativo da fundação é ato unilateral do fundador (Pontes de Miranda, 1974, v. 1, p. 454). A fundação difere, fundamentalmente, das demais pessoas jurídicas pela singularidade de não ser integrada por pessoas físicas. Nem o instituidor nem os administradores por ele indicados são membros da pessoa jurídica que for constituída. O instituidor pode ser ele próprio o administrador da fundação, se assim tiver definido, reunindo em uma mesma pessoa física as duas situações subjetivas.

Para que a fundação de direito privado possa ser constituída são necessários os requisitos de ato de instituição, estatuto, patrimônio destinado suficiente e registro público competente. São dois momentos distintos: o ato de instituição é de criação e o registro é de personificação. O estatuto será elaborado pela pessoa ou pelas pessoas a que o instituidor tiver confiado o patrimônio, salvo se ele próprio não o tiver feito, ou então pelo Ministério Público, se ultrapassados seis meses em branco. Se o ato constitutivo for a escritura pública, a morte ou incapacidade do instituidor não compromete a fundação, ainda que não tenha sido registrada. O ato constitutivo não admite revogação, mas, se o testamento for revogado pelo testador, o ato de instituição da fundação nele contido será ineficaz.

A dotação patrimonial que o instituidor faz à fundação é negócio jurídico unilateral gratuito, não se confundindo com o contrato de doação. Se o patrimônio destinado for insuficiente para a consecução dos fins propostos e o instituidor, se vivo for, não se dispuser a completá-lo, será incorporado a outra fundação já existente, cujos fins sejam iguais ou assemelhados. O instituidor pode estipular, na hipótese de insuficiência, que o patrimônio seja atribuído a outra instituição (por exemplo, uma associação) ou a seus herdeiros. Se houver herdeiros necessários (descendentes, ascendentes ou cônjuge), o instituidor pode afetar para a fundação até metade de seus bens, para que não alcance a legítima daqueles.

A exigência de bens suficientes para a constituição da fundação, contida no CC, art. 63, deve ser interpretada de modo relativo, *modus in rebus*, pois "não se exige a aquisição imediata de posições dominiais sobre bens, como única forma de financiar as atividades programadas", bastando que "a disponibilidade futura de recursos suficientes esteja assegurada" (Ribeiro, 2003, p. 205). Com efeito, é perfeitamente conforme à finalidade da fundação que o instituidor se comprometa a subvenções periódicas para assegurar sua manutenção, como ocorre com as fundações públicas brasileiras e com fundações instituídas por empresas ou empresários, que destinam parte de seus lucros a fundações por eles instituídas, mas desde que o patrimônio inicial seja considerado suficiente para a fundação cumprir suas finalidades iniciais. O instituidor pode ser o portador da "ideia fundacional" que, por seu prestígio, esteja em condições de reunir os meios necessários para a execução das finalidades da fundação.

O CC/2002 restringe os fins que podem ser utilizados. O modelo aberto anterior permitiu seu desvirtuamento, com a proliferação de fundações que encobriam fins econômicos, inclusive de participação e controle de empresas. Historicamente, as fundações surgiram como frutos de desprendimento e liberalidade de pessoas que pretenderam afetar parte de seu patrimônio a finalidades pias, caritativas, assistenciais e religiosas. O direito brasileiro não mais admite fundações criadas no interesse do instituidor, de sua família ou de sua atividade econômica.

No Brasil, as fundações também passaram a ter personalidade de direito público, como entidades autônomas vinculadas à Administração Pública. Todavia, as fundações de direito público são ontologicamente espécies do gênero autarquia, pois têm por objetivo o exercício de atividades descentralizadas da Administração Pública. São também qualificadas como autarquias, como já decidiu o STF, as fundações de direito privado instituídas e mantidas pelo Poder Público (RE 101.126) que assumem gestão de serviço estatal e se submetem a regime administrativo público, desconsiderando-se a pretendida personalidade jurídica privada, que na verdade tinha o propósito de tangenciar as imposições legais aos entes de direito público de observância de contabilidade pública, de licitações, de concursos públicos para ingresso no serviço público, de acumulação de cargos, entre outras.

Quanto aos fins, o CC/2002, cujo art. 62 teve sua redação alterada pela Lei n. 13.151/2015, estabelece que apenas podem ser instituídas fundações, no Brasil, para: assistência social, cultura, defesa e conservação do patrimônio histórico e artístico, educação, saúde, segurança alimentar e nutricional, defesa, preservação e conservação do meio ambiente e promoção do desenvolvimento sustentável, pesquisas científicas, produção e divulgação de informações científicas e técnicas, promoção da ética, da cidadania, da democracia e dos direitos humanos e atividades religiosas. Na redação originária, apenas eram permitidos os fins religiosos, morais, culturais ou de assistência, que retomava o curso histórico originário dessas entidades.

Fins de assistência dizem respeito à realização de atos e atividades de ajuda solidária a grupos de pessoas ou comunidades, nos limites estabelecidos pelo instituidor. Os fins de atividades religiosas não convertem as fundações respectivas em "organizações religiosas", no sentido jurídico estrito do termo, pois o patrimônio é afetado para promoção da fé religiosa a que se vincula o instituidor, mas não para instituir religião, cultos e liturgias. Cultura, em sentido amplo, entende-se como toda modificação da natureza operada pelo homem. Mas cultura, no direito brasileiro, máxime para seu enquadramento como finalidade de fundação, é a expressão criativa e as manifestações dos diferentes grupos formadores da sociedade brasileira, principalmente de natureza artística, científica e tecnológica, segundo o que estabelece o art. 216 da CF, incluindo-se as obras, os objetos, documentos, edificações históricas, espaços e manifestações de arte popular, locais de valor histórico, paisagístico e científico.

A ampliação dos fins das fundações, promovida pela Lei n. 13.151/2015, incluiu a de defesa de direitos e interesses difusos e coletivos, especificamente o patrimônio histórico e artístico e o meio ambiente. Assim, as fundações que os contemplarem estão investidas de legitimidade para ajuizamento de ações civis públicas (Lei n. 7.347/1985) em defesa desses bens comuns. A Lei n. 11.448/2007 já tinha legitimado as fundações e outros órgãos vinculados à administração pública, além de outros legitimados, como o Ministério Público, a defensoria pública, as associações civis, a OAB (esta pela Lei n. 8.906/1994).

Os fins não precisam ser perpétuos, pois a fundação pode ser instituída para fins determinados no tempo, ou para existir durante determinado tempo, o que acarretará sua extinção. Admite-se que se incluam nas limitações legais dos fins da fundação outros fins, desde que tenham relação de pertinência com os fins expressamente referidos na lei, pois constituem *numerus clausus*.

O ato de instituição não necessita conter a organização da fundação, ou o estatuto, mas deve definir com clareza quais os bens afetados, que o instituidor retira de seu patrimônio pessoal e os fins aos quais são destinados. O instituidor pode se valer de testamento (público, particular ou cerrado) ou de escritura pública. O testamento apenas produzirá efeitos com a morte do testador, inclusive com a separação dos bens que indicou para a constituição da fundação, no inventário e partilha. Se optar pela escritura pública, esta deverá incluir a transferência para a fundação dos bens que indicar, e, sendo imóveis, levada ao registro imobiliário. Se a escritura apenas contiver a indicação dos bens destinados para a fundação, será necessária determinação judicial para o registro.

Outro ponto importante de caracterização da fundação é o papel de controle exercido pelo Ministério Público. A fundação não contém sócios ou associados que possam acompanhar as atividades de gestão, principalmente mediante assembleia geral. Por outro lado, o instituidor que se utilizou do instrumento testamentário não mais existe. Assim, é cometido ao Ministério Público, como ente estatal que tem por função essencial a fiscalização da aplicação da lei e a defesa de interesses supraindividuais, a competência para fiscalizar a gestão das fundações desde suas instituições, o controle e aprovação de suas contas e das reformas estatutárias. O Ministério Público pode pleitear declarações de inexistência, invalidade e ineficácia dos atos realizados pelos gestores ou das alterações dos estatutos. O Ministério Público competente, seja quem for o instituidor, é o do Estado-membro ou do Distrito Federal onde for sediada a fundação. Se a fundação funcionar em outro Estado-membro, além do da sede, ambos são competentes. Segundo Pontes de Miranda, "o órgão do Ministério Público é 'juiz' cartular, coopera na ultimação do negócio jurídico" (1974, v. 1, p. 464). O Ministério Público tem o prazo de quarenta e cinco dias para aprovar ou não o estatuto da fundação; se não o aprovar, o interessado poderá requerer ao juiz suprimento.

Embora a fundação seja instituída para perdurar e ser dotada de estabilidade institucional superior às demais pessoas jurídicas, ela também sofre as vicissitudes do tempo e, para continuar realizando seus fins, é necessária a atualização de sua organização. A reforma do estatuto, inclusive do que foi elaborado pelo instituidor, pode ser deliberada pelos membros dos órgãos da fundação, que sejam incumbidos de gestão e representação. Pode ser apenas o órgão de direção, se somente ele existir. A deliberação há de ser tomada por no mínimo dois terços dos membros e depende, para produzir efeitos, de ser aprovada pelo Ministério Público competente, cuja denegação pode ser suprida pelo juiz. O Ministério Público deve ouvir a minoria vencida, para que manifeste impugnação no prazo de dez dias, se desejar. Em nenhuma circunstância, todavia, pode ser contrariada ou modificada a finalidade definida pelo instituidor; se, por exemplo, a fundação foi instituída para fins de promoções culturais, não pode ser alterada para prestar assistência. Essa vedação não é absoluta, pois os fins podem ser adaptados às circunstâncias, desde que não se altere a essência do que destinou o instituidor.

Há patrimônios afetados para determinados fins que não se confundem com a fundação, porque são entes não personificados. Exemplos são o patrimônio composto por subscrição pública para determinado fim, como socorro em situações de emergência, construção de monumentos, celebrações, festas e as coletas públicas para beneficência e fins de utilidade comum.

A fundação se extingue quando seus fins são inteiramente alcançados, ou quando se tornam impossíveis, inúteis ou inviáveis, comprometendo sua destinação, ou quando é cumprido o prazo dado pelo instituidor. A extinção será promovida por qualquer membro de órgão ou órgãos da fundação, ou, na falta dessa iniciativa, pelo Ministério Público, ou por quem se apresente como interessado (credor, beneficiário, outra fundação com os mesmos fins). Decidindo pela extinção, o juiz designará a fundação de fins iguais ou assemelhados que receberá o patrimônio remanescente, salvo se o instituidor tiver estipulado de outro modo.

6.10. Organizações Religiosas

As organizações religiosas têm características peculiares. Com o advento da Lei n. 10.825/2003, deixaram de ser consideradas associações civis, passando a ter regência própria, com liberdade de constituição, organização e funcionamento, mas dependendo de registro público de seus atos constitutivos.

Durante a Colônia e o Império, a igreja católica era oficial e a única confissão religiosa reconhecida pelo Estado, que lhe atribuía competência para regular diversas situações da vida civil, como o nascimento das pessoas, casamentos, cemitérios. As demais religiões eram apenas toleradas, com restrições a suas atividades. Tinha-se o Estado confessional, situação em que existe identificação entre as comunidades política e religiosa, caracterizada quer pelo domínio do religioso sobre o político (teocracia), quer pelo domínio do político sobre o religioso (cesarpapismo).

Com a proclamação da República, garantiu-se a liberdade de religião, desligando-se a Igreja do Estado, que se transformou em Estado laico, ratificado no art. 19, I, da CF/88.

Portanto, a laicidade moderna funda-se não apenas na separação entre política e religião, mas também na liberdade de crença religiosa e na autodeterminação, com respeito aos valores e convicções de si e dos outros. Para alguns, é o princípio do governo da vida.

Como diz Norberto Bobbio (2011, p. 149), entende-se o espírito laico como aquele modo de pensar que confia o destino do *regnum hominis* mais à razão crítica que aos impulsos da fé, ainda que sem desconhecer o valor de uma fé sinceramente experimentada, mas confiando a adesão a ela à livre consciência individual. Segundo esse autor (p. 198), o único princípio que se pode considerar propriamente laico é o da tolerância, que constata a multiplicidade dos universos morais e disso extrai a consequência de que é necessária uma pacífica convivência entre eles.

Decidiu o STF (RHC 146.303) que o exercício da liberdade religiosa e de expressão não é absoluto, pois deve respeitar restrições previstas na própria Constituição; no caso, o acusado incitou pela internet o ódio e a intolerância contra diversas religiões, além de imputar fatos criminosos e ofensivos a seus devotos e sacerdotes.

As igrejas e confissões religiosas foram personalizadas *ex lege* pelo Decreto n. 119-A, de 1890, sem necessidade de registro público, particularmente para assegurar-lhes o direito de propriedade dos seus bens, notadamente dos edifícios destinados a seus cultos. Após o CC/16 até o advento da Lei n. 10.825/2003, as igrejas e confissões religiosas, surgidas após aquele Código, ficaram sujeitas a registro civil, como espécies de associações civis, inclusive as organizações derivadas, a saber, confrarias, ordens, asilos.

As organizações religiosas são pessoas jurídicas, quando regularmente registradas. A lei confere inteira liberdade de constituição e organização, significando que não necessitam ter a forma de associação civil, nem associados. Basta o ato de fundação ou de declaração de sua existência, com ou sem bens materiais, pois a comunidade religiosa caracteriza-se pelo fluxo constante de fiéis, que nela ingressam ou se retiram livremente, sem qualquer ato formal de associação ou retirada. Por sua natureza, a organização religiosa não pode ter finalidade econômica, nem ter seus haveres sob domínio, posse ou controle real de pessoas que a integrem.

"A liberdade de funcionamento das organizações religiosas não afasta o controle de legalidade e legitimidade constitucional de seu registro, nem a possibilidade de reexame, pelo Judiciário, da compatibilidade de seus atos com a lei e com seus estatutos", segundo o Enunciado 143 da III Jornada de Direito Civil (CJF), em 2004.

A CF, art. 5º, VI, assegura a liberdade de exercício de cultos religiosos e garante, na forma da lei, "a proteção aos locais de culto e a suas liturgias". Vê-se que a liberdade de organização religiosa está limitada às finalidades de culto e liturgia. Somente para esses fins pode ser considerada organização religiosa e assim registrada. Se a comunidade religiosa desenvolve outras atividades, de caráter econômico, como instituições educacionais ou empresariais, estas não se consideram incluídas no conceito de "organização religiosa" para os fins da CF e do CC, pois não destinadas diretamente para culto ou liturgia. Essas outras atividades deverão ser organizadas sob outras formas de personalidade jurídica (associação civil, fundação, cooperativa ou sociedade), ainda que seus resultados econômicos sejam voltados para dar sustentação a projetos desenvolvidos pela respectiva comunidade religiosa. Nesse sentido, diz Pontes de Miranda que a organização religiosa "é a que se dedica ao culto. Se ao lado do culto, pratica beneficência, ou ensino moral ou assistência moral, é mista. Se o culto é secundário, cessa qualquer caracterização como sociedade ou associação religiosa" (1974, v. 1, p. 324).

6.11. Extinção das Pessoas Jurídicas de Direito Privado

As pessoas jurídicas de direito privado, especialmente as de direito civil, extinguem-se ou se dissolvem por vários modos: a) por decisão voluntária dos sócios da sociedade, ou dos associados da associação civil, ou do instituidor da fundação; b) por decisão judicial; c) por cassação da autorização governamental para seu funcionamento; d) por consecução de suas finalidades; e) quando concluir seu tempo, se este for determinado no ato constitutivo; f) pela inexequibilidade de seu objeto. Seja qual for o modo, a extinção se conclui com o cancelamento do registro.

A dissolução voluntária depende da observância dos requisitos estipulados no estatuto ou contrato social, normalmente mediante deliberação de assembleia geral dos membros com direito a voto, observado o *quorum* exigível tanto para presença quanto para deliberação. A decisão judicial deriva do conflito entre os sócios ou associados, impediente de dissolução amigável, ou quando sua finalidade colide com preceito constitucional ou legal (exemplo, não pode a associação ter caráter paramilitar – CF, art. 5º, XVII). Quando a atividade depender para sua realização de autorização governamental (exemplo, instituição de ensino), a cassação da autorização importará extinção da pessoa jurídica. Por fim, a pessoa jurídica pode ter sido criada para certos fins (exemplo, associação criada para desenvolver determinado projeto cultural) ou com tempo de existência determinado no estatuto.

O cancelamento do registro da pessoa jurídica, por seu turno, depende de ser concluída a fase de liquidação, quando serão resolvidas as pendências, principalmente os créditos a receber e as dívidas a pagar. Enquanto perdurarem as providências de liquidação, a pessoa jurídica subsistirá. As regras de liquidação para as pessoas jurídicas de direito civil (associações civis, fundações e organizações religiosas) são as mesmas aplicáveis às sociedades (CC, arts. 1.036 a 1.038), com as devidas adaptações. Cumpre aos administradores providenciar imediatamente a investidura do liquidante, restringindo a gestão aos negócios inadiáveis. Se os administradores não tomarem a iniciativa, o Ministério Público promoverá a liquidação judicial.

6.12. Domicílio das Pessoas Jurídicas de Direito Privado

O domicílio das pessoas jurídicas de direito privado é o lugar onde têm sua sede principal, fixada no ato constitutivo, ou o lugar onde funcionam seus órgãos diretivos ou de execução. O ponto de referência não é o local da administração dos bens da pessoa jurídica, mas o local da realização de seus negócios.

O princípio da unicidade do domicílio é mitigado para a pessoa jurídica. Se esta tiver diversos estabelecimentos em lugares diferentes, cada um deles será considerado domicílio em relação aos atos nele praticados. Nessa hipótese, prevalece a pluralidade de domicílios. Estabelecimento, para fins de domicílio, é conceito abrangente de filiais, sucursais, agências, representações próprias, armazéns. Essa regra consulta os interesses das pessoas que estabelecem relações jurídicas com empresas de grande porte e com atividades disseminadas em vasto território, de modo a permitir-lhes a facilitação de suas defesas no lugar onde os estabelecimentos ou agências estão situados, em caso de litígio. Pelas mesmas razões, se a pessoa jurídica tiver sede no estrangeiro seu domicílio, para fins de ajuizamento de ações relativas a obrigações contraídas com pessoas no Brasil, será a de sua agência ou representação no Brasil.

Essa regra cria a figura do domicílio profissional, "quase como um *pendant* com relação ao domicílio das agências ou filiais das pessoas jurídicas, ou seja, um domicílio apenas para as relações decorrentes da profissão" (Comparato, 1996, p. 41).

O direito do consumidor, em face do princípio constitucional de proteção do consumidor, universalizou a preferência de seu domicílio, em relação aos produtos e serviços que adquirir ou utilizar dos fornecedores.

Capítulo VII

Bens e Coisas

Sumário: 7.1. Conceito de bens e coisas. 7.2. Patrimônio. 7.3. Bens imóveis. 7.4. Bens móveis. 7.4.1. Situação jurídica dos animais. 7.5. Bens fungíveis. 7.6. Bens consumíveis. 7.7. Bens divisíveis. 7.8. Bens singulares e coletivos. 7.9. Bens principais e acessórios. 7.10. Pertenças. 7.11. Benfeitorias. 7.12. Bens públicos.

7.1. Conceito de Bens e Coisas

No âmbito do direito civil, bens são todos os objetos materiais ou imateriais que podem ser suscetíveis de apropriação ou utilização econômica pelas pessoas físicas ou jurídicas. Nesse conceito estrito incluem-se tanto uma casa (bem material) quanto os direitos patrimoniais de autor (bens imateriais). Não inclui, consequentemente, o que pode ser considerado "bem jurídico", de modo amplo, ou seja, tudo o que o direito considere relevante para sua tutela. O direito da personalidade, por exemplo, é um bem jurídico, mas não bem no sentido ora empregado.

O CC/16 aludia aos bens "fora do comércio", a saber, os que não podem ser objeto de disposição ou negociação, quando um interesse maior se apresenta. Os direitos da personalidade ou as zonas ambientais protegidas são exemplos de bens que não podem ser transmitidos de seu titular para outrem. Quando o direito exclui um bem do tráfico jurídico – ou o põe "fora do comércio" –, determina sua natureza de uso pessoal, de uso comunitário e até mesmo de não uso, no atendimento a valores relevantes. Talvez por essa razão o CC/2002 manteve a denominação "bens", como gênero, mas deixou de tratar os bens fora do comércio, o que a tornou dispensável; entre os que classificou não há bens que não possam ser considerados "coisas". Esse é o termo utilizado pelo Código na parte especial, cujo Livro III é intitulado "do direito das coisas". Os bens públicos permaneceram na classificação dos bens, mas até estes podem ser qualificados como coisas, no sentido que estamos a empregar.

De maneira geral a doutrina jurídica brasileira, ressaltando a natureza patrimonializante e individual do bem, aponta como suas características:

economicidade, utilidade, suscetibilidade de apropriação, exterioridade. Essas características têm sido relativizadas, ante as profundas transformações contemporâneas das relações da pessoa humana com o meio ambiente e com outros bens comuns ou difusos. Há bens econômicos e não econômicos, úteis e não úteis, apropriáveis e não apropriáveis, exteriores e inerentes à pessoa.

No sentido corrente – e de certo modo filosófico –, coisa é tudo o que pode ser pensado, ainda que não tenha existência real e presente. No sentido físico, coisa é tudo o que tem existência corpórea ou, pelo menos, é suscetível de ser captado pelos sentidos (Pinto, p. 341). No sentido jurídico há grandes variações, presentes nas definições legais. O CC brasileiro não define coisa, como o fez o art. 202 do Código Civil português: "Diz-se coisa tudo aquilo que pode ser objeto de relações jurídicas". Não é a melhor definição, pois confunde coisa com objeto de relações jurídicas; a prestação de um serviço, por exemplo, é objeto de relação jurídica, mas não é coisa.

Por outro lado, há de se distinguir bem ou coisa e objeto do direito, pois, como alerta Pontes de Miranda (1974, v. 2, p. 3), "há coisas que não são objeto de direito; e objetos de direito que não consistem em coisas". Dizer que bem ou coisa é objeto do direito é argumentação circular e equívoca. Objeto do direito é algum bem da vida, que pode inclusive ser indisponível, como a vida e a liberdade. Por exemplo, o prédio, o equipamento médico, o direito patrimonial de autor, a energia são bens ou coisas e objetos de direito; o fazer e o não fazer, a honra e a integridade física e psíquica são objetos do direito, mas não são coisas ou bens.

O direito civil contemporâneo não mais confunde coisa com bem exclusivamente material. Há coisas materiais e coisas imateriais, ou coisas corpóreas e coisas incorpóreas. A quota ou a ação de uma empresa é coisa imaterial, de valor econômico e que circula no mundo econômico. Sob o ângulo da circulação, coisa é mais expressiva que bem, como objeto de prestação obrigacional. Nas obrigações civis, há prestação de dar ou de restituir coisas; ou de dar coisa certa ou coisa incerta; de dar coisa presente ou coisa futura. Portanto, doravante, utilizaremos bens e coisas indistintamente, com preferência para o segundo termo.

O valor econômico da coisa não é relevante para a conceituação desta. Há coisas sem valor econômico, mas que possuem valor estimativo para seu titular, como a coleção de jornais velhos de certa época ou de retratos de família. Há ainda coisas cuja despesa de manutenção supera seu eventual valor, mas que podem ingressar no tráfico jurídico, mediante doação, por exemplo.

Quanto à utilidade, como pondera Eroulths Cortiano Junior, às coisas pode ser atribuído um valor de uso ou de troca. O primeiro corresponderia à satisfação das necessidades do ser humano, enquanto o segundo traduziria a suscetibilidade de circulação e de apropriação do bem. "Recuperar, na medida do possível, o devido valor de uso das coisas importa em recuperar o homem em sua realidade" (2002, p. 157), desqualificado pela economia de mercado.

A contemporaneidade rejeita a racionalidade cartesiana e iluminista de que a natureza é o alvo da conquista e da apropriação individual do homem, para seu exclusivo proveito (ruptura entre o homem e a natureza, ou individualismo possessivo). A consciência de preservação do meio ambiente e a certeza de que os recursos naturais são finitos e quase sempre irrecuperáveis, concretizadas na legislação ambiental, fizeram com que muitos bens, antes considerados de ninguém, passassem a ficar protegidos e insuscetíveis de apropriação, como bens comuns, inclusive em benefício de gerações futuras. A máxima cartesiana "o homem é a medida de todas as coisas" talvez devesse ser modificada para *o homem e a natureza são as medidas de todas as coisas*.

"Quando se trata da sobrevivência do meio e quando se trata, a partir de agora, de um 'patrimônio comum', a solidariedade impõe-se como uma obrigação incondicional"; além disso, assiste-se ao entrecruzamento de propriedade privada e patrimônio comum, criando redes complexas de direitos de utilização e de controle (Ost, s.d., p. 371), a exemplo de sítios ecológicos e patrimônio histórico. O dono dos espaços e recursos naturais não dispõe da mesma intensidade de apropriação e em alguns casos é mero utilizador com dever de preservação.

O que expressa a integridade originária da natureza, inclusive a humana, não é coisa, nem pode ter dimensão patrimonial. Nesse sentido, a Suprema Corte dos EUA decidiu, em 2012, que os genes humanos não podem ser patenteados. A Corte concordou com "legiões de cientistas – e pacientes com câncer – que empresas não podem patentear o que pertence à natureza e aos seres humanos". A empresa pretendia patentear dois genes envolvidos com o câncer de mama e câncer de ovário.

A legislação de proteção do consumidor, como nosso CDC, aboliu inteiramente ambos os termos (bens e coisas). Em seu lugar optou por "produto", para diferençá-lo exclusivamente de "serviço", como os dois únicos objetos de aquisição ou utilização nas relações de consumo. No CDC, produto "é qualquer bem, móvel ou imóvel, material ou imaterial". O legislador optou por afastar-se das discussões tradicionais sobre bem ou coisa, que receberam influência filosófica, para absorver conceito da ciência econômica. Assim, a dualidade terminológica persiste na convivência de bem ou coisa, no direito civil, e de produto no direito do consumidor.

Coisas ou bens podem ser encarados sob duas perspectivas, a saber, a estática e a dinâmica. É estática a relação de apropriação direta ou indireta da coisa por uma pessoa, que passa a ser titular de direito real ou de posse, que é oponível a todas as demais pessoas. A relação jurídica se dá entre o titular de direito ou de posse e todos os outros, o que a doutrina denomina obrigação passiva universal. É dinâmica a relação que se dá entre uma pessoa e outra, para que seja realizada prestação de dar ou restituir a coisa, pois esta é apenas objeto daquela prestação; seu fim é a circulação ou a transmissão da coisa mediante relação jurídica instantânea ou temporária. É o que ocorre, por exemplo, com os contratos de compra e venda, de troca, de locação, de empréstimo.

Desde o século XIX, a partir da concepção de Savigny, excluiu-se a possibilidade de relação jurídica entre pessoa e coisa; a relação jurídica é sempre intersubjetiva. A relação jurídica entre pessoa e coisa seria a negação da intersubjetividade do direito e da natureza social dessa relação (Pontes de Miranda, 1974, v. 1, p. 128). O objeto da relação jurídica é a prestação de alguém (fazer, não fazer, dar, restituir), enquanto o objeto da prestação pode ser a coisa. O objeto da relação jurídica de compra e venda não é a coisa, mas a prestação de um em entregá-la (a coisa é objeto da prestação do vendedor) e do outro em pagar o preço (o objeto da prestação do comprador é o preço; outra coisa). Na hipótese da relação jurídica real, principalmente a propriedade sobre uma coisa, seu objeto é um não fazer (não violar) oponível a todas as outras pessoas.

"Na verdade, a grande distinção dos bens no direito moderno, a partir da revolução industrial, é a de bens de produção e bens de consumo. Mas ela não aparece em nenhum código ocidental, justamente porque a sua admissão implicaria o reconhecimento de uma distinção entre os direitos relativos a cada uma dessas espécies de bens, o que o regime capitalista se recusa, tenazmente, a sancionar. O que lhe importa é consagrar, em todas as hipóteses, uma situação de propriedade, equiparando a pequena casa de residência ao bloco de controle acionário sobre um grande império industrial" (Comparato, 1976, p. 98).

7.2. Patrimônio

Toda pessoa – a mais miserável – é dotada de um patrimônio ou até de mais de um patrimônio. Essa percepção corrente pode ser relevante para o direito em variadas situações. O patrimônio é a garantia dos credores e responde pelas dívidas da pessoa, inclusive as derivadas de responsabilidade civil.

Não há conceito jurídico unívoco de patrimônio, uma vez que depende da circunstância em que se insere, mas se compreende, *grosso modo*, como o conjunto das relações jurídicas que têm como objeto coisas atuais, futuras, corpóreas e incorpóreas, além dos créditos e débitos, que estejam sob a titularidade ou responsabilidade de uma pessoa. O patrimônio bruto congrega o ativo e o passivo de uma pessoa. O patrimônio líquido é o que resulta de positivo entre o ativo e o passivo. O CC alude o patrimônio inteiro (total) ou parcial: o direito real de usufruto concedido pelo proprietário pode recair sobre um ou alguns bens (patrimônio parcial) ou até mesmo sobre todo seu patrimônio, o que tem sido utilizado como modo de partilha em vida. Há ainda o patrimônio exclusivo e o patrimônio comum, além de patrimônio autônomo (hipótese de herança recebida pelo herdeiro, cujos bens respondem pelas dívidas do falecido, sem alcançar o patrimônio geral do primeiro).

Não se pode cogitar de alienação em bloco do patrimônio. O patrimônio é um conjunto atomístico de relações jurídicas e não uma unidade. Não há um direito único ou unitário sobre o patrimônio (Pinto, 2005, p. 346).

O mesmo sujeito de direito pode conviver com mais de um patrimônio, nas situações de patrimônios separados. A pessoa pode ser titular de massas patrimoniais distintas, como ocorre no direito de família com certos regimes de bens. O regime de comunhão parcial de bens implica a existência, para cada cônjuge ou companheiro de união estável, de dois patrimônios distintos: o patrimônio dos bens comuns e o patrimônio dos bens particulares. A lei prevê outras hipóteses de patrimônios separados, como a herança, o espólio, a sociedade em conta de participação, o patrimônio de afetação na incorporação imobiliária (Lei n. 10.931/2004), o patrimônio afetado pelo instituidor para criação de fundação. Outro exemplo é o patrimônio separado do nascituro. A lei prevê que, desde a concepção, são reservados os direitos do nascituro, inclusive os patrimoniais. O nascituro tem direito à tutela dos direitos que lhe serão transferidos, se nascer com vida, como a herança deixada pelo pai que faleceu antes do nascimento do filho.

Não integram o patrimônio da pessoa suas titularidades sobre os bens que não possam ser lançados no tráfico jurídico. Os direitos da personalidade enquanto tais são intransmissíveis e intransferíveis, salvo alguns de seus efeitos patrimoniais (direitos patrimoniais de autor, autorização de uso de imagem). Do mesmo modo, o corpo humano. Não integram o patrimônio as qualidades e habilidades da pessoa, ainda que projetem efeitos econômicos, como a competência técnica, o trabalho, a reputação profissional. Passam a ter reflexos no patrimônio quando são lesados, em virtude do valor da reparação pecuniária.

No CC há referência ao patrimônio: a) para fins de registro da pessoa jurídica (art. 46, VI); b) para permitir que o associado da associação tenha fração ideal do patrimônio desta (parágrafo único do art. 56); c) para disciplinar o destino do patrimônio líquido da associação quando for extinta (art. 61); d) para organização e extinção da fundação (arts. 65 e 69); e) para qualificação dos bens públicos dominicais (art. 99); f) para garantia de contrato não cumprido (art. 477); g) para definição de doação e para volta ao doador dos bens doados (arts. 538 e 547); h) para limitar o uso da propriedade (art. 1.228); i) para o abandono do imóvel urbano (art. 1.276); j) para permitir que o usufruto possa recair sobre o patrimônio inteiro ou parte dele (arts. 1.390 e 1.405); k) para a administração dos patrimônios particular e comum dos cônjuges (arts. 1.663, 1.665 e 1.672); l) para instituir bem de família com até um terço do patrimônio do instituidor (art. 1.711); m) para a tutela dos menores (art. 1.745); n) para inventário do "patrimônio hereditário" (art. 1.796); o) para exclusão de herdeiro pelo testador (art. 1.850).

Essas numerosas referências legais estão a indicar que o patrimônio não é apenas uma categoria econômica ou contábil; é também uma categoria jurídica. Quando o Código alude apenas a patrimônio, sem especificação, diz respeito ao patrimônio bruto, que corresponde ao sentido jurídico da noção de patrimônio, inclusive para efeitos de responsabilidade civil.

7.3. Bens Imóveis

Bem imóvel é a parte da superfície da terra, chão ou solo, e tudo o que se edifique sobre ela ou se incorpore em caráter permanente, pela mão do homem ou pela natureza. É conceito jurídico relativo às partes da terra que possam ser objeto de apropriação privada e transmissão. Nem toda a superfície do espaço territorial brasileiro pode ser apropriada pelos particulares, sendo vedadas as áreas de domínio público comum, como as praias, os mares, os lagos, os rios navegáveis, as terras habitadas pelos índios, as áreas de preservação ambiental, os sítios arqueológicos.

Bem imóvel, na tradição do direito civil desde os romanos, também se denominava "prédio", mas esse termo, na atualidade, é empregado exclusivamente para a edificação que se faz sobre ou sob o solo para fins residenciais ou não residenciais. No âmbito do direito do consumidor essa classe de bens não é considerada, pois fica subsumida no conceito de produto.

O bem imóvel, na evolução dos povos, sempre foi privilegiado pelo direito, pois era considerado o componente mais valioso do patrimônio de uma pessoa, simbolizando a detenção de riqueza. Mas sua distinção do bem móvel só se tornou fundamental a partir do feudalismo, pois a propriedade da terra implicava poder político, o que se refletiu nos primeiros quatro séculos da sociedade brasileira e permaneceu subjacente ao CC/16. Contudo, a partir da Revolução Industrial e principalmente no século XX, houve uma mudança visceral nessa percepção, em virtude de as titularidades de domínio migrarem para títulos de crédito e ativos empresariais, que são bens imateriais. Por outro lado, a revolução tecnológica aprofundou a complexidade e a sofisticação de produtos de consumo ou de produção, cujos preços superam os valores de muitos bens imóveis. O CC/2002, no entanto, continuou a privilegiar os bens imóveis, cercando-os de exigências para aquisição e transmissão sem correspondência com os bens móveis que lhes sejam muito mais valiosos.

No que concerne ao espaço aéreo e ao subsolo também se integram ao bem imóvel, exclusivamente no que seja necessário para edificação, plantação e utilidade efetiva dos que o ocupam. O limite é a efetiva utilidade. Na visão individualista do início da codificação civil liberal, o titular era senhor do espaço aéreo e do subsolo de modo infinito, ainda que deles não necessitasse (assim estabelecia o CC/16). Essa situação ficou insustentável, por exemplo, no início da aviação, tendo sido famosa a reação de proprietário vizinho a um dos primeiros aeroportos na França, que determinou a construção de uma elevada torre a fim de impedir a circulação dos aviões sobre seu imóvel, o que obrigou o tribunal a valer-se da tese da limitação pela utilidade.

A CF estabelece que os recursos minerais, inclusive os do subsolo, são de domínio da União. A titularidade privada do solo, portanto, não se estende às chamadas riquezas minerais que se encontrem no respectivo subsolo, tais como petróleo, gás, ouro, pedras preciosas. Para a CF "constituem propriedade distinta da do solo" (art. 176). A exploração, inclusive por terceiro, depende de concessão da União, mas o proprietário do solo tem direito à participação nos resultados da lavra. A Constituição também atribui aos Estados-membros a titularidade sobre as águas subterrâneas.

Por outro lado, ainda que sem redução da titularidade do domínio, o bem imóvel pode sofrer restrições de natureza administrativa, reduzindo a liberdade de edificação, ou a impedindo parcialmente, nos casos de interesse público. Nos centros urbanos, o direito municipal estabelece limitações no plano diretor, no zoneamento (o que pode ser edificado e para que fins; por exemplo, impedindo certas atividades próximas dos imóveis residenciais), em recuos frontais e laterais da construção. Nas rodovias e ferrovias são estabelecidas faixas laterais *non aedificandi*, nas quais o proprietário do imóvel não pode construir, por questões de segurança, nessas vias.

Partes integrantes do imóvel podem ser transitórias, como os frutos pendentes. Ao serem colhidos, convertem-se em bens móveis individualizados. Outras podem ser separadas pelo titular do imóvel porque foram substituídas por ocasião de reformas.

Na construção, inúmeros materiais são utilizados e empregados. Alguns não podem ser posteriormente retirados, mantendo a utilidade anterior, como a areia e o cimento. Outros podem retomar sua qualidade de bem móvel anterior, como as telhas, as portas, as luminárias. Esses bens móveis, quando retirados para fins de reemprego no imóvel, no caso de reforma, não perdem a natureza de parte do bem imóvel (por exemplo, as portas, os armários embutidos, as janelas). Retornam à condição de bens móveis se não são destinados ao mesmo imóvel.

Se a construção for removida integralmente de um lugar para outro, ou em partes para serem remontadas, não perde sua qualidade de bem imóvel. Fisicamente não é imóvel, pois foi movida de um lugar para outro por força não natural, mas juridicamente é.

O direito brasileiro, utilizando ficção jurídica, equipara certas situações a imóveis, para fins legais, ainda que não sejam fisicamente tais. São bens imateriais, pois insuscetíveis aos sentidos humanos, apenas existentes no mundo do direito. Entre eles estão os direitos reais sobre imóveis alheios que ficam a estes afetados (por exemplo, usufruto, uso, habitação, servidão, hipoteca, superfície) e que têm valor econômico próprio. Não se trata de domínio sobre um bem imóvel, mas de direito ou direitos específicos sobre ele.

Outro bem imaterial equiparado a imóvel é o direito à sucessão da pessoa falecida, atribuído ao herdeiro ou legatário, ainda que não tenha sido deixado nenhum bem imóvel. Se o falecido deixou ações, bens móveis e imóveis, o conjunto deles é tido pelo direito como bem imóvel, até a partilha. Uma das consequências é a necessidade de escritura pública para alienação (cessão) da parte ideal da herança.

As construções desmontáveis sem caráter de permanência não se incorporam ao imóvel, portanto não se consideram bens imóveis. São assim os quiosques, barracas, divisórias que se utilizam em exposições, feiras, eventos desportivos ou artísticos.

7.4. Bens Móveis

Os bens móveis são todos os que podem ser removidos de um lugar para outro por força que lhes não seja própria (humana, mecânica, natural, animal) ou os que podem se locomover por força própria, e que possam licitamente ingressar em circulação econômica. São também móveis os que não façam parte integrante de bem imóvel, ou que tenham resultado de demolição de construção deste, ou os títulos, ações, titularidades e fundos de empresas, patentes, marcas, nomes, direitos autorais.

Até a Idade Média, as salas das casas eram usadas para múltiplas finalidades: cozinhar, comer, receber convidados, fazer negócios e, à noite, dormir e fazer sexo. Por isso, as peças de mobília que as guarneciam chamavam-se "móveis".

Como chamou a atenção Georges Ripert, a criação dos títulos de crédito e o desenvolvimento do sistema bancário, o lançamento de valores mobiliários e a fundação de sociedades por ações tornaram anacrônico o adágio antigo segundo o qual os bens móveis não teriam importância para o direito (*res mobilis, res vilis*). O regime capitalista transformou os proprietários em credores. Retirou aos homens a posse dos bens imóveis, dando-lhes em troca uma parte nos lucros realizados pela exploração desses bens (1950, cap. III). Grandes fortunas lícitas atualmente se concentram em títulos e créditos.

A qualificação como móvel é estritamente jurídica, pois seres naturalmente móveis podem estar subtraídos da apropriação privada. No passado, tudo aquilo que não estava sob a titularidade de alguém era considerado *res nullius*, coisa de ninguém, podendo ser objeto de aquisição originária. A consciência ecológica que tomou corpo no final do século XX levou os países a adotarem normas rígidas de proteção da fauna e da flora – meio ambiente ecologicamente equilibrado –, tornando-as imunes à apropriação privada, entendidas como "bem de uso comum do povo e essencial à sadia qualidade de vida" (CF, art. 225). E povo não é apenas o existente, pois inclui as futuras gerações.

A energia em transmissão e consumo é também considerada bem móvel, independentemente da fonte de onde se origina. As unidades de energia são computadas para fins de cálculo do preço do consumo, mas é a energia disponível que se considera bem móvel. Não são consideradas bens móveis as energias que não puderem (ou enquanto não puderem) ter valor econômico. A energia proveniente do sol não é juridicamente bem móvel, mas o é a energia solar captada e transmitida para usuários.

Bens imateriais, ou seja, direitos sobre algo, podem ser equiparados aos bens móveis, para fins de classificação e distinção aos bens imóveis. São assim classificados os direitos reais sobre bens móveis alheios (exemplo, penhor, usufruto) e os direitos de crédito, em virtude de obrigação convencional (exemplo, contrato) ou legal (exemplo, responsabilidade civil por danos). Esses direitos nunca se imobilizam. O credor pode transferir, mediante pagamento ou outra vantagem, seu crédito a outrem. Do mesmo modo, os títulos de créditos, as ações de empresa negociadas em bolsa de valores, as quotas de fundos de investimento, enfim, tudo o que se convencionou denominar valores mobiliários. Os direitos patrimoniais de autor consideram-se bens móveis, podendo a criação intelectual (a música, o livro, o projeto arquitetônico, o programa de computador, a representação teatral, o direito de arena do esportista) ser objeto de cessão, concessão, permissão, para que outrem a explore economicamente. São, igualmente, bens móveis as criações industriais patenteadas, as marcas de produtos ou serviços, os nomes de empresas e outros signos distintivos de interesse econômico.

Por fim, são também móveis os materiais de construção adquiridos pelo proprietário ou possuidor do imóvel, enquanto neste empregados. Por seu turno, os materiais que se originaram da demolição de algum prédio e que não vão ser empregados em outro no seu lugar retornam à qualidade de bens móveis.

Ainda que não previsto expressamente no CC/2002, doutrinariamente cogita-se de bens móveis por antecipação, que originalmente são imóveis por natureza ou acessão, mas que se destinam a ser destacados (mobilizados), em razão de negócios jurídicos (Carvalho de Mendonça, v. II, 1958, p. 13; Corrêa, 2014, p. 122). São exemplos as árvores destinadas a corte, os frutos vendidos da colheita, os metais a serem retirados da mina. Classificando-se como bens móveis (ainda que por antecipação), dispensa-se a lavratura de escritura pública para compra e venda, inclusive para floresta em pé, nas hipóteses de reflorestamento ou quando o corte for autorizado pelas autoridades ambientais. Essa já era a orientação assentada no STF: "Quando as árvores se vendem para corte, se convertem em móveis" (RE 57.935). Porém, para serem considerados bens móveis por antecipação e excluídos da alienação do imóvel, há necessidade de cláusula expressa, segundo o STJ (REsp 1.567.479).

Certos direitos a algo não são qualificados como bens móveis, porque o direito brasileiro não permite que ingressem em circulação econômica. Assim, os direitos da personalidade são intransmissíveis (CC, art. 11) enquanto tais, mas podem ser considerados bens móveis os efeitos patrimoniais de alguns deles (como a imagem, para fins profissionais) e os direitos à reparação pelo dano moral, quando forem lesados por alguém. O mesmo ocorre com certos bens que se mobilizam, como os órgãos e tecidos do corpo humano, porque não podem ser transplantados para outra pessoa mediante pagamento, nem mesmo quando proveniente de pessoa falecida. As próteses e outros objetos que se incorporam ao corpo em caráter permanente, para fins de saúde e restauração, quando a ele se integram, deixam de ser coisas.

A Lei n. 9.279/1996 considera bens móveis, para os efeitos legais, os direitos de propriedade industrial, a saber, as patentes de invenção e de modelo de utilidade, o desenho industrial, a marca de produto ou serviço, registrados no INPI – Instituto Nacional de Propriedade Industrial.

7.4.1. Situação Jurídica dos Animais

Os animais foram, tradicionalmente, considerados coisas semoventes para o que contribui a alusão no art. 82 do CC a "bens suscetíveis de movimento próprio". Todavia, após a assunção e desenvolvimento do direito ao meio ambiente e da superação da primazia do antropocentrismo moderno, as legislações começaram a mudar acerca da natureza jurídica do animal.

Cresce em todo mundo a compreensão de que os animais são seres sencientes (percebem pelos sentidos), pois as emoções não são uma qualidade exclusivamente humana – elas são comuns a todos os animais, especialmente os mamíferos. O art. 225 da Constituição, ainda que não defina a natureza dos animais, estabelece que todos devem proteger a fauna, vedadas as práticas que coloquem em risco sua função ecológica, ou que submetam os animais a crueldade.

A Declaração Universal dos Direitos dos Animais, da ONU, promulgada em 27 de janeiro de 1978, estipula que "todos os animais nascem iguais diante da vida, e têm o mesmo direito à existência" (art. 1º), que "nenhum animal será submetido a maus-tratos e a atos cruéis" (art. 3º), que "a experimentação animal, que implica em sofrimento físico, é incompatível com os direitos do animal, quer seja uma experiência médica, científica, comercial ou qualquer outra" (art. 8º) e que "quando o animal é criado para alimentação, ele deve de ser alimentado, alojado, transportado e morto sem que disso resulte para ele nem ansiedade nem dor" (art. 9º).

Na década de 1990 foi introduzido no Código Civil alemão o § 90 para expressar claramente que os animais "não são coisas" e devem ser protegidos por leis especiais. Somente se lhes aplicam as disposições sobre coisas por analogia, na medida em que não se estabeleça algo distinto. Ou seja, as normas sobre coisas nem sequer são supletivas, pois a aplicação se dá por analogia, porque os animais nunca poderão ser considerados coisas. Também o Código Civil da República Tcheca de 2012 considera os animais "seres vivos com sensações", mas não mais coisas. O art. 515-14 do Código Civil francês, a partir de 16 de fevereiro de 2015, passou a estabelecer que "os animais são seres vivos dotados de sensibilidade" e, sob a proteção da lei, são submetidos ao regime dos bens.

Em 2017, a Lei n. 8 de Portugal estabeleceu o "estatuto jurídico dos animais" e alterou o Código Civil e a legislação processual, reconhecendo "sua natureza de seres vivos dotados de sensibilidade e objeto de proteção jurídica em virtude de sua natureza". Os animais podem ser objeto de direito de propriedade, porém não como bens móveis, assegurando-se o seu bem-estar, especificado na lei, além da salvaguarda das espécies em risco. De acordo com a lei, são aplicáveis subsidiariamente aos animais as disposições relativas às coisas, "desde que não sejam incompatíveis com a sua natureza". Os proprietários devem assegurar aos animais, "no exercício dos seus direitos", as disposições especiais relativas à criação, reprodução, detenção e proteção, notadamente acesso a água, alimentação, cuidados médico-veterinários, não podendo infligir-lhes dor, sofrimento ou maus-tratos.

O STF, em decisões emblemáticas, com fundamento na vedação constitucional da crueldade (CF, art. 225, § 1º, VII) proibiu a "farra do boi" (RE 153.531) e a "rinha de galos" (ADI 1.856), apesar de suas tradições culturais. Na ADI 4.983, ajuizada pelo Procurador-Geral da República contra a Lei n. 15.299/2013 do Ceará, que regulamenta a vaquejada como prática desportiva e cultural nesse Estado, a maioria dos ministros do STF acompanhou o voto do relator, o Ministro Marco Aurélio, que considerou haver "crueldade intrínseca" aplicada aos animais na vaquejada; em seu voto o relator afirmou que laudos técnicos contidos no processo demonstram consequências nocivas à saúde dos animais: fraturas nas patas e no rabo, ruptura de ligamentos e vasos sanguíneos, eventual arrancamento do rabo e comprometimento da medula óssea. Também os cavalos, de acordo com os laudos, sofrem lesões. Assim, revela-se "intolerável a conduta humana autorizada pela norma estadual atacada".

Porém, o STF (RE 494.601), em 2019, considerou constitucional lei estadual que permite o sacrifício ritual de animais em cultos de religiões de matriz africana. O Tribunal, por maioria, considerou não haver ofensa às normas constitucionais de proteção do meio ambiente, nem ao que dispõe a Lei n. 9.605/1988, porque esta cuidaria apenas do abate de animais silvestres, não abrangendo os domésticos utilizados nos cultos.

O STJ, refletindo essa mudança de atitude, decidiu que viola a dimensão ecológica da dignidade humana a reintegração, ao seu habitat natural, de ave silvestre que já possui hábitos de animal de estimação e convivência habitual duradoura com seu dono (REsp 1.797.175).

7.5. Bens Fungíveis

Fungibilidade tem significação em direito de algo que pode ser substituído por outro de mesma espécie, qualidade e quantidade. A substituição é qualitativa e quantitativa. Assim, há bens fungíveis e bens infungíveis. Os bens fungíveis são os que não se determinam como singulares. A fungibilidade pode ser determinada pela própria natureza, ou pela lei, ou pela vontade das pessoas. Apenas os bens móveis podem ser fungíveis.

Espécie é o tipo, o gênero, o que identifica a coisa (exemplos: livro da mesma edição; computador). Qualidade é o que singulariza a coisa, diferenciando-a do gênero ou espécie (obra *x* do autor *y*; marca e especificações do computador). Quantidade é o número de unidades da coisa (um livro; um computador).

São bens naturalmente fungíveis, entre outros, os frutos e produtos colhidos ou extraídos da natureza, como as frutas, vegetais e cereais, pois podem ser substituídos por outros da mesma espécie (exemplo, maçã), qualidade (maçã tipo *x*) e quantidade (cinquenta maçãs). Os produtos fabricados em série são fungíveis, salvo quando um deles é encomendado. Entre os bens legalmente fungíveis está o dinheiro, que tem curso legal e forçado, interessando o valor que expressa e não a cédula ou a moeda em si. As pessoas também podem estipular em negócios jurídicos que os bens infungíveis sejam considerados fungíveis; por exemplo, o terreno adquirido em loteamento, que pode ser substituído por outro se ocorrem certas circunstâncias.

Do mesmo modo, há bens naturalmente infungíveis, pois são singulares e não podem ser substituídos por outro. Um automóvel é sempre único, pois se identifica por número de chassi inigualável e pelo licenciamento da autoridade de trânsito. Mas, por vontade das pessoas, o bem fungível pode ser convertido em infungível, inclusive para certos fins. O saco de cereal de certa qualidade posto em exposição, enquanto esta durar, é infungível. O exemplar de um livro converte-se em infungível quando o autor o autografa para alguém. A cédula do dinheiro retirado de circulação e guardada por colecionador é bem infungível.

Essa classificação é importante para a aplicação do direito civil, principalmente no direito das coisas e no direito das obrigações. De maneira geral, toda coisa objeto de prestação contratual que deve ser restituída é infungível; exemplo é o comodato (empréstimo) de uma casa ou de um carro a um amigo. Mas há contratos cuja restituição da coisa importa fungibilidade, como o mútuo (empréstimo) de dinheiro.

7.6. Bens Consumíveis

O direito civil considera consumíveis os bens que se extinguem ou são destruídos quando usados ou utilizados. A extinção diz respeito à utilidade ou finalidade do bem, o que nem sempre significa destruição ou desaparecimento físico. O bem destinado a alienação é também considerado consumível. Exemplos podem ser indicados nos extremos: a) o alimento que se come é consumível por excelência; b) o produto que está à venda na loja é consumível juridicamente, pois se extingue sua destinação de venda quando alguém o compra, passando a partir daí a ser não consumível. É necessário que o efeito do consumo seja imediato, ou seja, que haja "destruição imediata", como determina o CC. As coisas que se desgastam com o tempo, com o uso prolongado, não são consumíveis. Há, portanto, uso consumível e uso não consumível.

Apenas os bens móveis podem ser consumíveis. Quem destrói um prédio, retirando os materiais, não o faz consumível. Quase sempre o bem consumível é fungível. Mas há coisas fungíveis, como um aparelho eletrônico, que não são consumíveis.

Discute-se se o dinheiro é coisa consumível. Como se destina à alienação, consumível é. Não se consome o metal, ou papel; mas se consome o valor, que é o dinheiro. Serve de meio de troca, de mercadoria e de meio de transporte. Os juristas romanos viram bem quanto o destino a ser alienado tornava consumível o dinheiro (Pontes de Miranda, 1974, v. 2, p. 29).

Para o direito do consumidor o conceito de consumo é completamente distinto. Há relação de consumo sempre que um produto ou serviço, ofertados pelo fornecedor, são adquiridos ou utilizados pelo consumidor. São objetos de consumo tanto o produto durável quanto o não durável. Não importa, para a relação de consumo, que o produto tenha sido destruído imediatamente ou ao primeiro uso, ou seja, de utilização (consumo) permanente.

7.7. Bens Divisíveis

São divisíveis os bens que podem ser partidos ou fracionados, mantendo cada parte a função e utilidade correspondentes às do todo. Em outras palavras, cada parte continua realizando a mesma função ou tendo o mesmo uso, mantendo o valor proporcional. Se se parte um giz, cada fração continua tendo uso proporcional ao tamanho resultante.

Os bens são divisíveis por força da natureza ou por força da lei. A divisibilidade é ditada por circunstâncias naturais ou econômicas. Assim, uma casa é, materialmente, divisível, mas economicamente pode não o ser, quando houver redução considerável do valor de cada parte ou comprometimento de sua finalidade (por exemplo, as partes não se prestam para duas residências).

A indivisibilidade da coisa é natural ou jurídica. Coisas naturalmente indivisíveis são as que não se podem fracionar, sob pena de alteração na sua substância, diminuição considerável de valor, ou prejuízo do uso a que se destina. Um apartamento é naturalmente indivisível, em princípio, porque a divisão altera sua substância e o uso a que se destina, uma vez que as partes resultantes não podem ser autônomas (apenas uma ficará com a cozinha, por exemplo). A divisão de um automóvel resultará em coisas distintas, destruindo sua destinação.

Coisas juridicamente indivisíveis são as que assim se tornaram por força da vontade das partes contratantes ou da lei, ainda que possam ser naturalmente divididas. Exemplos de coisas indivisíveis por força de lei são o imóvel rural de tamanho igual ou inferior ao módulo estabelecido para a região onde situado, o terreno com dimensões inferiores ao mínimo estabelecido pelo zoneamento urbano e as estradas de ferro.

No condomínio comum (por exemplo, quando várias pessoas herdaram o mesmo imóvel, sendo cada uma titular de uma parte ideal) a indivisibilidade não é permanente, perdurando até que seja extinto. O legislador estimula a extinção para facilitar o tráfico jurídico e evitar os litígios tão comuns nesses casos. O CC, art. 1.320, confere ao condômino a faculdade de exigir a divisão da coisa comum e não permite que a indivisão estabelecida pelo doador ou pelo testador permaneça por mais de cinco anos. O CC, art. 504, facilita a venda das partes ideais, para que o condomínio sobre a coisa indivisível seja terminado ou reduzido, tendo preferência o condômino quando outro queira vender sua parte; se mais de um quiser comprar, preferirá o que tiver realizado benfeitorias de maior valor. Já no condomínio edilício, ou de edifício, as partes comuns (exemplo, as fachadas, o elevador, as áreas de circulação e lazer) são indivisíveis e inalienáveis, sob pena de comprometer sua utilidade.

7.8. Bens Singulares e Coletivos

De modo geral no tráfico jurídico os bens são singulares, assim considerados os que correspondem a uma individualidade ou uma unidade, ainda que estejam reunidos ou agrupados com outros da mesma espécie. Cada um tem um valor destacado, e sobre ele incide a titularidade de domínio ou de posse. O exemplo comum é o do grupo de produtos iguais ofertados à venda na feira ou no supermercado. O comprador escolhe as unidades que lhe agrada e sobre elas paga a soma dos preços correspondentes.

Diferentemente ocorre com os chamados bens coletivos que resultam de pluralidade de bens singulares, mas que apenas podem ser considerados coletivamente, como um todo. Os bens coletivos não constituem a soma dos bens singulares que os compõem. Os bens coletivos compreendem as universalidades de fato e as universalidades de direito. Tais universalidades podem ser objeto de alienação, de usufruto, de uso e podem ser dadas em garantia.

A universalidade de fato é a composição unitária de bens singulares, normalmente de mesma espécie. O exemplo comum é o da biblioteca cujos herdeiros desejam vender ou doar. Não há impedimento legal para alienarem os livros individualmente, mas isso afetaria a destinação dada pelo falecido, que levou anos reunindo-os para formar um todo, e somente assim poderia ser cultuada sua memória intelectual. A universalidade de fato diz respeito à destinação unitária dos bens, convertendo-se em bem específico. O objeto da relação jurídica não são os livros, mas a biblioteca. O mesmo ocorre com um rebanho de gado; o contrato pode ter por objeto a entrega de determinadas cabeças, mas pode ser o todo unitário, constituindo universalidade de fato.

A universalidade de direito não tem por objeto a reunião ou pluralidade de coisas singulares. Cuida do conjunto de relações jurídicas enfeixadas em uma pessoa, em razão de alguma circunstância relevante, que se apresenta com valor econômico unitário. Exemplo são os direitos hereditários, que correspondem a uma parte ideal do herdeiro enquanto não se der a partilha sobre os haveres e obrigações deixados pelo falecido. A cessão desses direitos não identifica quais os bens correspondentes. O regime matrimonial de comunhão de bens (parcial ou universal) é outro exemplo de universalidade de direito. A universalidade de direito pode ser dotada de capacidade, em alguns casos qualificados como entes não personalizados: o espólio, a massa falida, a herança vacante. Veja-se o que estabelece o CC, art. 1.791: "A herança defere-se como um todo unitário, ainda que vários sejam os herdeiros".

O Código Brasileiro da Aeronáutica (Lei n. 7.565/1986) determina que os aeródromos públicos, enquanto mantida a sua destinação específica pela União, constituem universalidades e patrimônios autônomos, equiparados a bens públicos federais, independentes do titular do domínio dos imóveis onde estão situados, enquanto perdurar sua destinação específica.

7.9. Bens Principais e Acessórios

Continuando a classificação binária que o direito brasileiro adota, os bens podem ser principais e acessórios. Principais são os bens que servem de referência a outros que a eles se vinculam. Acessórios são todos os bens que estão em relação de pertinência ou dependência com o bem principal.

Os bens acessórios, enquanto tais, não têm autonomia, salvo quando se desligam do bem principal. Por essa razão, costuma-se dizer que o acessório segue o principal, ou a sorte deste é a daquele.

A obrigação de dar coisa certa abrange os bens acessórios dela, ainda que não mencionados no negócio jurídico, salvo se este expressamente os excluir ou as circunstâncias do caso indicarem o contrário. Quem aliena um imóvel sem ressalva aliena todos os bens acessórios.

Os bens acessórios não se confundem com o conceito de acessão, pois esta é o meio de integração de um bem noutro. Quando se dá a acessão, desaparece o bem que acedeu. O CC, art. 1.248, prevê as seguintes situações de aquisição da propriedade por acessão: formação de ilhas, aluvião, avulsão, abandono do álveo e plantações ou construções.

A árvore ou a construção são partes integrantes do imóvel e não bem acessório, pois não têm autonomia. No direito brasileiro não pode haver alienação das árvores de um terreno sem a alienação deste. Quando, por força natural violenta, uma porção de terra se destacar de um imóvel e se juntar a outro (avulsão), não haverá bem principal e bem acessório, mas apenas um bem.

O STJ, ainda que admitindo a hipótese de bem móvel por antecipação de acordo com a destinação econômica, decidiu que na dação em pagamento de imóvel sem cláusula que disponha sobre a propriedade das árvores de reflorestamento, a transferência do imóvel inclui a plantação (REsp 1.567.479), prevalecendo, na dúvida, sua natureza acessória.

São bens acessórios do bem principal:

a) os frutos;

b) os produtos;

c) as benfeitorias.

Frutos são os bens produzidos pelo bem principal ou resultantes de sua utilização, sem redução proporcional dele. São proveitos econômicos que derivam da coisa. Os frutos não alteram a integridade do bem principal, nem seu valor ou utilidade. Os frutos hão de ter valor econômico e não necessitam de ser periódicos. Os frutos pendentes ainda são partes integrantes da coisa (nesse sentido, são acessórios), enquanto os colhidos ou percebidos convertem-se em coisas autônomas.

Os frutos são de três espécies: naturais, civis e industriais. São naturais os frutos produzidos pelo bem principal sem participação externa; as frutas, as flores, a borracha natural, os ovos são exemplos. A carne do boi não é fruto, pois resultou da extinção do bem. São civis os proveitos econômicos da utilização de um bem, como os aluguéis e os juros do capital emprestado. São industriais os produtos manufaturados pelas fábricas (para o direito do consumidor são "produtos"). Os frutos civis, diferentemente dos frutos naturais, adquirem-se dia a dia.

Os frutos incluem-se nos efeitos da posse (CC, arts. 1.214 a 1.216). O possuidor de boa-fé (que desconhece o impedimento legal a sua posse) tem direito, enquanto a boa-fé durar, aos frutos de qualquer espécie que percebeu (por exemplo, a colheita, os aluguéis). Os frutos pertencem àquele que, no momento da separação da coisa principal, tinha a posse legítima desta (que pode ser o proprietário, ou o locatário, ou o usufrutuário, ou o possuidor de boa-fé) ou que os tinha adquirido mediante negócio jurídico. Quando cessar a boa-fé deve restituir os frutos pendentes, descontadas as despesas que teve com a produção e o custeio, bem assim os que colheu com antecipação. Já o possuidor de má-fé é obrigado a devolver todos os frutos, inclusive os percebidos, mas tem direito às despesas de custeio e produção, para que não haja enriquecimento sem causa do possuidor originário. Com relação aos direitos de vizinhança, se os frutos pendentes da árvore caírem no terreno do vizinho, a este pertencem (CC, art. 1.284).

Produtos, para o direito civil, são as partes que se destacam do bem principal, reduzindo proporcional e progressivamente sua integridade e seu valor. É a hipótese de extração de minérios ou das jazidas de mármore ou granito. O bem que daí resulta provém da redução do outro.

Os frutos e produtos são bens acessórios enquanto integrados ao bem principal ou pendentes dele. São objeto de negócios jurídicos (como a compra e venda) enquanto ainda não estão separados do bem principal. Quando se separam deixam de ser bens acessórios.

7.10. Pertenças

As pertenças são coisas que ajudam outra coisa, sem a esta se integrarem. Destinam-se ao uso, embelezamento ou serviço da coisa principal. A pertença vincula-se à destinação da coisa principal. Mantém sua autonomia individual como coisa, ainda que ajude a coisa principal a realizar sua finalidade.

É comum que a coisa beneficiada com o pertencimento de outras seja um imóvel. São pertenças os móveis que guarnecem uma casa, os aparelhos elétricos e eletrônicos, os equipamentos de uso do titular da coisa etc. Tradicionalmente, as pertenças são bens móveis, mas, no direito brasileiro, não há restrição a que sejam imóveis, desde que assim conste no registro imobiliário (um imóvel como pertença de outro, por exemplo, uma quadra de esportes separada, para uso de um hotel).

A finalidade da coisa principal pode determinar as pertenças, como os equipamentos e máquinas de uma fábrica, ou o gado, os utensílios, as máquinas agrícolas de uma propriedade rural. O ônus da prova da existência da relação de pertencimento é de quem a alega. Quem a nega tem de provar que as coisas não estão a serviço da finalidade da coisa principal ou que foi transitória a utilização. Por se tratar de ato-fato jurídico e não de ato jurídico, a prova há de se ater à existência ou inexistência da situação de fato de uma coisa a serviço de outra.

As pertenças não são coisas acessórias, porque sua existência não supõe a de coisa principal. Por essa razão, Pontes de Miranda prefere a classificação binária de coisas principais e coisas secundárias, nestas incluindo as acessórias e as pertenças (1974, v. 2, p. 110). É possível que não estejam sob a propriedade do dono da coisa principal, isto é, pertençam a terceiro.

Ao contrário das coisas acessórias, especialmente os frutos e as benfeitorias, os negócios jurídicos que tenham por objeto um bem principal (por exemplo, compra e venda, doação, locação) não abrangem as pertenças. Mas as partes podem estipular em contrário, desde que o façam expressamente (por exemplo, locação de imóvel mobiliado). Também a lei pode, em situações determinadas, assim estabelecer. As circunstâncias que cercam o negócio podem indicar a inclusão das pertenças; a venda de uma fábrica supõe não apenas as edificações, mas as máquinas e equipamentos necessários para seu funcionamento.

Porém, nem todos os bens que se encontrem no bem principal são pertenças; a matéria-prima adquirida pela fábrica não é pertença, nem os produtos que com ela fabricou e que se destinam à venda (algodão e tecido, por exemplo). A caixa exterior de contador de eletricidade não é pertença da casa, mas propriedade da empresa concessionária de energia, que pode alterá-la sempre que convier.

A Lei n. 8.009/1990, que dispõe sobre a impenhorabilidade do bem de família, ou seja, do imóvel residencial que serve de moradia ao devedor e sua família, estabelece que essa proteção alcança "todos os equipamentos, inclusive os de uso profissional, ou móveis que guarnecem a casa", com exclusão dos veículos de transporte, obras de arte e os adornos suntuosos. São hipóteses de pertenças. Os tribunais têm flutuado sobre o entendimento do que estaria aí incluído, às vezes admitindo a penhora sobre equipamentos domésticos de tecnologia avançada, considerados adornos suntuosos, enquanto outros entendem que a utilidade ou o uso não dependem desse fator.

Se um bem, por mais sofisticado ou caro que seja, está a serviço da finalidade do bem de família, então a relação de pertencimento ocorre e se inclui na impenhorabilidade. Porém (STJ, REsp 1.782.227), não há proteção do bem de família quando ocorre violação da boa-fé.

As pertenças não perdem essa qualidade quando transitoriamente se distanciem da coisa principal. A máquina agrícola permanece na condição de pertença da propriedade rural quando é enviada à oficina para conserto. A relação de pertencimento não desaparece.

Extingue-se a relação de pertencimento quando a pertença deixa de estar a serviço da finalidade da coisa principal, em virtude de fatos naturais ou voluntários. Ocorre quando há destruição da coisa principal ou da pertença; ou quando a coisa principal se torna totalmente inadequada à finalidade a que a pertença servia; ou quando esta se torna inadequada aos fins daquela; ou quando negócio jurídico a exclui; ou quando qualquer uma for desapropriada.

Decidiu o STJ (REsp 1.667.227) que o equipamento de monitoramento acoplado em caminhão é qualificado como pertença e pode ser retirado pelo devedor fiduciante que o colocou.

7.11. Benfeitorias

As benfeitorias são melhoramentos ou beneficiamentos que agregam valor ou utilidade à coisa principal. Todas as coisas podem ser objeto de benfeitorias.

Quando o próprio titular do domínio as realiza na coisa que permanece em sua posse não há interesse para o direito civil. Quando terceiro possuidor de boa-fé ou má-fé as realiza ou quando o devedor em relação obrigacional restitui a coisa, na qual empregou benfeitorias, o direito é reclamado para definir as consequências. Exemplo é o do locatário, que o direito considera possuidor direto e de boa-fé: se realizou benfeitorias autorizadas pelo locador ou pelo contrato tem direito a ser reembolsado ou indenizado.

Para que possam ser considerados benfeitorias para os fins do direito civil, os melhoramentos têm de provir da ação voluntária de quem detenha a coisa principal, seja como proprietário ou possuidor. Não são benfeitorias, consequentemente, os melhoramentos que advieram de fatos naturais ou da Administração Pública. Por exemplo, o muro construído pelo município, em virtude de construção de obra pública vizinha.

As benfeitorias são feitas ou por sua necessidade, ou por utilidade ou para maior deleite. Em qualquer hipótese há ganho para o bem principal. São classificadas, portanto, em necessárias, úteis e voluptuárias.

As benfeitorias necessárias são as indispensáveis ao bem, que pode ficar comprometido em sua segurança ou ser depreciado se não forem feitas. Têm por finalidade a conservação, a manutenção, a segurança e a integridade do bem. São, assim: a reposição de peças para o regular funcionamento do automóvel; a reconstrução de uma parede danificada; a construção dos meios de saneamento, determinada pela autoridade pública.

As benfeitorias úteis ampliam as possibilidades de uso, utilidade e conforto para os que utilizam o bem. Não são necessárias, mas agregam valor econômico ao bem. São, assim: a garagem em uma casa, para guarda do carro de quem a usa; a ampliação do sistema de iluminação; o sistema de alarme no automóvel. Às vezes, de acordo com as circunstâncias, as benfeitorias úteis podem ser consideradas necessárias. Em locais de elevado risco de roubo, os sistemas de alarme em uma casa ou automóvel podem ser considerados benfeitorias necessárias.

As benfeitorias voluptuárias são as que têm finalidades estéticas. Não são necessárias nem úteis, mas agregam valor, pois é da natureza humana a apreciação da beleza e do que é agradável à contemplação. São, assim: a escultura no ambiente social da habitação; o jardim; a ornamentação em geral; a pintura de artista plástico conhecido. É conhecida a *boutade* de Voltaire: "O supérfluo, esta coisa tão necessária".

Em relação à posse, seus efeitos são distintos quanto às espécies de benfeitorias e à existência de boa-fé. O possuidor de boa-fé que deva entregar ou restituir o bem tem direito a indenização pelas benfeitorias necessárias e úteis e direito a retirar e levar consigo as benfeitorias voluptuárias, neste caso se for possível; se não for possível retirar as voluptuárias (por correrem risco de destruição), também será por elas indenizado. Enquanto não for indenizado pelas benfeitorias tem direito de retenção da coisa principal. Se o possuidor estiver comprovadamente de má-fé não tem direito a retenção da coisa principal, nem de levantar as benfeitorias voluptuárias; apenas tem direito à indenização das benfeitorias necessárias. Na hipótese de locação de coisas móveis ou imóveis o locatário (que é possuidor de boa-fé) apenas tem direito de retenção se as benfeitorias necessárias e úteis tiverem sido autorizadas expressamente pelo locador.

7.12. Bens Públicos

Bens públicos são os que estão sob domínio, controle e fiscalização da União, dos Estados-membros, do Distrito Federal, dos Municípios e das respectivas autarquias e fundações públicas. Os bens particulares, objeto do direito civil, são qualificados por exclusão, isto é, serão particulares quando não forem públicos.

O território brasileiro foi originariamente público. Com o descobrimento, passou ao domínio da Coroa portuguesa. Durante o período do Brasil Colônia prevaleceu o sistema de concessões, inicialmente com as capitanias hereditárias, com delegação de poderes políticos, e posteriormente com as sesmarias, que formalmente tinham por objetivo a exploração econômica e a colonização, sob encargo e responsabilidade dos sesmeiros. Se a terra não fosse utilizada deveria ser devolvida à Coroa; daí a denominação que permanece até hoje, "terras devolutas".

O Império brasileiro, durante o século XIX, procurou extinguir os sistemas de sesmarias, que na prática redundou na concessão perpétua de imensas áreas territoriais deixadas sem utilidade, destinadas a fins especulativos e de afirmação de poder de aristocratas rurais. Enquanto em Portugal a prática de sesmarias ensejou a pequena propriedade, no Brasil redundou em latifúndios. "Os sesmeiros, quase sempre potentados de Olinda e Salvador, pediam a terra, legalizavam o domínio e passavam a ganhar dinheiro às custas do sertanista anônimo, que enfrentava os riscos, não passando, entretanto, de simples 'precarista', explorado pelo proprietário, mero beneficiário dos lucros" (Porto, s.d., p. 71). A chamada Lei de Terras, de 1850, que extinguiu as sesmarias, foi mais uma tentativa frustrada de pôr cobro aos latifúndios improdutivos, que marcaram a tumultuada história fundiária brasileira.

A CF considera bens públicos da União, além das que atualmente lhe pertencem, as terras devolutas indispensáveis à defesa das fronteiras, das fortificações e construções militares, das vias federais de comunicação e à preservação ambiental; os lagos e rios que banhem mais de um Estado ou sirvam de limite com outros países; as praias fluviais; as praias marítimas; as ilhas oceânicas e costeiras, exceto se forem sede de município; a plataforma continental; o mar territorial; os terrenos de marinha; os recursos naturais, inclusive do subsolo; as terras ocupadas pelos índios. As margens de rios navegáveis são de domínio público e, portanto, não são passíveis de indenização, mesmo que o proprietário da área tenha título legítimo (STJ, REsp 508.377).

São bens públicos dos Estados as águas superficiais ou subterrâneas; as áreas nas ilhas oceânicas que estiverem em seu domínio (caso de Fernando de Noronha, que pertence ao Estado de Pernambuco); as ilhas fluviais e lacustres não pertencentes à União; as terras devolutas não pertencentes à União.

Além desses bens constitucionalmente assegurados, a União, os Estados e os Municípios são titulares do domínio dos bens que adquirem ou desapropriam por utilidade pública ou interesse social.

Os bens públicos são classificados em:

a) bens de uso comum, que estão disponíveis para uso de qualquer cidadão, não podendo sofrer restrição ou limitação que os tornem privativos de pessoa física ou jurídica particular, em prejuízo da coletividade. Exemplos: as praças, as ruas, as estradas, as praias. Qualquer pessoa tem acesso a eles, cabendo mandado de segurança contra a autoridade que o restringir. A destinação de uso comum cria deveres ao Poder Público, entre os quais está o de conservá-los; se a falta de conservação gera danos a quem deles se utiliza (exemplo: estrada esburacada ou sem sinalização), cabe responsabilidade civil imputável à respectiva entidade de direito público;

b) bens de uso especial, afetados ao desenvolvimento de atividades públicas, que podem sofrer restrição de ingresso, de acordo com sua destinação. São assim os imóveis onde funcionam os órgãos e repartições públicas, bem como os móveis utilizados para tais fins;

c) bens dominiais ou dominicais, que constituem patrimônio da entidade de direito público, como se fossem privativos, e que podem ser desafetados para fins de alienação, concessão ou permissão de uso por particulares, de acordo com a Lei n. 13.240/2015. Os terrenos de marinha, por exemplo, que alcançam a grande faixa litorânea brasileira, inclusive de suas cidades, têm seu domínio útil transferido para particulares, que pagam foros e laudêmios à União, a qual mantém o domínio direto sobre eles. São dominicais os bens pertencentes às fundações públicas, ainda que regidas pelo direito privado. Os bens dominicais da União podem ser aforados, mediante leilão ou concorrência pública, respeitado o valor mínimo de mercado (art. 12 da Lei n. 9.636/1998).

Os bens públicos, inclusive os de uso comum, podem ser remunerados pelo uso, em situações justificadas, principalmente para sua manutenção ou controle. Não são tributos, mas preços públicos. São exemplos: a cobrança pelo município para estacionamento em ruas ("zona azul"), ou o pagamento de ingresso em parques públicos ou zoológicos.

Os bens públicos são dotados de tutela especial: não podem ser objeto de aquisição originária mediante usucapião, pouco importando o tempo que o interessado tenha sua posse. Os bens públicos de uso comum e os de uso especial, por sua própria natureza de serviço ao público, não podem ser objeto de alienação (venda, permuta, dação em pagamento, doação). Mas os bens dominiais podem ser alienados a terceiros, sem prévia autorização legislativa, quando não sejam necessários ao interesse público, mediante licitação.

Os bens públicos podem ser desafetados do serviço público, mediante autorização legislativa, quando imóveis, podendo ser alienados em seguida. A desafetação é o desfazimento de um vínculo jurídico inerente à natureza de alguma coisa, à propriedade ou à posse, fazendo desaparecer a *affectatio*, isto é, o poder ou o direito sobre ela. No caso dos imóveis da União, a autoridade competente para a autorização é o Presidente da República, após parecer do Serviço do Patrimônio da União que demonstre não haver interesse público, econômico e social na permanência do bem sob o domínio público. Somente a lei pode modificar a destinação dos bens públicos, notadamente os de uso comum do povo. Na forma da Lei n. 8.666/1993, a alienação de bens da Administração Pública, subordinada à existência de interesse público devidamente justificado, será precedida de avaliação e dependerá de licitação, na modalidade concorrência pública. A alienação de bens móveis imprestáveis ou deteriorados não depende de prévia autorização legislativa, mas exige avaliação prévia e licitação (ou leilão), dispensada esta em determinados casos previstos em lei. Os imóveis doados serão revertidos ao patrimônio da pessoa jurídica doadora se não forem utilizados para os fins a que destinados.

Os bens públicos infungíveis desafetados podem ser também cedidos em comodato (empréstimo) durante certo tempo e para realização de determinados fins, mediante convênio celebrado entre entidades de direito público ou com pessoas jurídicas de direito privado, neste caso dependente de autorização legislativa. Sem necessidade de desafetação, os bens públicos podem ser utilizados a título precário para eventos de curta duração, de natureza esportiva, recreativa, cultural, religiosa ou educacional, mediante permissão de uso, pela autoridade competente.

Os imóveis da União podem ser cedidos gratuitamente ou em condições especiais para entidades de direito privado sem fins lucrativos, de caráter educacional, cultural ou de assistência social, ou, ainda, para outras pessoas jurídicas de direito privado quando houver interesse público ou social (Lei n. 9.636/1998). A cessão é ato do Presidente da República.

Capítulo VIII

Fatos Jurídicos Civis

Sumário: 8.1. Conceito de fato jurídico. 8.2. Do suporte fático ao fato jurídico. 8.3. Planos do mundo do direito. 8.4. Classificação dos fatos jurídicos. 8.5. Fatos jurídicos em sentido estrito. 8.6. Atos-fatos jurídicos. 8.7. Atos jurídicos em sentido amplo. 8.8. Atos jurídicos lícitos.

8.1. Conceito de Fato Jurídico

"A noção fundamental do direito é a do fato jurídico; depois a de relação jurídica" (Pontes de Miranda, 1974, v. 1, p. XVI).

Tradicionalmente, o direito civil fornecia as principais categorias para compreensão do direito em geral. Na modernidade, também o direito civil foi destinado a concentrar o aparato conceitual que correspondia às demandas da racionalidade burguesa pelos universais e pela sistematização, como requisito de segurança jurídica, principalmente para os negócios.

Os conceitos são tanto mais abstratos quanto mais situações ou elementos pretendem alcançar, o que importa correspondente distanciamento do mundo da vida ou da realidade concreta, com os riscos decorrentes. A fase áurea da sublimação dos conceitos jurídicos ocorreu durante o século XIX, no sistema jurídico romano-germânico, com a jurisprudência dos conceitos, que se irradiou pelo século XX. Os conceitos passaram a ocupar o centro da elaboração e aplicação do direito. Para cada situação conflituosa em sociedade um conceito jurídico há de ser aplicado, mediante dedução.

Seja como for, os conceitos ou categorias desempenham função prático-operacional indiscutível no direito, notadamente no direito civil. Simplificam o discurso jurídico e tornam mais fácil a comunicação. Alf Ross demonstra que as palavras usadas na linguagem jurídica (como propriedade, crédito, direito subjetivo, fato jurídico) são destituídas de significado, não têm referência semântica alguma, e somente servem ao propósito de técnica de presentação, descrição e prescrição (1976, p. 32). A dificuldade radica no seu âmbito definitório e classificatório, pois nem sempre se alcança consenso.

Fato jurídico não é um conceito apenas de direito civil, mas de todo o direito. Assim, seu estudo é mais apropriado na teoria geral do direito, pois não apenas se aplica às situações juscivilísticas, mas também às de todos os demais ramos do direito privado ou público (por exemplo, fato jurídico tributário, empresarial, administrativo, penal, processual). O fato jurídico é o fato do mundo da vida ou do mundo da natureza que o direito selecionou para si, para fins de regulação de condutas das pessoas (direito posto ou positivo), ou para conhecimento (filosofia ou ciência do direito). O mesmo fato da vida pode ser objeto de outras áreas do conhecimento, como fato biológico, psicológico, físico, segundo seus próprios ângulos, premissas e pressupostos.

Com tais ressalvas é que devemos compreender a opção do CC de regular no Livro III da Parte Geral o que denominou "fatos jurídicos". Não são todos os fatos jurídicos que são seu objeto, mas apenas os que dizem respeito ao direito civil, principalmente ao mais importante deles, o negócio jurídico. Mas mesmo a generalização deste, pretendida pelo CC, não pode ser estendida a outras dimensões do direito privado, como o direito do consumidor, o direito do aderente a condições gerais dos contratos, ou o direito do trabalhador, que afastam o pressuposto fundamental da igualdade formal das partes do negócio para privilegiar a parte juridicamente vulnerável e merecedora de proteção (consumidor, aderente, trabalhador).

Fatos jurídicos são todos os fatos naturais ou de conduta aos quais o direito atribui consequências jurídicas. Fá-lo mediante a incidência de norma jurídica sobre o suporte fático nesta previsto e que se concretizou no mundo dos fatos.

8.2. Do Suporte Fático ao Fato Jurídico

A conversão de fato do mundo dos fatos para fato do mundo do direito (fato jurídico) depende da realização ou concretização de alguns requisitos. Para clareza desta exposição, doravante utilizaremos os conceitos difundidos e sistematizados no Brasil por Pontes de Miranda – principalmente no *Tratado de direito privado* – e atualizados por Marcos Bernardes de Mello (2019a, *passim*), com as adaptações que se tornarem necessárias.

O primeiro requisito é a existência de norma jurídica (por exemplo, o CC) que preveja determinado fato e lhe atribua consequências jurídicas. O fato pode ser um evento natural (p. ex., nascimento com vida de uma pessoa), ou um fato provocado pela participação do homem (p. ex., dano), ou um ato humano voluntário (p. ex., contrato). A norma jurídica pode determinar, proibir ou permitir algo; assim, a consequência jurídica pode ser positiva (licitude do fato) ou negativa (ilicitude do fato).

O segundo requisito é a previsão da hipótese normativa ou suporte fático, que toda norma jurídica contém. O suporte fático é a enunciação do fato ou conjunto de fatos cuja ocorrência provocará a incidência da norma jurídica correspondente. A descrição é hipotética, pois depende de vir a ocorrer ou quando ocorrer na realidade da vida. "O suporte está em nível sotoposto, como sustentáculo. O que se lhe superpõe é a norma, com sua incidência, marcando-o e demarcando-o", na lição de Lourival Vilanova (2000, p. 321).

Quando o CC determina que o ser humano que nasce com vida adquire a condição de pessoa e, consequentemente, a capacidade jurídica, ainda está no nível da hipótese; a consequência, em forma de prescrição, depende da ocorrência real do fato (uma criança nasceu com vida). Do mesmo modo, quando o Código Civil determina que a associação civil não deve ter fins não econômicos, descreve o suporte fático (associação de pessoas + fins não econômicos).

O terceiro requisito é a incidência da norma jurídica sobre o fato ou fatos que correspondam ao suporte fático, quando ocorrem concretamente no mundo da vida ou mundo dos fatos. Toda vez que uma pessoa atingir dezoito anos, a norma jurídica que lhe atribui maioridade e capacidade jurídica plena incidirá sobre esse fato. Toda vez que houver consenso entre uma pessoa que faz uma oferta e outra que a aceita, a norma jurídica incidirá sobre esses eventos para vertê-los em contrato.

O fato jurídico surgirá no preciso instante em que a norma jurídica incidir sobre o suporte fático que se concretizou – suporte fático concreto –, ou seja, sobre o fato ou fatos que corresponderem à sua descrição. Nesse sentido, o suporte fático concreto, ao receber a incidência da norma jurídica, converte-se em fato jurídico.

O suporte fático pode ser simples ou complexo. É simples quando a norma jurídica descreve um único fato (p. ex.: a morte, que faz cessar os direitos da personalidade). É complexo quando necessária a concretização de vários elementos ou fatos (p. ex.: o casamento, que decorre de habilitação, publicação, celebração, consentimento, proclamação do celebrante, registro público). No suporte fático complexo, a falta de um de seus elementos impede que o fato jurídico venha a existir, permanecendo os demais elementos como fatos do mundo da vida, ou mundo dos fatos.

O fato jurídico, em sua composição interna, pode ser relação, ou dar lugar a uma relação. A relação jurídica é entre pessoas ou sujeitos de direitos. Pode a relação já existir, como relação fática ou biossocial – relação de paternidade, de nacionalidade, de personalidade, de posse, de poder familiar, de filiação, de alimentos –, mas, só por si, ainda não ser relação jurídica: "é a relação fática à qual a norma liga a consequência, ou o efeito, que vem a ser a relação jurídica" (Vilanova, 2000, p. 123). A relação fática pode não ingressar em toda a extensão, quando o direito a limita: a relação de parentesco, que na vida social é ilimitada, juridicamente está contida no quarto grau colateral (primos, sobrinhos-netos e tios-avós), para fins sucessórios. Algumas relações fáticas são consideradas irrelevantes para o direito, como a relação de amizade, salvo quando esta vincular-se a determinadas situações jurídicas (tutela, impedimento como testemunha).

Quando a relação fática é relevante para o direito diz-se relação jurídica básica, pois sobre aquela há incidência direta da norma jurídica. Quando a relação jurídica promana do próprio mundo do direito diz-se relação jurídica eficacial ou intrajurídica, pois já é efeito de fato jurídico; exemplo de relação jurídica eficacial é a cessão de crédito, pois esta é uma relação derivada de outra relação jurídica, havida entre credor e devedor. Quem está do lado ativo da relação é o sujeito de direito credor; quem está do lado passivo é o que deve, o devedor. "A atividade de um é o direito; a passividade é o dever" (Pontes de Miranda, 1974, v. 5, p. 423). A relação jurídica pode perdurar mais que o próprio direito, como a extinção do direito de usar o imóvel na locação após a entrega do bem cujos aluguéis atrasados ainda não foram pagos.

Para Pietro Perlingieri, a relação jurídica deve ser colocada no centro do direito civil. Em uma visão conforme ao princípio da solidariedade, o conceito de relação jurídica representa a superação da tendência que exaure a construção dos institutos de direito civil em termos exclusivos de atribuição de direitos (1997, p. 113). Com efeito, até mesmo as qualificações jurídicas, como a capacidade jurídica, a maioridade, a incapacidade, exsurgem como relações jurídicas entre a pessoa assim qualificada e as demais pessoas. "Não há direito, nem dever, nem pretensão, nem obrigação, nem ação, nem exceção, *sem que haja relação jurídica*" (Pontes de Miranda, 1974, v. 1, p. 130).

Depreende-se das lições de Pontes de Miranda que a incidência da norma jurídica sobre o suporte fático concreto será automática ou infalível, ou seja, ocorrerá sem a mediação do intérprete ou aplicador do direito (p. ex., do juiz), sempre que aquele se der no mundo da vida: "a incidência da lei independe de sua aplicação; sem aqui trazermos à balha que os homens mais respeitam que desrespeitam as leis", justamente porque a incidência radica no plano dos pensamentos (1974, v. 1, p. 11).

Do mesmo modo, Marcos Bernardes de Mello (2019a, p. 121): "a norma jurídica incide, incondicionalmente, infalivelmente, isto é, independentemente do querer das pessoas". Para esse autor a incidência, por ser infalível, não pode errar; o que pode haver é erro na aplicação, pois esta e não aquela é ato humano posterior (p. 121).

Essas concepções, que também adotamos, desafiam entendimentos divulgados por teorias hermenêuticas, que põem o intérprete no centro da criação da norma jurídica. A interpretação é dispensável na observância da norma jurídica pelo destinatário, mas é fundamental e essencial para a aplicação pela autoridade competente, até mesmo pelo princípio constitucional de fundamentação da decisão. Pontes de Miranda sempre valorizou a imprescindibilidade da interpretação para aplicação, como se lê nesse trecho expressivo de seus Comentários à Constituição de 1946: "Interpretar uma lei não é só criticá-la – é inserir-se nela, e fazê-la viver", apesar de não ser função criadora.

Por ser fato do mundo dos pensamentos, a norma jurídica não se subordina à comprovação na realidade. A incidência automática tem sido criticada justamente por dispensar a mediação do intérprete ou aplicador do direito; várias teorias contemporâneas postulam a distinção entre texto normativo e norma jurídica, que apenas se constituiria na situação concreta mediante a interpretação. Porém, a maioria das situações da vida é de observância das normas jurídicas, ou de fatos, em que a incidência dispensa qualquer mediação interpretativa. Exemplifique-se com o nascimento com vida da criança: a ocorrência do fato independe de qualquer interpretação ou aplicação do direito; ainda que lhe seja negada a personalidade, ou que as pessoas não saibam dessa consequência, haverá a incidência da norma jurídica que assim atribui, desde o nascimento.

Outra crítica radica no fato de que a norma jurídica ou é globalmente observada por seus destinatários ou é aplicada pelos agentes públicos com competência para tanto, segundo conhecida formulação de Hans Kelsen, e sua inobservância generalizada, inclusive por costume *contra legem*, poria em causa a incidência automática. Responde Marcos Bernardes de Mello (2019a, p. 124) que a observância ou a aplicação radicam na execução, portanto posteriores à incidência e desta dependentes. E sempre haverá um mínimo de observância pelos destinatários da norma jurídica. A incidência da norma jurídica, ainda que automática, é precedida de inserção ou objetivação social de sentido, como esclareceu Pontes de Miranda: "Se bem meditarmos, teremos de admitir que a incidência é no mundo social, mundo feito de pensamentos e outros fatos psíquicos" (1974, v. 1, p. 10).

A partir das categorias de suporte fático, incidência e eficácia jurídica, Pontes de Miranda chega à seguinte definição de fato jurídico: "Fato jurídico é, pois, o fato ou complexo de fatos sobre o qual incidiu a regra jurídica; portanto, o fato de que dimana, agora, ou mais tarde, talvez condicionalmente, ou talvez não dimane, eficácia jurídica" (1974, v. 1, p. 77). Como se vê, a eficácia jurídica não é necessária para que o fato jurídico exista, pois do surgimento deste é que ela deriva.

8.3. Planos do Mundo do Direito

O mundo do direito deve ser visto em três planos escalonados: o plano da existência, o plano da validade e o plano da eficácia. O fato jurídico deve percorrer esses três planos, ou ao menos o da existência e o da eficácia, para que possa produzir todos os efeitos que o direito lhe atribuiu. Às vezes o fato jurídico apenas consegue ingressar no plano da existência, porque o suporte fático se concretizou, mas esbarra no plano da validade, o que lhe impede de alcançar a eficácia. Às vezes o fato jurídico existe, é válido, mas alguma circunstância corta-lhe a eficácia.

É importante sindicar a higidez do fato jurídico nesses planos, porque a produção de efeitos é sua destinação natural. Fato jurídico sem poder produzir efeitos significa frustração de seus fins. O direito civil vale-se de diversas barreiras de contenção, especialmente no plano da validade, para impedir que o padrão de conduta que elegeu seja violado. A principal barreira é o plano da existência, que pode evitar a validade e a eficácia.

a) Plano da existência

O fato jurídico existe quando o suporte fático descrito na norma jurídica se concretiza no mundo da vida. Diz-se que ingressou no mundo jurídico, perseguindo a produção de seus efeitos positivos ou negativos, que, como vimos, dependem de que percorra sem problemas os demais planos.

Não se pode confundir existência com validade e muito menos com eficácia, porque o suporte fático que ingressou no plano da existência como fato jurídico pode não ser válido ou não ser eficaz. Em juízo se requer a declaração da inexistência do fato jurídico, e não sua desconstituição.

Por outro lado, é incongruente a tese por alguns defendida do "ato inexistente"; exemplo é a teoria do casamento inexistente, quando algum de seus requisitos não se consuma. Há fato jurídico ou não há. O que não ingressa no plano da existência jurídica não é fato jurídico, mas apenas fato do mundo dos fatos, ou então fato jurídico de outra natureza. Pessoa é o ser humano que nasce com vida (= ingressa no plano da existência jurídica); o nascituro não é pessoa (não ingressou ainda no plano da existência jurídica como fato jurídico pessoa), ainda que sua situação constitua o fato jurídico sujeito de direito despersonalizado desde seu início embrionário no ventre materno.

A inexistência tem de alcançar o elemento ou elementos nucleares do suporte fático, sem os quais ele não pode se concretizar. Se a criança nascer morta não se concretiza o fato jurídico pessoa.

O ilícito existe como fato jurídico. É errôneo o entendimento de que o fato ilícito não é jurídico, porque o direito o repeliria. Apenas é possível ao direito repelir um fato ou uma conduta, fazendo-o no seu mundo próprio. O fato ingressa no mundo do direito para sofrer as consequências negativas, principalmente a de não poder produzir os efeitos pretendidos por quem dele se utilizou; às vezes impõe-se uma sanção ou pena civil, outras vezes a nulidade. Exemplo de pena civil é a perda do poder familiar por parte do pai ou da mãe que abandona o filho, pois o abandono é um fato ilícito.

b) Plano da validade

O plano da validade diz respeito exclusivamente aos atos humanos lícitos (atos jurídicos em geral) aos quais o direito atribui consequências jurídicas. São válidos os atos que preenchem os requisitos legais previstos para que possam atingir seus fins, sob o pálio da segurança jurídica e de outros valores adotados pelo direito. No plano da validade há duas barreiras específicas que os atos jurídicos devem superar, a saber, o da nulidade e o da anulabilidade.

A nulidade é o grau mais elevado da invalidade e é inspirada pela preservação do interesse público ou interesse social sobre os interesses meramente individuais. Assim, é nulo o ato ou negócio que foi celebrado pelas partes em afronta às normas cogentes (proibitivas ou impositivas): quando a lei impõe a forma pública, é nulo o ato celebrado mediante a forma particular (interesse público ou da publicidade); é nulo o contrato de adesão no qual o aderente renuncie a direito resultante da natureza do negócio (interesse social).

A anulabilidade tem por principal objetivo a higidez da manifestação de vontade das partes de negócio jurídico. Protege-se a parte que tenha sido prejudicada, em virtude de ter manifestado a vontade de modo deficiente ou viciada por algum modo previsto e rejeitado em lei. É anulável, por exemplo, o negócio quando uma das partes errou essencialmente acerca da outra (exemplificando, contratou um profissional crendo ser o grande especialista de que necessitava).

O fato jurídico voluntário declarado inválido tem como consequência o impedimento para produzir qualquer efeito jurídico. O fato jurídico não consegue alcançar o plano da eficácia. O ato inválido não se confunde com o ato inexistente, pois juridicamente existe, mas não pode produzir efeitos, enquanto o segundo nem sequer existiu no mundo do direito. O inexistente foi barrado à porta; o inválido entrou, mas não pôde prosseguir. Em juízo se requer a declaração de nulidade ou anulabilidade do ato.

Sob a ótica da pragmática, sustenta Torquato Castro Jr., a diferença entre o nulo e o inexistente pode ser reconstruída em termos de uma diferenciação da negação: "o nulo corresponde a negar o que foi proposto no ato jurídico; o inexistente corresponde a negar que foi proposto algum ato jurídico" (2009, p. 234).

Há situações excepcionais em que a regra da ineficácia da nulidade cede ante a realidade da vida, ou seja, o ato nulo deve produzir efeitos. Exemplo é o do chamado casamento putativo, quando os cônjuges ou um dos cônjuges desconhecem a existência de impedimento matrimonial (exemplo, entre irmãos biológicos); o casamento, mesmo declarado nulo, produz todos os efeitos em relação aos filhos e aos cônjuges de boa-fé.

Os fatos ilícitos não ingressam no plano da validade, pois existem simplesmente. "Nos fatos ilícitos, seria um contrassenso a aplicação da nulidade, uma vez que resultaria benefício àquele que o praticou" (Mello, 2019a, p. 165).

c) Plano da eficácia

O plano da eficácia é a etapa derradeira do percurso do fato jurídico, que tem por finalidade justamente produzir os efeitos desejados: surgimento, alteração ou extinção de relações jurídicas; direitos subjetivos, deveres jurídicos, pretensões, obrigações, ações, qualidades jurídicas das pessoas e coisas. "Os efeitos de um fato jurídico são diversos: qualificações de coisas e de pessoas, posições jurídicas, situações jurídicas, direitos, poderes, deveres" (Vilanova, 2000, p. 57). Às vezes o fato jurídico involuntário existente ou o ato jurídico válido podem esbarrar em alguma circunstância no plano da eficácia, que suspende a realização dos efeitos. É o caso, por exemplo, de um contrato cujo início de vigência (termo inicial) ficou definido para meses após sua celebração; o contrato existe, é válido, mas ainda não é eficaz.

Eficácia diz respeito à irradiação dos efeitos do fato jurídico, previstos na norma jurídica, quando esta incide sobre o suporte fático concreto (= o que se efetivou no mundo da vida). A eficácia em Pontes de Miranda tem dois sentidos: a eficácia da norma jurídica, que é exclusivamente sua incidência sobre o suporte fático concreto, e a eficácia jurídica, como efeitos do fato jurídico ou juridicização de suas consequências (1974, v. 1, p. 17). Utilizamos nesta exposição apenas o segundo sentido. Desde quando há incidência da norma jurídica, os efeitos do fato jurídico se produzem, independentemente do seu conhecimento ou da vontade favorável ou contrária dos destinatários. Nesse sentido, a incidência radica no plano lógico. Todo fato jurídico tem sua inevitável eficácia jurídica, ou teve ou vai ter. Sumariando: norma jurídica + suporte fático concreto = fato jurídico > eficácia jurídica.

Portanto, o conceito de eficácia que utilizamos não se confunde com efetividade, que significa o exercício e o cumprimento efetivos dos direitos e deveres previstos na norma por parte dos sujeitos de direito, o que a transporta para o plano sociológico. Assim, uma é a eficácia jurídica, em sentido estrito, e a outra a eficácia social.

A distinção entre a eficácia jurídica estrita e a eficácia social é um dos pontos mais controvertidos da teoria jurídica. Diferentemente do sentido que empregamos, Hans Kelsen condiciona a validade do direito – para ele, o único plano estritamente jurídico, uma vez que desconhece os planos da existência e da eficácia jurídicas – à eficácia social, pois a torna dependente da efetiva observância da norma jurídica por parte dos destinatários ou sua aplicação pela autoridade competente. Consequentemente, se a norma não for globalmente observada ou aplicada, deve ser entendida como excluída do ordenamento, pelo fator determinante do desuso ou da *desuetudo*. "A *desuetudo* é como que um costume negativo cuja função essencial consiste em anular a validade de uma norma existente" (1974, p. 298). O direito brasileiro não acolhe semelhante efeito revogador do costume, permanecendo vigente a norma jurídica com baixo nível social de observância ou aplicação, até que outra norma jurídica de hierarquia igual ou superior a modifique ou revogue expressa ou tacitamente (art. 2º da LINDB). Em outras palavras, sempre que ocorrer a concretização do suporte fático previsto nessa norma os direitos subjetivos poderão ser exercidos e os deveres exigidos, pouco importando a sua fraca repercussão social. No direito brasileiro, a eficácia social não determina nem a eficácia da norma nem a eficácia jurídica do fato jurídico, sempre que este ocorrer.

A eficácia dos fatos jurídicos em sentido estrito, dos atos-fatos jurídicos e dos fatos ilícitos em geral não depende do plano da validade. Se existem juridicamente, seus efeitos ou consequências jurídicas se produzem.

A ineficácia, em princípio, é temporária. Porém, podem ocorrer circunstâncias que tornem a ineficácia permanente, fazendo com que o fato jurídico

– especialmente o negócio jurídico – nunca produza efeitos. Alguns exemplos: o negócio jurídico sujeito a condição suspensiva que nunca se realiza (a transferência do bem dar-se-ia com a graduação universitária do beneficiário que nunca a atingiu); o testamento, se o testador resolve revogá-lo antes de sua morte; o pacto antenupcial para fixar regime de bens matrimoniais distinto da comunhão parcial, tendo os nubentes desistido do casamento. A ineficácia pode ser parcial, em relação a determinadas pessoas, como na hipótese de procurador que excede dos poderes recebidos: tal conduta é ineficaz perante o representado ou mandante, ainda que seja eficaz para o próprio procurador, que responde em relação aos terceiros perante os quais atuou.

Marcos Bernardes de Mello chama a atenção para as vicissitudes por que podem passar os fatos jurídicos, no percurso dos três planos: a) o ato pode existir, ser válido e plenamente eficaz; b) existir, ser válido, mas ineficaz (testamento válido, antes do falecimento do testador); c) existir, ser inválido e, todavia, eficaz (casamento entre pessoas que não sabiam que estavam impedidas de casar: efeitos permanentes quanto aos filhos e, até a invalidação, entre os cônjuges); d) existir, ser inválido e ineficaz (doação feita por pessoas absolutamente incapazes); e) existir e ser eficaz (nascimento com vida); f) existir e ser ineficaz, em situação excepcional (2019a, p. 162).

8.4. Classificação dos Fatos Jurídicos

A doutrina, de ordinário, classifica os fatos jurídicos em involuntários (ou naturais) e voluntários, a partir da função da vontade, considerada determinante. Assim classificava Teixeira de Freitas, em seu *Esboço*, no século XIX, denominando-os fatos exteriores e fatos humanos (estes, por sua vez, divididos em voluntários e involuntários). É ainda reminiscência do individualismo, no qual o que não estiver nos domínios do interesse individual e da vontade deve ser encarado como excepcional. O CC/2002 trata apenas dos fatos jurídicos voluntários sob os títulos "negócio jurídico", "atos jurídicos lícitos" e "atos ilícitos".

Preferimos a classificação que contemple todas as situações em que se desdobra o fato jurídico, permitindo uma compreensão mais exata de sua atual abrangência, ao menos no direito civil. Seguimos, mais uma vez, as pegadas de Pontes de Miranda, cuja classificação teve forte repercussão no direito brasileiro nas últimas décadas, mantendo-se como valiosa referência apesar das intensas modificações havidas.

Classifica-se o fato jurídico em:

a) fato jurídico em sentido estrito;

b) ato-fato jurídico;

c) ato jurídico em sentido amplo, que por sua vez é classificado em:

1. ato jurídico em sentido estrito;

2. negócio jurídico.

Todos esses modelos ou categorias de fatos jurídicos são, por sua vez, classificados a partir da licitude ou da ilicitude. São lícitos ou ilícitos. Assim, há fatos jurídicos em sentido estrito lícitos e ilícitos, atos-fatos lícitos ou ilícitos, atos jurídicos lícitos ou ilícitos, negócios jurídicos lícitos ou ilícitos. Ao ato jurídico em sentido estrito *lícito* o CC, simplesmente, denomina *ato lícito*. Ao ato jurídico em sentido amplo *ilícito* o CC denomina *ato ilícito*. Como adverte Pontes de Miranda, jurídico não é o que está de acordo com a lei, e sim o que entra no mundo jurídico, como relevante (1974, v. 1, p. 76).

A morte é fato jurídico em sentido estrito, o pagamento feito por menor absolutamente incapaz é ato-fato jurídico, a interpelação é ato jurídico em sentido estrito, o empréstimo é negócio jurídico, o abuso do direito é ato ilícito.

Desses modelos, os que sofreram as mais intensas transformações contemporâneas foram o negócio jurídico e o ato ilícito. As transformações puseram em xeque seus pressupostos centrais, exigindo reformulação paradigmática que os permita continuar a servir como referência adequada aos modelos que se impuseram. No que respeita ao negócio jurídico, além do modelo tradicional, centrado na manifestação de vontade livre, consciente e juridicamente igual, o tráfico jurídico foi invadido por condições gerais de contratos predispostas unilateralmente pelos agentes econômicos, aplicadas de modo inalterável ao universo de utentes e adquirentes de produtos e serviços, que não são juridicamente iguais nem manifestam livremente suas vontades. O ato ilícito fundado tradicionalmente na culpa do causador do dano, que tinha de ser provada pela vítima, passou a conviver com danos que não derivam de culpa do agente, mas do risco da atividade que desempenha; em vez da imputação da culpa, evoluiu-se para a imputação da responsabilidade independentemente de culpa. Tais transformações levaram muitos autores a propugnar pela superação do negócio jurídico e do ato ilícito como categorias prestantes.

Ante a multiplicidade de situações e a fragmentação das soluções adequadas no mundo contemporâneo, utilizamos a classificação proposta como referência prática e operacional. É ainda, reconhecemos, um raciocínio ancorado na racionalidade moderna, porém com a vantagem de lançarmos mão de modelos abertos, sujeitos à reflexão crítica.

8.5. Fatos Jurídicos em Sentido Estrito

O fato jurídico em sentido estrito resulta de suporte fático em que a norma jurídica pôs apenas elementos de fatos da natureza, que repercutem no mundo do Direito, ainda que antes da entrada deles neste tenha havido participação humana.

São fatos jurídicos em sentido estrito, entre outros, o nascimento da pessoa física, a morte, o parentesco, a idade, a produção de frutos, a aparição de uma ilha.

Para que alguém nasça e se converta em pessoa física o direito apenas considera o fato biológico do nascimento com vida, independentemente das naturais participações humanas. Por sua vez, o fato do nascimento sem vida extingue os direitos expectativos do nascituro. A concepção do ser humano é também fato jurídico em sentido estrito, pois a lei já tutela seus direitos próprios e os direitos expectativos. Ser pai ou mãe é fato que entra no mundo do direito como fato jurídico em sentido estrito (parentesco).

Os fatos da natureza que interessam ao direito civil são apenas os que interferem nas condutas humanas, de modo a propiciar a aquisição, modificação e extinção de direitos e deveres jurídicos. O fato natural em si não é nem pode ser objeto do direito, pois nenhuma consequência teria. Nesse sentido, diz-se que "a interferência do fato na esfera jurídica de alguém, ampliando-a ou reduzindo-a, constitui o dado suficiente para que o direito passe a regê-lo no plano do comportamento humano" (Mello, 2019a, p. 197).

Uma tormenta em alto-mar, que não atinja coisa (um navio) ou pessoa, é fato natural juridicamente irrelevante. Mas, se atinge navio, com carga e pessoas, e o fato foi tido, em contrato de seguro, como sinistro, como evento futuro e incerto, a mesma tormenta reveste-se da qualidade de fato jurídico, trazendo consequências, como a indenização de vidas e cargas pelo segurador em favor do segurado (exemplo dado por Vilanova, 2000, p. 135). Significa dizer que, sempre que o mero fato natural não mantenha relação alguma com a conduta humana, inexiste relevância para convertê-lo em fato jurídico.

O tempo, por exemplo, é um fato natural que o homem não pode interromper; ao direito interessa que a segurança jurídica das relações de direito não fique eternamente pendente da inércia dos respectivos titulares. Assim, se o titular não exerce seu direito em determinado tempo, essa sua pretensão é atingida pela prescrição, que é um modo de fazer com que o obrigado se desobrigue de cumprir sua prestação. O tempo também define a posição da pessoa em todas as situações jurídicas em que se envolve, para os fins de tutela: é criança, jovem, adulto, idoso.

Se, após um evento da natureza, parte de um terreno litorâneo se desloca e se junta a outro, sem qualquer participação humana, dá-se o que o CC denomina avulsão (art. 1.251). O dono do imóvel beneficiado, ainda que não o queira, adquire a propriedade e é obrigado a indenizar o proprietário do primeiro. O fato natural converteu-se em fato jurídico em sentido estrito porque repercutiu nas esferas ou órbitas jurídicas dessas pessoas.

Outros fatos externos repercutem negativamente nas pessoas, que podem voltar-se contra outras para que assumam as consequências jurídicas. São os fatos jurídicos em sentido estrito ilícitos. Exemplo é a responsabilidade na hipótese de caso fortuito ou força maior, que ordinariamente exoneram o obrigado. Mas o negócio jurídico pode ter estipulado que o obrigado se responsabilizaria, ainda que um caso fortuito ou força maior (por exemplo, uma greve ou um incêndio) o impedisse de cumprir sua obrigação. No âmbito da responsabilidade civil extranegocial, todavia, observa-se tendência na jurisprudência brasileira pela exclusão da ilicitude quando ocorrer caso fortuito e força maior, como o assalto ocorrido dentro do ônibus. Outro exemplo de fato jurídico ilícito é o da caída natural de árvore plantada em jardim sobre automóvel estacionado em local próximo. Nesses exemplos, o dano é ilícito, pois a responsabilidade pelo fato causador pode ser imputada a alguém. Se o direito entende que esses fatos são suficientes para exonerar qualquer pessoa de responsabilidade, então não há fato jurídico ilícito; na verdade, não há qualquer fato jurídico. A responsabilidade do dono pelo fato do animal é fato jurídico ilícito, pois imputada àquele, ainda que não tivesse participação no fato, salvo se houve culpa da vítima; trata-se de fato contrário a direito.

8.6. Atos-Fatos Jurídicos

Os atos-fatos jurídicos são atos, condutas ou comportamentos humanos em que não houve vontade consciente, ou, se houve, o direito a abstraiu. Nos atos-fatos jurídicos a vontade, a conduta ou o comportamento não integram seu suporte fático. É a lei que os faz jurídicos e atribui consequências ou efeitos, independentemente de estes terem sido queridos ou não. O ato ou a vontade é esvaziada e é apenas levada para juridicização como fato; o ato dissolve-se no fato. Por tais razões, não se exige o pressuposto da capacidade de agir das pessoas para darem origem a atos-fatos jurídicos.

Exemplo relevante de ato-fato jurídico é a responsabilidade objetiva ou sem culpa, que realiza o ideal de justiça de incolumidade das pessoas, de todo dano e lesão serem reparados, sem indagar sobre a culpa ou natureza da ação de quem seja responsável. Outros exemplos: o domicílio legal ou necessário, a tomada da posse sobre uma coisa, a tradição de uma coisa sem manifestação de vontade, a produção de uma coisa a partir de outra (escultura).

Das espécies de fatos jurídicos, o ato-fato jurídico é a menos conhecida – ou menos precisa –, por se encontrar a meio caminho entre o fato jurídico em sentido estrito e o ato jurídico em sentido amplo. A doutrina jurídica mais atilada soube identificá-lo nas hipóteses em que o direito se depara com ações, condutas ou comportamentos humanos, mas, para resolver as questões práticas da vida em relação, tem de abstraí-los, valorando o resultado fático, independentemente do querer dos sujeitos.

Teixeira de Freitas, no *Esboço*, distinguiu dos fatos humanos (atos lícitos ou atos ilícitos) os fatos humanos involuntários, como a legítima defesa ou o estado de necessidade, que não poderiam sofrer a mesma disciplina jurídica. A doutrina atual (nomeadamente Pontes de Miranda e Marcos Bernardes de Mello) qualifica os casos de indenização sem ilicitude como *atos-fatos jurídicos indenizativos*; independem da vontade, não há contrariedade a direito, mas há o dever de indenizar.

Como qualificar certas situações fáticas, reconhecidas pelo direito, provocadas por ações, condutas e comportamentos humanos, quando estes são irrelevantes para a incidência da norma jurídica? Pensemos no exemplo da tomada da posse de uma coisa, que não depende de qualquer declaração de vontade, e da qual derivam as proteções possessórias; posse há, ainda que haja má-fé, ou se o possuidor for incapaz; ou no exemplo da criação artística, da qual deriva o direito de autor. Não se leva em conta a intenção de praticar o ato (tomar posse ou produzir uma obra), mas o fato resultante (a posse; a obra). O poema ou a pintura feitos por pessoa menor de dezesseis anos é ato-fato jurídico, com todos os efeitos decorrentes, sem indagar da capacidade de quem os fez, nem se é válido ou inválido.

Como diz Pontes de Miranda, "o ato é recebido pelo direito como fato do homem (relação 'fato, homem') [...] pondo-se entre parênteses o *quid* psíquico, o ato, fato (dependente da vontade) do homem, entra no mundo jurídico como ato-fato jurídico" (1974, v. 2, p. 373).

A doutrina alemã, há mais de uma centúria, construiu os fundamentos da categoria ato-fato jurídico, sob a denominação inicial de ato real. Para Karl Larenz, consideram-se atos reais aqueles atos de "transcendência jurídico-privada que estão dirigidos unicamente à produção de um resultado de fato, e, portanto, tipicamente não expressam uma referência a efeitos jurídicos ou a uma relação jurídica, mas aos quais o ordenamento jurídico conecta efeitos de caráter jurídico-privado" (1978, p. 700).

Os atos-fatos jurídicos, consequentemente, não estão sujeitos ao plano da validade, porque nulos ou anuláveis são os atos jurídicos em cujo suporte fático a vontade é elemento nuclear. Tampouco a eles se aplicam as hipóteses de vícios de vontade (erro, coação, dolo, lesão, simulação).

São equivalentes aos atos-fatos jurídicos os chamados *atos existenciais* (que são os atos absolutamente necessários à vida humana, relativos às necessidades básicas do indivíduo, tais como alimentação, vestuário, água, lazer etc.), o que explicaria a desconsideração da vontade das pessoas que os pratiquem, inclusive os absolutamente incapazes. Enquadram tais atos existenciais na categoria dos atos-fatos jurídicos Clóvis do Couto e Silva (1976, p. 92) e Marcos Bernardes de Mello (2000, p. 21), para os quais a capacidade de praticar atos-fatos pelas pessoas físicas é ilimitada, porque da conduta humana resulta sempre uma situação de fato: "O menor, o louco, ou outro incapaz pode caçar, pescar, pintar um quadro ou praticar qualquer outro ato-fato jurídico".

A evolução da responsabilidade civil levou à desconsideração da culpa em várias situações de danos derivados de atividades lícitas e regulares. O art. 931 do CC estabelece que as empresas respondem independentemente de culpa pelos danos causados pelos produtos postos em circulação. A atividade da empresa não é ilícita, mas o direito abstraiu as condutas humanas envolventes (atos) e apenas considerou objetivamente os fatos-dano e circulação do produto – para atribuir consequências jurídicas. Eis exemplo de utilização progressiva do ato-fato jurídico. Diferentemente ocorre com a responsabilidade civil subjetiva ou culposa, que deriva de ato ilícito, quando assume relevância a conduta do causador do dano, considerada contrária a direito.

8.7. Atos Jurídicos em Sentido Amplo

Os atos jurídicos em sentido amplo são os fatos jurídicos nos quais a conduta ou o comportamento humanos são considerados essenciais para sua constituição. Na concepção tradicional é a vontade individual exteriorizada que desempenha esse papel; a vontade surgiria como suficiente para o reconhecimento do direito e a incidência da norma jurídica. A partir desse núcleo volitivo o ato jurídico lícito divide-se em ato jurídico em sentido estrito e negócio jurídico.

Os romanos antigos e os medievos não conheceram a categoria ato jurídico e até mesmo a de fato jurídico. Pode-se afirmar que o ato jurídico é construção moderna, que atendeu com perfeição às necessidades dos negócios da burguesia ascendente, principalmente durante a hegemonia do individualismo jurídico. Atingiu níveis de elevada sofisticação teórica com os pandectistas alemães do século XIX, que, na ausência de codificação semelhante à francesa, adaptaram à revolução industrial e em forma conceitual os pareceres e entendimentos dos jurisconsultos romanos reunidos nas Pandectas ou Digesto do Imperador Justiniano, que integram o *Corpus Juris Civilis*. Enquanto os franceses permaneceram concentrados no ato jurídico e no contrato, os pandectistas alemães voltaram suas atenções ao negócio jurídico, como instrumento por excelência da autonomia privada.

A influência da teoria do negócio jurídico tem sido duradoura, inclusive no direito brasileiro, como se vê na opção do CC/2002. Além do pressuposto fundamental da exteriorização da vontade, a teoria atribuiu importância à distinção entre o negócio jurídico e o ato jurídico em sentido estrito (ou lícito).

No início, como se lê nos escritos de Savigny, a vontade individual passou a ser o núcleo intangível do ato jurídico, cabendo ao intérprete sindicar o querer mais íntimo e psíquico da pessoa. Foi a fase do domínio das teorias da vontade, ditas subjetivistas. Posteriormente, da virada do século XX em diante, predominaram as teorias da declaração da vontade, ditas objetivistas, ou seja, a vontade apenas deve ser considerada se exteriorizada. A ideia de exteriorização está presente na obra de Pontes de Miranda, sob as modalidades de manifestação da vontade e declaração de vontade; a manifestação se dá pelo comportamento negocial das pessoas, como a vontade tácita ou silente, enquanto a declaração é a exteriorização percebida por sinais, gestos, palavras e escrita que tornam a vontade "clara".

Estrema-se o negócio jurídico do ato jurídico em sentido estrito, enquadrando-se naquele as manifestações ou declarações de vontade cujos conteúdos eficaciais dispostos pelos sujeitos são reconhecidos pelo direito, como expressão da autonomia privada. Por exclusão, os atos jurídicos em sentido estrito, ou não negociais, são todas as manifestações ou declarações de vontades cujos efeitos sejam atribuídos pela lei e não pelos próprios sujeitos. Ou seja, nesses atos jurídicos o sujeito tem liberdade para declará-los, mas não para determinar seus efeitos. No direito de família, citemos dois exemplos esclarecedores: a) é negócio jurídico o pacto antenupcial (CC, art. 1.653), mediante o qual os nubentes podem escolher e compor livremente seu regime de bens (conteúdo eficacial); b) é ato jurídico em sentido estrito o reconhecimento voluntário de filho, havido fora do casamento, pois não pode ser submetido a nenhuma condição (CC, art. 1.613); a pessoa reconhece voluntariamente o filho (declara) ou não, mas os efeitos são dados pela lei. O que importa destacar é que, em ambas as espécies, a vontade declarada foi a causa das consequências jurídicas; e ao negócio jurídico reconheceu-se maior autonomia (poder negocial), e, ao ato jurídico em sentido estrito, menor (sem poder negocial).

Não basta, todavia, para a existência do ato jurídico, que haja exteriorização da vontade. A declaração de vontade ou a manifestação de vontade, por si sós, não geram eficácia jurídica nem são espécies de ato jurídico: são elementos do ato jurídico em sentido estrito ou do negócio jurídico.

A doutrina, ordinariamente, exige que a vontade seja consciente, no sentido de que a pessoa que a exteriorizou tenha de fato querido seu resultado e não possa se furtar às consequências jurídicas. Quem exterioriza a vontade deve ter consciência de que está a realizar ato jurídico e não ato de outra natureza. Em assembleia geral de associados de associação civil, no momento em que o presidente põe uma matéria em votação, solicitando que levantem a mão os que a aprovam, não há exteriorização da vontade nesse sentido por parte daquele que levantou a mão para saudar uma pessoa que adentrava o recinto. Também não há manifestação ou declaração de vontade no contrato que se celebra em representação teatral.

A vontade pode ser consciente, mas não livre, como nas hipóteses de erro, coação, dolo, o que implica sua verificação no plano da validade, podendo produzir todos os efeitos do ato jurídico, se a pessoa que exteriorizou a vontade ou terceiro interessado, quando for o caso, não promover a invalidação.

Além da vontade consciente exteriorizada, o direito passou a contemplar as condutas ou comportamentos típicos das pessoas, como suficientes para gerar consequências jurídicas equivalentes (conduta negocial típica, no lugar da vontade negocial).

Na massificação negocial a vontade é abstraída. A massificação social nos centros urbanos e a revolução informacional não são compatíveis com exigências atribuíveis às situações negociais dependentes de exteriorização de vontade consciente. Lembrem-se dos transportes urbanos, cujo usuário, independentemente de ser civilmente capaz ou de querer o contrato de transporte, é obrigado a pagar o preço correspondente; ou dos adquirentes de produtos postos em prateleiras ou gôndolas de supermercados, cujo pagamento é exigível pelo simples comportamento de retirada do produto, independentemente da vontade negocial.

8.8. Atos Jurídicos Lícitos

Com essa terminologia significante dos atos jurídicos em sentido estrito, o CC destina o art. 185 a dizer que devem observar o que preceituou para o negócio jurídico, "no que couber". Ou seja, os "atos jurídicos lícitos, que não sejam negócios jurídicos", segundo o enunciado legal, são assim considerados por exclusão, remetendo-se ao intérprete a definição do que cabe ou não, em cada caso.

Os atos jurídicos em sentido estrito, segundo Pontes de Miranda: a) ou reclamam (interpelação) para que o destinatário faça algo ou deixe de fazer, ou preste o que prometeu; b) ou somente comunicam vontade positiva ou negativa, como autorização para determinado ato, ratificação de contrato, fixação de prazo, recibo e quitação; c) ou integram atos ou omissões, como a constituição de domicílio, a restituição de coisa dada em penhor; d) ou comunicam fato (inclusive sentimento), como o perdão, a comunicação ao locatário da alienação do imóvel alugado, a confissão; e) ou mandam (impõem ou proíbem) (1974, v. 2, p. 451).

Os atos jurídicos em sentido estrito podem ser receptícios, quando necessitam ser recebidos pelo destinatário (por exemplo, comunicações e avisos), e não receptícios, quando prescindem da recepção (o perdão, que não necessita ser recebido pelo beneficiário para produzir efeitos).

O ato jurídico em sentido estrito é classe própria dos atos jurídicos, não podendo ser confundido com o negócio jurídico. O intérprete ou aplicador apenas se valerá das normas relativas ao negócio jurídico quando a configuração doutrinária e jurisprudencial entretecida em torno do ato jurídico em sentido estrito for insuficiente, uma vez que a lei não o definiu nem estabeleceu seus requisitos, mas o destacou autonomamente, o que inevitavelmente remete ao que o sistema jurídico como um todo desenvolveu, principalmente a doutrina. Por exemplo, quem interpela deseja os efeitos da interpelação que o direito estabelece; quem compra escolheu uma das categorias negociais à sua disposição (o contrato de compra e venda, em vez de doação ou permuta) e definiu o conteúdo eficacial (preço, prazo para pagamento, tradição da coisa).

Também se aplicam ao ato jurídico em sentido estrito as normas relativas à capacidade jurídica – especialmente a capacidade de agir –, à representação, às exigências de forma, à constituição das provas, os requisitos gerais de validade, porque comuns a ele e ao negócio jurídico.

Com relação à capacidade de agir exigida para o ato jurídico lícito (ou em sentido estrito), a doutrina controverte. Para uns, a exigência é a mesma do negócio jurídico, ou seja, da capacidade jurídica plena para atuação direta. Para outros, a capacidade exigida deve circunscrever-se ao necessário para o aperfeiçoamento do ato, abrindo o art. 185 do CC "vasto campo à integração dos menores à vida civil, visto que seu discernimento, ainda que imberbe, preenche o suporte fáctico exigido para um sem-número de atos correntes do universo jurídico" (Eberle, 2004, p. 185).

O absolutamente incapaz não pode interpelar nem ser validamente interpelado; o primeiro ato é nulo e o segundo é ineficaz.

O ato jurídico em sentido estrito promana de manifestação ou declaração unilateral de vontade, projetando-se na órbita jurídica de terceiros. Não depende de assentimento ou concordância do destinatário ou beneficiário para que seja considerado válido e eficaz, ainda que seja receptício. Quando um genitor biológico ou um pai socioafetivo reconhece voluntariamente a paternidade, os efeitos são imediatos e automáticos, não podendo haver retratação, permitindo a averbação no registro civil do reconhecido.

Outra nota determinante e peculiar do ato jurídico em sentido estrito é que seu autor não pode definir seus efeitos, seus limites e o alcance. A vontade é sua, podendo ou não exteriorizá-la, mas desde o momento que o faz perde o controle de sua destinação. A lei é que define para que serve essa vontade exteriorizada, qual ou quais pessoas podem ser afetadas por ela, positiva ou negativamente, e seus precisos fins. Por isso é que se diz que os efeitos são necessários, ou *ex lege*. Quando a pessoa passa a residir em algum lugar, de modo permanente, essa manifestação de vontade ou de comportamento recebe incidência da lei que a considera domicílio, enquadrando-se na espécie ato jurídico em sentido estrito. O pai pode ou não reconhecer voluntariamente o filho que teve com uma mulher, com quem não seja casado ou viva em união estável, mas se o fizer será a lei que dirá qual o conteúdo eficacial (CC, arts. 1.607 e s.); por exemplo, não pode revogar o reconhecimento, mesmo que revogue o testamento no qual o declarou, ou não pode estabelecer condição ou data para que produza efeitos, ou não pode reconhecer filho maior sem o consentimento deste. Do mesmo modo, o locador pode valer-se da notificação do locatário para retomada de imóvel alugado por prazo indeterminado (art. 575), mas é a lei que define seu efeito negativo em relação ao locatário, não podendo o locador estipular além ou aquém dela.

Se a lei não define totalmente os efeitos do específico ato jurídico em sentido estrito, então é que se podem aplicar supletivamente as regras incidentes sobre o negócio jurídico a que ele se refira ou esteja relacionado. Por exemplo, no caso de declaração de reconhecimento de paternidade incluída em testamento, o qual é negócio jurídico unilateral, as regras deste são supletivas. No caso da notificação ao locatário são supletivas as regras sobre a locação de coisas.

Podemos, então, concluir, com Marcos Bernardes de Mello, que o ato jurídico em sentido estrito é o fato jurídico que tem por elemento nuclear do suporte fático manifestação ou declaração unilateral de vontade cujos efeitos jurídicos são prefixados pelas normas jurídicas e invariáveis, não cabendo às pessoas qualquer poder de escolha da categoria jurídica ou de estruturação do conteúdo das relações jurídicas respectivas (2019a, p. 230). Conseguintemente, segundo esse autor, os atos jurídicos em sentido estrito podem ser: a) atos jurídicos reclamativos, mediante reclamações ou provocações (por exemplo, a interpelação para constituir o devedor em mora); b) atos jurídicos comunicativos, que têm por finalidade dar ciência do querer de quem fez a comunicação; c) atos jurídicos enunciativos, mediante exteriorizações de conhecimento ou sentimento (exemplo, o reconhecimento voluntário da paternidade ou maternidade); d) atos jurídicos mandamentais, com finalidade de impor ou proibir conduta de outra pessoa (exemplo, manifestação do dono do imóvel para que seu vizinho promova a demolição ou reparação de construção com ameaça de ruína); e) atos jurídicos compósitos, que necessitam de outros atos para se completarem, como é o caso da constituição de domicílio (fixação de residência mais ânimo definitivo de morar).

Capítulo IX

Negócio Jurídico

Sumário: 9.1. Conceito e elementos do negócio jurídico. 9.2. Negócios jurídicos unilaterais, bilaterais e plurilaterais. 9.3. Outras espécies de negócios jurídico. 9.4. Requisitos de validade do negócio jurídico. 9.4.1. Capacidade do agente. 9.4.2. Licitude, possibilidade e determinação do objeto. 9.4.3. Forma. 9.5. Exteriorização da vontade e interpretação do negócio jurídico. 9.6. Representação. 9.6.1. Representação legal. 9.6.2. Representação convencional. 9.6.3. Representante. 9.7. Condição no negócio jurídico. 9.8. Termo e prazo do negócio jurídico. 9.9. Encargo no negócio jurídico.

9.1. Conceito e Elementos do Negócio Jurídico

O conceito de negócio jurídico é relativamente recente na doutrina jurídica. Ainda que seu desenvolvimento inicial possa ser atribuído aos jusnaturalistas do século XVIII, deve-se em grande medida aos juristas alemães do século XIX, notadamente no auge da jurisprudência dos conceitos.

O direito romano não o desenvolveu, nem os direitos que o sucederam, como o português, no qual predominavam os tipos empíricos. Contudo, a doutrina foi construída mediante abstração dos elementos extraídos do direito romano. O mundo anglo-saxônico não o conhece; assim também a França e os direitos por esta influenciados. O jurista italiano Francesco Galgano (2013, p. 299), que já tinha escrito obra sobre o negócio jurídico, admitiu ser "necessária uma revisão crítica de um conceito que pertence a outra época, a outra hierarquia de valores".

No direito brasileiro, o ingresso desse conceito se deu em meados do século XX, por influência dos autores alemães e italianos; sua consagração ocorreu em 1975, no anteprojeto do Código Civil atual.

No Brasil, durante muito tempo permaneceu a opção pelo ato jurídico, como se vê na conhecida obra de Vicente Ráo, com essa denominação (1961). O autor reconhece que sua noção de ato jurídico "coincide, em substância, com a de negócio jurídico formulada pela doutrina alemã". Mas alega que nosso Código anterior se afastava dela e não havia clareza na distinção que ela propugnou com o ato jurídico não negocial (ato jurídico lícito ou em sentido estrito). Em contrapartida, Pontes de Miranda difundiu em suas obras o conceito de negócio jurídico, tido como essencial para a compreensão do direito privado contemporâneo.

Em seu cotidiano, na sociedade contemporânea, a pessoa insere-se constantemente em relações jurídicas negociais, às vezes sem consciência disso. Os negócios jurídicos de fornecimento de produtos e serviços públicos, como água, luz, telefonia, são contínuos e vinculam a pessoa permanentemente. O transporte público que toma, o alimento que adquire, a chamada telefônica que faz são situações existenciais apreendidas em negócios jurídicos.

No direito civil atual, distanciado da primazia da vontade individual, podemos conceituar o negócio jurídico como fato jurídico cujo núcleo é a vontade negocial exteriorizada nos limites da autonomia privada, ou a conduta humana participante de tráfico jurídico, a que o direito confere validade e eficácia negociais. Esse conceito, em sua segunda parte, difere do conceito tradicional, pois inclui as condutas ou comportamentos avolitivos, bastando sua inserção no tráfico jurídico.

O conceito tradicional do negócio jurídico tem como essencial e nuclear a declaração da vontade, como se vê na obra de Carlos Alberto da Mota Pinto: "Os negócios jurídicos são fatos voluntários, cujo núcleo essencial é integrado por uma ou mais declarações de vontade a que o ordenamento jurídico atribui efeitos jurídicos concordantes com o conteúdo da vontade das partes, tal como este é objetivamente (de fora) apercebido" (2005, p. 356).

Tradicionalmente, a doutrina do negócio jurídico compreende-o como instrumento jurídico da autonomia privada (ou autorregramento da vontade, segundo terminologia utilizada por Pontes de Miranda). Os particulares realizam negócios uns com os outros e o direito os reconhece, atribuindo-lhes validade e eficácia dentro dos limites que estabelece. Consequentemente, cabe ao intérprete ou aplicador identificar a vontade como se exteriorizou, de modo consciente, suficiente e livre. Esse é o sentido estrito de negócio jurídico, que denominamos autônomo, por radicar na autonomia privada. "A essência do negócio jurídico está em ser uma manifestação ou declaração de vontade, explícita ou resultante de um comportamento concludente, dirigida a produzir efeitos jurídicos, que o ordenamento reconhece" (Galgano, 1988, p. 61).

No negócio jurídico autônomo, a exteriorização consciente da vontade tem a função de compor o seu suporte fático, jamais podendo ela própria ser considerada o negócio jurídico. Significa dizer que, no negócio jurídico, a vontade não cria efeitos, porque estes são definidos pelo ordenamento, que concede às pessoas certo poder de escolha das categorias jurídicas (Mello, 2019a, p. 239), nos limites que este traça para a autonomia privada. Há negócios jurídicos em que há apenas manifestações de vontade sem declaração; em exemplo citado por Pontes de Miranda, se tiro o livro da mesa e o ponho na janela ou se o jogo fora, porque não mais o quero, manifestei vontade, e não a declarei.

Pode ainda haver aparência de manifestação de vontade, sem efeitos negociais, como no exemplo do estrangeiro que assiste a leilão e, sem conhecer o idioma, levanta o dedo para indicar que a peça lhe foi furtada do hotel, não podendo seu gesto ser interpretado como vontade de arrematá-la; nesta hipótese o suporte fático é insuficiente. A falta de intenção dos efeitos negociais também ocorre nos atos de cortesia existentes na vida social, sem nenhum intuito de criar vínculo jurídico, como o convite para jantar ou ir a uma festa, ou os meros acordos sociais ("acordos de cavalheiros" ou *gentlemen's agreements*). Portanto, não há negócio jurídico autônomo quando não houver intenção dos respectivos efeitos jurídicos pelas partes nele vinculadas.

Há, todavia, negócios jurídicos avolitivos, ou que não são puros instrumentos de autonomia privada, quando o direito, em vez da vontade exteriorizada, atribui validade e eficácia negocial a condutas das pessoas que participam do tráfico jurídico massificado, ainda que não tenham expressado intenção de efeitos jurídicos. O núcleo do suporte fático desses negócios jurídicos não é mais a vontade exteriorizada, mas as condutas, com abstração dos aspectos volitivos. As condutas independem de manifestação ou declaração de vontade ou da capacidade negocial dos agentes, principalmente dos utentes ou adquirentes de produtos ou serviços lançados em circulação coletiva. Assim ocorre com a massificação negocial (transportes coletivos, compra e venda de produtos em lojas e supermercados, serviços públicos), com os contratos de adesão a condições gerais (submissão à predisposição, em vez de vontade consciente de aceitação) e com os serviços ofertados ao público por menores (por exemplo, engraxates, lavadores de automóveis etc.).

No contrato de adesão, as condições gerais foram predispostas unilateralmente e se aplicam de modo inalterável, não exercendo a vontade do aderente qualquer papel; é pegar ou largar. Se necessita daquele produto ou serviço, não lhe resta qualquer poder de escolha. Sua "adesão" não configura exteriorização consciente de vontade, mas submissão às condições preestabelecidas. Por essa razão, o CC, art. 423, protege o aderente, qualificado como juridicamente vulnerável, com a interpretação que lhe seja favorável, quando em conflito com o predisponente. Portanto, mais que a vontade consciente exteriorizada, em casos que tais, o negócio jurídico emerge da conduta ou comportamento geradores de efeitos equivalentes aos do negócio jurídico volitivo, mas distintos.

Consequência assemelhada se dá com os chamados contratos necessários ou obrigatórios, a exemplo do seguro obrigatório para licenciamento de veículos, nos quais a vontade é totalmente desconsiderada. Nos contratos massificados, como os de transporte coletivo, pouco importa que a vontade do passageiro seja contrária ao preço da tarifa ou até mesmo do objeto contratual, quando se engana a respeito do destino.

Para essas situações, alguns propõem que melhor se enquadrariam como ato-fato jurídico ou até mesmo como fato jurídico em sentido estrito, pois as normas do CC relativas ao negócio jurídico e ao ato jurídico lícito, segundo Moreira Alves, "esgotam a disciplina das ações humanas que, por força do direito objetivo, produzem efeitos jurídicos em consideração à vontade do agente, e não simplesmente pelo fato objetivo desta atuação" (1974, p. 3).

Porém, Marcos Bernardes de Mello entende que o conceito de negócio jurídico, excluindo-se os excessos voluntaristas, atenderia a quaisquer situações possíveis da massificação social ou negocial, pois até mesmo na alternativa de aceitar ou não aceitar estaria também a liberdade de escolha (2019a, p. 263). Apesar de reconhecermos a consistência desse entendimento, não pensamos assim, pois onde entra a necessidade (seja ela vital ou provocada pelo tráfico jurídico) sai a liberdade de escolha e, consequentemente, o autorregramento da vontade.

À conduta ou ao comportamento negocial típico das pessoas o direito atribui efeitos assemelhados aos negócios jurídicos volitivos, mas a declaração ou manifestação de vontade (que poderiam ser até contrárias ao resultado obtido ou à própria realização do negócio) são dispensadas ou desconsideradas nos negócios massificados, que integram a existência das pessoas nas sociedades contemporâneas.

Sob a forma de contratos está o fornecimento de produtos e serviços que fazem partem do cotidiano das pessoas, de modo predeterminado, inalterável, padronizado e oferecidos a milhares, às vezes milhões de usuários ou adquirentes, que deles necessitam (alimentos, serviços públicos de água, luz, telefonia, gás, planos de saúde, previdência, transportes, educação, lazer, informação). Nesses casos não há exteriorização de vontade concludente, a não ser a de não ter necessidades ou a de ficar à margem da sociedade de consumo ou da vida econômica, o que não é razoável.

O problema é que a teoria do negócio jurídico foi concebida a partir do modo de vida e de negócios simples do século XIX, tendo por núcleo declarações ou manifestações de vontade de pessoas determinadas, o que a torna inadequada para absorver os fenômenos contemporâneos da concentração empresarial e da massificação social, salvo quando compreenda, também, os negócios jurídicos avolitivos.

Assim, os negócios jurídicos, na atualidade, podem ser compreendidos na classificação principal de: a) negócio jurídico volitivo, no qual a exteriorização da vontade consciente (declaração ou manifestação) é elemento nuclear de seu suporte fático; b) negócio jurídico avolitivo, no qual a conduta negocial típica é elemento nuclear de seu suporte fático, com abstração da vontade.

A conduta negocial típica é a que ingressa no tráfico jurídico direcionada à realização de negócio jurídico, com abstração da vontade. É típica porque percebida no tráfico jurídico como suficiente, comum e equivalente à vontade negocial. Exemplo é o negócio jurídico realizado diretamente por menor absolutamente incapaz, como a prestação de serviço de engraxate, cujo valor é por ele fixado, ou a venda de produtos em vias públicas – realidades dramáticas existentes em país com tantas desigualdades sociais como o Brasil –, não se aplicando a tais situações a regra geral de nulidade desses negócios jurídicos. Outro exemplo é a massificação negocial, como ocorre com o transporte coletivo, cujo negócio jurídico é válido e eficaz, ainda que o destino seja escolhido equivocadamente, diferente do querido pelo usuário.

Note-se que em ambas as classes principais dos negócios jurídicos não é a exteriorização da vontade nem a conduta negocial típica que produzem a eficácia jurídica, pois esta depende das incidências das normas jurídicas sobre os suportes fáticos nelas previstos, que incluem esses e outros elementos nucleares, quando se concretizam no tráfico jurídico.

Nos negócios jurídicos, segundo antiga distinção doutrinária, há elementos nucleares ou essenciais (*essencialia negotii*), elementos naturais (*naturalia negotii*) e elementos acidentais (*accidentalia negotii*).

São elementos nucleares ou essenciais a exteriorização consciente da vontade ou das vontades ou a conduta negocial típica, sem os quais o negócio jurídico não ingressa no plano da existência.

Elementos naturais são os previstos em normas jurídicas supletivas ou dispositivas e que correspondem ao padrão ou modelo que o direito indica para o negócio jurídico, mas que as partes podem regular de modo diferente. Não há elementos naturais quando a lei, para determinado negócio jurídico, não admite normas supletivas, optando por normas imperativas ou proibitivas.

Os elementos acidentais – ou complementares – podem integrar ou complementar o negócio jurídico, determinando ou delimitando seus efeitos, mas que não afetam sua existência, como a fixação de juros para o empréstimo em dinheiro, a cláusula penal, a garantia da obrigação assumida. O CC explicita três modalidades de elementos acidentais: a condição, o termo e o encargo, que podem estar ou não no negócio.

De acordo com Pontes de Miranda e Marcos Bernardes de Mello, os elementos nucleares de desdobram em elementos cerne e elementos completantes do núcleo. No mútuo, por exemplo, que é negócio jurídico real, integram o núcleo de seu suporte fático as exteriorizações de vontade dos figurantes (elemento cerne), e a entrega da coisa, denominada tradição (elemento completante), para que ele possa existir (cf. Mello, 2019a, p. 97). Cogitam, igualmente, dos elementos complementares e dos elementos integrativos do negócio jurídico (exemplo destes últimos: para a eficácia real da compra e venda de imóvel é necessário seu registro público).

9.2. Negócios Jurídicos Unilaterais, Bilaterais e Plurilaterais

O negócio jurídico autônomo classifica-se em:

a) negócio jurídico unilateral;

b) negócio jurídico bilateral;

c) negócio jurídico plurilateral.

Para fins classificatórios, o lado ou os lados não se referem ao número de sujeitos ou de figurantes do negócio jurídico. A lateralidade não se confunde com pessoalidade. Um lado pode ser unissubjetivo ou plurissubjetivo.

O negócio jurídico unilateral (um lado: →) é aquele para cuja existência basta uma única exteriorização da vontade. Não há necessidade de ser recebido por qualquer outra pessoa para existir juridicamente. O que interessa é a exteriorização ou divulgação da vontade negocial do único agente, a partir da qual gera obrigação para este. A unilateralidade na formação do negócio jurídico não importa unilateralidade de seus efeitos, que podem ser unilaterais ou bilaterais (uma parte só, ou ambas as partes, ficam com direitos e deveres correlatos). Exemplo conhecido é o da promessa de recompensa, disciplinada pelo CC, arts. 854 a 860, mediante a qual o promitente anuncia uma recompensa para quem lhe entregar, achar ou realizar algo, obrigando-se desde então por ela. Para que se desobrigue é necessário utilizar-se de idênticos meios de divulgação para revogá-la ou aguardar a conclusão do prazo que fixou. O efeito da promessa de recompensa é bilateral, é relação entre o promitente e o destinatário; o sujeito destinatário ou favorecido entra a compor a relação jurídica eficacial, ainda que não tenha ingressado na formação do negócio.

O negócio jurídico unilateral existe, é válido e eficaz antes mesmo que qualquer pessoa o conheça ou o realize. No caso da promessa de recompensa, quem preencher sua condição pode exigir o cumprimento da obrigação, de cujo negócio não participou. O testamento é outro e conhecido negócio jurídico unilateral, pois, para que possa existir e valer, basta que a pessoa com mais de dezesseis anos se utilize de uma das três formas previstas em lei (testamento público, testamento cerrado ou testamento particular) e faça suas declarações, sem necessidade de declaração de vontade de qualquer outra pessoa; os efeitos dependerão da morte do testador, que pode revogar o testamento antes disso, levando a que o negócio jurídico tenha existido, valido e nunca atingido eficácia.

As relações da vida impuseram ao direito comercial e, depois, ao direito civil que se tratasse a declaração ou manifestação de vontade do ofertante, desde logo, como suporte fático de negócio jurídico, portanto como vinculantes (Pontes de Miranda, v. 1, p. 107), antes da celebração do contrato. A morte do ofertante antes da aceitação não apaga a vinculação, pois a aceitação chega ao herdeiro ou sucessor, se o contrário não resultar dos termos da oferta, ou da natureza do negócio, ou das circunstâncias do caso (CC, art. 427).

O negócio jurídico unilateral é contido na esfera jurídica de quem o praticou e somente pode interferir em esfera jurídica alheia para beneficiar, ou para formar negócio jurídico bilateral, quando possível (oferta e aceitação). Se há interferência indevida que causa dano, existe contrariedade a direito e ilicitude. E há negócio jurídico unilateral que jamais tem eficácia direta em relação a terceiro, como o abandono da coisa (Mello, 2019a, p. 270).

O negócio jurídico bilateral (dois lados convergentes: → ←) é o que, para sua existência, necessita da exteriorização de vontades distintas, porém concordes, de duas ou mais pessoas. É da sua natureza que a exteriorização de vontade de cada parte (lado) alcance a esfera jurídica da outra. Em cada um dos dois lados podem estar uma ou mais pessoas. As vontades são distintas, pois envolvem interesses distintos, mas é necessário que haja acordo, concordância. O modelo mais importante é o contrato, e deste o tipo mais comum é a compra e venda; uma ou mais pessoas vendem uma coisa (interesse de vender e receber o preço) e outra ou outras a compram (interesse em adquirir a coisa). Além do contrato há outros negócios bilaterais, como os denominados acordos em geral, a exemplo do acordo de acionistas para composição de interesses. Para que o negócio jurídico bilateral se constitua não é necessário que haja contraprestação do outro lado ou parte, desde que os interesses sejam distintos; assim, na doação há apenas prestação do doador, mas não do donatário. Neste último caso, considerando a inexistência de contraprestação, o contrato é unilateral, mas não perde sua natureza de negócio jurídico bilateral (interesse do doador *versus* interesse do donatário). O CC destina praticamente todos os seus preceitos sobre negócio jurídico à espécie bilateral, notadamente ao contrato, tendo em vista que é a mais comum no cotidiano das pessoas. A distinção entre contratos unilaterais e bilaterais (espécies do gênero negócio jurídico bilateral) revela sua importância em determinadas situações: a exceção do contrato não cumprido (CC, art. 476) é apenas aplicada ao contrato bilateral; é cabível o pedido de revisão do contrato por onerosidade excessiva (art. 480), sem necessidade de sua extinção (resolução), quando o contrato for unilateral.

O negócio jurídico plurilateral (lados com fins comuns: → →) é aquele cuja existência necessita das exteriorizações de vontades de duas ou mais pessoas que perseguem fins comuns. Os interesses não são distintos, mas iguais e finalísticos. Tome-se o exemplo do contrato de sociedade de dois ou mais advogados; os fins são comuns, para organização e prestação de serviços de advocacia por todos os sócios.

9.3. Outras Espécies de Negócios Jurídicos

O direito romano contemplava quatro espécies, que agrupavam todos os negócios jurídicos bilaterais, assim enunciadas: dou para que me dês; dou para que me faças; faço para que me dês; faço para que me faças. Ainda se estava no pluralismo empirista.

Na contemporaneidade, a complexidade do tráfico jurídico engendrou variedades de classes de negócios jurídicos. Aludiremos aos mais importantes a seguir.

Os negócios jurídicos podem ser simplesmente consensuais ou reais. São consensuais quando, para sua validade e eficácia, basta a manifestação ou declaração de vontade das pessoas que a eles se vinculam. É a modalidade comum no dia a dia das pessoas, para suprir suas necessidades vitais. O objeto é a prestação ou o agir de cada uma. São reais quando, além do consentimento, se faz necessária a entrega de alguma coisa, como na doação ou no empréstimo (mútuo ou comodato); o contrato se perfaz com a entrega da coisa. "Esta figura dos contratos reais é um resquício da tradição romanista, que parece não desempenhar hoje, pelo menos quanto ao mútuo, ao comodato e ao depósito, uma qualquer função útil", não se justificando que não possam ser concluídos com simples acordo, podendo a parte exigir a entrega do objeto posteriormente (Pinto, 2005, p. 396).

Outra importante classificação é entre negócios jurídicos informais e formais. Não há negócio jurídico sem forma, uma vez que as vontades necessitam de ser exteriorizadas, ainda que sejam simplesmente verbais ou por gestos, ou que as condutas sejam reconhecidas como geradoras de obrigações. A regra no direito brasileiro é a da informalidade, pois a forma determinada, que deve revestir o negócio jurídico para sua validade, depende de prévia determinação legal, conforme estabelece o CC, art. 107. Em tempos remotos o formalismo era exigido para todos os negócios jurídicos, com cerimônias e rituais, em grande parte para que se tornassem públicos. O iluminismo e o direito natural, na época moderna, passaram a ver na vontade manifestada pelas partes o fundamento da criação dos negócios jurídicos, tornando excepcional o formalismo.

São modalidades de formas especiais: o documento escrito, a forma pública (lavratura por tabelião), a publicidade mediante registro público e certas solenidades. A alienação de imóvel (compra e venda, doação, permuta, dação em pagamento), por exemplo, exige a forma escrita e pública e, para produzir o efeito de transmissão da posse e da propriedade, o registro público. Apenas é admitida a forma particular se o valor do imóvel for inferior a trinta vezes o salário mínimo vigente no País. O testamento só pode adotar as formas ordinárias estabelecidas em lei.

Tendo em vista que não há negócio jurídico aformal, parte da doutrina prefere a classificação entre os negócios jurídicos solenes e os não solenes. Assim, as exigências formais em torno da alienação de imóvel fariam desta um negócio jurídico solene. Igualmente o casamento.

Os negócios jurídicos podem ser típicos ou atípicos. São típicos os previstos expressamente nas leis, que estabelecem seus requisitos, características e limites. Todos os negócios jurídicos unilaterais são típicos, pois cabe ao direito definir seus efeitos e evitar que a autonomia privada se converta em arbitrariedade, dado que ingressam no plano da existência apenas pela manifestação ou declaração do próprio interessado. Os negócios jurídicos bilaterais são em princípio de livre criação pelos interessados, desde que haja consentimento consciente e informado dos dois lados. As leis, principalmente o CC, regulam os tipos que já estão consagrados no tráfico jurídico: compra e venda, doação, permuta, empréstimo, mandato, locação, fiança, empreitada, corretagem, transporte, seguros. Porém, essa regulação é tradicionalmente supletiva, com o uso de normas jurídicas dispositivas, ou seja, apenas incide sobre os contratos se as partes não tiverem estipulado de modo diferente ao que ela dispôs. O Estado liberal era tendencialmente não cogente, pois a função básica do direito era a de suplementar a autonomia privada. As normas jurídicas não cogentes já constituem, em grau menor, uma técnica legislativa de previsão de conteúdo e futuro de eficácia do negócio jurídico, tomando o lugar das manifestações de vontade que não foram feitas. O Estado social, tal como o da CF-88, todavia, intervém na ordem econômica privada para proteger a parte juridicamente vulnerável e evitar o abuso do poder negocial da outra, o que importa crescente utilização de normas cogentes (proibitivas ou imperativas), limitando o uso das normas dispositivas ou supletivas e a própria autonomia privada.

Além da tipicidade legal, cogita-se da tipicidade social. A doutrina sempre se preocupou em estabelecer parâmetros de aferição dos contratos atípicos, para serem aceitos pelo ordenamento jurídico, afastando-se os interesses meramente individuais, contingentes, variáveis, socialmente irrelevantes. Para Emilio Betti, as causas dos negócios jurídicos são todas típicas, no sentido de que, embora não sendo taxativamente indicadas pela lei, devem, no geral, ser admitidas pela consciência social, como correspondentes a uma necessidade prática legítima, a um interesse social permanente (1969, v. 1, p. 370).

Os negócios jurídicos são onerosos ou gratuitos. São onerosos os que envolvem contraprestação em valor econômico ou patrimonial, importando relação de correspondência das prestações (exemplo: compra e venda). São gratuitos os que importam redução patrimonial para uma pessoa sem contraprestação da outra (exemplo: negócios de liberalidade, como a doação e a renúncia, e ainda o mandato, o depósito e o mútuo gratuitos). Nos negócios jurídicos gratuitos, em virtude de apenas uma das partes sofrer desvantagem patrimonial sem sacrifício da outra, a interpretação é restritiva e favorável à parte autora da liberalidade (CC, art. 114).

Os negócios jurídicos são simples ou mistos. É simples o negócio jurídico identificado com uma única causa ou função econômico-social, por exemplo, o testamento (função: declaração de últimas vontades) ou o contrato de compra e venda (função: transferir o bem contra pagamento de preço). É misto o negócio jurídico que resulta de fusão ou fracionamento de vários negócios jurídicos, tendo várias funções ou causas, por exemplo, a locação de loja em *shopping center* (locação de espaço, despesas de condomínio, participação em publicidade comum, parceria no faturamento).

Os negócios jurídicos ou são entre vivos (*inter vivos*) ou por causa da morte (*mortis causa*). Os primeiros produzem seus efeitos em vida das partes. Os segundos (exemplo, testamento) apenas produzem efeitos após a morte da respectiva parte ou de uma delas. Os herdeiros ou legatários não podem, em vida do testador, renunciar à sucessão ou dispor dela; o CC, art. 426, proíbe expressamente que a herança de pessoa viva seja objeto de contrato.

Em relação à causa, no sentido de fim ou causa final, os negócios jurídicos podem ser causais ou abstratos. Os negócios jurídicos, em sua imensa maioria, são causais, cujas finalidades os singularizam. A relação negocial havida entre duas pessoas em relação a uma coisa pode ser uma compra e venda, ou uma doação, ou um mútuo, ou um comodato, dependendo de sua causa final. Os negócios jurídicos abstratos independem de qualquer causa, pois existem por si, sendo exemplos o título de crédito, que pode ser exigível pelo titular ou portador, sem necessidade de declinar a causa de sua emissão.

Em nosso direito civil há negócios jurídicos de ramos específicos, fora do direito das obrigações: negócios de direito de família: o casamento, o pacto antenupcial, o divórcio consensual extrajudicial, o contrato de regime de bens na união estável; negócios jurídicos de direito das sucessões: as formas de testamentos, a renúncia à herança, a cessão de direitos hereditários, a partilha amigável extrajudicial; negócios jurídicos dos efeitos patrimoniais dos direitos da personalidade: a cessão de uso de imagem (modelos, artistas, desportistas) ou contratos de limitação voluntária de privacidade.

9.4. Requisitos de Validade do Negócio Jurídico

Os requisitos de validade do negócio jurídico, no direito positivo brasileiro, são: a) a capacidade do agente; b) a licitude, possibilidade e determinação de seu objeto; c) a observância da forma determinada em lei, quando houver. Esses requisitos são comuns a todos os negócios jurídicos unilaterais, bilaterais e plurilaterais. A lei pode exigir outros requisitos para determinados negócios jurídicos.

9.4.1. Capacidade do agente

A capacidade do agente do negócio jurídico, ou seja, da pessoa ou das pessoas que dele participam, é a capacidade de agir ou negocial, seja pela maioridade, seja pela emancipação, seja por sua aquisição em virtude da ocorrência de situações que a admitem (casamento, colação de grau de nível superior, atividade empresarial, relação de emprego ou ocupação de cargo público efetivo). Para alguns negócios jurídicos a lei pode minorar a exigência da capacidade negocial comum. O maior de dezesseis anos, por exemplo, pode ser procurador e testador.

Se uma das partes do negócio for relativamente incapaz (por exemplo, maior de dezesseis e menor de dezoito anos) e esse fato for do conhecimento da outra, não pode esta invocá-lo para provocar a anulabilidade do negócio jurídico, se este não for mais de seu proveito. Essa regra, contida no CC, art. 105, é o reconhecimento implícito da obediência ao princípio da boa-fé, na modalidade da teoria dos atos próprios ou de vedação de *venire contra factum proprium*, isto é, quando a pessoa se volta contra o próprio ato que não mais lhe interessar. Nessa hipótese, o negócio jurídico é considerado válido, para evitar que prevaleça a má-fé. Sob o mesmo fundamento, a norma legal não permite que os cointeressados capazes, isto é, os parceiros do relativamente incapaz (juntos são credores ou devedores), se aproveitem da invalidação do negócio, em virtude desse fato, por não mais se interessarem ou para fugir de suas obrigações; o negócio jurídico continuará válido para eles, exceto para o incapaz, salvo se o objeto ou a prestação for indivisível (a casa vendida está sob condomínio de três irmãos, sendo um deles incapaz). A indivisibilidade da obrigação consiste em não se poder fracionar seu objeto, ou seja, a prestação. Há uma comunidade do crédito ou do débito, significando que a posição é comum. Na obrigação indivisível, o adimplemento da prestação não pode ser por partes. A indivisibilidade ou divisibilidade não é da obrigação, porque não se divide a relação jurídica, mas a prestação; a obrigação divisível não se divide em duas ou mais obrigações. A obrigação de transportar tem por objeto prestação de fazer indivisível, porque se transporta a coisa de um lugar para outro lugar, ainda que ela – por exemplo, uma carga de telhas – seja naturalmente divisível.

9.4.2. Licitude, possibilidade e determinação do objeto

O objeto do negócio jurídico é a prestação de alguém, um agir, um fazer em sentido amplo (dar ou restituir coisa, fazer algo ou não fazer). Há de ser lícito, pois se não o for o negócio jurídico será ilícito. A consequência será a nulidade de todo o negócio jurídico, pois a ilicitude do objeto o contamina por inteiro. O negócio pode existir juridicamente, mas será considerado nulo. A ilicitude decorre de normas jurídicas cogentes proibitivas. A ilicitude existe desde o momento mesmo da manifestação ou declaração de vontade, antes de se irradiarem os efeitos do fato jurídico (direitos, deveres, pretensões, obrigações).

Por exemplo, a lei proíbe o tráfico de entorpecentes; quem o praticar não poderá exigir a contraprestação.

O objeto – a prestação – terá de ser determinado, ou ao menos determinável, porque a indeterminação torna incerto o negócio jurídico e dependente do arbítrio de uma das partes. A prestação há de ser determinada no momento da conclusão do negócio jurídico, ou ao menos determinável por algum meio posteriormente, máxime quando seja exigível (Lôbo, 2005, p. 69). Não é necessário que seja determinada ao nascer a pretensão. Não se admite que a determinação seja entregue ao arbítrio exclusivo de uma das partes do negócio jurídico, a exemplo da nulidade do contrato de compra e venda que preveja a fixação unilateral do preço (CC, art. 489). A extensão da prestação, no espaço ou no tempo, é determinada pelo negócio jurídico ou pela lei. A lei, principalmente no Estado social paradigmático da CF, limita a extensão da prestação quando o interesse social passa à frente, ou quando se impõe a tutela da parte vulnerável, como o consumidor, o inquilino, o mutuário, o aderente. O CDC, no intuito de assegurar o equilíbrio material da relação de consumo, expande a prestação do fornecedor e reduz a do consumidor. O CC também se alinha nessa direção, em determinadas situações, a exemplo da limitação da taxa de juros compensatórios no contrato de mútuo, que não podem exceder a taxa que estiver em vigor para o pagamento dos impostos devidos à Fazenda Nacional (art. 591). Às vezes, o montante ou a extensão da prestação depende de decisão judicial, que precisa levar em conta elementos probatórios, perícias, avaliações, estimativas.

O objeto do negócio jurídico deve ser possível. Quando for considerado impossível, o devedor exime-se da responsabilidade. A impossibilidade pode ser material ou jurídica. Em princípio há de ser objetiva. A impossibilidade é material quando o objeto não é alcançável ou realizável pelo devedor normal, nas circunstâncias atuais; é jurídica quando o objeto é impedido pelo direito (exemplo de impossibilidade material: remédio que ainda não foi desenvolvido pela ciência; exemplo de impossibilidade jurídica: inalienabilidade temporária de imóvel distribuído em programa de reforma agrária). A impossibilidade da prestação deverá ser objetiva, a saber, impossível para todos, não importando se o devedor determinado na obrigação específica não possa cumpri-la (desconsideração da impossibilidade subjetiva). O que interessa é que a prestação seja impossível, sem se perquirir se o devedor não pode executá-la e outrem sim. A impossibilidade da prestação pode ser anterior à manifestação ou declaração da vontade ou posterior a estas. Se a impossibilidade é anterior, o negócio jurídico é nulo, não irradiando dever ou obrigação. A impossibilidade relevante para o direito é a que se qualifica como impossibilidade inicial absoluta; em princípio, não se considera a impossibilidade meramente relativa, para fim de nulidade de negócio jurídico (CC, art. 106). Impossível relativo não constitui inviabilidade do negócio jurídico. Todavia, em razão de princípios constitucionais relevantes como o da dignidade humana (art. 1º, III, da CF), tem sido admitida a impossibilidade relativa, desde que temporária e enquanto persistir sua causa.

É absoluta a impossibilidade de natureza técnica. Não há obrigação se a lei estabelece que, para determinados serviços, o prestador está habilitado mediante licenciamento ou registro prévio de sua atividade. O CC, art. 606, determina que não poderá prestar serviços nem cobrar qualquer remuneração aquele que atuar sem possuir título de habilitação, legalmente exigível.

9.4.3. Forma

A forma do negócio jurídico em princípio é livre, quando não for substancial. A desobediência à forma prescrita em lei provoca nulidade, a modalidade mais forte de invalidade. A forma que invalida é a substancial – formalismo negocial (*ad substantiam*) – e não a formalidade com finalidade simplesmente probatória (*ad probationem*). A forma substancial tem por objetivo obrigar as pessoas a refletir sobre as consequências daquele negócio jurídico, a facilitar o reconhecimento do negócio jurídico por terceiros e quando se impuser maior segurança. A forma especial só pode ser exigida quando a lei assim determinar, para determinadas situações.

As regras gerais sobre prova dos atos jurídicos repercutem na forma a ser adotada. A escritura pública é exigível para negócios jurídicos que tenham por objeto direitos reais sobre imóveis, desde que superem o valor de trinta salários mínimos. No Brasil, a escritura pública de transação sobre direito real imobiliário é apenas um título para aquisição desse direito; exige-se, além disso, um modo de aquisição ou de transmissão que é o registro público (CC, art. 1.227: os direitos reais sobre imóveis só se adquirem com o registro em Cartório de Registro de Imóveis dos referidos títulos). Mas as promessas de compra e venda, ou de doação, ou de permuta de imóveis podem ser feitas mediante instrumento particular. Também pode ser utilizado o instrumento particular para as transações do sistema financeiro imobiliário, principalmente os contratos de alienação fiduciária de coisa imóvel, com os mesmos efeitos da escritura pública (art. 38 da Lei n. 9.514/1997, com a redação da Lei n. 11.076/2004). As partes podem eleger a forma pública para negócios jurídicos que não necessitam dela; se assim fizerem, a forma pública é considerada elemento completante do suporte fático, sem a qual é inválido o negócio jurídico e suas alterações.

Também é exigível a forma de escritura pública para os chamados pactos antenupciais, mediante os quais os noivos escolhem regime matrimonial de bens diferente do regime de comunhão parcial. Se resolverem pelo regime de separação total dos bens, ou da comunhão universal, ou da participação final nos adquiridos durante o casamento, ou se criarem um regime distinto desses, fá-lo-ão por escritura pública perante um tabelião. Mas, se optarem pelo regime de comunhão parcial (comunhão dos bens que adquirirem durante o casamento, exceto os que a lei exclui), então não haverá necessidade de escritura pública, promovendo o oficial de registro de casamento a anotação devida ou redução a termo dessa opção. Já o contrato de regime de bens na união estável não exige a forma pública, bastando ser escrito (CC, art. 1.725).

A nulidade em razão de infringência da forma substancial não deve prevalecer quando as circunstâncias qualificadoras da situação recomendarem a conservação do negócio, em razão da confiança despertada em terceiros, e quando ficar caracterizada a boa-fé. Igualmente, quando a nulidade for pleiteada com flagrante abuso do direito, principalmente por uma das partes interessadas, que antes se aproveitou da ausência da forma.

9.5. Exteriorização da Vontade e Interpretação do Negócio Jurídico

A exteriorização da vontade, como manifestação ou declaração, está no centro da interpretação do negócio jurídico. Desde que exteriorizada, a vontade vincula o agente, e interessa saber qual seu alcance e significado. A manifestação é a modalidade tácita da exteriorização da vontade, que se apreende pelas circunstâncias, pelo comportamento concludente e até pelo silêncio. Por exemplo, as normas supletivas de algum contrato são consideradas como se fossem queridas pelos contratantes quando estes não estipulam de modo diferente; houve, portanto, manifestação tácita de vontade (hipótese, entre outras, do CC, art. 327: "Efetuar-se-á o pagamento no domicílio do devedor, salvo se as partes convencionarem diversamente"). Situação corrente de manifestação tácita é a entrega ao comprador da coisa vendida, sem palavras. Já a declaração é a exteriorização expressa da vontade, realizada por sinais, gestos, palavras proferidas e, principalmente, pela escrita.

O CC não admite qualquer efeito à reserva mental, isto é, o que o agente guardou consigo em sua mente e não revelou, principalmente quando diverge em seu íntimo do manifestado. A reserva mental pode prevalecer quando o destinatário tiver dela tomado conhecimento, porque de certa forma foi exteriorizada. Mas não poderá prevalecer quando confrontar com declaração de vontade, pois esta é exteriorização expressa que a torna indiscutível. Essa regra de admissão mitigada da reserva mental já se encontrava nos projetos de Códigos das Obrigações de 1941 e de 1965.

A manifestação pelo silêncio apenas vincula se as circunstâncias, ou os usos, permitirem concluir que a ausência de vontade exteriorizada tem efeito de concordância. É a hipótese do "silêncio eloquente", quando o calar-se importa comportamento cabal de querer ou aceitar determinados efeitos jurídicos. O silêncio não se confunde com a manifestação tácita, pois esta deriva de um fazer, enquanto aquele é um não fazer ou um não dizer. Se um fornecedor costuma enviar ao comprador as mercadorias, entendendo-se que o segundo as adquire se não comunicar ao primeiro seu desinteresse, houve manifestação pelo silêncio, que vincula. Mas o silêncio não pode ser considerado manifestação de vontade se a lei determinar que haja declaração expressa. Em direito não se aplica o ditado popular "quem cala consente", pois o silêncio pode ser reação contrária ao consentimento; no mundo atual as pessoas vivem a receber propostas por mala direta, mensagens eletrônicas, *telemarketing*, o que tornaria oneroso e desarrazoado ter de respondê-las negando, para que seu silêncio não configurasse vinculação, além de violar a liberdade pessoal. É necessário que resulte de lei, da convenção das partes ou dos usos que a ausência de resposta vincula. Se, na assembleia geral da associação civil, o presidente pede que quem estiver de acordo permaneça como está, houve manifestação pelo silêncio de quem assim se comportou.

A interpretação tem por fito fixar o sentido, alcance e efeitos do negócio jurídico. O intérprete deve pautar-se em critérios emanados do sistema jurídico, evitando o senso comum ou razões de ordem meramente empírica. "Interpretar ato jurídico é revelar quais os elementos do suporte fáctico que entraram no mundo jurídico e quais os efeitos que, em virtude disso, produz. Não se interpreta somente o elemento volitivo" (Pontes de Miranda, 1974, v. 3, p. 322). A regra fundamental de interpretação do negócio jurídico volitivo está exposta no CC, art. 112, relativamente às declarações de vontade: prevalece a intenção nelas consubstanciada, e não o sentido literal da linguagem. O que interessa é a intenção exteriorizada, e não o pensamento íntimo do declarante. Essa regra tem raízes romanas (Azevedo, 1974, p. 116), havendo sido reelaborada para atender às circunstâncias históricas da codificação moderna. Essa regra é apenas aplicável ao negócio jurídico volitivo, como expressão da autonomia privada; não pode ser aproveitada nos negócios jurídicos de tráfico jurídico massificado e nas condições gerais dos contratos, em virtude da abstração da vontade.

No negócio jurídico bilateral há duas declarações e o acordo delas resultante. É o acordo o objeto da interpretação e não cada uma das declarações. Essa regra procura priorizar o que de fato foi querido pelos agentes, mas desde que tenha sido declarado e apreensível no meio social. O que foi querido, mas não exteriorizado, não pode ser considerado pelo direito, pois o intérprete não pode incursionar no âmbito da psique humana quando se tratar de negócio jurídico. O que se leva em consideração é a vontade exteriorizada pela declaração, não a interna. Outra finalidade da regra é estabelecer a primazia da real declaração de vontade sobre o instrumento escrito, quando este comprovadamente divergir daquela.

O dado cognoscível é sempre a declaração, por si só ou através dela na pesquisa da intenção das partes, desde que exteriorizada. O negócio jurídico é texto e principalmente contexto. A vontade, o querido, há de estar contida na declaração. O que não foi declarado não entra no mundo jurídico. A intenção que não se declarou não pode servir à interpretação. O objeto da interpretação não é o fato anímico ou psicológico; entre a vontade interior e a declaração, esta prevalece para a interpretação. Em situações excepcionais é admitida a presunção de declaração (presunção ficta) de caráter absoluto, sem possibilidade de prova em contrário, quando a lei assim estabelece; exemplo é o do CC, art. 574: "Se, findo o prazo, o locatário continuar na posse da coisa alugada, sem oposição do locador, presumir-se-á prorrogada a locação pelo mesmo aluguel, mas sem prazo determinado".

Na interpretação dos negócios jurídicos não têm relevância os motivos que na específica situação de fato hajam determinado sua conclusão, portanto não tem importância a motivação lógica e histórica manifestada ocasionalmente na enunciação, mas somente seu intento prático, o interesse em sentido objetivo que busca satisfação na regulação que a autonomia privada pôs em jogo. Ou seja, o objeto da interpretação não é a vontade interna, quando permaneça oculta, mas a declaração ou comportamento enquadrados no marco das circunstâncias que lhes conferem valor e significado (Betti, 1971, p. 347). Não é o fato da vida interior, mas a declaração como ato que comporta sentido.

Entre as variantes teóricas da interpretação negocial, merece referência a chamada *teoria da impressão do destinatário*: "a declaração deve valer com o sentido que um destinatário razoável, colocado na posição concreta do declaratário, lhe atribuiria". Considera-se o real destinatário e tomam-se em conta os elementos que ele conheceu efetivamente, mais os que uma pessoa razoável, normalmente esclarecida, zelosa e sagaz, teria conhecido (Pinto, 2005, p. 443). A interpretação deve levar em consideração as possibilidades de compreensão do destinatário da declaração, enquanto este, nos limites da diligência devida, há de tratar de conhecer o significado dado pelo declarante (Larenz, 1978, p. 457). Nas declarações de vontade não receptícias, dirigidas a círculo maior de pessoas, como na promessa de recompensa ou nos títulos de crédito ao portador, a interpretação leva em conta as circunstâncias que os destinatários indeterminados poderiam conhecer.

As circunstâncias que envolveram e envolvem o negócio jurídico devem ser consideradas na interpretação deste: as negociações preliminares, a habitualidade de negócios, a compreensão que a comunidade empresta a certas atitudes negociais, as manifestações havidas anteriormente e durante a execução do negócio, os comportamentos das partes durante a execução, o significado corrente das palavras empregadas, o lugar, o tempo, o modelo das normas dispositivas aplicáveis e a mudança objetiva de circunstâncias. Deve ser levado em conta, principalmente, o significado que corresponde ao uso do tráfico jurídico, não só em relação às partes, mas também nos setores e ramos dos respectivos negócios.

A boa-fé objetiva, além de princípio fundamental do direito civil, é regra de interpretação do negócio jurídico volitivo ou não volitivo. Como princípio, é norma cogente que se incorpora ao negócio jurídico, tendo como consequência a nulidade de qualquer estipulação das partes que a contrarie. Como regra de interpretação, infunde em todas as estipulações das partes o sentido que melhor realize os deveres de lealdade, de probidade, de correção, de confiança. No CC, à regra geral de boa-fé objetiva na interpretação dos negócios jurídicos, prevista no art. 113, agrega-se a do art. 422, concernente aos contratos. Também o art. 187 considera ilícito o exercício do direito – inclusive derivado do negócio jurídico – que contrarie a boa-fé.

A interpretação fundada na boa-fé e em outros deveres gerais de conduta (função social do negócio jurídico, equivalência material das prestações, equidade, dever de informar, dever de cooperação), Betti denomina interpretação integradora (1971, p. 367), na medida em que a interpretação leva em conta suas diretrizes, pois integradas ao negócio jurídico, independentemente da vontade das partes, e até com primazia sobre esta. Para nós a interpretação integrativa difere da integração em sentido estrito, pois esta absorve as normas legais supletivas ou dispositivas aplicáveis ao negócio jurídico, apenas quando as partes não estipularem em contrário. Tanto na interpretação integrativa quanto na integração, a interpretação do negócio jurídico transcende os elementos volitivos das partes para abranger o que o sistema jurídico dispôs para integrá-lo.

Para os negócios jurídicos bilaterais, notadamente os contratos, os critérios gerais foram introduzidos pela Lei n. 13.874/2019, mediante adição do parágrafo único ao art. 113 do CC, quanto ao sentido que deva ser atribuído pela interpretação:

a) confirmação do sentido negocial em razão do comportamento objetivo das partes contratantes, posteriormente à celebração do contrato. Expande-se, assim, a diretriz já absorvida no direito brasileiro da vedação do comportamento contraditório, que ocorre quando uma das partes deseja fazer prevalecer a literalidade da estipulação em desacordo com o comportamento que adotou durante a execução do contrato, ainda que este possa ter se distanciado daquela;

b) correspondência do significado contratual aos usos, costumes e prática do mercado, quando dúvida houver na interpretação. O mercado deve ser o específico e relacionado ao objeto do contrato, além dos modos do lugar onde é executado. Esses fatores são aferíveis objetivamente e devem ser provados pela parte que neles buscam fundamento;

c) interpretação preferencial à parte que não redigiu a estipulação contratual controvertida. O § 1º do art. 113 universalizou a antiga regra de *interpretatio contra stipulatorem*, que teve sua recepção no direito positivo brasileiro com o advento do CDC, passando a incidir sobre todos os contratos, inclusive os paritários;

d) correspondência do significado negocial ao que seria a razoável negociação das partes sobre o ponto em que estas controvertem. Trata-se da admissão expressa da interpretação integrativa, ou seja, o contrato é integrado pelo intérprete com o significado que as partes, se tivessem prevenido divergências futuras, teriam estipulado para a realização dos fins e do objeto do negócio jurídico. A divergência de interpretação é aferível razoavelmente tendo em conta as informações que as partes contaram no momento da celebração do contrato, que se revelaram insuficientes ou inadequadas no curso da execução.

O CC, art. 113, também foi acrescentado de § 2º, pela Lei n. 13.874/2019, o qual estabelece que as partes podem pactuar critérios de interpretação, integração e de "preenchimento de lacunas" diversos daqueles previstos em lei. Os critérios legais são apenas os que resultam de normas dispositivas ou facultativas, pois as partes contratantes não podem derrogar, mediante negócio jurídico, normas cogentes (imperativas ou proibitivas), pois apenas o legislador pode fazê-lo.

Os negócios jurídicos benéficos recebem regra de interpretação específica, dadas suas peculiaridades. Nessas hipóteses, a interpretação é sempre restritiva, de modo a não agravar a situação de quem os praticou em benefício de terceiros. É o exemplo do contrato de fiança, pelo qual uma pessoa garante ao credor satisfazer a obrigação do devedor se este não a cumprir; a interpretação não pode ser extensiva em desfavor do fiador. Outro exemplo é o testamento: quando for suscetível de interpretações diferentes, prevalecerá a que melhor assegure a vontade do testador, contrariamente às vontades dos herdeiros e legatários. Se o testador equivocar-se na expressão empregada, mas houver possibilidade de averiguar o que tenha querido dizer, a expressão é válida com o significado dado por ele, ainda que não seja correspondente ao sentido literal ou corrente. Mas é possível, segundo Karl Larenz, que uma expressão imprecisa, incompleta ou parcialmente inexata possa ser completada ou ratificada por via da interpretação (1978, p. 472). Também é restritiva a renúncia a algum direito (por exemplo, renúncia da herança); na dúvida, não se pode entender que o renunciante foi além do que se depreende literalmente da declaração. A interpretação restritiva não permite, ao contrário da regra do CC, art. 112, que se vá mais do que a literalidade expressa.

9.6. Representação

O negócio jurídico é realizado ou celebrado pelas partes diretamente, na maioria dos casos. Mas um terceiro pode agir em nome e no interesse da pessoa que é parte no negócio jurídico (representado), para tanto exercendo determinados poderes. Essa intermediação denomina-se representação, e a pessoa que age em nome de outra é o representante. "Em uma economia de intercâmbio evoluído se origina a necessidade imperiosa de fazer que outro atue em lugar do interessado, de forma que aquele, o representante, possa constituir efeitos jurídicos para o representado do mesmo modo que este pode constituí-los para si" (Larenz, 1978, p. 756).

A representação produz efeitos em relação ao representado, como enuncia o CC, art. 116, ou seja, conferindo poder de representação, por via do qual o representante emite uma declaração apta a gerar direitos e obrigações na esfera jurídica do representado. A representação pode ser estabelecida em lei, para proteção de algumas pessoas, como a dos pais em relação aos filhos menores de dezesseis anos, ou resultar de convenção entre pessoas capazes. São, respectivamente, a representação legal e a representação convencional. Há, também, a representação ativa, que emite a manifestação ou declaração de vontade, e a representação passiva, que a recebe, em ambos os casos de acordo com os poderes atribuídos.

Não há representação válida sem poderes de representação. O poder de representação, com exceção apenas do mandato em causa própria (CC, art. 117), não é um poder em benefício próprio, mas em benefício alheio. Os poderes ou são atribuídos por lei (representação legal), ou por ato do representado (representação convencional).

O CC não incluiu na Parte Geral a disciplina da representação convencional, ao contrário do projeto de Código das Obrigações de 1941 e do Código Civil português, preferindo mantê-la entre as espécies de contratos, como mandato. Melhor seria que o fizesse na Parte Geral, pois a procuração, que é instrumento de explicitação dos poderes, não é contrato. Do mesmo modo manteve dispersas outras formas de representação, no direito de família, no direito das coisas, no direito das sucessões.

Segundo Pontes de Miranda, a "representação e, pois, a atribuição legal ou a outorga de poder de representação supõem: a) a possibilidade de ato jurídico para o qual seja preciso representação; b) ser o representante quem manifesta a vontade necessária a esse ato; c) o ser em nome de outrem a manifestação de vontade; d) eficácia, positiva e negativa, quanto ao representante" (1974, v. 3, p. 244).

O representante exprime sua vontade própria na realização dos atos, dentro dos limites dos poderes da representação, no interesse presumível do representado. Não vocaliza ou transmite a vontade do representado. Na representação há a declaração, em maior ou menor escala, de uma vontade própria do representante, e não pura e simplesmente a existência de uma vontade do representado (Pinto, 2005, p. 548). O ato da vida civil realizado pelo representante é seu, mas, em virtude dos poderes recebidos, vincula juridicamente o representado e repercute na esfera jurídica dos destinatários do ato, como se fosse do próprio representado. Nisso consiste a peculiaridade da representação, ou seja, quando o ato de alguém vincula outrem em razão dos poderes recebidos ou legalmente conferidos. A parte do negócio jurídico é o representado, que adquire direitos ou contrai obrigações, ainda que tenha atuado ou comparecido o representante em seu lugar.

A função do representante é completamente diferente da função ou papel do núncio ou mensageiro, que apenas transmite ao destinatário a mensagem recebida, sem exercer qualquer poder. Como diz Emilio Betti, o indício característico, que normalmente permite reconhecer a figura do núncio, consiste na simplicidade da tarefa que lhe é confiada e no fato de não tomar qualquer iniciativa ao dar forma à declaração, de maneira que até um incapaz pode ser núncio (1969, v. 3, p. 176).

É da natureza da representação o dever imputado ao representante de informar à outra parte do negócio jurídico a qualidade em que se encontra investido, para que a contraparte saiba com quem se vincula, uma vez que os efeitos obrigacionais do negócio jurídico afetarão a esfera jurídica do representado e não a sua própria. Na representação legal basta o título que o legitima (qualidade de pais, ou a nomeação como tutor, curador ou guardião), sem necessidade de informar os poderes que pode exercer, pois estes decorrem da lei, que presume o conhecimento público. Na representação convencional, deve fazer prova do instrumento de mandato (procuração), no qual estão explicitados os poderes que foram outorgados ao representante pelo representado. Não basta o dever de informar, porque é exigível a recepção pela contraparte do negócio jurídico em que atuará o representante, para que a representação possa ser considerada eficaz. A representação é, pois, declaração receptícia, e deve ser reconhecível a ligação com o representado.

O direito cerca o representado de garantias para evitar que haja conflito de interesses dele com os do representante. Por essa razão, certas pessoas não podem ser representantes legais, sendo, por exemplo, incapazes para o exercício de tutela dos menores aqueles que sejam seus devedores ou que estejam em litígio com eles, ou os inimigos deles ou de seus pais. Não pode o representante celebrar negócio jurídico consigo mesmo, no seu interesse ou para beneficiar terceiro, ainda que se valendo de outra pessoa a quem tenha substabelecido os poderes recebidos do representado. Na representação convencional o representante não pode antepor seus interesses aos do representado; apenas em situação excepcional pode o representante atuar em seu próprio benefício, valendo-se dos poderes recebidos: é a hipótese do mandato "em causa própria" (CC, art. 685), no qual o representante pode transferir para si os bens móveis ou imóveis objeto do mandato, ficando dispensado de prestar contas. Todavia, o STJ editou a Súmula 60, cujo enunciado ressalva: "É nula a obrigação cambial assumida por procurador do mutuário vinculado do mutuante, no exclusivo interesse deste", porque estaria caracterizado o conflito de interesses e decorreria de contrato de adesão, na maioria dos casos.

Os poderes que o representante exerce são os necessários para o desempenho da representação. O representante legal exerce todos os poderes relativos aos atos da vida civil, não sendo exigível que os comprove, pois são conferidos amplamente pela lei. Mas os poderes na representação convencional têm de estar explicitados, pois é o mandante que os delimita, e os terceiros devem estar deles informados. O mandante deve outorgar ao mandatário os poderes suficientes e que sejam compatíveis com o fim do mandato; assim, para o fim de receber o pagamento de terceiro, os poderes são para receber e dar quitação.

Portanto, são indispensáveis à execução da representação: a) a atribuição legal ou outorga do poder de representar; b) a atuação do representante em nome do representado (*contemplatio domini*); c) a vontade manifestada na prática do ato jurídico ou celebração do negócio jurídico representativo (Maia Jr., 2004, p. 86).

A representação envolve a interposição do outro. Não há, pois, representação na atuação dos órgãos da pessoa jurídica, principalmente dos que têm competência de gestão ou administração, como a diretoria. O órgão é parte integrante da pessoa jurídica, sem o qual ela não se exterioriza; não configura o outro. Da mesma forma como os órgãos da pessoa natural (cérebro, membros, olhos etc.) não a representam, os órgãos da pessoa jurídica a presentam, ou seja, promovem sua presentação perante terceiros. A pessoa jurídica pode ter representante (procurador) a quem seu órgão de administração confere poderes para determinados fins. Assim, de modo distinto, a pessoa jurídica é presentada por seu órgão ou representada por seu procurador, nos atos da vida civil. "O ato do órgão não entra, no mundo jurídico, como ato da pessoa, que é o órgão, ou das pessoas que compõem o órgão. Entra no mundo jurídico como ato da pessoa jurídica, porque o ato do órgão é ato seu" (Pontes de Miranda, 1974, v. 3, p. 233).

No direito das sucessões há o chamado "direito de representação" (CC, arts. 1.851 e 1.856) com significado inteiramente distinto. Cuida-se da chamada dos parentes que sucedem o herdeiro morto, na quota da herança que este teria se sobrevivesse ao autor da herança. Por exemplo, os netos substituem o pai na quota que este teria na herança deixada pelo avô. No direito das sucessões há, portanto, a sucessão "por cabeça" ou por direito de representação (também dito "por estirpe"), quando os herdeiros não são de mesmo grau de parentesco (no caso, filhos e netos).

Além das representações legal e convencional, a doutrina cogita da distinção entre representação ativa e representação passiva. A primeira é a atuação em nome de outrem na emissão de declarações negociais. A segunda modalidade traduz-se em receber declarações negociais em nome de outrem, para se produzirem os mesmos efeitos que se produziriam se tais declarações fossem recebidas por esse outrem (Pinto, 2005, p. 543).

A representação aparente não foi expressamente prevista no direito positivo brasileiro. Ocorre quando alguém aparenta ser o representante de outra pessoa, que tolera sua atuação, gerando na contraparte a convicção da existência da representação. Sua importância decorre da proteção dos interesses de terceiros de boa-fé. O direito português prevê regra expressa, aplicável por analogia ao direito brasileiro (art. 23, I, do Dec.-lei n. 178/86), segundo a qual o negócio celebrado por um agente sem poder de representação é eficaz perante o representado se tiverem existido razões ponderáveis, objetivamente apreciadas, tendo em conta as circunstâncias do caso, que justifiquem a confiança de terceiro de boa-fé na legitimidade do representante, desde que o representado tenha igualmente contribuído para fundar a confiança do terceiro.

9.6.1. Representação legal

As hipóteses de representação legal são definidas exclusivamente na legislação, não podendo ser acrescidas pela autonomia negocial. Decorrem da necessidade de proteger os interesses de pessoas que não podem exercer com plenitude ou consciência sua vontade ou poder negocial e são, por isso mesmo, vulneráveis. São representadas legalmente todas as pessoas menores de dezesseis anos. Também são representados legalmente os nascituros e os ausentes. Considera-se, igualmente, representação legal a guarda como modalidade de inserção em família substituta, de acordo com o art. 33 do ECA. A representação legal perdura enquanto permanecer a situação que a determinou: a menoridade, a ausência, a gravidez. Da mesma forma que na representação convencional, o representado é que adquire ou transfere direitos, ou contrai obrigações, e não seu representante legal; é o filho que os assume e não os pais.

Há representação legal para certos atos da vida civil, para pessoas consideradas relativamente incapazes. Para os demais atos da vida civil, que não ponham em risco seus interesses, essas pessoas podem agir diretamente. São submetidos a representação legal parcial: os ébrios habituais, os viciados em tóxicos, os pródigos. O exercício da representação legal pode consistir na assistência, na concordância, na aprovação ou na autorização do representante ao representado (por exemplo, assistir com anuência à venda de determinado bem, autorizar o casamento de maior de dezesseis anos, cuja falta pode levar à invalidação ou ineficácia do ato). O CC, art. 1.550, estabelece que o casamento de menor relativamente incapaz é anulável quando não autorizado por seu representante legal. Do mesmo modo, o art. 1.517 estabelece que a falta de aprovação do representante legal leva à ineficácia do pacto antenupcial firmado pelo menor.

Os representantes legais são definidos em lei: os pais representam os filhos menores de dezesseis anos (hipótese de representação legal coletiva, pois o poder familiar é exercido em conjunto por ambos os pais); o tutor representa esses menores – tutelados ou pupilos – quando não tenham pais, ou estes tiverem perdido seu poder familiar, ou forem ausentes; nos demais casos, o curador representa o curatelado, o ausente, a pessoa com deficiência submetida a curatela temporária e específica. Os nascituros são representados por seus pais ou, na falta do pai e não tendo a mãe o poder familiar, o curador; por exemplo, o CC, art. 542, estabelece que a doação feita ao nascituro valerá, sendo aceita por seu representante legal. Também é representante legal para a prática de atos determinados o titular de guarda de criança ou adolescente, investido por determinação judicial, na forma do ECA, quando atende a situações peculiares ou de falta eventual de pais ou responsáveis.

O representante legal precisa ter capacidade de agir ao tempo da investidura. Não se pode ser representante legal sem ser capaz, enquanto na representação convencional é possível que o menor relativamente incapaz o seja.

9.6.2. Representação convencional

A representação convencional ou voluntária é a escolha livre de uma pessoa para que represente a outra em determinado ou determinados atos da vida civil. Para que a representação alcance sua finalidade é imprescindível que o representado outorgue ao representante os poderes necessários.

Com a outorga de poder de representar, o representado outorgante não se desfaz dos poderes que tem: outorgou o poder de representá-lo no exercício dos poderes que tem; não outorgou o poder, de que é titular, nem se inibiu da prática do mesmo ato. Por isso, a prática pelo representado do mesmo ato é como revogação tácita da procuração, se exauriu sua finalidade (vender uma casa), mas o terceiro interessado que ignorar a prática do ato não pode ser prejudicado.

A representação convencional se exterioriza mediante instrumentos jurídicos específicos, como o contrato de mandato e o negócio jurídico unilateral de procuração. O contrato de mandato é o negócio jurídico bilateral, verbal ou expresso, que tem por objeto a representação do mandante pelo mandatário. Não há representação convencional sem mandato. O mandante propõe ao mandatário e este aceita representá-lo em determinado(s) ato(s) da vida civil. Se houver recusa de aceitação – porque ninguém é obrigado a ser mandatário e procurador – a representação não se consuma. Para que haja o contrato de mandato não se faz necessário que os poderes do mandatário sejam expressamente outorgados, pois estes não são seu objeto, mas a consequência. Nesses casos, a doutrina cogita de mandato sem poderes, para distinguir os dois instrumentos (mandato e procuração).

A procuração é o instrumento do mandato (CC, art. 653) ou da representação, no qual o mandante indica e qualifica o mandatário (ou procurador), a finalidade da representação, os poderes que outorga para que esta seja eficaz, a data e o local de sua edição. Eventualmente, pode delimitar o tempo para seu exercício e as pessoas físicas e entidades com as quais o procurador pode exercer os poderes recebidos. A procuração, portanto, pressupõe o contrato de mandato, ainda que seja tácito. Quando uma pessoa redige e firma uma procuração e a entrega ou encaminha para o procurador, este terá aceitado antes a representação (= contrato de mandato).

A procuração é instrumento escrito, seja particular ou público. Ordinariamente, se faz em documento apartado. O instrumento particular pode ser utilizado para qualquer fim, inclusive para representar o mandante em escritura pública ou ato solene, como o casamento.

A procuração pode estar contida em um contrato ou outro negócio jurídico bilateral, sob a forma de cláusula, na qual o procurador, a finalidade e os poderes são explicitados. A cláusula-mandato não perde sua autonomia como negócio jurídico unilateral de procuração. Nos contratos de consumo a cláusula-mandato não é admitida, pois o art. 51, VIII, do CDC considera abusiva a cláusula que imponha "representante para concluir ou realizar outro negócio jurídico pelo consumidor", porque retira deste a liberdade de escolha de quem deposita confiança.

É da natureza da representação convencional a confiança recíproca entre representado e representante, "constituindo critério de primeira ordem para integrar o conteúdo de direitos e deveres desta relação" (Díez-Picazo, 1979, p. 99). A confiança impõe preferência dos interesses do representado sobre os interesses do próprio representante. A atuação do representante em colisão à confiança importa dever de reparar os danos consequentes.

Em razão da confiança, pode ser revogada a procuração a qualquer tempo pelo mandante, sempre que aquela faltar. Quem dá voz a retira (revoga). Não há direito subjetivo do mandatário ou procurador a manter a representação. A revogação pode ser expressa, mediante comunicação ao procurador, ou tácita, quando o mandante constitui novo procurador para os mesmos fins e com os mesmos poderes. Em contrapartida, e pelo mesmo fundamento na confiança, o procurador pode renunciar ao mandato e à procuração.

Ordinariamente, o mandato é gratuito, pois constitui ato benéfico e de solidariedade do mandatário em relação ao mandante. Porém, pode ser oneroso quando as partes convierem na remuneração do mandatário ou em razão de profissão. O mandato judicial outorgado a advogado é oneroso, sendo devidos os honorários advocatícios ajustados ou arbitrados pelo juiz, salvo se tiver atuado voluntariamente por motivos éticos em assistência judiciária gratuita. Em qualquer circunstância, está sujeito o mandatário a prestação de contas ao mandante, salvo se tiver havido prévia dispensa desta.

É cabível no direito brasileiro a representação continuada para proteção futura, com objetivo de nomeação de pessoa com plenos poderes para decisões e escolhas relativas aos interesses econômicos e existenciais do representado, inclusive sobre saúde e vida, na ocorrência de sua incapacidade superveniente ou doença incapacitante, fundado na autodeterminação da pessoa. O mandato extingue-se pela mudança de estado que inabilite o mandante a conferir os poderes (CC, art. 682, II e III). Contudo, há as regras gerais dos arts. 115 e 116 do CC, os quais preveem que "os poderes de representação conferem-se por lei ou pelo interessado" e que "a manifestação de vontade pelo representante, nos limites de seus poderes, produz efeitos em relação ao representado". Essas regras aplicam-se a qualquer forma de representação utilizada pelo representado, no exercício de sua autonomia privada, ou a representação legal, não se lhes aplicando as restrições específicas do mandato, constituindo fundamento legal suficiente da representação continuada para proteção futura.

9.6.3. Representante

O representante legal é definido na lei (hipótese dos pais em relação a seus filhos) ou escolhido dentro dos que são legitimados a exercer esse múnus. O tutor, por exemplo, pode ser escolhido previamente pelos pais em testamento ou outro documento autêntico, se ocorrer o falecimento deles; se os pais não o tiverem nomeado, deve ser observada pelo juiz a ordem preferencial aos ascendentes (avós), depois os parentes colaterais (irmãos, tios etc.), tendo prioridade os mais velhos no mesmo grau. A tutela ou a curatela constituem múnus que não podem ser recusados, salvo determinadas situações comprovadas (mulheres casadas, maiores de sessenta anos, enfermos, os que habitarem longe, os que tenham mais de três filhos etc.).

Por sua natureza, o representante legal é dotado de poderes amplos para proteção ou defesa dos interesses da pessoa representada, pois envolve cuidados com situações existenciais, além de administração de bens e interesses. Porém, determinadas decisões relevantes dependem de autorização judicial, máxime quando envolvem potencial conflito de interesses ou o destino do patrimônio da pessoa protegida (o filho, o tutelado, o curatelado, o ausente), como a venda de móveis ou imóveis.

Diferentemente, o representante convencional ou voluntário tem sua escolha fundada na confiança que lhe deposita o representado. É ato de autonomia privada, para o que o direito não impõe requisitos ou critérios. Até mesmo a pessoa maior de dezesseis anos e menor de dezoito pode ser representante, o que significa especial capacidade para essa finalidade; não pode ser mandante, mas pode ser mandatária e procuradora.

Há, também, variações nas consequências do exercício da representação. Estabelece o CC, art. 149, que o dolo do representante legal de uma das partes só obriga o representado a responder civilmente até a importância do proveito que teve; se, porém, o dolo for do representante convencional, o representado responderá solidariamente com ele por perdas e danos.

O representante – legal ou convencional – pode agir com excesso ou abuso de poderes. Há excesso quando o representante excede os poderes que lhe são atribuídos por lei ou outorgados pelo mandante, tendo por consequência a não vinculação dos atos correspondentes ao representado, que por eles não responde, salvo se for representado convencional e tiver agido com dolo, com plena ciência do fato e tirando proveito. O CC, art. 673, estabelece que se o terceiro celebrar negócio jurídico com o representante, mesmo sabendo que este está exorbitando dos poderes recebidos, não tem ação contra ele, salvo se este tiver prometido ratificação do mandante.

Há abuso quando o representante, ainda que dentro dos poderes atribuídos ou recebidos, age de forma a contrariar flagrantemente os interesses do representado ou as instruções recebidas; atua o representante dentro dos limites formais dos poderes atribuídos por lei ou outorgados pelo representado, mas de modo substancialmente contrário aos fins da representação. As instruções são inconfundíveis com o poder; o poder é abstrato, enquanto as instruções são recomendações ou ordens do representado ao representante para que pratique ou deixe de praticar certo ato, sendo sem importância para os terceiros (Pontes de Miranda, 1974, v. 3, p. 256). No abuso de poderes, os atos realizados pelo representante vinculam o representado, mas este tem pretensão contra aquele para reparação das perdas e danos. Também podem ocorrer instruções na representação legal: as instruções do juiz ao tutor ou curador, as do testador deixadas para o testamenteiro, o cônjuge para o outro que administrar seus bens particulares.

Extingue-se o poder de representação: a) quando for concluída sua finalidade; b) pelo termo final do prazo fixado na procuração ou no ofício de tutela ou curatela; c) pela cessação da incapacidade absoluta, na representação legal; d) pela superveniência da impossibilidade do exercício; e) pela morte do representante ou do representado, salvo no caso de representação em causa própria; f) pela revogação, na representação convencional.

9.7. Condição no Negócio Jurídico

A condição, ao lado do termo, é autolimitação da vontade no negócio jurídico.

Em sentido estrito, a condição é o evento ou acontecimento possível e previsível, estipulado pelas partes do negócio jurídico, que pode ocorrer ou não no futuro e que determina sua eficácia. Nesse sentido é evento futuro e incerto, subordinante do negócio jurídico, a teor do CC, art. 121. A condição integra o negócio jurídico, ordinariamente, mediante cláusula específica. A lei designa como condição tanto a disposição de um negócio jurídico, pela qual se faz depender de uma circunstância futura a eficácia de tal negócio, como essa mesma circunstância ou evento (Larenz, 1978, p. 674). São três os elementos da condição: a) a subordinação da eficácia do negócio jurídico; b) a futuridade do evento; c) a incerteza da realização do evento. A eficácia condicionada pode ser da totalidade do negócio jurídico ou de parte dele.

Condicionar pressupõe poder da vontade para optar entre condicionar ou incondicionar os efeitos jurídicos adjuntos à exteriorização dessa vontade. Por isso, somente atos jurídicos, notadamente os negócios jurídicos, não os fatos jurídicos em sentido estrito, são condicionáveis (Vilanova, 2000, p. 68); tampouco os atos-fatos jurídicos. Como esclarece Pontes de Miranda, a condição é parte do ato jurídico, é parte da manifestação da vontade, não é conexa ou anexa, pois o que depende do evento futuro é o efeito (ou a extinção do efeito, que efeito é), e não o ser do ato jurídico (1974, v. 5, p. 97).

O evento pode ser um fato natural (o nascimento de uma criança, a chegada de uma pessoa a determinada idade), ou pode ser um ato de um contratante, ou de um terceiro (a prestação de uma fiança), ou um ato social (o resultado da eleição, a publicação de uma lei). Quando o evento depender do ato de um dos contratantes (exemplo, fixar o preço na compra e venda), a condição é potestativa, que o direito rejeita.

É possível que o evento aconteça em circunstâncias normais, mas não é certo que venha a ocorrer, pois circunstâncias voluntárias ou involuntárias podem impedi-lo. A impossibilidade pode ser jurídica ou material, mas não pode ser certa no começo do negócio jurídico. Por exemplo, um homem faz doação de um bem ao sobrinho, cuja eficácia dependerá da graduação do curso universitário que realiza. O evento é possível materialmente de se consumar no futuro, mas é incerto, pois o donatário pode não concluir o curso por alguma circunstância. Quando o evento é a realização de alguma ação, de um fazer, a incerteza é inerente ao acontecer no futuro, principalmente considerando que todas as pessoas estão sujeitas às fatalidades inesperadas, como a morte. Exemplo de impossibilidade jurídica é a condição aposta no ato de reconhecimento de filho (CC, art. 1.613); se o genitor reconhecer filho havido fora do casamento ou da união estável não pode submeter esse reconhecimento a qualquer condição. Igualmente, configura condição juridicamente impossível a que for aposta à aceitação ou renúncia à herança (CC, art. 1.808); aceita-se ou não a herança, mas não sob condição.

As duas principais modalidades de condição são as suspensivas e as resolutivas. Essa classificação é decisiva para as consequências que o direito atribui, quando são impossíveis ou ilícitas. A condição suspensiva impede que o negócio jurídico existente e válido possa produzir seus efeitos enquanto ela não se implementar. A condição resolutiva extingue os efeitos do negócio jurídico a partir do momento em que ela se realizar. Diferentemente da condição suspensiva, a resolutiva não compromete o plano da eficácia do negócio jurídico, cujos direitos e deveres, pretensões e obrigações são plenamente exercidos enquanto ela não se realizar. Em outras palavras, a condição suspensiva impede o início da execução do negócio jurídico, enquanto a resolutiva põe fim à execução. O exemplo citado de doação do tio ao sobrinho é de condição suspensiva. Exemplo de condição resolutiva: pago-lhe uma mesada até a conclusão de seu curso universitário; o negócio jurídico produz desde já seus efeitos, que se extinguirão quando a condição se concretizar.

Quando a condição suspensiva é determinante do negócio jurídico, como no primeiro exemplo citado, sua impossibilidade material ou jurídica gera a invalidação de todo o negócio jurídico, e não apenas da cláusula que a prevê. Resolve-se, assim, no plano da validade (o negócio jurídico é inválido). Todavia, quando a condição é resolutiva, sua impossibilidade leva à sua inexistência (plano da existência), ou seja, da cláusula que a contém, mas não do negócio jurídico, que continua a produzir seus efeitos; é como se a condição nunca tivesse existido.

A condição suspensiva possível e lícita não permite que qualquer efeito decorrente do negócio jurídico possa ser produzido enquanto perdurar. Ao mesmo tempo, impede que a situação jurídica seja alterada, de modo a torná-la inócua. Nesse sentido, a pessoa que resolver dispor ou alienar uma coisa, estipulando condição suspensiva, não pode fazer outra disposição ou alienação enquanto a condição perdurar. A razão é porque a condição suspensiva não suspende a aquisição do direito quando o negócio jurídico é existente e válido. A eficácia pendente não altera a existência e a validade do negócio jurídico, cujos direitos e deveres já ingressaram nas esferas jurídicas das pessoas envolvidas. Essa regra vale até mesmo contra a lei nova que altere a disciplina da anterior, em virtude do princípio constitucional do ato jurídico perfeito, pois o art. 6º, § 2º, da LINDB considera adquirido o direito cujo começo de exercício esteja submetido a condição inalterável a arbítrio de outrem.

O contrato ou contém cláusula resolutiva expressa ou tácita, como modalidade de condição resolutiva, que leva à sua extinção, quando ocorrer inadimplemento. O contrato pode ter previsto que basta o inadimplemento parcial para sua resolução ou ter exigido a comprovação do inadimplemento total. Assim, dispõe o CC, art. 474, que a cláusula resolutiva expressa opera de pleno direito, sem necessidade de intervenção judicial, enquanto a tácita depende de interpelação judicial.

Quando houver a realização da condição resolutiva, os direitos e deveres advindos do negócio jurídico são imediatamente extintos. Em princípio, nenhum efeito sobrevive a ela, pois opera retroativamente (*ex tunc*). Mas, se a condição resolutiva estiver contida em negócio jurídico duradouro, que envolve prestações continuadas, não retroage para alcançar os efeitos já produzidos (*ex nunc*), salvo se as partes tiverem estipulado em sentido contrário ou se a natureza do negócio determinar em contrário. Exemplo de prestações continuadas é o do contrato de locação; o implemento da condição resolutiva não retroage para fazer com que o locador devolva os aluguéis recebidos. Exemplo de prestações periódicas, cuja extinção necessariamente conduz ao estado anterior (*statu quo ante*), é o da aquisição de bem em prestações periódicas: o comprador devolve o bem e o vendedor devolve os valores recebidos, compensando eventuais perdas e danos.

A condição suspensiva ou resolutiva considera-se ocorrida ou implementada quando uma das partes do negócio jurídico for responsável pela dificuldade ou obstáculo em se verificar. Decorre do princípio da boa-fé. Se não tivesse havido a ação indevida ou maliciosa da parte, a condição se implementaria em circunstâncias normais. Em contrapartida, considera-se não verificada a condição que teve seu implemento artificialmente provocado pela parte a quem aproveita. O direito lança mão de ficção jurídica para considerar não realizada a condição que de fato se realizou, excluindo qualquer efeito em relação à parte de má-fé.

A previsão de condição suspensiva ou resolutiva no negócio jurídico, principalmente a suspensiva, não impede que as partes promovam os meios necessários para acautelar e proteger seus interesses. Essa regra é mais aplicável na hipótese de coisa que deve ser conservada, enquanto se aguarda o implemento da condição suspensiva, ou do interessado na condição resolutiva. Exemplo, nesta última hipótese, é o do doador que doa um imóvel a outra pessoa, com cláusula de reversibilidade, ou seja, o bem a ele voltará se sobreviver ao donatário; daí seu interesse na conservação.

As condições ilícitas, ou seja, as que contrariarem o direito, sejam elas resolutivas ou suspensivas, levam à sua invalidade. Consideram-se ilícitas as condições que sejam contrárias às normas e princípios de direito, à ordem pública e aos bons costumes praticados pela comunidade. Aplicam-se-lhes as mesmas regras de nulidade para qualquer ato que tiver fim ilícito. Entre as condições ilícitas – e nulas – estão as consideradas potestativas, isto é, dependentes do poder ou arbítrio de uma das partes no negócio jurídico bilateral; a título de exemplo, o CC, art. 489, considera nulo o contrato de compra e venda quando se deixa ao arbítrio de uma das partes a fixação do preço, pois este deve resultar do consentimento mútuo. A condição potestativa deposita em uma das partes o poder exclusivo de fixar o conteúdo da obrigação da outra. A condição deixa de ser evento futuro e incerto, definido pelas partes, mas cujo implemento é exterior às partes, convertendo-se em instrumento de arbítrio de uma delas. A condição potestativa era típica do direito pré-moderno, fundado no *jus privilegium* e não na igualdade jurídica das pessoas. A existência de condição potestativa contamina o exercício do direito, que, por consequência, é também nulo.

Também são inválidas as condições de qualquer natureza que não possam ser compreendidas pelas próprias partes, ou que não permitam interpretação razoável. Igualmente inválidas são as condições compreensíveis, mas que contradizem o conteúdo ou finalidade do negócio jurídico: por exemplo, em contrato de compra e venda, a condição de, quando do pagamento do preço, entregar outra coisa em seu lugar, pois deixaria de ser compra e venda para se tornar permuta. A parte prejudicada pode requerer sua invalidação.

O CDC considera nulas as cláusulas abusivas, ou seja, as que estabelecem vantagens excessivas para o fornecedor em prejuízo do consumidor, tais como cláusulas que configuram modalidades de condições potestativas: as que deixem ao fornecedor a opção de concluir ou não o contrato; as que permitam ao fornecedor variação de preço de maneira unilateral; as que autorizem o fornecedor a cancelar o contrato com o consumidor unilateralmente; as que obriguem o consumidor a ressarcir os custos de cobrança de sua obrigação, sem igual direito a este; as que autorizem o fornecedor a modificar unilateralmente o contrato após sua celebração (art. 51, IX a XIII).

9.8. Termo e Prazo do Negócio Jurídico

Sob essa denominação o direito civil considera o início e o fim do tempo do negócio jurídico. Assim, há o termo inicial, que corresponde ao começo da existência jurídica do negócio jurídico, e o termo final, que fixa seu encerramento.

São os polos da medição jurídica do tempo. O prazo é o que medeia entre um termo e outro. Às vezes, além do termo inicial da existência, há o termo inicial da eficácia do negócio jurídico, quando, por exemplo, está submetido a condição suspensiva; o implemento desta define o termo inicial.

O efeito do fato jurídico temporal é determinar a eficácia do negócio jurídico, fazendo-a começar, ou fazendo-a cessar, se já começara antes. Em outras palavras, o efeito do tempo, no termo, é provocar o efeito do ato jurídico, ou fazê-lo deter-se. O tempo, em si mesmo, é uma sucessão irreversível. Mas o tempo juridicizado não tem essa irreversibilidade (Vilanova, 2000, p. 73).

Todo negócio jurídico tem termos inicial e final, até mesmo quando aparenta ser instantâneo. Quando alguém fez uma proposta de venda de algo e o outro imediatamente aceitou, houve algum tempo – minutos, segundos – entre a aceitação, que fez exsurgir o início do negócio jurídico, o pagamento do preço após a entrega da coisa, que é seu termo final. Nos negócios jurídicos sem prazo predefinido, o credor pode exigir do devedor o cumprimento da prestação devida (dar coisa, fazer ou não fazer) imediatamente, sob pena de inadimplemento com suas consequências, inclusive multas e perdas e danos, salvo se a prestação não puder ter execução imediata, por sua natureza, como a de construir uma obra que envolve providências de instalação e aquisição de materiais e tempo, ou quando tiver de ser feita em outro lugar, como a de entregar um automóvel que se encontra a vários quilômetros de distância, fatores esses que serão levados em conta para considerar o termo inicial.

Os negócios de execução duradoura, sejam de execução continuada, sejam de execução diferida no tempo, exigem clareza na fixação dos termos inicial e final. Além deles, há os termos relativos às prestações periódicas na execução continuada, por exemplo, nos aluguéis de locação de um imóvel: o contrato define a periodicidade (normalmente mensal) e o dia de cada mês para pagamento (último dia, ou o dia *x*). No contrato de execução diferida, por exemplo, os pagamentos de parcelas pela aquisição de um bem têm seus termos definidos, às vezes admitindo tolerância prefixada de mora.

Nem sempre é clara a distinção entre condição suspensiva ou resolutiva e termo. A condição envolve termo, mas com ele não se confunde. Quando se realiza o evento da condição suspensiva ela se extingue; eis o seu termo final, que é ao mesmo tempo o termo inicial da eficácia do negócio jurídico. Quando a condição resolutiva se realiza, fixa o termo final do negócio jurídico. Por essa razão, o CC estabelece que se aplicam ao termo, no que couber, as regras da condição suspensiva ou resolutiva. Da mesma forma que a condição suspensiva, o termo inicial, quando não corresponde ao da celebração do negócio jurídico, suspende o exercício dos direitos decorrentes, mas não a aquisição destes; se o contrato foi celebrado no dia *x*, mas o termo inicial de sua execução foi estipulado para o dia *y*, os direitos já foram adquiridos, ficando suspensos.

A computação dos prazos, em direito civil, tem regras próprias, principalmente quanto ao começo e fim deles. As partes podem estipular, no âmbito da autonomia privada, que o negócio jurídico terá início em determinado dia e final no mesmo dia do ano seguinte (por exemplo, iniciando no dia 30 de janeiro deste ano e se extinguindo no mesmo dia do próximo ano). Se não o fizerem, incide norma dispositiva ou supletiva do CC, que exclui da computação o dia do começo e inclui o do vencimento; por exemplo, em contrato celebrado no dia 20 de março, com prazo de noventa dias, começa a contagem a partir do dia 21 de março, encerrando-se no dia 19 de maio, dia do vencimento ou termo final do prazo.

Questão relevante diz respeito ao encerramento do prazo quando cair em feriado. Considera-se feriado, para os fins do direito privado, o dia que não seja considerado útil, incluindo o fim de semana. O sábado pode ou não ser considerado dia útil, dependendo da atividade envolvida; não é dia útil se o pagamento tiver de ser efetuado em agência bancária, pois o sábado é feriado bancário. Do mesmo modo, se a empresa recebedora do adimplemento não funcionar aos sábados. O vencimento ou termo final não pode ser antecipado em prejuízo do devedor, devendo ser prorrogado o prazo até o dia útil seguinte. Essa prorrogação é legal e não pode ser afastada por predisposição em contrato de adesão e até mesmo por convenção das partes, máxime quando se tratar de relação de consumo, em virtude do princípio constitucional de defesa do consumidor. Assim, se o vencimento de uma dívida a ser paga na rede bancária cair no sábado, prorroga-se para a segunda-feira, ou, se esta for feriado, para o dia seguinte.

Quando o prazo for estipulado em dias, a contagem se faz dia a dia, desconsiderando-se primeiro, salvo se as partes do negócio jurídico tiverem estipulado em contrário. Se for em horas, o cálculo se faz de minuto a minuto, não se considerando os segundos. Se o prazo se encerrar em "meado" do mês *x*, deve ser considerado sempre o dia 15, ainda que o mês seja fevereiro (28 ou 29 dias) ou o que tenha 31 dias. Outra modalidade de computação se faz necessária quando forem utilizados meses ou anos; nessas hipóteses o dia do vencimento é igual ao do dia inicial do mês ou do ano, não se somando os dias. Assim, para o prazo de seis meses, iniciado no dia 20 de março, o vencimento será 20 de setembro; para o prazo de dois anos, iniciado no dia 20 de abril, o vencimento será 20 de abril do segundo ano. Essas são formas pragmáticas de computação, tendo em vista que os meses do ano não têm igual número de dias.

Nos negócios jurídicos benéficos, como o testamento e a doação, quando dúvida houver, os prazos são computados em favor dos beneficiários (o herdeiro, o donatário, o terceiro designado), tendo em vista que aqueles existem em razão e no interesse destes. Essa é a presunção legal, que pode ser afastada quando o negócio jurídico benéfico tiver estabelecido o prazo em favor indiscutível do credor; por exemplo, na hipótese de doação de um bem a alguém, que recebeu o encargo de pagar contribuição financeira a uma instituição, mensalmente, se houver dúvida quanto ao prazo, se menor ou maior, este prevalece.

9.9. Encargo no Negócio Jurídico

O encargo, também conhecido como modo, é o ônus que recai sobre uma das partes do negócio jurídico, que deve suportá-lo como requisito para aquisição e exercício do direito. Não se confunde com a condição, pois não suspende ou extingue a eficácia do negócio jurídico. Contudo, as partes podem ajustar que, enquanto não for atendido, o encargo suspenda a aquisição ou o exercício do direito; neste caso, a ele se agrega uma condição suspensiva. O encargo pode ser em favor da parte que o predispôs ou de terceiro por ela designado.

O Código Civil alemão não reconhece caráter de generalidade ao encargo ou modo que faça por merecer a inclusão na Parte Geral, pois somente pode ser aposto aos negócios jurídicos gratuitos.

O campo preferencial do encargo é o de negócios jurídicos de liberalidade, principalmente a doação. Considera-se encargo ou modo o dever anexo à doação, sem descaracterizá-la, e desde que não configure correspectividade ou contraprestação. Constituindo o encargo uma restrição ao donatário, jamais poderá ser concebido como contrapartida da liberalidade. É restrição imposta às vantagens concedidas ou à atribuição patrimonial, seja pela instituição de finalidade ao objeto doado, seja pela prestação a ser cumprida pelo donatário. Nem toda restrição à doação configura encargo; a reserva de usufruto, por exemplo, não é doação com encargo, pois se doou a nua propriedade, e a extinção do usufruto não tem outra consequência que a integralização da propriedade.

O encargo pode consistir em obrigação de fazer, de não fazer ou de dar. Não necessita estar relacionado com o objeto do negócio jurídico, como o de fornecimento de objetos a instituição de caridade ou de completar o curso universitário. A dimensão econômica do encargo é secundária e não pode conceber-se como preço ou compensação.

Do mesmo modo que ninguém é obrigado a aceitar liberalidade, não pode haver encargo imposto sem aceitação conscientemente assumida. O encargo integra o contrato e seu cumprimento pode ser exigido como qualquer obrigação.

O valor do encargo não pode ser superior ao do objeto doado, pois isso cortaria o caráter de liberalidade da doação. Entendemos que, para se configurar o contrato, a liberalidade deve consistir no valor prevalecente, no confronto entre o objeto doado e o encargo imposto. Pontes de Miranda diz que não há doação com encargo se o doador apenas exprimir conselho, ou sugestão, ou desejo, ou opinião. Se A doa determinada quantia para que B possa cursar a faculdade de Química e preparar-se para servir em determinada indústria, há encargo. Mas não há se A doa determinada quantia para que B possa veranear em alguma cidade, porque não houve intenção de encargo. Em contrapartida, o encargo não pode ser de tal valor que torne a doação contrato oneroso.

Se o encargo for impossível, física ou juridicamente, será considerado inexistente; e se tiver objeto ilícito a obrigação resultante será inválida. Em ambas as hipóteses, a parte que suportava o encargo estará desobrigada, uma vez que a cláusula que o previa é inválida, permanecendo íntegro o restante do negócio jurídico. Se o encargo for determinante para o negócio jurídico, sua impossibilidade ou ilicitude contaminam-no integralmente; se o encargo for a razão de ser da doação, esta será considerada inválida.

Capítulo X

Defeitos dos Negócios Jurídicos

Sumário: 10.1. Espécies de defeitos. 10.2. Erro substancial. 10.3. Dolo. 10.4. Coação. 10.5. Lesão. 10.6. Estado de perigo. 10.7. Fraude contra credores.

10.1. Espécies de Defeitos

Consideram-se defeitos do negócio jurídico, para a lei civil brasileira, os vícios de vontade que comprometem a livre manifestação ou declaração negocial. Tendo em vista que sua ocorrência pode levar à anulação do negócio jurídico, são taxativamente indicados na lei (*numerus clausus*), não se admitindo que as partes possam estipular outros tipos.

O CC prevê como defeitos dos negócios jurídicos:

a) o erro substancial;

b) o dolo;

c) a coação;

d) o estado de perigo;

e) a lesão; e

f) a fraude contra credores.

A introdução da lesão e do estado de perigo foi a grande inovação do CC/2002 em relação ao CC/16, além da migração da simulação para as hipóteses de nulidade, tendo em vista sua apregoada vinculação à eticidade. A lesão (e o estado de perigo, que não deixa de ser espécie daquela) enraíza-se na ética e na boa-fé, que se impõem às partes do negócio jurídico, com necessário apelo à atividade jurisdicional para que as façam valer. Em relação à simulação, agravou-se a rejeição legal, no sentido de torná-la nula, reduzindo-se a tolerância com uma conduta gravemente aética.

Os defeitos dos negócios jurídicos, por radicarem em manifestação de vontade deficiente, mas não insuficiente, dizem respeito à proteção dos interesses particulares envolvidos, razão por que não são necessariamente nulos. Apenas as partes ou terceiros prejudicados pela exteriorização de vontade deficiente têm interesse na declaração judicial da invalidade do negócio jurídico. Se não o fazem, o negócio jurídico produz todos os efeitos jurídicos decorrentes. A deficiência não impede que o negócio jurídico transite no plano da eficácia.

Basta a comprovação de um dos defeitos para que o negócio jurídico esteja submetido à invalidade. Se há mais de uma espécie o resultado é o mesmo, ou seja, a anulabilidade dependente da iniciativa do prejudicado.

10.2. Erro Substancial

O erro substancial ocorre quando a pessoa manifesta sua vontade negocial em razão de determinada pessoa ou de determinada coisa, mas o fazendo com outra pessoa ou coisa aparentes. É a representação falsa da realidade. Não se confunde com a ignorância, que é o desconhecimento do fato ou evento.

Na causa do erro substancial está a aparência; por causa dela foi a pessoa induzida a erro. Dá-se o erro quando o que o declarante tinha por verdadeiro não o é de fato. Não importa para o erro a culpa, que de modo algum pode ser averiguada. O que importa é o desconhecimento do erro por parte do agente que o cometeu; o conhecimento do erro pela outra parte não afasta a anulabilidade.

É tão irremediável a situação que o erro estabelece, e tão importante, a despeito do que foi manifestado ou declarado, que se anula o negócio jurídico. A vontade que houve foi viciada. As causas psicológicas do erro podem ter sido distração, insuficiente atenção, ignorância do alcance da categoria jurídica, equívoco (Pontes de Miranda, 1974, v. 4, p. 274), mas o direito as considera relevantes para invalidação do negócio jurídico.

O erro que interessa para anulabilidade do negócio jurídico é o erro de fato. O direito brasileiro, salvo quando for o motivo único da realização do negócio jurídico, não admite o erro de direito. O art. 3º da LINDB estabelece que "ninguém se escusa de cumprir a lei, alegando que não a conhece". Sabe-se que ninguém conhece a totalidade das normas jurídicas existentes no ordenamento jurídico brasileiro, ante a inflação legislativa que caracteriza nossos tempos, mas a ficção jurídica do conhecimento delas é imperiosa em razão da segurança jurídica; seria uma porta aberta ao descumprimento reiterado das leis por todos os que por elas fossem vinculados, se fosse possível alegar seu desconhecimento. Ninguém pode deixar de cumprir obrigação decorrente de negócio jurídico, alegando que, se soubesse de suas consequências legais, não o teria realizado.

Há erro de pessoa e erro de coisa. O erro pode ter sido provocado pela outra parte do negócio jurídico, cuja conduta é qualificada como dolo, contra a qual pode a prejudicada voltar-se, exigindo perdas e danos. O erro pode ter sido exclusivamente de uma das partes, sem malícia ou dolo da outra. Finalmente, podem ambas as partes ter sido induzidas a erro. Seja como for, é cabível a anulação do negócio jurídico. O CC admite em caráter excepcional, além do erro na declaração (pessoa e coisa), o erro de motivo.

O erro que autoriza a anulação é apenas aquele sem cuja ocorrência não haveria negócio jurídico, isto é, o erro substancial. Se a parte tivesse conhecimento de que a pessoa que contratou ou a coisa que adquiriu não são as mesmas que tinha em mente não realizaria o negócio jurídico, isto é, o erro substancial. É, portanto, erro que afeta a substância do negócio jurídico. Exemplo: uma empresa contrata consultoria técnica no ramo da informática para a elaboração de determinado programa de computador; mas a contratada, que aparentava ter domínio técnico suficiente, não é capaz de desenvolver o programa, que exige alta complexidade criativa.

O erro apenas pode ser considerado substancial quando passível de ser percebido por qualquer pessoa de diligência e atenção normais, considerando a natureza e as circunstâncias que cercam o negócio. No antigo direito romano, seria o *bonus pater familias*. O direito brasileiro não exige como requisito que o erro seja cognoscível pela outra parte; quando o CC alude ao erro que poderia ser percebido por pessoa de diligência normal, em face das circunstâncias do negócio, essa pessoa é a que erra, e não a outra parte. O erro substancial é o engano ou equívoco que podem ser cometidos por qualquer pessoa normalmente diligente, em iguais circunstâncias. Consequentemente, não há erro substancial quando deriva de falta de atenção, ou negligência, ou distração, inadmissíveis em pessoa comum que atua no tráfico jurídico. Não há erro substancial, por exemplo, na conduta de uma pessoa que deseja realizar turismo de praia, mas contrata hotel em região fria, durante o período de inverno. Considerando que o direito toma como referência o tipo médio das condutas humanas, não se pode exigir, para qualificação do erro substancial, diligência técnica ou especializada.

O erro substancial pode ter origem na pessoa que é parte do negócio jurídico, ao fazer a declaração negocial, ou em terceiro que atuou como seu representante ou até mesmo como núncio. Não se exige, pois, que o erro apenas provenha da parte para assim se caracterizar, na medida em que o direito admite sua vinculação jurídica quando houver interposição legítima de terceiro (representante legal, procurador, mensageiro). O engano do procurador ou do mensageiro habilita a parte que os utilizou à anulabilidade do negócio jurídico decorrente.

Também há erro na transmissão errônea de vontade, com utilização dos meios de comunicação existentes, como no exemplo célebre, citado por Pontes de Miranda, de um banco alemão ter telegrafado para outro banco declarando "compramos", mas a mensagem dizia "vendemos", em virtude de as duas expressões terem grafias próximas em alemão (*kaufen* e *verkaufen*) (1974, v. 4, p. 308).

Para que não se caia no arbítrio do julgador, alguns parâmetros devem ser por ele considerados na qualificação do erro substancial.

I – *Natureza do negócio*: se, por exemplo, envolve prestação de fazer, como a prestação de serviço especializado, a pessoa do prestador é fundamental, não podendo ser substituída por outra, contratada erradamente; mas não há erro substancial na aquisição de coisa fungível, recebida uma por outra do mesmo gênero, salvo quando houver engano quanto ao gênero desejado (arroz em vez de feijão).

II – *Objeto principal do negócio*: o declarante não quis emitir declaração com o conteúdo que foi atribuído ao negócio jurídico (entregou um pacote contendo outro objeto, confundindo-o com o que deveria ter entregado). Houve manifestação de vontade, mas equivocada, o que dá ensejo à anulação. O erro quanto aos acessórios não se considera substancial (automóvel novo de marca x e acessórios que não são de série), salvo quando eles tiverem sido determinantes para a declaração de vontade.

III – *Qualidades essenciais da coisa*: são as que se fazem essenciais ao negócio jurídico; sem elas, não há interesse na realização do negócio. São qualidades que seriam pressupostas no negócio jurídico de que se cuida (por exemplo, a memória do computador deve ter capacidade mínima de *x* para receber o programa adquirido; estar o imóvel na zona urbana e não na zona rural, o que impediria a construção pretendida). A anulabilidade ocorre quando o erro recai sobre a substância mesma da coisa. A falta de título de propriedade sobre a coisa vendida não é erro, pois o contrato de compra e venda vale e é eficaz sem a entrega da coisa, resolvendo-se pelo inadimplemento e suas consequências, inclusive perdas e danos. Também não há erro se se observa desproporção manifesta entre o valor real da coisa e o preço pago, aproveitando-se da inexperiência do vendedor, porque esta é hipótese de lesão.

IV – *Identidade ou qualidade essenciais da pessoa contratada*, quando forem determinantes: a identidade pode ser determinante, o que significa que apenas uma pessoa, em razão de sua habilidade, pode realizar o serviço ou a obra e não outra (exemplos: o cantor, para se apresentar em evento, e não o instrumentista; o chefe de cozinha, e não o copeiro). A qualidade pode ser mais determinante que a identidade da pessoa (exemplo: doutor em Direito para ser contratado pela universidade). O erro sobre a pessoa pode dizer respeito a determinada situação pessoal, como o desconhecimento do fato de que o fiador já era insolvente quando firmou a fiança. Para Pontes de Miranda, não são qualidades essenciais da pessoa: o ser homem honrado, o ser negociante o destinatário, o ser brasileiro ou estrangeiro, ou as qualidades morais e de gosto, pois se trata de fatos e não de vontades (1974, v. 4, p. 291).

V – *Erro de direito determinante do negócio*: esta hipótese, introduzida pelo CC/2002 (art. 139, III), é de exceção à regra da inescusabilidade do erro de direito, ou seja, a de que ninguém pode se escusar de cumprir norma legal alegando que não a conhecia. Dois são os requisitos: a) não pode ser meio intencional para deixar de aplicar o direito, mediante negócio jurídico; b) o único motivo para realizar o negócio jurídico era a convicção de que não havia a norma legal contrária ao interesse da pessoa. Exemplo: aquisição de um terreno para implantação de determinada atividade, que, entretanto, estava vedada naquele local pela legislação ambiental.

VI – *Erro de motivo*: ordinariamente, no direito brasileiro, o motivo que leva as pessoas a realizarem negócios jurídicos não pode ser considerado, porque radica no âmbito psicológico e não se exprime em manifestação ou declaração. A causa ou função econômico-social é que identifica ou singulariza o negócio jurídico (causal), salvo quando ela é dispensada (negócio jurídico abstrato, como os títulos de crédito ao portador: este é o titular, independente da causa final ou do modo de aquisição). Por exemplo: não importa para a compra e venda o motivo que levou alguém a vender seu bem, mas a causa (obrigar-se a vender e exigir o pagamento do preço), que é diferente da doação, da permuta ou da dação em pagamento. Todavia, quando o motivo for determinante e expresso no negócio jurídico, o erro (ou falsidade) do motivo pode qualificar-se como erro substancial. Se alguém vende uma coisa de estimação, expressando para o comprador que o faz por necessidade de dinheiro para realização de cirurgia, que logo depois o médico declara desnecessária, há erro de motivo relevante; também é invalidante a doação feita a pessoa que se apresentou como alguém que salvou o filho do doador, não o sendo.

Se o erro é acidental ou secundário, ou seja, não compromete a realização do objeto do negócio jurídico, não é cabível a anulação. O erro acidental, para fins do direito civil, não é considerado defeito do negócio jurídico. Pode gerar outras pretensões, como indenização correspondente, mas não a anulabilidade do negócio jurídico.

Qualifica-se como acidental o erro de cálculo, cuja constatação apenas propicia a alteração correspondente das obrigações assumidas no negócio jurídico, sem necessidade de anulá-lo. Essa regra, também introduzida pelo CC/2002, concretiza o princípio da conservação do negócio jurídico, que apenas deve ser invalidado se for atingido em seu núcleo essencial.

Tampouco há erro substancial quando a pessoa ou a coisa, que induziram a erro as manifestações ou declarações das partes do negócio jurídico, puderem ser identificadas por outros modos, de acordo com as circunstâncias ou o contexto em que o negócio se fez. Nessas hipóteses inexiste a tutela da aparência e, consequentemente, da boa-fé objetiva, pois, de acordo com a conduta comum das pessoas, seria possível identificar a pessoa ou a coisa, não se cogitando de erro que enseje a anulação do negócio.

O erro substancial, mesmo quando comprovado, pode ser desconsiderado, em mais uma homenagem ao princípio da conservação do negócio jurídico, quando a parte a quem o erro aproveita se oferece para executar a obrigação, em conformidade com a manifestação de vontade não deficiente. A concordância da parte, que foi induzida a erro, sanará a deficiência, tornando insubsistente o erro.

Extingue-se a anulabilidade, em virtude do erro, além do decurso do tempo decadencial de quatro anos, quando o que errou ratifica o negócio jurídico, expressa ou tacitamente, ou quando renuncia à ação de anulação.

10.3. Dolo

Considera-se dolo a malícia ou o artifício inspirado na má-fé para induzir a outra parte a realizar o negócio jurídico, em seu prejuízo (*animus dolandi*). É o enganar consciente. Vem do latim *dolus*, com o significado de ardil, logro, artifício, esperteza, embuste. Sem intenção não há dolo. No direito brasileiro o dolo é causa de anulabilidade, enquanto em outros ordenamentos jurídicos leva à nulidade, em virtude da gravidade da intenção de prejudicar, do emprego da vontade para iludir.

Quase sempre, quem procede com dolo sabe que a outra pessoa é prejudicada, ou pode ser prejudicada; porém essa consciência do prejuízo não é pressuposto necessário do dolo, segundo Pontes de Miranda. O essencial é que se conheça a relação causal entre o ato, positivo ou negativo, de dolo e a manifestação de vontade por parte do outro figurante. Portanto, quem engana sem saber que está a enganar não procede com dolo (1974, v. 4, p. 330).

A acepção de dolo em direito civil difere da empregada em direito penal, que é o desígnio criminoso, a intenção criminosa de fazer o mal, de praticar o crime ou o delito, por ação ou por omissão, querendo o agente o resultado delituoso ou assumindo o risco de produzi-lo.

São elementos do dolo civil: a) ato ou omissão intencionais de uma das partes do negócio jurídico que prejudicam a outra; b) relação de causa e efeito entre o dolo e a manifestação de vontade concludente da outra parte; c) essencialidade do dolo para a realização do negócio jurídico.

No ato ou omissão intencionais há o propósito de indução para que a outra parte manifeste sua vontade negocial; não se incluem as recomendações, os anúncios, a publicidade, a propagação de notícia falsa, sem que se tenha o objetivo de que determinada pessoa manifeste vontade negocial. Para o direito do consumidor, todavia, a publicidade obriga, afastando-se o antigo conceito de *dolus bonus*, que a imunizava das consequências jurídicas. Segundo o CDC, art. 30, toda informação ou publicidade, suficientemente precisa, veiculada por qualquer meio de comunicação obriga o fornecedor e integra o contrato que vier a ser celebrado, como se nele estivesse explicitada.

Não é dolo, mas sim lesão, que também leva à anulabilidade do negócio jurídico, a vantagem desproporcional obtida da outra pessoa, com aproveitamento da inexperiência ou premente necessidade por parte deste.

O dolo é comissivo quando resulta de ato ou atividade conscientes. É omissivo, ou omissão dolosa, quando o prejuízo a outrem é provocado pela omissão da pessoa que tinha o dever de informar ou de agir. O silêncio é intencional, com o intuito de fazer com que a outra parte não tome conhecimento de fato ou circunstância que a afastaria da conclusão do negócio jurídico. Exemplo: proprietário de imóvel vende-o sem informar ao comprador que será desapropriado pelo Município para a construção de via pública. O dolo pode também provir de deformação dos fatos, ou de incompleta referência, ou alusão parcial, ou de utilização de informes de outrem que sejam falsos. O dever de informar incorporou-se ao direito das obrigações como dever geral de conduta, cuja violação pode acarretar indenização por perdas e danos, além da anulabilidade do negócio jurídico; o dever de informar é exigível antes, durante e após a conclusão do negócio jurídico, e deve preencher os requisitos de adequação, suficiência e veracidade (Lôbo, 2005, p. 96).

O dolo pode ser essencial ou acidental. Para que possa gerar a invalidade do negócio jurídico, deve ser decisivo para a manifestação de vontade negocial. A outra parte do negócio jurídico não se vincularia a este se não tivesse havido o dolo. O CC refere-se ao dolo como causa do negócio jurídico. Nesse sentido, apenas é considerado o dolo essencial, que deu causa ao negócio. Assim, não é passível de anulabilidade o dolo ocorrido durante a execução do negócio jurídico, ainda que possa dar origem à pretensão por perdas e danos pela parte prejudicada.

Tampouco é insuscetível de invalidação o chamado dolo acidental, assim entendido o que não impediria a manifestação de vontade concludente da outra parte, ou a conclusão do negócio jurídico, que se faria por outros meios. O dolo acidental não tem influência decisiva na manifestação de vontade concludente da outra parte, mas lhe acarretou gravame ou dano. O dolo acidental faz nascer ao prejudicado a pretensão à indenização por perdas e danos correspondente.

Não há necessidade de o dolo atingir o núcleo essencial do negócio jurídico, levando-o à inteira anulabilidade. Pode haver dolo sobre parte do negócio, sobre ela incidindo a anulabilidade. O dolo pode ter influído na cláusula penal, na garantia ao negócio, no preço, nas condições de pagamento.

Além do dolo da parte do negócio, o direito admite que o negócio jurídico possa ser anulado quando houver dolo de terceiro, quando a parte que dele tirou proveito tinha conhecimento e não informou a outra. Terceiro é quem quer que tenha participado dos entendimentos, das informações, dos ajustes e da feitura de minutas, ou contraminutas, ao lado das partes, ou possa ter influído neles. O dolo provém de terceiro, mas foi a parte do negócio que obteve a vantagem indevida, o que enseja a anulabilidade. Contudo, é possível que terceiro responda por perdas e danos à parte que ludibriou, ainda que não integre a relação jurídica negocial, desde que ambas as partes não tenham conhecimento prévio do dolo. Nessa hipótese, não se cogita de invalidade quando o negócio jurídico produz seus efeitos, apesar do dolo; se o negócio não puder subsistir, responderá o terceiro doloso por todas as perdas e danos decorrentes. Não haverá dolo invalidante se a parte não tomou conhecimento do dolo de terceiro ao tempo da conclusão ou realização do negócio jurídico.

Outra hipótese de dolo é o do representante de uma das partes, que não se considera terceiro interessado. Não é necessário que o representado tenha tido conhecimento do dolo do representante. Quando o dolo for provocado pelo representante legal (por exemplo, o tutor), o representado apenas responderá no limite do proveito que teve. O representante legal, por sua vez, responderá pela integralidade das perdas e danos que causou à outra parte. Quando o dolo provier do mandatário ou procurador, em virtude dos riscos da escolha (*in eligendo*) e da confiança que se presume entre ele e o mandante, a responsabilidade será solidária, ou seja, a parte prejudicada poderá exigir de qualquer deles a indenização pelas perdas e danos.

Por fim, não é considerado o dolo recíproco. O dolo de uma parte se desfaz pelo dolo da outra. Nenhuma delas pode exigir a invalidade do negócio jurídico ou perdas e danos. Os dolos hão de ser essenciais, pois o dolo acidental de uma parte não torna insubsistente o dolo essencial da outra. Essa regra, todavia, pode sofrer temperamentos quando o prejuízo de uma das partes for claramente superior ao da outra, pois incidiria a vedação do enriquecimento sem causa.

Além da anulação do negócio jurídico, o dolo é causa de responsabilidade civil pelos danos decorrentes, tanto materiais quanto morais. A parte prejudicada pode preferir ajuizar diretamente ação de reparação dos danos, pelo ato ilícito absoluto, em vez da anulação do negócio jurídico, ou cumular as ações. O ilícito absoluto (e não o relativo às perdas em relação ao negócio) pode situar-se nos prejuízos que a parte teve, por exemplo, com a perda de chance em outros negócios.

Nos atos jurídicos em sentido estrito, em virtude de terem seus efeitos prefixados na lei, não cabe a anulabilidade por dolo. O reconhecimento da paternidade extraconjugal, motivado por dolo da mãe, não se anula; o direito o recebe e lhe empresta os efeitos necessários, sem indagar o modo como se deu a manifestação de vontade.

10.4. Coação

A coação é a ameaça à pessoa ou à família da outra parte capaz de incutir medo de dano pessoal ou material caso não realize o negócio jurídico pretendido pelo coator. É o receio do mal que leva o coagido ou coato, ilicitamente ameaçado, à manifestação ou declaração negocial. A manifestação de vontade negocial do coagido, apesar de viciada, é consciente. O coagido vê-se diante do dilema de não realizar o negócio e sofrer o provável dano ou realizá-lo para evitar este, com possibilidade de pleitear sua anulação. Há, portanto, consciência dos resultados, "embora a submissão à ameaça fosse a única escolha normal" (Pinto, 2005, p. 529). O coator pode ser a outra parte do negócio, um parente, ou terceiro interessado na realização do negócio jurídico. A anulação por coação depende de decisão judicial.

Para os fins do direito civil, a coação situa-se no campo moral, resolvendo-se no plano da validade. Diz-se coação moral. Difere da violência ou coação física ou absoluta, na qual inexiste qualquer vontade consciente do paciente, quando a manifestação negocial é produzida por força externa e não provocada por ameaça, agindo como puro autômato ou instrumento. Assim ocorre quando alguém produz um gesto de consentimento (por exemplo, levantar a mão ou menear a cabeça) forçado por outra pessoa, ou quando a mão é conduzida a assinar, ou quando a pessoa é sequestrada e o silêncio pode ser considerado manifestação negocial. A coação física estanca no plano da existência; a parte que a sofreu tem pretensão a ser declarada a inexistência do negócio jurídico e não sua invalidade, cumulada com pedido de reparação dos danos materiais e morais, em virtude de responsabilidade pré-negocial. Já a coação moral (única admitida pelo direito brasileiro) reduz a liberdade do coagido, mas não a elimina. O paciente da violência não quer; o coato quer, apesar de ameaçado, e pode até convalidar o ato, se desejar, após cessar a coação.

São requisitos para ocorrência da coação: a) que seja essencial ou principal; b) que haja ânimo ou intenção de extorquir a declaração negocial; c) a gravidade do dano; d) a ilicitude da ameaça, em razão dos meios empregados ou dos fins colimados; e) justificado receio de realização do mal. Por sua fundamentação moral, não produz efeitos cláusula de renúncia à anulabilidade do negócio jurídico em razão de coação, pois infringente dos bons costumes. A ameaça não necessita ser atual, sendo caracterizável, igualmente, se houver dano potencial futuro.

A ameaça pode consistir no provável dano à pessoa do coato, à sua honra ou a quaisquer outros direitos da personalidade, ou a seu patrimônio. Ou ainda a pessoa de sua família. Diferentemente de outros ordenamentos jurídicos, o direito brasileiro admite que a coação tenha como destinatário direto pessoa que não tenha relação de parentesco ou de família com o coato, prestigiando os laços de afetividade entretecidos nas relações sociais, como os de amizade. A ameaça a um amigo íntimo pode ter efeito muito maior, em certas pessoas, que a um parente com quem não tenha convivência.

O objetivo do direito é proteger a vontade contra o impulso de outrem, contrário a direito. Não é preciso que o coator haja obtido lucro do ato jurídico do coato. Tampouco é exigível que tenha o coato prejuízo no ato que praticou sob coação. Pontes de Miranda cogita do direito do coato de pedir a anulação do negócio jurídico, ainda que tenha tirado proveito disso. Na ordem normal das coisas, todavia, dificilmente o coato pede anulação, mas sem ratificação ou decadência o ato objeto da coação continua anulável.

A verificação da coação há de ser feita considerando as circunstâncias que cercam o negócio e as características pessoais do coato. Não há padrão médio de pessoa a ser tomado em conta. Mas a ameaça há de ser realizável ou de execução viável. A coação é sempre aferida em sua singularidade, tendo em vista a idade, o sexo, a formação moral e cultural, o nível social, a profissão, a compleição física e até mesmo a religião do coato, pois cada pessoa reage de maneira diferente à ameaça. A apreciação é em concreto, caso a caso. Uma pessoa de formação moral deficiente pode não se incomodar com ameaça de divulgação de notícia difamatória, ao contrário de outra que desfruta de conceito social elevado, cujo dano moral seria insuportável. A ameaça a um filho pode incutir no pai maior receio de dano do que a si próprio. São, consequentemente, variáveis as circunstâncias pessoais e sociais que podem cercar a coação, para verificar sua ocorrência e fundamentar a anulação do negócio jurídico.

A coação há de ser tal que sem ela não se realizaria o negócio jurídico, ou seja, não haveria manifestação ou declaração de vontade da pessoa que se considera coagida. Constrangimentos são comuns na vida, e se todos eles fossem equiparados à coação poriam em risco a segurança jurídica. Por essa razão, o CC refere-se a "fundado temor de dano iminente e considerável". Não há coação se o temor é fruto de suposição e não tem como causa ameaça comprovada e indiscutível. O dano iminente é o que poderá ocorrer imediatamente se o coato recusar-se a realizar o negócio jurídico. Dano considerável é o proporcional ao objeto do negócio jurídico e o que pode resultar em prejuízo moral ou material insuportável ao coato, de acordo com as circunstâncias. Não há, pois, espaço para a chamada coação acidental ou incidental, para fins de anulabilidade, mas esta pode ser causa de pretensão a indenização por danos morais e materiais.

Situações de coação aparente são irrelevantes para o direito. O temor de desagradar um parente ou pessoa influente – temor reverencial – não configura coação; o negócio jurídico concluído é válido. Consequentemente, a exposição de vontade negocial que se dê por influência de outra pessoa, pouco importam as razões, mas sem ter havido ameaça, não afeta a validade do negócio jurídico. Tampouco há coação se o declarante se deixou levar por falsas informações, sem cuidar de confirmá-las. Essas situações não se enquadram no requisito do "fundado temor".

Não se considera coação a ameaça de exercício regular de direito subjetivo. Há ameaça, mas não coação. Cite-se a situação comum do credor de ameaçar o devedor inadimplente de cobrar em juízo o débito. Todavia, o abuso do direito é considerado ato ilícito (CC, art. 187), suficiente para decretação da nulidade do ato ou negócio jurídico, que é resultado mais grave que a anulabilidade pela coação. A ameaça de um cônjuge de ajuizar ação de divórcio contra o outro se não concordar com a venda de um imóvel do casal constitui abuso do direito.

Também há abuso do direito se o credor ameaça a execução judicial da dívida se o devedor não lhe vender uma casa que o primeiro tem interesse em adquirir.

A coação pode partir de terceiro estranho ao negócio jurídico. Ordinariamente não vicia o ato, justamente por ser fato estranho à relação jurídica negocial. Excepcionalmente, todavia, pode ensejar a anulabilidade, quando uma das partes tiver proveito da coação da outra pelo terceiro, desde que tenha tido conhecimento prévio desse fato. Além da anulação do negócio jurídico, pode a parte prejudicada requerer reparação pelos danos sofridos contra o terceiro ou contra a outra parte, ou contra ambos, pois são responsáveis solidários. Se a parte beneficiada pela coação de terceiro não tiver tido conhecimento do fato, não será anulável o negócio jurídico, pois ela não deu causa ao vício da vontade e não poderia sofrer prejuízo inverso, mas o terceiro responderá ao coato pela reparação dos danos que a este infligiu.

Por ser igualmente ato ilícito, a coação pode dar causa à reparação por dano, com fundamento no CC, art. 186. Os deveres que se violam são concernentes à vida em relação, e não a determinado ato jurídico. O dever de reparar nasce com o negócio jurídico anulável, pois a ninguém é lícito coagir sem consequências. O coato pode pedir reparação, ainda que não proponha ação de anulação (Pontes de Miranda, 1974, v. 4, p. 368).

Extingue-se a anulabilidade por coação quando o coato ratifica ou confirma, expressa ou tacitamente, o negócio jurídico, depois de cessada a coação, ou pelo decurso do prazo decadencial de quatro anos, contado também a partir da cessação da coação. A coação cessa quando a ameaça ou constrangimento é definitivamente encerrado.

10.5. Lesão

A lesão é o defeito do negócio jurídico caracterizado pela vantagem desproporcional de uma das partes, que age de má-fé, aproveitando-se da situação de vulnerabilidade da outra. É defeito do negócio jurídico, mas não vício do consentimento, pois não há desconformidade entre a vontade real e a que se exteriorizou (existente no erro, no dolo, na coação). A lesão existe ainda quando a iniciativa do negócio provém do lesado. As hipóteses de vulnerabilidade são: a) a inexperiência da outra parte; b) a premente necessidade.

A inexperiência é verificada ante as circunstâncias em que se encontram as partes e as peculiaridades do negócio jurídico. Não há regras que possam delimitá-la, mas há padrões comuns de conduta que se observam em cada tipo de negócio jurídico, ou nos negócios em geral (falta de experiência geral da vida, ou em matéria de negócios, ou em determinado tipo de negócio). A inexperiência também compreende a ausência ou dificuldade de acesso a informações que permitam a manifestação de vontade consciente e suficiente e o desconhecimento técnico ou científico. Neste último sentido, não se pode exigir de pessoa comum o conhecimento do especialista ou experto (*expertise*, ou apreciação feita por especialista) em determinada matéria, a que se relaciona o objeto do negócio jurídico. Assim ocorre, por exemplo, com o comprador profissional de objetos de arte que não revela ao proprietário de uma pintura em tela seu valor de mercado, oferecendo preço muitas vezes inferior, mas que parece vantajoso para uma pessoa comum.

Também inexperiência não quer dizer incultura, pois um homem erudito, letrado, inteligente, muitas vezes se acha, em contraposição com o cocontratante arguto, na situação de não perceber bem o alcance do contrato que faz, por escapar aquilo à sua atividade comum. Além da inexperiência geral, decorrente do grau modesto de desenvolvimento, ter-se-á de examinar a inexperiência contratual, que se aferirá tanto em relação à natureza da transação quanto à pessoa da outra parte (Pereira, 1993, p. 167). A inexperiência é presumida, na hipótese de pessoa com deficiência mental e intelectual, incumbindo ao interessado a prova de que o negócio jurídico reverteu-se em proveito ou favorecimento daquela.

A premente necessidade diz respeito à necessidade de realizar o negócio (necessidade negocial), para que possa empregar o resultado em imperiosa destinação. Por exemplo, necessita vender urgentemente um bem para que possa pagar um débito fiscal, com dinheiro. Não se confunde, portanto, com a pobreza ou com a situação de miséria. O que interessa é que o negócio jurídico seja o instrumento para a satisfação da premente necessidade, e que em razão desta se submeta a condições iníquas. Mas se a premente necessidade, da qual outro se aproveita, induz alguém a vender um bem que, sem estar impelido por ela, jamais venderia, e o vende sem se submeter a condições iníquas (prestação manifestamente desproporcional, segundo o CC), não há lesão, como esclarece Francesco Galgano (2002, p. 565). O estado de necessidade, isoladamente, não caracteriza lesão, ainda que tenha havido aproveitamento dessa situação por parte do outro figurante.

Caio Mário da Silva Pereira sustentou, que, apesar da opinião contrária de Clóvis Beviláqua e do silêncio do CC/16 sobre a lesão, esta sempre integrou o sistema jurídico brasileiro; encontra o autor fundamento da lesão na CF/88, nos mecanismos de defesa destinados a reduzir os desvios econômicos e sociais; na redução das desigualdades regionais e sociais; no aproveitamento compulsório, pelo proprietário, do solo não utilizado; na função social da propriedade; na proteção à economia popular e outros (1993, p. 99). Com efeito, o negócio jurídico com prestações manifestamente desproporcionais violava e viola os princípios da boa-fé objetiva e da vedação do enriquecimento sem causa. Além deles, a lesão viola o dever geral de conduta de equivalência material.

O instituto da lesão aparece no direito romano, como se vê em dois fragmentos do Código de Justiniano, que previa a possibilidade de exigir do comprador que restituísse o preço recebido ao vendedor, ou, se este preferisse, a fixação do justo preço pelo juiz, quando ficasse constatado que o preço recebido havia ficado abaixo da metade do valor equitativo (lesão enorme). Nas Ordenações Filipinas, que vigoraram até o advento do CC/16, a lesão se caracterizava quando alguém fosse "enganado em mais da metade do justo preço" (Livro IV, título XIII), o que não diferia da lei romana, podendo o vendedor "desfazer a venda per bem do dito engano, ainda que o engano não procedesse do comprador, mas somente se causasse da simpleza do vendedor".

A Lei n. 1.521/1951, relativa aos crimes contra a economia popular, por sua vez, reduziu o percentual para vinte por cento, considerando usura real quem obtiver, "ou estipular, em qualquer contrato, abusando da premente necessidade, inexperiência ou leviandade da outra parte, lucro patrimonial que exceda o quinto do valor corrente ou justo da prestação feita ou prometida". Esse é o delito de usura real, ou a lesão no âmbito penal. Para fins de caracterização da lesão penal, basta que o aproveitamento seja de vinte por cento do valor corrente e justo, mas, ante sua natureza subjetiva, terá de ser comprovado o dolo de aproveitamento (elemento psíquico) e o logro tirado à inexperiência, à fraqueza, à leviandade da outra parte, segundo antigo entendimento do STF (*RT* 120/429). O dolo de aproveitamento não é exigível para a lesão civil.

O CC/2002 alude a "prestação manifestamente desproporcional", valendo-se de conceito indeterminado, apenas verificável em cada situação concreta, abandonando a prefixação da vantagem abusiva (50% ou 20%), da tradição do direito brasileiro. A desproporção manifesta afasta-se de qualquer referência predeterminada e ingressa em campo aparentemente inseguro. Não é qualquer desproporção que pode levar à invalidade do negócio jurídico, mas a que ressalta o evidente desequilíbrio das prestações, ou a quebra desarrazoada da equivalência material, segundo as circunstâncias. O direito contemporâneo afastou-se da ideia de "justo preço", que tanto atormentou a doutrina antiga, fixando-se no valor corrente, ou preço de mercado, e na equivalência material das prestações.

A lesão civil tem natureza estritamente objetiva, diferentemente da penal. Funda-se na equidade. Há ou não há desproporção manifesta das prestações das partes do negócio jurídico, com excessiva onerosidade para uma e vantagem excessiva para a outra. Essa concepção objetiva vem da tradição do antigo direito português, como se vê na regra das Ordenações Filipinas. "A lesão está na injustiça do contrato em si, e não no defeito das partes ao contratar" (Pereira, 1993, p. 80). A intenção ou a vontade de lesar não são consideradas. Ainda que a parte que obteve o proveito indevido não o tenha querido, a lesão emerge. Segundo José Carlos Moreira Alves, a disciplina da lesão no CC afastou-se do sistema alemão e italiano, por não se preocupar em punir a atitude maliciosa do favorecido, mas sim em proteger o lesado, tanto que, ao contrário do estado de perigo, em que o beneficiário tem de conhecê-lo, na lesão o próprio conhecimento é indiferente para que ela se configure (1974, p. 12). Contudo, não se presume a premente necessidade ou a inexperiência do lesado, cabendo a este demonstrá-la. Não há lesão quando o interessado tem o costume de agir imprudentemente.

A verificação da desproporção leva em conta a data da celebração do negócio jurídico, considerando os valores que eram correntes nessa ocasião. No direito italiano, o CC, art. 1.448, estabelece, diferentemente, que a lesão perdura até o momento em que é ajuizada a ação. A lei brasileira procura solucionar o problema que advém da referência temporal dos valores, optando pela data da celebração e não a do período da execução do negócio jurídico, ou mesmo a data do ajuizamento da ação anulatória. Todavia, considerando a finalidade do instituto da lesão de realizar a justiça no contrato, que é a justa proporção fundada na equivalência material das prestações, o valor que se encontrar, no momento da conclusão do negócio jurídico, deve ser atualizado, considerando-se o preço de mercado no momento de sua fixação judicial, tendo em vista a desvalorização correspondente da moeda.

O CC optou pela anulabilidade do negócio jurídico lesivo, mas com rigor técnico seria hipótese de rescisão; todavia o efeito prático é o mesmo, pois, tanto quanto a rescisão, a anulabilidade alcança o negócio jurídico desde seu início. Para Moreira Alves, cuja opinião prevaleceu nessa matéria na comissão elaboradora do anteprojeto de CC, não há razão de fundo para que se acolha, em nosso direito, a distinção entre a anulabilidade e a rescindibilidade quanto ao estado de perigo e a lesão, argumentando que até entre seus defensores não se demonstra diferença de substância entre anulação e rescisão (1974, p. 18).

Ajuizada a ação, ou mesmo antes, não se dará a anulação se a parte que teve o proveito indevido oferecer à outra o valor relativo à lesão. Também não se anulará o negócio jurídico se houver redução proporcional do proveito. Nessas hipóteses, ocorre o reconhecimento da lesão, com o desaparecimento do proveito, conservando-se o negócio jurídico, ainda que a parte prejudicada não mais o queira. Portanto, é compatível com a lesão o princípio da conservação do negócio jurídico, preferindo-se a revisão judicial do negócio em vez de sua anulação.

O CDC é a expressão aguda do sistema jurídico em sancionar com nulidade o contrato ou a cláusula contratual que propicie a vantagem excessiva do fornecedor em prejuízo do consumidor. É abusiva a cláusula que a contemple, passível de nulidade e não apenas de anulabilidade. Estabelece o inciso V do art. 6º do CDC que é direito básico do consumidor "a modificação das cláusulas contratuais que estabeleçam prestações desproporcionais", tendo muitos autores enxergado nessa norma o retorno explícito da lesão no direito brasileiro, antes do CC/2002. Do mesmo modo, o CDC, art. 39, V, considera prática abusiva "vantagem manifestamente excessiva" e fulmina com nulidade as cláusulas que estabeleçam "obrigações consideradas iníquas, abusivas, que coloquem o consumidor em desvantagem exagerada" (art. 51, IV). Certamente, o CDC tem como foco principal as vantagens manifestamente desiguais ou desproporcionais impostas pelos fornecedores a seu benefício, configurando a lesão qualificada, de natureza objetiva. Encontram-se os dois Códigos na perseguição da mesma finalidade de justiça contratual, que é a equivalência material das prestações.

10.6. Estado de Perigo

O estado de perigo é espécie do gênero lesão, caracterizado pelo fato de que a pessoa prejudicada tem consciência da desvantagem ou iniquidade provocadas pelo negócio jurídico, mas o realiza ante a situação peculiar da necessidade de salvar-se ou de salvar alguém de sua família. O direito repele esse aproveitamento do estado de risco de vida ou de saúde de outrem, para fins de imposição de negócio jurídico injusto, por sua evidente imoralidade.

O estado de perigo difere da lesão em sentido estrito porque a situação de perigo não foi criada com o desígnio de extorquir um negócio e porque o perigo e sua extensão devem ter sido de conhecimento de quem dele se aproveitou. Dois são os requisitos do estado de perigo: ciência daquele estado e iniquidade das condições. Um requisito é subjetivo e o outro, objetivo, configurando modelo misto, que se diferencia da lesão. O modelo brasileiro segue o do art. 1.447 do Código Civil italiano, inclusive quanto à faculdade concedida ao juiz de decidir segundo as circunstâncias, para fixar uma compensação equitativa para o serviço prestado.

O dano há de ser atual, ou iminente, e grave. Dano atual ou iminente é aquele que já está acontecendo ou está prestes a acontecer, já que não se caracteriza o estado de perigo se o perigo já se passou ou é futuro. Quanto à gravidade, deve ser observada caso a caso, segundo as circunstâncias da vítima (Tepedino, 2004, p. 157).

Tome-se o exemplo de hospital que exige elevado valor pecuniário para garantia de internação de pessoa que o procura em situação de risco de vida ou de saúde. A exigência desproporcional ao paciente ou ao acompanhante, principalmente nas hipóteses de urgência ou emergência, configura vício suficiente para anulação do excesso, além de permitir pretensão indenizatória das perdas e danos. Outros exemplos citados por Nelson e Rosa Nery: "a) promessa do náufrago ao salvador; b) negócio jurídico celebrado em caso de sequestro de pessoa da família, para que se possa pagar o resgate; c) vítima de acidente grave de automóvel, que assume obrigações excessivamente onerosas para que não morra no local do acidente; d) doente que promete pagar honorários excessivos a cirurgião, com receio de que, se não operado, venha a falecer" (2003, p. 220).

O estado de perigo, para que se caracterize, necessita que esteja comprovado o conhecimento ou a possibilidade de conhecimento, pela parte que exigiu a obrigação excessivamente onerosa, do grave dano ou risco à vida ou saúde da pessoa obrigada, ou de alguém de sua família. Quando o obrigado não for parente ou familiar da pessoa em risco de vida ou saúde, o juiz decidirá sobre a anulação do excesso segundo as circunstâncias, podendo não acatá-la se entender que a gravidade do dano não se tinha configurado ou que não tenha havido abuso da outra parte.

Aplica-se ao estado de perigo a regra da lesão relativa à conservação do negócio jurídico: não se anulará o negócio jurídico se a parte favorecida oferecer suplemento suficiente, ou concordar com a redução do proveito.

10.7. Fraude Contra Credores

Último dos vícios da manifestação de vontade negocial, no atual direito civil brasileiro, conducentes à anulação do negócio jurídico, a fraude contra credores é a combinação das partes do negócio com o propósito de prejudicar terceiro. Difere das demais espécies, pois a prejudicada não é a outra parte, mas pessoa estranha à relação negocial; assim, na fraude contra credores não há infração direta a dever negocial, mas sim contrariedade indireta a direitos dos credores de uma das partes do negócio.

Credor e devedor, agindo de má-fé, utilizam-se da aparência de determinado negócio jurídico, que esconde a real intenção, ou seja, impedir que o terceiro, credor de um deles, possa ter satisfeito ou garantido, patrimonialmente, o seu crédito. Há defeito do negócio jurídico em virtude de vício na manifestação de vontade das partes respectivas. Quem frauda quis, mas comprometendo o patrimônio do devedor e, consequentemente, a garantia dos credores. A fraude contra credores visa à tutela dos credores sem garantias reais ou preferências creditícias, ditos quirografários (relativos a dívidas escritas a mão ou emitidas de próprio punho).

A fraude contra credores ocorre, ordinariamente, com a alienação de bens integrantes do patrimônio de uma pessoa insolvente ou que não pretende honrar suas obrigações. Mediante contrato de compra e venda, ou de doação, ou de dação em pagamento, transfere, aparentemente, bens a outra pessoa, em conluio com ela, de modo a evitar que sejam penhorados quando o credor executar a dívida em juízo. Também ocorre quando o devedor promove o perdão das dívidas de seus próprios devedores.

Tradicionalmente, nosso direito inclui a fraude contra credores entre as hipóteses de anulabilidade. Diferentemente destas, todavia, a fraude contra credores não configura defeito do negócio jurídico, pois os requisitos de validade são satisfeitos. O plano atingido é o da eficácia. O negócio jurídico em fraude é válido, porém ineficaz em relação aos credores. Os credores são legitimados a requerer em juízo a ineficácia desses negócios. É também pela ineficácia o Código Civil argentino de 2014, cujo art. 338 faculta ao credor solicitar a declaração de inoponibilidade dos atos celebrados por seu devedor em fraude de seus direitos. O CPC, art. 792, § 1º, é pela ineficácia; igualmente, no art. 137, quando trata de fraude na desconsideração da pessoa jurídica. Ocorre que a ineficácia não retira o negócio jurídico do mundo jurídico, como se dá com a invalidade, razão por que Pontes de Miranda (1974, v. 4, p. 416) foi mais longe, ao sugerir que poderia ser fundada na ilicitude absoluta, que a conduziria à nulidade. No Código Civil português, a impugnação pauliana inclui-se entre as hipóteses de garantias gerais da obrigação, não propriamente como de invalidade do negócio jurídico, resolvendo-se com a restituição dos bens na medida do interesse do credor, apenas a este aproveitando.

Questão relevante diz respeito aos futuros credores que venham a ser alcançados pelos efeitos da fraude. A regra é de que o crédito seja anterior ao ato fraudulento. Todavia, é possível incluir os créditos supervenientes, quando se demonstrar que o devedor atuou com o propósito de fraudar os credores futuros, como prevê o art. 339 do Código Civil argentino, cuja regra é compatível com o sistema jurídico brasileiro.

A doutrina jurídica indica como requisitos essenciais da fraude contra credores (a) o elemento objetivo, que consiste no ato prejudicial ao credor, por tornar o devedor insolvente ou por ter agravado ainda mais esse estado (*eventus damni*); e (b) o elemento subjetivo, consubstanciado na intenção do devedor, ou deste aliado com terceiro, de prejudicar o credor (*consilium fraudis*) (Amaral, 1998, p. 493), também exigido no Código Civil português (art. 612). Pontes de Miranda entende, contudo, que o direito brasileiro abstraiu do *consilium fraudis*, de fonte romana, bastando a existência da insolvência (1974, v. 4, p. 433), tendo como referência os artigos do Código Civil anterior, que são equivalentes aos arts. 159 e 160 do CC/2002. Com efeito, o elemento subjetivo não é essencial no CC/2002 (art. 158: "ainda quando o ignore"). É essencial, apenas, para a presunção de boa-fé (art. 164) ou de má-fé (art. 161).

Presume-se a fraude contra credores quando bem ou bens do devedor foram objeto de alienação do devedor para outras pessoas, nos últimos quatro anos da exigibilidade da dívida. O credor investe-se do direito de ação para postular a anulação desses negócios jurídicos, com a finalidade de que os bens do devedor retornem ao patrimônio deste e respondam pelas dívidas que contraiu. Essa solução já havia sido desenvolvida pelos antigos romanos, mediante a chamada *ação pauliana*, pois esses artifícios maliciosos parecem brotar da natureza humana, em todas as épocas. O CC/2002 ampliou a legitimação ativa para a ação pauliana, tendo incluído os credores cuja garantia dada pelo devedor se tornar insuficiente.

Só estão aptos a pleitear a anulação os credores que já se encontravam nessa condição quando o devedor comum praticou os atos que reduziram seu patrimônio. Não cabe a anulação se os atos já haviam sido praticados quando o devedor contraiu a dívida. Neste caso não há falar em fraude, pois a dívida ainda não existia. Os credores têm de demonstrar que seus créditos nasceram antes do negócio jurídico de disposição de bens do patrimônio do devedor. O crédito existente no momento do negócio podia já ser líquido (devia-se o valor *x*) ou ilíquido (devia-se o valor da indenização de um dano, a ser apurado e liquidado); o crédito ilíquido satisfaz o requisito de anterioridade.

As presunções de fraude são diferenciadas entre as alienações gratuitas e liberalidades e as alienações onerosas, sendo as primeiras absolutas e as segundas relativas. São negócios jurídicos de transmissão gratuita as doações, inclusive modais; as obrigações sem causa; as atribuições gratuitas de direitos reais e de retenção; o que não é correspectivo nas doações remuneratórias, nas transações e nos reconhecimentos de dívidas; o aval de favor; o pagamento de prêmio de seguro a favor de terceiro; a transformação de seguro em favor próprio em seguro a favor de terceiro; as promessas de doação; a gratuidade de excesso (o preço foi tão alto que o pagamento acima do valor foi gratuidade; ou venda com preço vil, de modo que houve gratuidade da parcela que faltou do valor) (Pontes de Miranda, 1974, v. 4, p. 460). Quem doa um bem ou perdoa uma dívida (remissão) quando já se encontra insolvente age em fraude contra credores, por presunção legal. O CC, art. 158, vai além, pois admite a existência de fraude até mesmo quando o devedor ignorava que já se encontrava insolvente quando realizou tais atos.

Quanto aos efeitos da declaração de fraude contra credores, consignou o STJ que a sentença pauliana sujeitará à excussão judicial o bem fraudulentamente transferido, mas apenas em benefício do crédito fraudado e na exata medida desse, em caso envolvendo doação de todos os bens do réu a seus filhos e a sua futura esposa (REsp 506.312).

Com relação aos contratos de alienação onerosa, por exemplo, compra e venda ou permuta, a lei exige o requisito da notoriedade da insolvência, de existência conhecida, para que possam ser objeto de anulação por fraude a credores, pois envolve negócios jurídicos bilaterais, que em princípio não afetariam o patrimônio do devedor; ao bem transferido corresponderia outro valor igual. Ou seja, quem adquiriu o bem sabia ou deveria saber que o alienante já estava comprometido com dívidas que não mais tinha condição de pagar integralmente. Como a presunção é relativa, pode o adquirente do bem, na ação anulatória, contestar a notoriedade da insolvência, mormente quando apenas os credores do devedor alienante tinham dela conhecimento.

Quando não ficar comprovada sua má-fé, o adquirente poderá, na ação anulatória, em vez de contestá-la, pleitear que o bem permaneça em sua titularidade, oferecendo-se a depositar em juízo a diferença entre o que pagou ao alienante devedor e o valor real do bem, segundo avaliação que leve em conta a data da alienação. Essa regra não era prevista no Código anterior. Outra hipótese de preservação da aquisição do bem ocorre quando a alienação se deu com o pagamento de prestações periódicas e o adquirente se obrigou a depositar em juízo as parcelas ainda não pagas, quando o valor global corresponda de fato ao valor real do bem.

A fraude contra credores está vinculada à insolvência do devedor. Essa situação provoca o concurso dos credores, que partilharão o patrimônio remanescente do devedor, na proporção de seus créditos. A anulação dos atos de alienação ou de remissão praticados pelo devedor tem por objetivo reunir esses bens, fraudulentamente transmitidos, ao conjunto do patrimônio do devedor, de modo a satisfazer proporcionalmente a todos os credores, e não apenas ao que ajuizou a ação anulatória.

Considera-se fraude contra credores o pagamento antecipado de dívida a um deles, quando o devedor já se encontrava em insolvência. Com a antecipação, houve privilégio, como se o credor fosse titular de garantia real ou de preferência creditícia, em claro prejuízo dos demais. Se assim ficar comprovado, o credor que recebeu o pagamento antecipado será obrigado a repor o valor correspondente ao acervo comum, de modo a evitar que o concurso de credores seja afetado. Essa regra não se aplica se já era exigível a dívida, ainda que o devedor já estivesse em insolvência; o credor que a receber não terá de devolver, porque não houve antecipação do pagamento, salvo se já estiver aberto o concurso de credores, porque antes disso o devedor não tem o dever de tratar igualmente seus credores.

Também ocorre fraude contra credores quando os bens dados em garantia de dívida (penhor, hipoteca, anticrese, alienação fiduciária em garantia) se tornarem insuficientes em virtude de depreciação ou desvalorização, provocadas por eventos estranhos ou pelo próprio devedor. O titular de garantia real é credor privilegiado, pois os bens dados em garantia respondem em primeiro lugar pelas dívidas respectivas; os demais credores, sem garantia real, apenas podem se valer da ação pauliana. Quando as garantias reais tornam-se insuficientes, ou seja, quando o valor do bem dado em garantia não mais cobre o valor da dívida, o credor equipara-se aos demais (quirografários) no que refere à diferença correspondente. Assim, se a dívida é de 100 e o valor atual do bem dado em garantia é de 80, o credor pode se valer da ação pauliana em relação aos 20 que restaram sem garantia real.

Igualmente configura fraude contra credores o ato do devedor, sabidamente insolvente, que dá um bem de seu patrimônio em garantia real (por exemplo, hipoteca), uma vez que esse bem não poderá participar do concurso de credores, dado o privilégio que se atribui ao credor hipotecário. O requisito é a insolvência do devedor quando houve o contrato de garantia. A ação dos demais credores terá por objeto a anulação do negócio jurídico que atribuiu o direito de garantia, de modo a suprimir a preferência.

Não há fraude contra credores nos negócios jurídicos realizados pelo devedor, ainda quando insolvente, que tenham por fito não a alienação fraudulenta de bens, mas a manutenção de suas atividades profissionais ou a subsistência sua e de sua família. Essas despesas têm natureza alimentar, que gozam de natural preferência sobre as demais dívidas, até mesmo as protegidas por garantia real.

Terceiros de boa-fé que não participaram da fraude e adquiriram, em seguida, bens que foram objeto dos atos considerados fraudulentos não podem ser prejudicados com os efeitos da ação pauliana. Também para eles prevalecem os princípios da boa-fé objetiva e da proteção da confiança.

Capítulo XI

Invalidade dos Negócios Jurídicos

11.1. Plano da Invalidade

No plano da validade ingressam apenas os atos jurídicos, principalmente os negócios jurídicos, mas também os atos jurídicos em sentido estrito. Os fatos jurídicos em sentido estrito e os atos-fatos jurídicos não se sujeitam ao plano da validade, sendo diretamente eficazes ou não. O plano da validade é uma espécie de filtro da sanidade dos atos jurídicos, para que possam produzir os efeitos que lhes são próprios. Juridicamente, os negócios jurídicos ou são válidos ou inválidos, exame que se faz conferindo os requisitos de validade que o direito adota. O suporte fático de ato jurídico inválido é deficiente, ainda que seja suficiente, pois para ser deficiente é necessário que exista = seja suficiente. Se o suporte fático for insuficiente não terá atingido o plano da existência; não terá existido. Portanto, o plano da validade pressupõe o plano da existência (o ato jurídico existe) e é pressuposto do plano da eficácia: os atos jurídicos válidos são, ordinariamente, eficazes. Mas há atos jurídicos válidos que não são ainda eficazes e podem não o ser (exemplos: a) testamento de testador vivo; b) sua revogação pelo testador).

A invalidade constitui uma sanção que o ordenamento jurídico adota para punir certos atos jurídicos que conflitam com as normas jurídicas ou por elas são considerados inválidos, privando aquele que os pratica de obter os benefícios jurídicos e práticos a eles relacionados, se fossem considerados conformes a direito (Mello, 2014, p. 87).

Quando o negócio jurídico é considerado válido, por corresponder aos requisitos legais, migra de imediato para o plano da eficácia. O direito atribui validade ao negócio jurídico que corresponde ao suporte fático suficiente e eficiente. Os pressupostos da validade concernem ao sujeito, ao objeto e aos elementos do negócio jurídico; quando falha ou falta qualquer deles, ocorre a invalidade.

Por essa razão, interessa ao direito estabelecer as regras que fixam as modalidades de invalidade e suas consequências. Os negócios jurídicos inválidos são nulos ou anuláveis. Não se deve confundir nulidade com inexistência, erro muito comum na doutrina jurídica; o nulo existe juridicamente, e pode eventualmente produzir efeitos. O nulo e o anulável entram no mundo do direito. A confusão se deve, em grande medida, ao fato de o direito tradicional desconhecer a distinção entre nulidade e inexistência, tratando-as como iguais, pois o desenvolvimento dos três planos do mundo do direito (existência, validade e eficácia) é recente.

Os pressupostos de validade são concernentes: a) ao sujeito ou aos sujeitos dos atos jurídicos, que consentem ou devem assentir; b) ao objeto do ato jurídico; c) aos elementos do ato jurídico. Podemos indicar como correspondentes exemplos de invalidade: a) a incapacidade do sujeito; b) a venda de coisa alheia (é hipótese de invalidade e não de ineficácia ou inexistência); c) a falta de observância de forma especial.

A nulidade é a mais grave forma de invalidade. As situações que o direito considera geradoras de nulidade violam não apenas os interesses particulares das pessoas prejudicadas (partes do negócio jurídico, ordinariamente, e terceiros, como na fraude contra credores), mas também interesses e valores sociais ou públicos, considerados pelo direito. Decorrem, portanto, de juízos de valor que predominam em determinados momentos da vida social.

No CC/16, a simulação era enquadrada nas hipóteses de anulabilidade, como defeito do negócio jurídico, por considerá-la lesiva apenas dos interesses particulares, mas o CC/2002 enquadrou-a como hipótese de nulidade; fê-lo bem, pois é conduta que contraria valores sociais, não apenas individuais. A nulidade também é a escolha de legislações voltadas à proteção dos contratantes vulneráveis, como se vê no CDC, que qualifica como nulas as cláusulas abusivas que atingem a coletividade de utentes e adquirentes de produtos e serviços lançados no mercado de consumo.

A anulabilidade é o campo da invalidade de menor gravidade nas situações que, presumivelmente, não lesam interesses públicos ou sociais. Por essa razão, ao contrário das situações de nulidade, a anulabilidade apenas pode ser suscitada pelos diretamente interessados. A tutela legal é apenas posta à disposição dos interessados e não da coletividade; apenas eles podem se valer dela ou não.

O que é nulo ou anulável são o negócio jurídico ou o ato jurídico em sentido estrito, não a manifestação de vontade ou a obrigação. A manifestação de vontade é elemento do suporte fático suficiente do negócio jurídico, mas não é este em sua totalidade. A obrigação é efeito do negócio jurídico, e há obrigações que não decorrem deste, mas de fatos jurídicos e atos-fatos jurídicos lícitos e ilícitos, os quais não se submetem ao plano da validade (existem e são eficazes), como a obrigação decorrente de dano.

A nulidade ou a anulabilidade podem atingir a totalidade ou parte do negócio jurídico; a nulidade parcial ou a anulabilidade parcial não contaminam a totalidade do negócio jurídico sempre que este possa sobreviver sem a parte deficiente. Nesse sentido, estabelece o CC, art. 184, que a invalidade parcial do negócio jurídico não o prejudicará na parte válida, se esta for separável. O princípio da não contaminação é a regra no direito brasileiro. Até mesmo quando parte do objeto do negócio jurídico é ilícita não se contamina a totalidade do negócio jurídico, desde que a outra parte seja separável. Não sendo separável, a parte inválida contamina a válida. Quando o negócio jurídico contém várias prestações do mesmo devedor ou vários devedores, cada prestação ou a prestação de cada devedor constitui uma parte.

A consequência da decretação judicial da nulidade ou da anulabilidade é a mesma, isto é, desconstituem-se os efeitos produzidos desde o início do negócio jurídico, salvo exceções. As partes voltam ao estado anterior. Há situações, todavia, que não podem ser desconstituídas, porque já se consumaram no passado. Exemplo é o do contrato de locação de imóvel que foi anulado judicialmente; o inquilino não pode recobrar os aluguéis pagos ao locador aparente (que já não era mais proprietário), pois configuraria enriquecimento sem causa, tendo em vista que usou o imóvel no período correspondente.

No que respeita à terminologia (invalidade, nulidade e anulabilidade), corretamente adotada pelo CC/2002, a legislação e os profissionais do Direito no Brasil nem sempre primaram por segui-la, gerando dúvidas na compreensão e aplicação dessa matéria.

É encontradiço o termo "nulidade" como gênero, do qual seriam espécies a nulidade em sentido estrito e a anulabilidade, também denominadas nulidade absoluta e nulidade relativa. Porém, essa distinção, oriunda do direito francês, é inaplicável ao direito brasileiro, pois o CC/2002 precisou, claramente, as características da nulidade e da anulabilidade, como espécies do gênero invalidade.

Admissível é a classificação da nulidade em nulidade plena, que não depende de alegação de interessado e pode ser decretada de ofício, e nulidade dependente de alegação do interessado, esta nos casos previstos em lei.

11.2. Características Convergentes e Divergentes da Nulidade e da Anulabilidade

A evolução do direito civil permite identificar os pontos de convergência e divergência entre as espécies de invalidade. No âmbito da teoria do direito não se pode partir de afirmações axiomáticas nessa matéria, que tem flutuado historicamente, de acordo com as opções do legislador. Certas características comuns da nulidade nem sempre são observadas. No âmbito do direito de família, a teoria das invalidades não pode ser aplicada em toda a sua extensão, pois são incompatíveis com as peculiaridades dele.

As duas espécies têm em comum privar o negócio jurídico de qualquer efeito, retendo-o no plano da validade. Em razão disso operam retroagindo, para apagar os efeitos totais ou parciais correspondentes produzidos desde o início, na grande maioria das hipóteses. Estabelece o CC, art. 182, que, anulado o negócio jurídico, restituir-se-ão as partes ao estado em que antes dele se encontravam, e, não sendo possível, serão indenizadas com o equivalente, com as exceções referentes aos incapazes e a certas situações resultantes da posse. Isso não significa dizer que o negócio jurídico deixa de existir, uma vez que a invalidade não pode alcançar o plano da existência. O negócio jurídico existiu e existe, ainda que parte dele (uma cláusula ou algumas cláusulas) ou todo ele seja declarado inválido.

A invalidade pode ser material ou formal. É material quando atinge o conteúdo do negócio jurídico ou de parte dele. É formal quando atinge seus aspectos extrínsecos.

A partir daí, as características divergentes singularizam as duas espécies, que podem ser assim comparadas:

a) interesse protegido: social na nulidade; particular na anulabilidade;

b) legitimidade para exigir a invalidade: qualquer pessoa interessada ou o membro do Ministério Público, na nulidade; apenas o interessado direto, assim entendida a pessoa diretamente prejudicada, na anulabilidade;

c) decretação de ofício, pelo juiz: permitida na nulidade; não permitida na anulabilidade. O juiz, ao tomar conhecimento da nulidade, deve proclamá-la, ainda que nenhuma das partes a tenha suscitado. A decisão do juiz é vinculada, ou seja, o juiz não dispõe de discricionariedade para deixar de pronunciá-la. Fica o juiz, igualmente, impedido de suprir a nulidade quando a parte a requerer. A nulidade é insuprível;

d) desconstituição dos efeitos: absoluta na nulidade, razão por que se costuma dizer que o nulo não produz efeitos; relativa na anulabilidade, quando determinadas circunstâncias não recomendam que seja retroativa;

e) convalidação ou confirmação do negócio: impossível na nulidade, pois nem o longo tempo é capaz de tornar válido o nulo, até porque seria uma contradição nos termos; possível na anulabilidade, em virtude de ato de vontade positiva ou de inércia do interessado prejudicado;

f) decadência ou prescrição: inaplicável na nulidade, que é imprescritível, podendo ser reclamada ou declarada a qualquer tempo; aplicável na anulabilidade, pois é da natureza desta que a pretensão seja exercida no tempo máximo definido pela lei, após o que o negócio jurídico torna-se definitivamente eficaz.

Essas distinções que ocorrem na maioria dos casos não são absolutas, pois em determinadas situações o direito as dispensa, tornando tênue o que doutrinariamente se consolidou. Algumas vezes a lei proíbe ao juiz decretar de ofício a nulidade, quando a faz dependente de alegação em ação ou de algum procedimento adequado.

A maior perplexidade se dá quanto à inexistência de efeitos no negócio jurídico nulo. A nulidade não é ato da parte interessada, nem se enquadra nas hipóteses residuais de justiça de mão própria; necessita sempre de averiguação e decisão do juiz. Nenhum obrigado pode deixar de cumprir sua obrigação alegando que o negócio jurídico é nulo, antes de decisão judicial. Assim, não se pode dizer que o ato nulo não produz efeitos; produz, sim, até que seja decretado judicialmente, e se o for, pois muitos atos nulos permanecem nas relações jurídicas, e chegam a consumar todos os seus efeitos jurídicos, se não forem questionados judicialmente.

Até mesmo o dever de decretação da nulidade no negócio jurídico pelo juiz é relativo. Como advertem Nalin e Steiner (2018, p. 87), o juiz não é obrigado a decretá-la quando se puder, mediante aplicação de regras expressas ou implícitas do direito brasileiro, conservar o pacto em detrimento de sua invalidação.

Continua oportuna a advertência de Valle Ferreira de não haver nulidade necessariamente *de pleno jure*, tudo porque, mesmo inquinado do vício mais grave, o ato quase sempre conserva uma aparência de regularidade, que só pode ser destruída pela declaração do juiz; "qualquer que seja o grau de imperfeição do ato, a nulidade só pode ser pronunciada por julgamento". Essa presunção de regularidade, esse respeito pelas aparências, é, segundo o autor, um dos grandes princípios da organização civil (1963, p. 31).

Para Antônio Junqueira de Azevedo, os casos de efeitos do nulo são exceções no sistema de nulidades e como tais devem ser tratados; são exceções que confirmam a regra, pois, "depois de o negócio haver entrado no plano seguinte [plano da eficácia], o sistema jurídico corrige a falha impedindo que o negócio continue a produzir efeitos" (1974, p. 24). Mas, como sabemos, o sistema jurídico não funciona com tanta precisão, e pode ocorrer que a nulidade nunca venha a ser decretada judicialmente, podendo o negócio jurídico produzir plena e definitivamente seus efeitos.

Pontes de Miranda indica várias situações de efeitos do ato nulo, reconhecidos pelo ordenamento jurídico brasileiro, para demonstrar a importância da distinção entre inexistência e nulidade: "negócios jurídicos nulos sanáveis ou ratificáveis; negócios jurídicos nulos de alegação relativa, e não pelo simples interessado; negócios jurídicos nulos cuja nulidade não é decretável de ofício; negócios jurídicos nulos para cuja decretação de nulidade se precisa de ação e, por vezes, de ação ordinária; negócios jurídicos nulos, a que se fixou prazo preclusivo, ou de prescrição, para ser pedida a decretação da nulidade; negócios jurídicos nulos, mas eficazes no todo ou em parte dos efeitos. Dá-se o mesmo, embora mais raramente, com atos jurídicos *stricto sensu* nulos" (1974, v. 4, p. 21).

No direito de família há efeitos do nulo, quando ocorrer o casamento putativo, ou seja, de pessoas que estão impedidas de casar, como na hipótese de dois irmãos que não sabiam desse parentesco. O direito rende-se à eloquência dos fatos e confere efeitos de paternidade e filiação aos filhos havidos nessa circunstância, ainda que o casamento seja declarado nulo. Se ambos os cônjuges estiverem de boa-fé, são mantidos os efeitos do casamento até a data em que foi declarado nulo por sentença judicial.

Não é admissível que a nulidade seja requerida justamente pela parte que deu causa a ela, ou que tinha o dever de evitá-la. Essa conduta é contrária ao princípio da boa-fé, pois quem assim age viola a vedação de *venire contra factum proprium*, voltando-se contra o próprio ato quando não mais lhe convém. Sofre, assim, atenuação a característica de ampla legitimidade a qualquer interessado. O pedido de nulidade de escritura pública de compra e venda, proposto pelo vendedor, em virtude de ausência de referência de quitação de imposto federal, exigido em lei e de responsabilidade do próprio vendedor, não pode ser deferido.

Em determinadas situações, os tribunais têm decidido que a nulidade apenas pode ser suscitada pelas pessoas diretamente interessadas. Assim é quando o gravame da nulidade, por opção do legislador, tem escassa repercussão no meio social.

Com maior razão, não há anulabilidade de pleno direito. Por mais evidente que seja, não pode a parte do negócio jurídico que tenha interesse em alegá-la deixar de cumprir as obrigações assumidas sob essa causa antes de haver manifestação definitiva do Poder Judiciário. Nesse sentido esclarece Pontes de Miranda que "o que tem alguma obrigação decorrente de negócio jurídico anulável há de cumpri-la, enquanto não se tem a desconstituição desse em decisão trânsito em julgado" (1974, v. 4, p. 38).

A sentença judicial que decreta a nulidade do negócio jurídico tem natureza constitutiva negativa. Assim também e com maior razão a que decreta a anulabilidade. Não é simplesmente declarativa, tal como ocorre com a sentença que declara a inexistência do negócio jurídico.

11.3. Hipóteses de Nulidade

No direito brasileiro, as hipóteses de nulidade são taxativamente enumeradas (CC, art. 166).

11.3.1. Ilicitude do Objeto ou do Motivo Determinante

A mais importante causa de nulidade é a ilicitude do objeto do negócio jurídico. Quando o direito proíbe determinada conduta, ou a torna ilícita, não pode o negócio jurídico tê-la como objeto. O objeto do negócio jurídico há de ser lícito, isto é, permitido em direito e conforme a moral. Se o objeto não for lícito ou implicar imoralidade, nulo será o ato ou negócio jurídico: o negócio pode existir juridicamente, mas será considerado nulo. Às vezes a imoralidade conjuga-se com a ilicitude, como no negócio de jogo e aposta proibidos e no negócio sobre herança de pessoa viva. A ilicitude existe desde o momento mesmo da manifestação de vontade, antes de irradiar direitos, deveres, pretensões, obrigações. É ilícita a prestação, por exemplo, de fornecer drogas proibidas, contaminando o negócio jurídico integralmente. Inclui-se na ilicitude do objeto o negócio jurídico que atentar contra os bons costumes ou a moralidade pública, que de modo nenhum deixa margem ao juiz para consultar seus valores pessoais. A nulidade independe de as partes conhecerem ou saberem da ilicitude do objeto.

É ilícito todo negócio jurídico pelo qual alguém assume o dever de praticar ato para o qual, segundo a concepção da vida, tal como se revela na Constituição, há de estar livre de toda imposição jurídica, sendo exemplos a promessa de mudar de nacionalidade, de religião, de domicílio; a promessa de não exercer determinada profissão; a promessa de depor em juízo; a promessa de votar em alguém; a promessa de adotar; a promessa de casar-se com determinada pessoa.

Além da ilicitude do objeto, o CC/2002 inclui nas hipóteses de nulidade a ilicitude do motivo determinante. O motivo é distinto da causa, esta entendida como função econômica e social do negócio jurídico, de caráter objetivo. Considera-se motivo determinante a real intenção das partes para a realização do negócio jurídico, quando este foi mero instrumento daquele. Apenas se realizou o negócio jurídico para alcançar objetivos nele não confessados. O motivo para a nulidade do negócio, além de ter sido exteriorizado e comprovado, deve ter finalidade ilícita. Fazem-se as seguintes indagações: qual o real motivo das pessoas para realizar esse negócio jurídico? Esse motivo é lícito? Rejeita-se a aparência quando há má-fé. É nula a doação para que o doador cometa ato imoral ou ilícito; não haveria doação sem esse motivo inconfessado. É nula a compra e venda aparente para cobrir dívida com usurário.

O CC/2002, art. 166, III, prevê que o motivo determinante ilícito deve ser "comum a ambas as partes". Este enunciado apenas diz respeito ao negócio jurídico bilateral, mas não exclui o negócio jurídico unilateral, que também pode ter motivo determinante ilícito, pois nesta abrangência está o fim social da norma legal e a exigência do bem comum (LINDB, art. 5º). Por exemplo, o testamento, que é negócio jurídico unilateral, pode ter motivo determinante ilícito sob sua aparência formal.

11.3.2. Impossibilidade do Objeto

Também são nulos os negócios jurídicos que tenham objeto impossível de ser alcançado. Interessa para a nulidade a impossibilidade ao tempo da realização do negócio jurídico, e não a superveniente; a impossibilidade superveniente escapa ao plano da validade, situando-se no plano da eficácia. A impossibilidade pode ser natural ou jurídica. Em princípio há de ser objetiva. A impossibilidade é natural ou física quando o objeto não é alcançável ou realizável pelo devedor normal, nas circunstâncias atuais; é jurídica quando o objeto é impedido pelo direito. Exemplo de impossibilidade jurídica é a compra de um objeto que já pertence ao próprio comprador (tinha herdado e não sabia) e a inalienabilidade temporária de imóvel distribuído em programa de reforma agrária. Exemplo de impossibilidade natural: captação de água em subsolo seco. A impossibilidade deverá ser objetiva, a saber, impossível para todos, não importando se o devedor determinado na obrigação específica não possa cumpri-la (desconsideração da impossibilidade subjetiva). Considera-se, igualmente, impossibilidade objetiva quando a recuperação da coisa perdida, afundada, ou caída em lugar pouco acessível, sem culpa do devedor, importe gastos ou desembolsos que excedam seu valor. Por igual, se a coisa vendida foi furtada antes de sua entrega. A impossibilidade do objeto há de existir no momento da constituição do negócio jurídico. Se a impossibilidade for superveniente, ou seja, tiver ocorrido após a constituição do negócio jurídico, este será declarado extinto, mas não nulo.

A impossibilidade relevante para o direito é a que se qualifica como impossibilidade inicial absoluta; em princípio não se considera a impossibilidade meramente relativa para fins de nulidade de negócio jurídico (CC, art. 106). Impossível relativo não constitui impossibilidade do objeto. Todavia, em razão de princípios constitucionais relevantes como o da dignidade humana (CF, art. 1º, III), tem sido admitida a impossibilidade relativa, desde que temporária e enquanto persistir sua causa. A jurisprudência dos tribunais tem entendido, por exemplo, que a prestação dos serviços públicos, como a energia elétrica, há de ser contínua, principalmente com fundamento no art. 22 do CDC, não podendo ser interrompida em razão do inadimplemento do usuário, devendo a cobrança ser feita pelos meios processuais normais, até mesmo em obediência aos princípios da dignidade da pessoa humana, especialmente em casos de miserabilidade e de vedação de justiça de mão própria. Todavia, prevaleceu no STJ, por maioria da 2ª Seção, o entendimento de ser possível a interrupção da energia elétrica pela concessionária, após comunicação prévia, com fundamento nos custos sociais.

A impossibilidade do objeto é a que está presente na constituição do negócio jurídico, invalidando-o total e perenemente. Se o objeto impossível tornou-se possível natural ou juridicamente após a constituição do negócio jurídico, esse fato subsequente não o torna válido, ou o convalida.

11.3.3. Indeterminação do Objeto

É nulo o negócio jurídico que tenha objeto indeterminado. O objeto há de ser determinado no momento da constituição do negócio jurídico, ou ao menos determinável por algum meio posteriormente, máxime quando seja exigível. Se há possibilidade de determinação, pouco importa o meio que seja empregado para isso. O CC estabelece que a coisa incerta seja indicada ao menos pelo gênero e quantidade (exemplificando: dois telefones celulares, sem especificar a qualidade e a marca). A compra e venda pode ter por objeto a prestação de coisa futura, a depender do advento de alguma circunstância. "Por ser a compra e venda um contrato consensual, tanto se pode prometer a venda de coisa atual quanto de coisa que ainda não existe. Obriga-se a transferir a coisa após a existência do bem vendido, pois não se pode transferir o inexistente no mundo sensível. A doutrina costuma utilizar exemplos do reino animal, embora seja amplo o campo de abrangência da venda de coisa futura, na atualidade. Vende-se o bezerro da vaca prenhe, obrigando-se a transferir a propriedade dele após o nascimento provável. A compra e venda já se perfaz com o consenso das partes" (Lôbo, 2003, p. 29).

Não se admite que a determinação seja entregue ao arbítrio exclusivo de uma das partes do negócio jurídico, a exemplo da nulidade do contrato de compra e venda que preveja a fixação unilateral do preço (CC, art. 489). Do mesmo modo, é ilícita a condição potestativa, isto é, a que sujeitar o negócio jurídico ao "puro arbítrio de uma das partes" (CC, art. 122). Contudo, é lícita a condição que atribui a uma das partes a escolha ou determinação da prestação, entre duas ou mais previamente definidas. Uma coisa é o direito potestativo (ou formador), que é o exercício regular de direito formativo gerador, modificativo ou extintivo de relação jurídica; outra coisa é a condição potestativa, o direito brasileiro rejeita a condição potestativa, por sua intrínseca imoralidade. Nenhum figurante de negócio jurídico bilateral é dotado de poder soberano sobre o outro, para constituir, modificar ou extinguir direitos subjetivos, fundado em aparência de condição, cujo conteúdo é o puro exercício de sua vontade ou seu arbítrio.

11.3.4. Incapacidade Absoluta

Em princípio, é nulo o negócio jurídico constituído ou celebrado diretamente por pessoa absolutamente incapaz, ou seja, por menor de dezesseis anos. É válido quando o incapaz for representado por seu representante legal.

A nulidade tem por finalidade a proteção dos interesses do incapaz. Todavia, a complexidade da vida e do tráfico jurídico pode romper a rigidez dessa regra. É o que ocorre com o menor de dezesseis anos que, compelido pelas necessidades de sobrevivência, realiza diversos atos negociais, como adquirir produtos em supermercados, trafegar em ônibus coletivos, fixar preço por serviços que presta (engraxates, jardineiros, carregadores). Como dissemos alhures (1986, p. 40), a realidade clara é que o direito tutela os negócios em público realizados por incapazes, fazendo abstração da manifestação de vontade ou do consentimento, bastando as condutas dessas pessoas.

Ao questionamento se o negócio jurídico pode ser válido se a capacidade sobrevém à incapacidade, após a conclusão do negócio, responde negativamente Pontes de Miranda, porque, se o capaz não poderia convalidar o negócio nulo, com maioria de razão se era incapaz ao tempo da conclusão do negócio jurídico (1974, v. 4, p. 102).

Considerando que a pessoa com deficiência mental ou intelectual não é absolutamente incapaz, os atos e negócios jurídicos de natureza patrimonial por ela realizados não são nulos, mas apenas ineficazes, se não forem antecedidos de intervenção judicial para curatela específica e temporária ou para homologação de tomada de decisão apoiada.

11.3.5. Forma Prescrita em Lei

Quando a forma especial for determinada em lei, é nulo o negócio jurídico que não a observar. Para todos os negócios jurídicos com valor acima de dez vezes o salário mínimo exige-se a forma escrita; trata-se de regra geral que não pode ser entendida como forma especial. Mas, se o negócio jurídico de valor superior a esse limite for celebrado sem a forma escrita, será considerado nulo. A forma pública – mediante lavratura por tabelião – é exigida para os negócios jurídicos de alienação de bem imóvel, salvo as hipóteses previstas em lei; o contrato que utiliza a forma particular não tem valor e, consequentemente, não produz os efeitos respectivos.

11.3.6. Preterição de Solenidade

Do mesmo modo, é nulo o negócio jurídico que não observa solenidade que a lei tenha determinado. Solenidade não se confunde com forma, pois consiste no cumprimento de exigência integrativa da constituição do negócio jurídico, sem a qual não se alcança a validade. Por exemplo, a celebração do casamento pela autoridade civil ou religiosa é solenidade indispensável à constituição desse contrato especial.

11.3.7. Fraude à Lei Imperativa

É nulo o negócio jurídico que tem finalidade de fraudar a lei imperativa. Tem por fito burlar a aplicação das imposições legais, procurando conduzir o intérprete a considerar que outra foi a norma incidente, não a que realmente incidiu e foi infringida; os atos são verdadeiros, embora se destinem a violar a lei (Mello, 2019b, § 31, 2.3). A nulidade decorre da instrumentalização do negócio jurídico para o fim de fraude à lei imperativa.

Dá-se a infração da lei por meio lícito (negócio jurídico), para se obter o resultado previsto na lei, porém violando-a. Por essa razão, Pontes de Miranda preferia denominar esse instituto de infração indireta da lei (1974, v. 1, p. 53).

A fraude à lei não se confunde com a simulação, que é outra causa de nulidade do negócio jurídico. Para a primeira, como elemento diferenciador mais importante, não importa a intenção de fraudar a lei, mas o uso de meio aparentemente lícito para a obtenção indevida de seu resultado. Na simulação a intenção é elemento de sua configuração, enquanto a fraude à lei imperativa é configurada objetivamente.

A lei classifica-se, *grosso modo*, em cogente e não cogente. A lei não cogente faculta ou permite conduta, a exemplo da norma jurídica dispositiva no contrato, que apenas incide quando as partes não estipulam de modo contrário a ela. A lei cogente ou é proibitiva de determinada conduta ou é imperativa, quando impõe determinada conduta, a qual não pode ser afastada pelas partes. A fraude à lei diz respeito apenas a esta última espécie.

Exemplo paradigmático é o da venda de bem a descendente, sem consentimento dos demais descendentes, sendo este requisito imposto pelo CC, art. 496 (lei imperativa), mas cujo resultado é alcançado mediante a venda a terceiro, que por sua vez vende o mesmo bem ao descendente. Alcança-se o resultado desejado (venda a descendente), mediante negócios jurídicos válidos e eficazes, porém em infração à determinação legal de haver consentimento dos demais descendentes. Se o terceiro falecer antes de concluir o segundo negócio jurídico, este não poderá ser invalidado, pois o resultado em fraude à lei não terá sido alcançado (o descendente não adquirirá o bem, que será transmitido aos sucessores do terceiro). Nessas circunstâncias o segundo negócio jurídico é nulo, cuja nulidade arrasta o primeiro. Apenas haverá anulabilidade se a venda se fizer diretamente a descendente.

O contrato de namoro pode ter o fito de fraudar lei imperativa. O CC, art. 1.723, reconhece como entidade familiar a união estável entre duas pessoas, sempre que houver "convivência pública, contínua e duradoura e estabelecida com o objetivo de constituição de família", independentemente de suas vontades em contrário. Se o contrato de namoro é celebrado para evitar a incidência dessa norma legal, apesar de configurada a união estável, pretendendo-se que haja incidência de outra norma (ex.: liberdade de contratar, CC, art. 421), há fraude à lei imperativa.

11.3.8. Declaração Taxativa em Lei

Por fim, a lei pode explicitamente declarar que determinado negócio jurídico é nulo, preenchendo ou não alguma das situações anteriores, segundo o juízo de valor que previamente desenvolveu o legislador. Exemplo é o CC, art. 489, que estabelece ser "nulo o contrato de compra e venda, quando deixa ao arbítrio exclusivo de uma das partes a fixação do preço". A nulidade pode ser implícita, quando a lei, ainda que sem declarar nulo determinado negócio jurídico, proíbe-o sem explicitar a consequência dessa proibição. O legislador pode utilizar variadas formulações linguísticas, tais como "não pode", "fica proibido", "é ilícito". Exemplo: o CC, art. 426, que estabelece: "não pode ser objeto de contrato a herança de pessoa viva". A nulidade pode estar na conduta inversa à estabelecida em lei; exemplo é o CC, art. 499, que estabelece ser lícita a compra e venda entre cônjuges, em relação a bens excluídos da comunhão; consequentemente, é nula (ilícita) a compra e venda, entre cônjuges, de bens incluídos na comunhão.

11.4. Simulação

Dá-se a simulação quando as partes entram em conluio para utilizar o negócio jurídico com finalidade oculta e diferente da que este expressa, valendo-se de declarações não verdadeiras para prejudicar terceiros. Negócio simulado é o que tem aparência contrária à realidade. A simulação é o instrumento de aparência, de inverdade, de falsidade, de fingimento, de disfarce. São requisitos da simulação: a) a divergência intencional entre a vontade real e a vontade exteriorizada; b) o acordo simulatório entre as partes; c) o objetivo de prejudicar terceiros.

O CC, art. 167, considera simulação quando os negócios jurídicos aparentarem conferir ou transmitir direitos a pessoas diversas daquelas às quais realmente conferem; contiverem declaração, confissão, condição ou cláusula não verdadeiras; os instrumentos particulares forem antedatados ou pós-datados. Essa enumeração não é exaustiva, havendo simulação quando houver ocorrências assemelhadas.

Não se confunde com a fraude à lei, pois nesta as partes emitem declarações e negócios jurídicos verdadeiros, porém com o intuito de evitar a incidência da lei imperativa. Em vez de simulação, há negócio jurídico querido para violar a lei, ou escapar dela. Na simulação o resultado do negócio jurídico aparente não é querido (por exemplo, o que se quer não é a compra e venda aparente com preço irreal, mas sim a doação que lhe está subjacente), enquanto na fraude a lei, quer-se o resultado do negócio jurídico aparente (a venda por terceiro – que adquiriu o bem aparentemente do ascendente – ao descendente deste, fraudando a lei que determina o consentimento dos demais descendentes). Para Marcos Bernardes de Mello (2019b, § 39.3) na fraude à lei se quer eludir, contornar as palavras da lei, para que não seja aplicada; diferentemente, na simulação não se contorna a lei, mas falseia-se a verdade.

Porém, tanto a simulação quanto a fraude à lei são atos nulos e imprescritíveis, o que resulta na mesma consequência, tornando ultrapassada a discussão doutrinária anterior, quando a simulação gerava apenas anulabilidade e tempo certo de prescrição.

Durante toda a vigência do CC/16 a simulação enquadrou-se nas espécies de defeitos do negócio jurídico e de anulabilidade. O CC/2002 mudou radicalmente, submetendo a simulação às regras da nulidade, acompanhando a orientação que já havia nos Códigos Civis alemão e português. Isso significa dizer que o negócio simulado não pode ser convalidado pelo transcurso do tempo, nem ser confirmado pelas partes. Não há cura possível para ele, porque a simulação destrói a causa ou a função econômico-social do negócio jurídico.

Ao contrário da legislação anterior, a simulação deve ser declarada de ofício pelo juiz e alegadas por qualquer interessado e pelo Ministério Público. Pode, inclusive, ser invocada pelos próprios simuladores, mas não pode ser feita por quem simulou contra terceiro de boa-fé, assim entendido o que não tinha conhecimento da simulação ao tempo em que foram constituídos os respectivos direitos (Alves, 1974, p. 16). O impedimento ao simulador poderia ser estímulo para prática de ilícitos como a usura, pois não poderia ser invocado pelo que recebera o empréstimo – nas situações comuns da vida, por necessidade –, uma vez que também participara da simulação.

Alguns ordenamentos jurídicos admitem a denominada simulação inocente, sem o objetivo de prejudicar os interesses de outrem, que diferiria da simulação fraudulenta ("nocente"). "A simulação é inocente se houve o mero intuito de enganar terceiros, sem os prejudicar (*animus decipiendi*) e é fraudulenta, se houve o intuito de prejudicar terceiros ilicitamente ou de contornar qualquer norma da lei" (Pinto, 2005, p. 467). Teixeira de Freitas previu a simulação inocente em seu Esboço (art. 523), com reflexos na redação do art. 103 do CC/16, que considerava não constituir defeito a simulação quando não houvesse intenção de prejudicar terceiros.

Mas essa distinção o direito brasileiro atual não mais faz, pois presume que a simulação fraudulenta ou inocente sempre é utilizada para causar prejuízo a outrem, ou pode causar esse prejuízo. Por outro lado, a simulação inocente pode ser instrumento de realização de fins ilícitos. A distinção não produz qualquer efeito prático, pois a consequência em ambos os casos é a mesma no direito brasileiro. Qualquer simulação conduz à nulidade.

Outra distinção frequentemente adotada pela doutrina é entre simulação absoluta e simulação relativa. Na simulação absoluta, as partes celebram negócio jurídico, mas na realidade não querem negócio jurídico nenhum; há apenas a aparência do negócio, sem nenhuma intenção de executá-lo. Não se quis o ato jurídico simulado nem qualquer outro. Na simulação relativa, as partes fingem celebrar um negócio jurídico, mas querem outro, de fins e conteúdo diversos; por trás do negócio jurídico aparente ou formal há outro negócio real dissimulado ou subjacente. Segundo Pontes de Miranda, na simulação relativa o ato jurídico existe e os figurantes não a podem alegar, ainda que terceiros ou o poder público possam promover a invalidação do que existe e aparece (1974, v. 4, p. 375).

O problema que surge é se a nulidade do negócio jurídico simulado alcança também o negócio jurídico real (dissimulado). O CC, art. 167, estabelece que subsiste o que se dissimulou (simulação relativa), se válido for na substância e na forma. A III Jornada de Direito Civil, organizada pelo CJF em 2004, aprovou entendimento no sentido de que, na simulação relativa, apenas o negócio simulado é nulo, mantendo-se válido o negócio real dissimulado, salvo se este também ofender a lei e causar prejuízo a terceiros. Parece-nos adequada essa solução.

A simulação pode ser subjetiva ou objetiva. É subjetiva, segundo o CC, quando aparenta conferir ou transmitir direitos a pessoas diversas daquelas às quais realmente se confere ou transmite. Entende-se que se inclui na simulação subjetiva a utilização de pessoas que aparentam ser as partes definitivas dos negócios jurídicos, como destinatários dos bens ou direitos que lhes foram transferidos. Problema ocorre com os conhecidos "testas-de-ferro", "homens-de-palha", "laranjas", títeres; essas pessoas são utilizadas (às vezes até sem seu conhecimento) para abertura de contas-correntes, para aquisição de bens, para associação em empresas, principalmente em virtude de rendimentos de origem ilícita, com prejuízo da sociedade, de terceiros lesados ou do fisco.

A simulação é objetiva quando a declaração expressa não corresponde à vontade real, isto é, não é verdadeira. O negócio jurídico é utilizado como instrumento de engano ou logro, para encobrir a real intenção das partes. Simula-se aluguel quando na verdade se quer empréstimo, na modalidade comodato; reduz-se o preço da alienação do imóvel com o objetivo de burlar o fisco. A data anterior ou posterior à da escritura pública não é simulação, mas falsidade, porque o oficial tem fé pública e não pode enunciar fato que não seja verdadeiro.

Também é objetiva a simulação do valor do negócio, ou a utilização de instrumentos particulares de negócios jurídicos antedatados ou pós-datados, como se tivessem sido celebrados antes ou depois da data real. Essa segunda hipótese esbarra em costume *contra legem* largamente difundido no Brasil, os denominados "cheques pré-datados" (na verdade, pós-datados). A legislação brasileira (e mundial) estabelece que o cheque seja ordem de pagamento à vista, não podendo ser convertido em título de crédito a prazo. Todavia, e ante a evidência da boa-fé dos emitentes desses cheques, a jurisprudência dos tribunais tem entendido que a apresentação antes da data fixada configura dano material e moral, que deve ser reparado por quem voluntariamente os recebeu.

Terceiros de boa-fé não podem ser afetados pela nulidade do negócio jurídico, em virtude de sua aparência de validade. Portanto, a decretação da nulidade não apaga todos os efeitos produzidos. Terceiros são os titulares de direitos e relações jurídicas afetados pelo negócio simulado, que não sejam os simuladores ou que não tenham participado da simulação. Configura a hipótese o contrato de locação celebrado com o adquirente do imóvel, que o obteve em negócio jurídico cuja nulidade foi decretada; a simulação do contrato de compra e venda não pode afetar o inquilino que alugou o imóvel de boa-fé com o locador aparente. Todavia, se o terceiro entrou em conluio com as partes do negócio simulado, os efeitos da nulidade também lhe alcançam.

Quando a lei declara nulo o negócio jurídico simulado, a pretensão à nulidade é imprescritível. Todavia, corrente doutrinária sustenta que não, pois não haveria no direito brasileiro nulidade de pleno direito, além de que a paz social recomenda que a prescrição geral de dez anos atinja o ato nulo (Mattietto, 2003, p. 123). A prescrição de pretensão em negócio nulo tem sido admitida pelo STJ, o que se estenderia ao negócio jurídico simulado.

11.5. Conversão do Negócio Jurídico Nulo

O negócio jurídico pode sobreviver apesar da nulidade, quando contiver os requisitos do outro e se comprovar que as partes realizariam este se tivessem conhecimento da possível nulidade do primeiro. Contempla-se a vontade hipotética ou conjuntural das partes. É o que a doutrina denomina conversão substancial do negócio jurídico. O negócio jurídico nulo converte-se em negócio jurídico válido por decisão judicial. Não se converte o negócio jurídico ineficaz que não seja nulo.

O instituto da conversão é construção da doutrina alemã do século XIX, projetado no § 140 do Código Civil alemão (BGB) e introduzido no direito positivo brasileiro expressamente pelo art. 170 do CC/2002, com os mesmos requisitos daquele.

São dois os requisitos da conversão do negócio jurídico: primeiro, que contenha os elementos necessários para aproveitamento em outro negócio jurídico; segundo, é a presunção de que as partes teriam querido o novo negócio se houvessem previsto a nulidade, em virtude dos fins que pretenderam. Exemplos: a) contrato de compra e venda de imóvel mediante documento particular (negócio jurídico nulo, por defeito insanável de forma), que pode ser convertido em promessa de compra e venda; b) título de crédito nulo, que pode ser convertido em recibo; c) testamento cerrado que não foi aprovado por tabelião (CC, art. 1.868), por isso nulo, que pode ser convertido em testamento particular.

Para que um negócio jurídico nulo possa ser aproveitado para conversão é necessário que contenha os elementos essenciais de substância exigidos para a validade do novo negócio jurídico, a saber: a manifestação de vontade, o conteúdo, a licitude e possibilidade do objeto, a capacidade das partes. Mas não quanto à forma, o que tornaria impossível a conversão em determinadas situações. "As partes não necessitam, no entanto, de fixar todo o conteúdo. Apenas têm de estabelecer os elementos que caracterizam o negócio como sendo de certo tipo" (Soares, 1986, p. 56).

Ressalte-se que a conversão não salva o negócio jurídico originário. Este é aproveitado para a constituição de outro negócio jurídico. Pontes de Miranda esclarece que o nulo é irratificável, pois sua ratificação seria contradição em termos; "em verdade há incidência dessa lei nova no mesmo suporte fático, que a outra considerou deficiente". Por isso, a conversão é o aproveitamento do suporte fático, que não bastou a um negócio jurídico, razão da sua nulidade, para outro negócio jurídico. "O que se converte é o ato jurídico; não a manifestação de vontade" (1974, v. 4, p. 45).

A conversão só é possível se as partes estiverem de boa-fé, o que afasta as hipóteses de comportamentos fraudulentos e de má-fé. Portanto, a conversão depende de que as partes do negócio jurídico não tenham conhecimento da nulidade; pois, se conheciam, agiram de má-fé, com intenção que não valesse ou que fosse convertido em outro. A teoria objetiva da conversão entende que não há necessidade de considerar "a vontade que teriam tido, ou poderiam ter tido, mas, de fato, não tiveram, precisamente porque inscientes da invalidade do negócio jurídico" (teoria subjetiva), pois será convertido se assim permitir sua estrutura ou a lei (Nero, 2001, p. 229).

Seja como for, a conversão não é obrigatória, pois depende da vontade das partes de constituir novo negócio jurídico. Diz Pontes de Miranda que a conversão legal (obrigatória) dar-se-ia quando houvesse regra jurídica que, a favor de alguma das partes do negócio, ou de interesse público, ou do Estado, estatuísse ter-se de considerar concluído o negócio jurídico B, se se quis ou deficientemente se quis o negócio jurídico *A*; porém seria mais hipótese de substituição do que de conversão. A conversão legal é admitida por Francisco Amaral, citando o exemplo da aceitação fora do prazo, com adições, restrições; a conversão legal ligar-se-ia não à vontade das partes, mas à lei, pelo que se diz imprópria (1998, p. 518). Entendemos que o CC/2002 não contempla a conversão legal, que melhor se enquadra na hipótese de substituição compulsória do negócio jurídico. O CC, art. 431, que considera nova proposta a aceitação com restrições, não é hipótese de conversão, pois a proposta inicial (negócio jurídico unilateral) não é nula, tendo sido apenas substituída por outra, de parte distinta.

A conversão diz respeito ao plano da validade, uma vez que o CC, art. 170, apenas a admite na hipótese de negócio jurídico nulo. Diferentemente do Código Civil português, a norma jurídica brasileira não prevê expressamente a conversão do negócio jurídico anulável, pois este pode ser objeto de convalidação ou confirmação, o que não ocorre com o nulo. Doutrinariamente tem sido admitida a conversão do negócio jurídico anulável, em caráter excepcional, como na hipótese do menor relativamente incapaz, que não pode ratificá-lo (Pontes de Miranda, 1974, v. 4, p. 66; Mello, 2019, p. 316); para nós é possível desde que a conversão não seja em prejuízo do incapaz. Não há conversão quando o negócio jurídico é ineficaz, pois continua sendo válido; os fatores de eficácia ou ineficácia são externos à validade do negócio. Também não se converte o negócio jurídico que não chegou a constituir-se (plano da existência), como no exemplo citado por Pontes de Miranda do que prometeu doar, mas faleceu antes de expedir a promessa, pois a conversão não é meio para completar e sim para salvar manifestação de boa-fé.

A conversão pode se dar quando o negócio jurídico for celebrado por pessoa absolutamente incapaz, se o seu representante legal tiver participado sem o exercício da representação legal (por exemplo, como testemunha) e se comprovar que o negócio consulta os interesses do incapaz. Pode haver conversão, igualmente, nas hipóteses de objeto ilícito, impossível ou indeterminável, quando se comprovar a possibilidade de objeto sem essa mácula e corresponder ao que pretendiam as partes. Do mesmo modo quando houver preterição de forma ou solenidade prescritas em lei (conversão formal), ou quando a lei taxativamente declarar nulo ou proibir o negócio jurídico.

Não será possível a conversão quando o motivo determinante for ilícito, quando o negócio tiver por objetivo fraudar lei imperativa, ou quando o negócio for simulado. Nessas hipóteses ressaltam a má-fé e a intenção consciente de contrariar a lei, a moral e causar prejuízo. A conversão beneficiaria a própria torpeza.

11.6. Anulabilidade

A anulabilidade, no direito civil brasileiro, ocorre em quatro hipóteses.

a) Por incapacidade jurídica relativa de qualquer das partes do negócio jurídico (menores de dezoito e maiores de dezesseis anos; dependentes de álcool e outras drogas; os que não puderem exprimir sua vontade por causa transitória ou permanente; os pródigos). Essa hipótese sofre atenuações e exceções. Os negócios jurídicos de mera administração e que não importem riscos aos interesses do incapaz, quando por este celebrados, não são alcançados pela anulabilidade.

O maior de dezesseis anos pode ser testador e procurador, sendo inteiramente válidos os negócios jurídicos correspondentes. São situações que excepcionam a anulabilidade em virtude de idade.

O menor que agiu com má-fé ou dolo, ocultando sua verdadeira idade e passando-se por plenamente capaz, não pode se prevalecer de sua própria torpeza para requerer a anulação do negócio jurídico, que, em razão desse fato, será considerado válido, ainda que o representante legal não tenha sido comunicado. A malícia do menor relativamente incapaz torna válidos o negócio jurídico e as obrigações que assumiu. Trata-se de especificação da vedação do comportamento contraditório (*venire contra factum proprium*). A lei apenas se refere ao menor relativamente incapaz, não se aplicando a regra sancionadora a outros relativamente incapazes, que ocultarem esse fato (alcoolistas, dependentes de drogas e pródigos), porque para estes a proteção deve ser maior, em virtude do comprometimento de sua vontade.

Por outro lado, a lei exige o dever de diligência ordinária das pessoas, no sentido de solicitar da pessoa que se apresenta como capaz a prova de sua idade, quando dúvida houver. Assim, ninguém poderá pedir de volta o que pagou a um menor relativamente incapaz, se o negócio jurídico por este celebrado for anulado; poderá fazê-lo se provar que o pagamento foi feito em proveito exclusivo do menor, em virtude da vedação do enriquecimento sem causa.

b) Por defeito do negócio jurídico (erro substancial, dolo, coação, lesão, estado de perigo e fraude contra credores).

c) Nos casos em que a lei expressamente declarar a anulabilidade. Por exemplo, o CC, art. 119, considera anulável o negócio concluído pelo representante em conflito de interesse com o representado.

d) Também são passíveis de anulabilidade os atos para os quais a lei exija assentimento ou autorização de outrem, quando estes faltarem. O assentimento ou autorização existem no benefício da parte do ato ou negócio jurídico, ou de quem deve ou pode emiti-los. O assentimento do curador aos atos praticados pelo relativamente incapaz existe para a proteção deste; o assentimento do cônjuge para alienação de bem imóvel comum é no interesse dele próprio e da família.

A anulabilidade depende de decisão judicial constitutiva negativa que a decreta. A decretação da anulabilidade desconstitui o negócio jurídico existente e, consequentemente, sua eficácia, desde o início. Não há anulabilidade de pleno direito, o que impede ao interessado deixar de cumprir os deveres jurídicos assumidos no negócio jurídico alegando sua existência. Enquanto não houver decisão transitada em julgado, há anulabilidade (possibilidade de anulação), mas não anulação. Corresponde à distinção que os antigos gregos faziam entre potência e ato.

O juiz não pode pronunciar a anulabilidade de ofício, ainda que tome dela conhecimento. Sem provocação não há anulação. A anulação apenas aproveita a quem a requerer judicialmente. Se há diversos interessados, mas apenas um a requereu, a decisão não se estende aos demais, salvo se a obrigação for solidária (cada um dos devedores é obrigado pela dívida toda) ou não puder ser dividida. O negócio jurídico anulável cuja decretação não for feita será válido e eficaz; existe, é inválido, mas é eficaz.

A legitimidade para reclamar a anulabilidade é, insubstituivelmente, da pessoa diretamente interessada, ou seja, o prejudicado ou o relativamente incapaz (com assistência do representante legal). Não podem os parentes ou familiares tomar a iniciativa, pois a confirmação do negócio anulável é prerrogativa daquela. Apesar da constatação do defeito ou do fator de anulabilidade, pode o interessado, por juízo apenas seu, confirmar o negócio.

A confirmação e a ratificação retiram o defeito do negócio jurídico com eficácia retroativa (*ex tunc*), ou seja, torna-o válido desde o início de sua existência. A confirmação ocorre quando o sujeito que praticou o ato o reafirma. Na ratificação o ato está incompleto, a exigir do sujeito interessado manifestação de vontade para convalidá-lo (exemplo: o credor ratifica a quitação dada por terceiro sem mandato). Podem ser exercidas antes do encerramento do prazo de decadência de dois anos ou de quatro anos, conforme as hipóteses do CC, arts. 178 e 179; após o prazo decadencial a ratificação perde seu objeto (validação do ato, já alcançada com o decurso do prazo). O relativamente incapaz pode confirmar a validade do negócio jurídico quando se torna capaz, desde que o faça no prazo decadencial. Por sua natureza a confirmação é ato jurídico em sentido estrito não receptício, ou seja, não depende da recepção da outra parte.

A confirmação ou a ratificação podem ser expressas ou tácitas. Quando expressa, o ato respectivo deve conter "a substância do negócio celebrado e a vontade expressa de mantê-lo" (CC, art. 173). Ou seja, o documento deve indicar claramente qual é o negócio jurídico, a ciência do vício e a declaração de manter o negócio. A confirmação tácita provém de duas condutas: a) pela execução ou cumprimento, ainda que parcial, das obrigações que competem à parte interessada na anulabilidade; ou b) pelo transcurso do tempo, dentro do qual a anulabilidade poderia ser pleiteada. A execução da obrigação pelo incapaz não confirma tacitamente a validade do negócio jurídico, porque tal fato não sana a invalidade, além de que o incapaz não pode confirmar de modo expresso.

Nos atos anuláveis por erro, dolo, coação, lesão e estado de perigo a ratificação tem a consequência de extinguir a ação de anulação. Porém, esclarece Pontes de Miranda, em se tratando de fraude contra credores, não há pensar-se em ratificação, pois há, por parte do credor, renúncia à ação de anulação, em virtude de não ser figurante do ato jurídico (1974, v. 4, p. 248).

A confirmação e a ratificação são irretratáveis, em razão da segurança jurídica, não podendo flutuar ao sabor dos humores do interessado. A confirmação ou a ratificação provocam, automaticamente, a extinção do direito de ação anulatória que o interessado tenha contra a outra parte, incluindo ação já ajuizada, salvo se esta tiver sentença transitada em julgado, pois a confirmação perderia o objeto.

Em qualquer modalidade de confirmação ou ratificação, terceiro de boa-fé não pode ser prejudicado. Se houver confirmação ou ratificação expressas ou tácitas, as consequências da convalidação não podem alcançar terceiro, que confiou na anulabilidade do negócio.

A anulação do negócio jurídico tem como consequência o retorno à situação anterior, como se o negócio jurídico nunca tivesse sido realizado. Essa é sua finalidade, que se assemelha à da nulidade. Mas nem sempre é possível a retroatividade dos efeitos da anulação, em virtude de impossibilidade fática ou jurídica. Nesta hipótese, o interessado prejudicado tem direito ao equivalente ao dano sofrido, mediante o pagamento de indenização imputável a quem deu causa à anulabilidade. Uma vez anulado, o negócio jurídico não pode ser jamais reconstituído, da mesma forma que não se pode revogar a anulação.

A anulabilidade se extingue pelo decurso do tempo ou decadência, sem que o interessado exerça o direito potestativo e a ação de anulação, e pela convalidação ou ratificação pelo interessado. A omissão ou a ação do interessado extinguem-na. No CC/16 o prazo era de prescrição, extinguindo a pretensão, mas mantendo o direito; o CC/2002 optou pela decadência, que extingue o próprio direito potestativo à anulabilidade.

11.7. Prazos de Decadência para a Anulabilidade

A anulação do negócio jurídico está sujeita a prazo decadencial. No CC/16 esse prazo era de prescrição. A diferença radica no fato de que, atualmente, a fluência do prazo não admite interrupção ou suspensão, além de atingir o próprio direito do interessado à anulação, que é extinto, e não apenas seu exercício (pretensão).

É facultado ao interessado promover a anulação judicial do negócio jurídico, desde que o faça no prazo máximo de quatro anos, nas hipóteses de erro, dolo, coação, fraude contra credores, lesão, estado de perigo e de atos praticados por menores relativamente incapazes.

Há, também, o prazo de dois anos para a anulação dos negócios jurídicos para as demais hipóteses de anulabilidade, como regra geral. Tal ocorre quando a lei declara que determinada situação é geradora de anulabilidade total ou parcial do negócio jurídico, mas sem fixar prazo para pleitear a anulação. O CC, art. 117, por exemplo, dispõe que é anulável o negócio celebrado pelo procurador em seu próprio benefício, mas não estabelece prazo para a anulabilidade. O prazo supletivo de dois anos será sempre decadencial e terá como termo inicial a data em que o negócio jurídico foi realizado ou celebrado, ou seja, quando se exteriorizou a vontade pela declaração ou manifestação. A legislação especial pode estabelecer outros prazos de decadência para anulação de negócios jurídicos. Quando não o fizer é que incidirá o prazo supletivo de dois anos.

Há prazos menores para a decadência, em situações de menor gravidade, exigentes de pronta resposta do interessado. Por exemplo, o representado tem o prazo de cento e oitenta dias para promover a anulação de negócio que o representante tenha realizado em conflito de interesses com aquele.

O início do prazo decadencial (termo inicial) pode variar, de acordo com as circunstâncias. O prazo supletivo de dois anos começa a correr com o próprio início do negócio jurídico. Igualmente, conta-se do início do negócio jurídico o prazo para anulação em virtude de erro, dolo, fraude contra credores, estado de perigo ou lesão, porque é o momento em que se exterioriza a vontade viciada, abrindo-se a possibilidade para o interessado pleitear a anulação. Diferentemente ocorre com a coação, pois enquanto perdurar a ameaça presume-se que o coagido não possa exercer livremente sua vontade; apenas quando comprovadamente cessar a coação começa a correr o prazo decadencial. Em relação ao menor relativamente incapaz, o prazo para pleitear a anulação se inicia quando cessa a menoridade, ao atingir dezoito anos, salvo se antes disso obtiver a emancipação. Quanto aos demais relativamente incapazes, o termo inicial da decadência é a cessação da causa da incapacidade.

11.8. Conservação do Negócio Jurídico Inválido

A conservação do negócio jurídico tem acolhida em nosso sistema jurídico. Separa-se a parte viciada do todo do negócio jurídico, com a finalidade de preservar as partes válidas. Ocorre quando a nulidade ou anulabilidade de parte – por exemplo, de cláusula ou cláusulas do contrato – não compromete ou contamina a totalidade do negócio, que pode sobreviver e atingir o escopo prático pretendido.

A regra da invalidade parcial tem origem na antiga máxima romana *utile per inutile non vitiatur* (o útil não deve ser viciado pelo inútil). Antes do CC/2002, a doutrina era assente em admitir o princípio da conservação, segundo o qual "deve-se aproveitar, ao máximo possível, o negócio, em atenção, principalmente, à intenção negocial manifestada pelas partes" (Schmiedel, 1981, p. 45).

O princípio está expresso no CC, art. 184, ao determinar que a invalidade parcial não prejudique o negócio jurídico na parte válida, "se esta for separável". A invalidade de cláusula ou cláusulas não invalida o contrato, na parte que remanescer, salvo se forem atingidos os elementos essenciais. O princípio da conservação serve também para a invalidade parcial de alguma cláusula, quando for possível dar sentido útil à parte restante. No CDC há regra expressa nesse sentido (art. 51, § 2º: "A nulidade de uma cláusula contratual abusiva não invalida o contrato, exceto quando de sua ausência, apesar dos esforços de integração, decorrer ônus excessivo a qualquer das partes").

Na conservação do negócio jurídico, ou invalidade parcial, é necessária a observância de dois pressupostos elementares: a) o da separabilidade da parte viciada do restante do negócio; b) o da subsistência do negócio como um todo dotado de sentido, após a retirada da parte inválida (Azevedo, 2005, p. 158).

A conservação só será possível se o negócio jurídico for passível de divisão em partes, como adverte Francisco Amaral, para que não possam, individualmente, desnaturar o ato, e que seja suscetível de subsistir independentemente da parte nula. Ou seja, negócio unitário e divisível, permanecendo os interesses das partes devidamente resguardados com a parte válida do ato (1998, p. 514).

Outra regra de conservação está expressa no CC, art. 183, mediante o qual a invalidade do instrumento não induz a do negócio jurídico sempre que este puder provar-se por outro meio. A forma – o instrumento – é relativizada em favor do conteúdo do negócio jurídico. Por exemplo, o documento contratual da venda de um objeto foi declarado inválido porque se constatou sua falsidade; mas o negócio jurídico, apesar desse fato, foi realmente concluído pelas partes com a entrega da coisa e o recebimento do preço, o que pode ser provado por testemunhas e outros meios. Assim, nessa hipótese, inválido é o negócio jurídico formal e válido o negócio jurídico material.

A conservação expressa a função social do negócio jurídico, cujo princípio foi definitivamente acolhido pelo direito brasileiro (CC, art. 421). Além da função meramente individual, pretendida pelas partes, o negócio jurídico expande as relações sociais e econômicas, como efeito reflexo, além de observar a promoção da paz social. Portanto, todo esforço deve ser feito para que a nulidade de parte do negócio jurídico não o contamine inteiramente. O limite da conservação é a congruência da parte não atingida pela nulidade com a realização viável dos fins do negócio, ainda que parcialmente.

A obrigação acessória (por exemplo, a fiança ou a hipoteca que garantem dívidas de contratos inválidos) não sobrevive à invalidade do negócio jurídico, mas a invalidade daquela não prejudica este. Para Silvio Rodrigues, "mister se faz distinguir no negócio jurídico a sua parte substancial da parte acessória. Se a nulidade afeta a primeira, todo o negócio jurídico perece, porque, como a existência do acessório supõe a do principal, é incabível a sobrevivência daquele sem a deste" (2002, p. 304). Se o vício se refere somente à estipulação acessória, esta pode ser invalidada sem que o negócio jurídico tenha de perecer.

A nulidade ou a anulabilidade do negócio jurídico não é o bem jurídico maior, mas a preservação da regulamentação dos interesses naquilo em que possa ser validamente aproveitado, tanto pela conversão quanto pela conservação. A franca adoção desses critérios pelo direito civil contemporâneo está a demonstrar que a invalidade, especialmente a nulidade, deve ser aplicada de modo excepcional.

Capítulo XII

Ilícitos Civis

Sumário: 12.1. Ilícitos civis em geral. 12.2. Sanções ou penas civis. 12.3. Espécies de ilícitos civis. 12.4. Ato ilícito. 12.4.1. Ato ilícito e contrariedade a direito. 12.4.2. Ato ilícito e imputabilidade. 12.4.3. A culpa como requisito do ato ilícito. 12.5. Pré-exclusão de ilicitude. 12.6. Ilicitude por abuso do direito.

12.1. Ilícitos Civis em Geral

O ilícito civil existe no direito, e não fora dele. É espécie do gênero fato jurídico. A ilicitude difere da não juridicidade (o que está fora ou é indiferente ao direito). No seu suporte fático estão os elementos que o direito considera e cuja concretização na vida ou no mundo dos fatos provoca a incidência da norma jurídica. O fato lícito recebe a incidência da norma jurídica para assegurar-lhe os efeitos positivos. Já a incidência da norma sobre o fato ilícito é justamente para atribuir-lhe efeitos negativos, em relação a quem por ele é responsável, e positivos para quem sofreu suas consequências. É o que Lourival Vilanova denomina juridicidade negativa (ilicitude), ao lado da juridicidade positiva (licitude), como dois subconjuntos do conjunto total do direito (2000, p. 301).

Todo ordenamento jurídico, com maior ou menor intensidade, contém, como básico, o princípio da incolumidade das esferas jurídicas individuais, consideradas estas o conjunto de direitos patrimoniais ou não patrimoniais relacionados a alguém. A ninguém é dado interferir na esfera jurídica alheia sem o seu consentimento ou determinação legal (Mello, 2019a, p. 291). Há, portanto, um direito absoluto à incolumidade atribuído a cada pessoa e oponível a todos.

Os ilícitos são absolutos quando violam direitos absolutos (direito à incolumidade, direitos da personalidade, direitos reais), que são direitos com sujeitos passivos indeterminados. O direito absoluto não se confunde com direito ilimitado; é absoluto exclusivamente porque oponível ao conjunto indeterminado de pessoas; todas as pessoas são obrigadas a respeitá-los, e não apenas uma ou algumas determinadas. Essa ideia de direito absoluto não se confunde com a concepção liberal de senhorio ilimitado sobre as coisas, que a continha na propriedade (direito de propriedade absoluto) e confundia o direito e seu objeto.

As hipóteses de ilícitos relativos são objeto de regramento legal específico, no direito das obrigações, no direito das coisas, no direito de família e no direito das sucessões.

Felipe Peixoto Braga Neto (2003, p. 111) propõe a relativização da distinção entre ilícitos absolutos e relativos, que adotamos, substituindo-a por ilícitos patrimoniais e ilícitos extrapatrimoniais, a partir dos efeitos da ilicitude e da exigência de tutela qualitativamente diversa para os segundos.

O ilícito civil é relativo quando viola direito relativo, cujo titular é sujeito determinado. Há ilícito relativo principalmente no âmbito do inadimplemento negocial, quando a lesão decorre do não cumprimento de obrigação convencional pela outra parte, objeto do direito das obrigações. Nesse sentido, o ilícito é relativo à pessoa determinada, ou seja, à parte inadimplente.

Ainda no campo da ilicitude relativa, o negócio jurídico nulo ou anulável é espécie de negócio jurídico ilícito; a consequência não é a responsabilidade civil necessariamente (que pode haver, se o mesmo fato causar dano), mas a declaração judicial de nulidade e anulabilidade. A invalidade é sanção, como diz Pontes de Miranda (1971, v. 53, p. 104). O ilícito relativo à nulidade ou anulabilidade é alcançado no plano da validade, enquanto o ilícito civil em sentido estrito situa-se no plano da eficácia. O negócio jurídico ilícito pode ter a culpa como nuclear em seu suporte fático, quando for autônomo, ou não a ter, quando não derivar da autonomia privada.

O negócio jurídico é ilícito quando seu objeto for contrário a direito. Se o direito impede que determinada atividade se faça, não podem as pessoas, fundadas na autonomia privada, celebrar negócio jurídico com tal finalidade; o negócio jurídico que tem por objeto o tráfico de drogas entorpecentes é ilícito. A ilicitude pode ser parcial, quando a contrariedade do direito localizar-se em uma cláusula ou mais de uma cláusula. As consequências da ilicitude são a nulidade total (quando não houver possibilidade de conversão ou conservação) ou parcial, e a imputação de responsabilidade pelos eventuais danos que esse evento causou.

Há também ilicitude relativa quando o direito admite reação ao que considera conduta ilícita, mas não em virtude de responsabilidade civil por dano, como na hipótese de revogação da doação pelo doador, tendo em vista ingratidão do donatário (art. 557 do CC). Se o mesmo fato der causa a dano material ou moral haverá também responsabilidade civil por ilícito absoluto (incolumidade). Ter-se-á, então, o mesmo evento gerando ilicitude relativa e ilicitude absoluta.

Portanto, o que o CC regula na Parte Geral, denominando "atos ilícitos", não é a parte geral da responsabilidade civil, mas apenas aspectos desta, não abrangendo o conjunto dos ilícitos civis. A referência do CC apenas ao ato ilícito cobra explicação. A codificação civil moderna, ao atribuir papel central à autonomia privada, na qual a vontade e a culpa desempenham papéis essenciais, deixou na penumbra as demais hipóteses de fatos jurídicos ilícitos. O CC manteve esse equívoco, ainda que introduzindo o dano moral, que independe da culpa; ao tratar da responsabilidade civil, nos arts. 927 e s., recepciona a responsabilidade objetiva, o que reduz a importância da parte geral nessa matéria, e também porque há responsabilidade civil por danos que não são provenientes de atos ilícitos, além de responsabilidade sem dano.

12.2. Sanções ou Penas Civis

A conduta contrária a direito, nas relações civis, tinha como principal desaguadouro a reparação pecuniária pelas perdas e danos, tanto no ilícito absoluto quanto no ilícito relativo, e desde que comprovada a culpa de quem a praticou. Eram residuais as sanções de natureza civil que não tivessem a natureza de reparação pecuniária. A convicção geral era a de que não cabia ao direito civil sancionar ou punir, pois esta era a finalidade do direito administrativo e, principalmente, do direito penal.

Contudo, muitas condutas ilícitas podem ter consequências diferenciadas da simples reparação pecuniária, no melhor interesse das vítimas ou dos lesados. Ou podem estar associadas à reparação pecuniária. O melhor exemplo é o inciso V do art. 5º da CF, que privilegia o direito de resposta, além da reparação por dano material e moral, quando a pessoa for atingida por informações ofensivas à sua honra ou imagem. Ressalte-se que o significado de reparar, como desagravar e satisfazer o ofendido, é mais amplo que o de indenizar ou ressarcir. Reparação é abrangente dos danos patrimoniais e não patrimoniais.

O exercício do direito de resposta, na forma da Lei n. 13.188/2015, pode ser muito mais satisfatório para o lesado, por seu efeito simbólico, que a reparação pecuniária, a qual terá função complementar. Na ADPF 130, o STF, que considerou não recepcionada pela Constituição a Lei de Imprensa (Lei n. 5.250/1967), decidiu que o direito de resposta, "que se manifesta como ação de replicar ou de retificar matéria publicada, é exercitável por parte daquele que se vê ofendido em sua honra objetiva, ou então subjetiva, conforme estampado no inciso V do art. 5º da Constituição Federal".

A quase exclusividade da indenização ou reparação em dinheiro cedeu também sua primazia para modalidades de sanção ou pena civil, nas obrigações de fazer e de não fazer: a legislação processual estabelece que a obrigação somente se converta em perdas e danos se for impossível a tutela específica ou a obtenção de resultado prático correspondente ao adimplemento, ou se interessar ao autor, e sem prejuízo da multa (CPC, art. 489). O juiz pode determinar a imposição de multa por tempo de atraso, busca e apreensão, remoção de pessoas e coisas, desfazimento de obras e impedimento de atividade nociva. Essas medidas produzem mais satisfação pessoal e social que a simples reparação em dinheiro.

A recepção definitiva dos danos morais, ou danos não patrimoniais, pela CF obrigou os juristas a se deterem sobre a natureza de sua reparação. A reparação pecuniária, ou indenização, tem por fim o ressarcimento da vítima da perda ou do dano no equivalente em dinheiro, se não for possível a restituição da coisa ou situação a seus estados anteriores (restituição *in integrum*). Porém, o dano moral é lesão irreversível de direitos da personalidade, que são extrapatrimoniais. Não há equivalência pecuniária à honra, à intimidade, à vida privada, à imagem, à liberdade, à integridade física e psíquica violadas. A violação não se apaga. Assim é que a reparação do dano moral tem função compensatória, mas não indenizatória. Além da função compensatória, a reparação por dano moral deve incluir valor a mais com nítido propósito de sancionamento ou punição do infrator, porque violou um bem socialmente intocável, e para que sirva para inibir outras violações. É modalidade de pena civil. Sem o acréscimo da pena civil, a sociedade e outras pessoas ficam vulneráveis a novas violações dos direitos da personalidade, quando economicamente valham a pena, na apreciação do custo e benefício.

A sanção civil ou pena civil é qualquer modalidade de sanção a conduta contrária a direito que não corresponda à reparação civil. Há exemplos disseminados no CC. São espécies: a convalidação da obrigação assumida pelo menor entre dezesseis e dezoito anos, que ocultou com malícia sua idade, não podendo prevalecer-se da anulabilidade; a multa contratual em virtude de inadimplemento, contida ou não em cláusula penal, pois esta pode ter também função de reparação dos danos; a revogação da doação pelo doador em virtude de ingratidão do donatário; a responsabilidade exclusiva do procurador pelos atos que excederem aos poderes recebidos do mandante; a perda do poder familiar pelo pai ou mãe que castigar imoderadamente o filho, ou abandoná-lo, ou praticar atos contrários à moral e aos bons costumes, ou abusar de sua autoridade; a imposição de regime de separação dos bens para as pessoas que contraírem casamento com inobservância das causas suspensivas da celebração; a destituição do tutor ou curador quando negligente ou prevaricador; a perda de direito à herança sobre os bens que o herdeiro sonegar, não o descrevendo no inventário; a deserdação dos descendentes por seus ascendentes que sofrerem daqueles ofensa física, injúria grave, desamparo em alienação mental ou grave enfermidade, ou se tiver tido relações ilícitas com madrasta ou padrasto.

A sanção civil jamais atinge a pessoa na sua liberdade, salvo no caso de prisão civil do alimentante, quando devedor voluntário e inescusável, por expressa determinação da CF (art. 5º, LXVII), tendo em vista que a prisão do depositário infiel, também prevista nessa norma constitucional, foi considerada incompatível com o Pacto de San José da Costa Rica, pelo STF. Mas a prisão do alimentante devedor não tem natureza criminal, pois sua finalidade é compeli-lo a pagar a dívida. Se paga, a prisão é extinta.

Segundo Orlando Gomes, as sanções civis aplicam-se à pessoa no seu patrimônio, alcançam o negócio jurídico em sua eficácia [e também na validade e na existência, acrescentamos], ou consistem na perda de situação jurídica. A principal sanção que atinge o ato jurídico é a nulidade (2001, p. 518).

Pontes de Miranda considera atos ilícitos caducificantes os que não têm eficácia de dever de indenizar e importam perda de direitos (1974, v. 2, p. 216). Exemplo é a perda do poder familiar do pai ou da mãe que abandonam o filho. A caducidade e consequente perda de direito são modalidades de sanção civil.

12.3. Espécies de Ilícitos Civis

São ilícitos civis, por violarem direitos absolutos:

a) o fato jurídico ilícito;

b) o ato-fato ilícito;

c) o ato ilícito.

O CC apenas trata explicitamente do ato ilícito. A norma do art. 186 "não se refere à ilicitude civil como gênero, mas, na verdade, define uma espécie de ato ilícito, *o ato ilícito* stricto sensu, *também chamado de* ato ilícito absoluto", e "a limitação da ilicitude nesses atos constitui opinião cientificamente arbitrária" (Mello, 2019a, p. 307). O fato jurídico ilícito e o ato-fato ilícito engendram responsabilidade por fatos e não por atos.

O fato jurídico em sentido estrito e o ato-fato ilícito, como excluem a vontade e a intencionalidade de seu suporte fático, não são fundados na culpa. Já o ato ilícito tem seu fundamento na culpa do agente. Portanto, a culpa não é pressuposto de todas as espécies de ilícitos civis absolutos, mas apenas do ato ilícito.

O dano não é elemento nuclear do ilícito civil, pois pode estar em uma espécie (o ato ilícito, regido pelo CC, art. 186) e não estar em outra (o abuso do direito, regido pelo CC, art. 187). Pode haver ilícito civil sem culpa e sem dano (o abuso do direito referido), na composição de seu suporte fático. Pode haver, ainda, dano reparável sem ser proveniente de ilícito civil, ou seja, o fato que lhe causou é fato jurídico lícito (estado de necessidade: destruição de coisa a fim de remover perigo iminente – CC, arts. 188, II, e 929; ou danos causados pelos produtos postos em circulação por atividade empresarial lícita – CC, art. 931). São situações de imputabilidade de reparação sem ilicitude.

O ilícito civil não se confunde com a responsabilidade civil e com a consequente imputação de responsabilidade por dano. Há várias espécies de ilícitos civis que não redundam em responsabilidade civil e imputabilidade, e sim em outros tipos de consequências jurídicas.

O fato jurídico ilícito é o evento danoso externo ao homem, mas que pode gerar imputação de responsabilidade a alguém. O dano causado pelo animal gera a imputabilidade do dono. No passado, procurou-se resposta em presumida culpa do dono. A avulsão (porção de terra que se destaca de um imóvel e se junta a outro, por força natural, CC, art. 1.251) gera a imputabilidade do beneficiário, ainda que não tenha querido o evento, respondendo pela indenização se for reclamada dentro de um ano. De maneira geral, tende-se a enquadrar nessa espécie as situações de responsabilidade civil objetiva ou sem culpa, quando não houver qualquer ato.

O ato-fato ilícito é o fato no qual houve participação de conduta humana, abstraída pelo direito, que apenas apropria o resultado fático contrário a direito. No dano causado pelo menor absolutamente incapaz, a conduta deste é abstraída para se considerar apenas o evento danoso. São outros exemplos: o mau uso da propriedade, causando incômodos à vizinhança, e a tomada violenta ou clandestina da posse, que o direito rejeita (a posse pode ser de má-fé – não é considerada ato-fato ilícito –, mas não pode ser violenta ou clandestina). A responsabilidade objetiva, quando houver ato de que se abstraiu, é ato-fato ilícito.

Outra classificação leva em conta a eficácia da ilicitude civil, ou dos efeitos reagentes do direito. Cogita-se de quatro categorias de eficácia da ilicitude: 1. Ilícito indenizante, cujo efeito é o dever de indenizar; 2. Ilícito caducificante, cujo efeito é a perda do direito; 3. Ilícito invalidante, cujo efeito é a invalidade (nulidade ou anulabilidade); 4. Ilícito autorizante, cujo efeito é uma autorização facultada à parte prejudicada pelo ordenamento para a prática de ato (ex.: revogação da doação por ingratidão do donatário) em detrimento do ofensor (Braga Neto, 2003, p. 101-7).

12.4. Ato Ilícito

Ato ilícito em sentido estrito é delito de direito privado. É toda conduta culposa, imputável a alguém, que seja contrária a direito e cause dano reparável. A culpa é a causa do dano ou da infração legal no ato ilícito. O ato ou a omissão são de consequências previsíveis.

A culpa leve não é escusável; tampouco importa a natureza da culpa (negligência, imprudência, imperícia). Para efeito do ato ilícito, o dolo se equipara à culpa; a distinção existente em direito penal não tem importância para o direito civil.

Para caracterização do ato ilícito não há necessidade de haver intenção do agente de prejudicar alguém. A lei brasileira (CC, art. 186) alude à ação ou omissão voluntária e ao dano. Além do ato de vontade, interessa para o direito a conduta da pessoa, ou até mesmo a ausência de vontade ou de conduta ativa, desde que esse fato seja suficiente para contrariar normas jurídicas proibitivas ou impositivas e causar prejuízos a outra ou outras pessoas. A responsabilidade decorrente é por ato e não por fato; daí a exigência de capacidade delitual, o que afasta os incapazes de cometer ato ilícito. Assim, são requisitos do ato ilícito em sentido estrito (CC, art. 186): ato ou omissão, culpa, capacidade delitual do agente, contrariedade a direito e dano.

Quanto ao dano, como requisito do ato ilícito, grassa na doutrina brasileira grande controvérsia. O ato ilícito sempre foi ligado ao dano, o que levaria à sua reparação mediante sentença judicial condenatória. Ocorre que o Estado e o direito assumiram novas funções, incluindo as preventivas e de proteção, de modo a evitar danos, lançando mão principalmente de proibições de conduta, como a proibição de vendas de produtos, para o que a mera circulação ou exposição já constitui fato ilícito; nessas hipóteses, o dano não é requisito, mas consequência que pode ocorrer ou não, pois pode conter-se em obrigação de não fazer (retirar os produtos de circulação). *Grosso modo*, são ilícitos todos os atos que sofrem efeitos jurídicos negativos, parcial ou totalmente. Todavia, o CC, art. 186, atribui ao ato ilícito o sentido estrito de ato ou omissão de ato que contraria frontalmente o direito, ou seja, em colisão com o que determina ou proíbe a norma legal, além de causar dano. Essa norma legal deve ser interpretada como exigente da ocorrência de dano, "quando for o caso".

O ato ilícito, por ingressar no mundo do direito como fato jurídico, ultrapassa o plano da existência. Como juridicamente existe, não cabe falar de ato inexistente ou de declaração judicial de inexistência. Suas consequências são: a) a nulidade do ato, declarada judicialmente; b) a reparação pelos danos materiais e morais decorrentes.

O CC/16 admitia duas hipóteses alternativas de ocorrência do ato ilícito: violar direito *ou* causar prejuízo a outrem. O CC/2002 converteu as hipóteses alternativas em requisitos cumulativos: para que haja ato ilícito são necessários a violação a direito e o dano causado a outrem. Assim, a contrariedade a direito, isoladamente, não enseja a configuração do ato ilícito civil; necessária se faz a comprovação de prejuízo a terceiro.

12.4.1. Ato ilícito e contrariedade a direito

O que singulariza o ato ilícito é a contrariedade ao direito, ou a ilicitude. A exteriorização da vontade teve por objeto a produção de efeitos jurídicos que estão vedados pelo direito. Não distinguimos contrariedade a direito e ilicitude, que se encontra topicamente na obra de Pontes de Miranda, impulsionada que foi pela indevida restrição da ilicitude contida no CC/16 (e apenas mitigada no CC/2002). Entendemos que a ilicitude é gênero do qual o ato ilícito é espécie.

É amplo o espectro da contrariedade ao direito ou ilicitude, que ocorre sempre que um ato ou omissão da pessoa violam norma cogente em sentido oposto, quando determina ou proíbe, em todos os ramos jurídicos. O crime, a sonegação nos impostos, o ato administrativo irregular são exemplos de contrariedades a direito, no âmbito do direito público, que alcançam interesses coletivos relevantes. No que respeita especificamente ao ato ilícito civil, interessa a contrariedade a direito nas relações civis em virtude de ato ou omissão que causaram prejuízo a particular determinado.

A exigência do prejuízo ou dano, que o CC, art. 186, faz, restringiu o alcance do ato ilícito civil, em sentido estrito, distanciando-o do conceito amplo de ilicitude. Assim, o ato nulo ou anulável é ilícito, em sentido amplo, mas não é ato ilícito civil, em sentido estrito, pois não importa necessariamente dano.

Se o ato de uma pessoa provocar dano a outra, mas não for contrário a direito, seja porque este pré-excluiu a ilicitude (exemplo, dano causado em estado de necessidade), seja porque considera que o dano deva ser suportado, em virtude das circunstâncias da vida em sociedade (exemplo, dano inevitável causado ao imóvel do vizinho em razão do reparo de muro comum), não haverá ato ilícito civil. O direito até admite que haja reparação do dano em alguns desses casos, mas não em virtude da ilicitude do ato causador.

Pontes de Miranda faz distinção entre a contrariedade a direito e o delito culposo. Para ele, o dano no caso de animais ou de indústrias perigosas não é delitual, no sentido culposo, mas é contrário a direito. Só se teria dispensado a culpa, mas teria permanecido a contrariedade a direito (1974, v. 2, p. 197). Mas onde há contrariedade a direito na atividade da indústria que fabricou o produto, de acordo com as normas técnicas existentes, e do comércio onde ele circulou, que são atividades lícitas? Nem a produção nem a circulação são eventos ilícitos. Quando o art. 931 do CC estabelece a responsabilidade das empresas pelos danos que o produto causou, dispensa o requisito da contrariedade a direito e concentra-se no dano em si, que deve ser reparado. Antes, justamente pela ausência de contrariedade a direito, a lei não admitia a reparação desse dano, que se entendia inserido nos riscos da vida social, ou o preço a pagar pelo progresso econômico. Consequentemente, afirmamos que há danos reparáveis que não dependem de contrariedade a direito ou de ilicitude.

Em outro ângulo, inexiste ato ilícito civil se o ato contrariar o direito, mas não causar dano a terceiro, para o atual direito positivo brasileiro. Em sede doutrinária, é possível afirmar que o ato ilícito, em sentido amplo, independe da ocorrência de dano, bastando a contrariedade a direito; exemplo é a invalidade do ato celebrado pelo relativamente incapaz, o qual, juntamente com a outra parte, deseja os efeitos jurídicos negociais.

12.4.2. Ato ilícito e imputabilidade

O ato ilícito exige o requisito da imputabilidade, que é a atribuição a alguém dos seus efeitos, inclusive a de reparação dos danos que causou. Imputável é o que deu causa ao dano ou o que o direito qualifica como responsável, ainda que não tenha tido culpa ou mesmo participação no evento. De acordo com a antiga distinção grega de potência (vir a ser) e ato (o que é), a imputabilidade civil (como potência) é a atribuição legal de dever de prestar. A imputação civil (como ato) já é a atribuição legal a sujeito determinado do dever de prestar. São sujeitos determinados a pessoa física, a pessoa jurídica, o ente não personificado ou a entidade não personificada.

Diferentemente do direito penal, a imputabilidade pode deslocar-se da pessoa que deu causa ao ilícito. O que interessa é a responsabilidade patrimonial de quem seja mais apto a suportar esse ônus, em virtude do liame direto ou indireto com a situação envolvida. Exemplo é a imputabilidade dos pais sobre os atos cometidos pelos filhos menores que estiverem em sua companhia, ainda que não tivesse conhecimento desses atos ou sem culpa de sua parte; quem cometeu o ato ilícito foi o filho, mas o direito transfere para os pais a imputabilidade (CC, art. 932). Este é exemplo de transformação do direito, pois a responsabilidade dos pais já foi culposa (sem prova de sua culpa não havia imputabilidade); depois passou a ser presumida (cabia aos pais provar o contrário); por fim, a culpa foi totalmente excluída, bastando o liame filho e dano, deixando de ser ato ilícito para converter-se em ato-fato ilícito.

No direito anterior da ilicitude civil, de teor subjetivista, a imputabilidade estava vinculada à culpa. Imputável era o culpado. Se não fosse possível caracterizar a culpa do autor do ato ilícito ou de outra pessoa que a assumisse, então não se poderia cogitar de imputabilidade. Por consequência, a ausência de culpa levava à inimputabilidade, à irresponsabilidade e ao desaparecimento da própria ilicitude. No quadro atual do direito, imputabilidade é a aptidão de ser civilmente responsável, independentemente de culpa. Todavia, para o ato ilícito regulado pelo CC, art. 186, a imputabilidade permanece vinculada à culpa; imputável é o culpado.

Essa nossa concepção de imputabilidade difere da que a considera como capacidade delitual, ou da capacidade de praticar ilícito. Quem assim sustenta entende que o ato praticado pelo incapaz não é ilícito, ainda que atinja esfera jurídica alheia; ou seja, a inimputabilidade do incapaz leva à ausência de ilicitude (Mello, 2019a, p. 295). Segundo a concepção objetiva, que defendemos, a imputabilidade civil independe de capacidade delitual do agente.

Os conceitos interligados de imputabilidade civil e imputação civil abrangem não apenas a responsabilidade civil, mas também as demais áreas do direito privado, onde haja atribuição legal do dever de prestar (por exemplo, os deveres parentais em relação aos filhos). Assim a imputação, aplicada à responsabilidade civil, é atribuição legal a sujeito determinado do dever de prestar a reparação ou a abstenção do dano.

12.4.3. A culpa como requisito do ato ilícito

Mantém o CC, art. 186, a culpa como requisito do ato ilícito civil. O modelo subjetivista e individualista da ilicitude civil foi adequado enquanto perdurou a concepção do direito civil patrimonialista, distante da função social e com grande restrição à admissibilidade da responsabilidade civil objetiva, a qual cresceu durante o século XX. A doutrina tradicional do ilícito civil e da responsabilidade civil gira em torno da culpa e de suas transfigurações, como a presunção de culpa ou culpa presumida, segundo o axioma de nenhuma responsabilidade sem culpa (*pas de responsabilité sans faute*).

A culpa é a ação ou omissão imputável a alguém, que causa dano a outrem ou a seu patrimônio, sem intenção desse resultado. Age-se quando não se deveria agir desse modo ou não se age quando se deveria agir. Tem-se como referência o padrão de comportamento que se espera de qualquer pessoa em circunstância idêntica, que atua com diligência regular, ou seja, como uma pessoa razoável.

A omissão pode ser culposa, no âmbito civil. Em princípio não há obrigação de evitar o dano, mas de não lesar. A omissão é culposa quando seguida de atos que provocam dano. Mas, se há dever legal ou regulamentar de fazer ou de dar, como o dever de prestar socorro, a omissão é culposa, portanto ilícita.

Sob o ponto de vista natural, a omissão, o não fazer, importa inexistência de causa. Não é assim no domínio do direito, onde tanto a ação quanto a omissão podem ser suportes fáticos de hipóteses normativas. A conduta omissiva pode tornar-se fato jurídico, e dela decorrem efeitos.

O ato ou omissão apenas são considerados ilícitos se culposos. Assim, a conduta que provoca dano, desde que não culposa, não se enquadra na concepção de ato ilícito civil, não se imputando ao causador do dano qualquer responsabilidade. Para os efeitos do ato ilícito, o dolo equipara-se à culpa, apesar de ser mais grave do que esta, pois implica intenção de prejudicar.

A culpa, de modo geral, aprecia-se em abstrato, ou seja, não leva em conta o estado psicológico do sujeito responsável concreto, mas do homem razoável. Levam-se em conta as circunstâncias em que se dá o ato, que fazem inferir a existência de culpa todas as vezes que ocorrerem com qualquer pessoa. A culpa em concreto é exceção. O significado de homem razoável varia no tempo e no espaço, e até mesmo nas classes e nas profissões, o que bem demonstra a grande dificuldade de caracterizar a culpa. No direito romano, a culpa estava em não prever o que o homem diligente preveria ou somente perceber quando já era impossível evitar o dano. A previsão não há de ser somente a do que acontece com frequência, mas sim a do que pode acontecer. Uma pessoa que contamina outra em relação sexual sem proteção é responsável, porque pode acontecer a contaminação, mesmo que esta não seja frequente.

A gradação da culpa em grave, leve e levíssima foi superada pelo princípio da plena reparação dos direitos lesados. Sustentou-se que a culpa levíssima, a saber, aquela que existiria mesmo que se observasse a diligência do homem normal, deveria ser desconsiderada, afastando-se a responsabilidade. Essa distinção não prevalece no direito brasileiro, pois de aferição difícil e variável, em prejuízo da vítima.

Imputável era sempre o culpado. Por tais razões, o direito tradicional e subjetivista construiu, como espécies artificiais, a culpa *in vigilando* (culpa pela falta ou deficiência de vigilância ou guarda de outra pessoa, principalmente de incapazes, ou de coisa), a culpa *in eligendo* (culpa pela má escolha do empregado, do preposto ou de outro, com vínculo de subordinação) e, até mesmo, a presunção de culpa, para poder atribuir a responsabilidade civil a alguém. Na presunção de culpa, esta não é verificável em concreto; ao legislador bastou indicar alguém como presumivelmente culpado, sem necessidade de prová-lo.

De maneira geral, a culpa se revela na imprudência, negligência ou imperícia. Imprudência é a falta de cuidado, atenção e precaução razoável para evitar o dano. Exemplo é o motorista que ultrapassou o limite de velocidade na região onde ocorreu o dano. Negligência é a falta de diligência que aumenta o risco de dano. Exemplo é a ausência de manutenção do veículo, como a substituição dos pneus gastos. Imperícia é a falta de conhecimentos, habilidades ou práticas reputados necessários para a ação. O médico pode ser imperito se não desenvolveu habilidades necessárias para a prática de procedimentos cirúrgicos complexos.

Comprovar a imprudência, a negligência ou a imperícia do causador do dano ou do responsável pela reparação não é tarefa fácil. Enquanto prevaleceu a primazia da culpa, a maior parte dos danos permaneceu sem reparação. Comprova-se o dano, o agente causador, a relação de causalidade, mas se não se provar a imputação da culpa não há ato ilícito nem responsabilidade civil, se esta for fundada na culpa.

O CDC, art. 12, optou pela responsabilidade pelo fato do produto lançado no mercado de consumo, independentemente da culpa do fornecedor, que se exonera apenas se demonstrar que não pôs o produto em circulação, ou que houve culpa exclusiva do consumidor ou terceiro, ou que inexiste defeito no produto.

Para Guido Alpa, as vantagens do sistema de desconsideração da culpa são evidentes, tendo por fito: assegurar a todas as vítimas o imediato ressarcimento, evitar as deformações típicas do sistema de culpa, proporcionar notável redução no tempo de determinação do dano e de reparação, reduzir os custos, trazer benefícios diretos e indiretos para a administração da justiça (1980, p. 44).

Até mesmo a subjetividade do ato ilícito foi mitigada, em virtude de o CC, art. 186, ter admitido os danos morais. Segundo nosso entendimento, para que haja danos morais basta que se apure a lesão a direito da personalidade, sem necessidade de prova de culpa do lesante. É suficiente a prova da lesão ou dano ao direito da personalidade (*damnu in re ipsa*), sem necessidade de sindicar a existência de culpa.

12.5. Pré-Exclusão de Ilicitude

O direito pode expressamente excluir a ilicitude, em determinados casos, mesmo quando ocorrer dano. O CC refere-se à legítima defesa, ao estado de necessidade e ao exercício regular de um direito reconhecido. Apesar da exclusão da ilicitude (não há ato ilícito), o dano resultante, em determinadas situações, deve ser reparado.

Nosso sistema jurídico tem por excluída a ilicitude e responsabilidade civil, igualmente, quando ficar comprovada a culpa exclusiva da vítima (exclusão total), ou quando houver culpa concorrente da vítima, na proporção respectiva, ou, se não puder ser identificada, no equivalente à metade do valor do dano (exclusão parcial).

Quanto à responsabilidade pelos danos, o direito pode optar pela irresponsabilidade de quem os causou na defesa de interesses e valores superiormente protegidos. Todavia, preferiu o legislador brasileiro a reparação do dano por quem o causou, ainda que seu ato (reação) fosse considerado lícito, quando o dono da coisa não tivesse agido com culpa, engendrando consequências que sofreram a crítica doutrinária.

No estado de necessidade (deterioração ou destruição da coisa alheia, ou lesão a pessoa, para remover perigo iminente), são três as hipóteses, com suas consequências:

a) a vítima foi culpada do perigo iminente: o autor do dano fica exonerado da reparação;

b) a vítima não foi culpada do perigo iminente: o autor do dano responderá por sua reparação;

c) a vítima não foi culpada do perigo iminente, mas terceiro: o autor do dano responderá pela reparação, mas terá direito de regresso contra o terceiro.

Na hipótese *c*, o ônus imposto ao autor do dano, que se viu compelido a fazê-lo, sem qualquer culpa, é desarrazoado; melhor seria que o terceiro fosse diretamente responsável perante o dono da coisa, sem haver necessidade de dupla ação para alcançá-lo (do dono da coisa contra o autor do dano; do autor do dano contra o terceiro).

São requisitos do estado de necessidade: perigo atual que ameace bem jurídico; a gravidade do perigo; a probabilidade do dano; a razoabilidade da proporção entre o dano causado e o dano evitado. Exemplo: cão que avança para morder uma pessoa, que se defende lançando mão de uma pedra e fere o animal; o perigo era atual, o dano de ser ferido era elevadamente provável, a reação com a pedra era proporcional ao dano que se evitou.

O CC tratou de modo objetivo o estado de necessidade, na parte geral, mas no capítulo dedicado à responsabilidade civil desfez, parcialmente, o que antes previu, ao permitir ação contra o mesmo indivíduo a quem aproveitaria a pré-exclusão da contrariedade a direito.

O próprio autor do dano poderia ter sido o culpado pelo estado de perigo da coisa, de que resultou a necessidade de sua destruição ou deterioração. É inteira a sua responsabilidade pela reparação. Pense-se na escavação profunda que mandou fazer ao lado da parede do vizinho, resultando no perigo de desabamento sobre sua própria construção. Configurado o estado de necessidade, pode derrubar a parede, para evitar mal maior, mas terá de repará-la. Quando o ato em estado de necessidade acarreta dever de reparar tem-se ato-fato jurídico, porque nem é ato ilícito nem ato jurídico em sentido estrito.

Entendemos que, se não há culpa do autor do dano ou de terceiro, na hipótese de estado de necessidade, a culpa do dono da coisa é presumida, inclusive por falta de conservação ou guarda devidas. Pontes de Miranda vai mais longe: se a causa do estado de necessidade foi a própria coisa sacrificada, o autor do dano não se obriga à reparação, porque é objetiva a exclusão de responsabilidade. Mais: se o dono da coisa teve culpa ao não evitar o dano, não somente lhe falta direito à indenização como também há de responder por perdas e danos a quem reagiu em estado de necessidade (1974, v. 2, p. 303).

Em situações excepcionais, pode haver ato de defesa no estado de necessidade, sem convertê-lo em legítima defesa. É o caso do sacrifício do cão, que ainda não ofendeu, mas que foi mordido por outro cão hidrófobo.

A legítima defesa é a repulsa imediata à injusta e iminente agressão a si ou a seu patrimônio, quando outro meio legal de defesa não se apresente. Configura fato lícito a reação a evento ou conduta qualificados como contrários a direito. Não há legítima defesa contra legítima defesa, porque o primeiro ato não é contrário a direito. A legítima defesa não pode ser excessiva e se verifica na utilização de meios que causem menor dano, segundo o princípio da proporcionalidade.

No conceito de legítima defesa incidem somente aquelas medidas encaminhadas à defesa, isto é, para rechaçar uma agressão (Larenz, 1978, p. 352). Mas "não se pode exigir do atacado que só se defenda se o seu ato não puder causar, de modo nenhum, mal maior ao atacante do que o do perigo, porque seria exigir-se de mais" (Pontes de Miranda, 1974, v. 2, p. 289), principalmente considerando as circunstâncias em que ocorre a legítima defesa, pouco propícia à reflexão sobre os meios. Se for excessiva, deixa de ser lícita na proporção do excesso. A legítima defesa não se confunde com a justiça de mão própria, que em princípio é proibida, salvo situações excepcionais previstas em lei.

A legítima defesa pode ser própria ou alheia. Na legítima defesa própria ou no exercício regular de direito reconhecido, o autor do dano eventual, em decorrência desses atos, considerados lícitos, não fica sujeito a reparação ou a indenização, em princípio. Todavia, o dever de reparar é imputável ao autor do dano, na hipótese em que seu ato seja de legítima defesa (alheia) da pessoa ou do patrimônio de terceiro, contra este tendo direito de regresso. A legítima defesa de sua própria pessoa ou de seu patrimônio não gera responsabilidade ou dever de indenizar. É essa a solução adotada pelo legislador brasileiro. Os casos de legítima defesa, no âmbito civil, devem sempre ser averiguados com muito rigor, em razão da excepcionalidade do uso de justiça de mão própria, que o direito cautelosamente admite, considerada a proporção dos meios de repulsa empregados e sua iminência. Se houver excesso dos meios, o autor do dano será responsável pela reparação correspondente, pois, nessa parte, há ilicitude.

Os pressupostos da legítima defesa, no direito das obrigações, são os mesmos que o CC prevê no direito das coisas, quando trata da posse: o possuidor esbulhado ou turbado poderá repelir o esbulho ou a turbação, por sua própria força, "desde que o faça logo" (iminência da defesa), não podendo seu ato "ir além do indispensável à manutenção, ou restituição da posse" (proporcionalidade da defesa).

O exercício regular do direito é ônus da prova de quem cometeu o dano, para pré-excluir a ilicitude, e não de quem o sofreu. Quem ingressa em juízo com ação sempre causa dano à reputação do réu, mas o faz em exercício regular do direito, o que afasta o ilícito e o dever de reparar. Mas, se o exercício do direito ultrapassar os limites previstos em lei, incorre-se no ilícito qualificado como abuso do direito.

12.6. Ilicitude por Abuso do Direito

O abuso do direito é espécie de ato ilícito para o direito brasileiro (CC, art. 187). Compreende-se em seu significado o exercício de um direito subjetivo que excede suas finalidades, violando interesses sociais ou individuais. O exercício de qualquer direito subjetivo nunca é ilimitado. Sempre se disse que o direito subjetivo de uma pessoa vai até aonde esbarra com o de outra pessoa. A expressão correta é "abuso do direito" e não "abuso de direito", pois se considera o exercício concreto de algum direito. Sustenta-se (Souza, 2013, p. 74) que a teoria do abuso do direito, ainda que inspirada na figura do direito subjetivo, a este não se restringe, alcançando ainda o exercício abusivo de outras figuras jurídicas como os poderes jurídicos, os direitos potestativos, as faculdades e liberdades.

"Os direitos topam uns nos outros. Cruzam-se. Molestam-se. Têm crises de lutas e de hostilidades. Exercendo o meu direito posso lesar a outro, ainda se não saio do meu direito, isto é, da linha imaginária que é o meu direito. O estudo do abuso do direito é a pesquisa dos encontros, dos ferimentos, que os direitos se fazem. Na realidade, quer dizer – quando se lançam na vida, quando se exercitam – [os direitos] têm de coexistir, têm de conformar-se uns com os outros" (Pontes de Miranda, 1971, v. 53, p. 67).

Os antigos romanos, ainda que não tenham construído uma teoria do abuso do direito, já diziam que o direito levado aos extremos seria antijurídico: *summum ius summa injuria*. Louis Josserand (2006, p. 4) afirma que as figuras criadas pelos pretores romanos já se inserem na "marcha triunfal da teoria do abuso". Porém, antes do século XX, o que mais se aproximava da teoria do abuso do direito era a teoria dos atos emulativos, fundada no intuito de prejudicar outrem, sem utilidade para o agente.

Foi por certo o Código Civil suíço de 1907, art. 2º, que consagrou pela primeira vez de modo expresso o abuso do direito. "O abuso manifesto de um direito não é protegido pela lei". Na doutrina também estreou no início do século XX, com os civilistas franceses Saleilles, Josserand e Charmont (Ripert, 1949, p. 212). Atribui-se ao autor belga Laurent a expressão "abuso do direito", criada para nominar uma série de situações jurídicas, nas quais os tribunais, reconhecendo embora a existência do direito, vieram a condenar os réus em face das condutas irregulares no exercício desse direito. Em 1853 condenou-se um homem que construíra uma falsa chaminé para vedar janela do vizinho com quem andava desavindo. Seguiram-se numerosas decisões similares, com relevo para a famosa condenação, em 1912 (caso Clement Bayard), por abuso do direito, do proprietário que erguera, no seu terreno, dispositivo dotado de espigões de ferro destinado a danificar os dirigíveis construídos pelo vizinho, no início da aviação (Menezes Cordeiro, 1997, p. 670).

A vedação do abuso do direito sempre foi considerada um princípio implícito do direito brasileiro, para cuja constante aplicação não necessitava de norma expressa. Antiga aplicação implícita do abuso do direito é a regulação das relações de vizinhança, como limitação do direito abusivo de propriedade.

O CC/2002, art. 187, inovou a legislação civil, tornando-o explícito e definindo quais os limites razoáveis do exercício do direito, para apuração da contradição entre o modo e os fins. Os limites estabelecidos pelo CC, para além dos quais se incorre em abuso do direito, são: o fim econômico e social, a boa-fé, os bons costumes. Basta a ocorrência de um deles; não há necessidade de cumulação.

O fim delimita o objeto do ato jurídico. O fim econômico e social é a causa do negócio jurídico, que o singulariza; é sua razão de ser. O fim social é a função social que desempenha o ato jurídico, além da função individual; exemplo é a função social do direito de propriedade e do contrato. Abusa de seu direito o proprietário de casa residencial que faz uso de serviço de som, contratado para animar festa, com volume prejudicial à vizinhança. Os bons costumes são os padrões razoáveis de conduta adotados pela comunidade, onde se dará o exercício do ato jurídico, aceitos pela consciência jurídica e pela ética geral. A boa-fé sempre foi limite reconhecido para exercício de direitos e obrigações, comparecendo com frequência nas legislações que disciplinaram expressamente o abuso do direito. Interessa a boa-fé objetiva, ou seja, a boa-fé de conduta, de comportamento, e não a boa-fé subjetiva. Abusa do direito o contratante que age em deslealdade com o outro contratante, ou com improbidade, ou gerando confiança frustrada em certos comportamentos, ou com sonegação e desvio de informação. Os limites traçados pelo legislador brasileiro têm fundamento ético e encontram correspondência em uma moral social ativa e solidária, contrariamente ao paradigma liberal e individualista do ato ilícito civil tradicional.

Diferentemente do ato ilícito do CC, art. 186, que se encontra ancorado na culpa, o abuso do direito é caracteristicamente objetivo, ultrapassada a confusão que havia entre ele e o ato emulativo. Segundo Pontes de Miranda, o abuso do direito, para os juristas romanos, dependia da ocorrência de malícia. Pelo menos essa era a regra. Depois, supunha o ato contrário à função mesma do direito exercido, bastando a intenção ou consciência do desvio. Mais tarde, esvaziado de todo elemento psicológico, o conceito fez-se mais ligado à vida social que à projeção mesma dos direitos: é suficiente que o exercício do direito se desvie (1973, v. 1, p. 383). Também perfilhando a concepção objetivista, a partir de norma semelhante à brasileira no Código Civil português, Antunes Varela afirma que "não é necessária a *consciência*, por parte do agente, de se excederem com o exercício do direito os limites impostos pela boa-fé, pelos bons costumes ou pelo fim social ou econômico desse direito; basta que, objetivamente, se excedam tais limites" (1986, v. 1, p. 498).

Assim, não há falar de intenção de prejudicar. A exceção fica por conta da segunda parte do § 2º do art. 1.228 do CC, por evidente descuido do legislador: "São defesos os atos que não trazem ao proprietário qualquer comodidade, ou utilidade, e sejam animados pela intenção de prejudicar outrem". Mas é exceção que não invalida a regra.

Outro ponto fundamental de distinção entre o tipo especial de ilicitude do art. 187 e o ato ilícito do art. 186 do CC é a desconsideração do dano. Para sua incidência dispensa-se a exigibilidade do dano, pois suas consequências podem ter características de prevenção ou inibição, que evitem o dano, como a proibição de divulgação de informação ofensiva que ainda não se fez, ou da obrigação de fazer ou de não fazer, principalmente no campo dos direitos da personalidade. O enunciado do art. 927 parece contraditar esse modelo ("Aquele que, por ato ilícito (arts. 186 e 187), causar dano a outrem, fica obrigado a repará-lo"), mas a interpretação congruente e em conformidade a ele impõe o sentido, em relação ao art. 187, de *quando* o abuso de direito causar dano, já que este nem sempre ocorre.

Esse modelo diferenciado de ilicitude, contido no art. 187, tem levado a entendimentos doutrinários que o pretendem distinto do instituto do abuso do direito. Para Judith Martins-Costa, o CC/2002 opera a separação (metodológica) entre ilicitude e dever de indenizar, não aludindo diretamente nem ao elemento subjetivo (culpa), nem ao dano, nem à responsabilidade civil, o que abre ensejo: a) à sua maior inserção no campo do direito da personalidade, possibilitando visualizar novas formas de tutela, para além da obrigação de indenizar; e b) à compreensão de que pode haver ilicitude sem dano e dano reparável sem ilicitude. Assim, o art. 187 seria cláusula geral de *ilicitude de meios*, que não é apenas ilegalidade nem contrariedade culposa a preceito contratual, "antes situando na *integração de liberdades coexistentes*, como algo que já nasce 'conformado' no jogo das ponderações entre diferentes princípios que se põem como vetores axiológicos fundamentais do ordenamento" (2008, *passim*).

Contudo, a concepção objetivista de abuso do direito que adotamos (basta o desvio do direito, não a intenção de prejudicar) parece contemplar tal dimensão da ilicitude. Também, assim, entendeu a I Jornada de Direito Civil-CJF, em 2002, cujo Enunciado 37 assim manifesta: "A responsabilidade civil decorrente do abuso do direito independe de culpa, e fundamenta-se somente no critério objetivo-finalístico".

Como o abuso do direito envolve limites, a nulidade do ato abusivo alcança o que ultrapassá-los. Contudo, o ato jurídico abusivo pode ser declarado nulo, quando seu objeto for inteiramente contaminado pelo abuso e não puder ser aproveitado pela conversão ou pela conservação do negócio jurídico.

Diferentemente ocorre com o conceito de "cláusula abusiva", adotado pelo CDC, que não se confunde com a teoria do abuso do direito, pois tem o significado de condições gerais que atribuem vantagens excessivas ao fornecedor de produtos ou serviços, acarretando em contrapartida demasiada onerosidade ao consumidor e um injusto desequilíbrio contratual (Lôbo, 1991, p. 155). Esse conceito de cláusula abusiva também se aplica aos contratos de adesão em geral.

Capítulo XIII

Prescrição e Decadência

Sumário: 13.1. O tempo e o exercício do direito. 13.2. Prescrição. 13.3. Interrupção e suspensão da prescrição. 13.4. Prazos da prescrição. 13.5. Decadência.

13.1. O Tempo e o Exercício do Direito

A pessoa tem de exercer e exigir seu direito em tempo razoável, máxime quando se tratar de bens econômicos. A vida social é um eterno movimento. Quem deixa inerte seu direito compromete sua inerente função social. Não há direito isolado, que possa ser usufruído apenas para si, sem consideração com o meio social, ou deixado de lado indefinidamente, sem consequência. A ordem jurídica fixa, portanto, prazos que considera adequados, dentro dos quais o titular do direito deve exercê-lo, sob pena de ficar impedido de fazê-lo ou até mesmo de perdê-lo definitivamente, por exigência de segurança do tráfico jurídico, de certeza nas relações jurídicas e de paz social, diante de representações consolidadas no tempo da estabilidade das relações jurídicas.

O tempo que afeta o exercício do direito revela-se mediante duas categorias fundamentais: a prescrição (perda do exercício do direito) e a decadência (perda do direito). Tanto em uma quanto em outra o sistema jurídico se vale de fixação de prazos variáveis, nos quais ressaltam os termos iniciais, de acordo com as circunstâncias. Por exemplo, o prazo para o direito de anular negócio jurídico em virtude de vício de vontade é de quatro anos, mas o termo inicial no caso da coação, em vez de ser a data da celebração do negócio jurídico, como nos demais casos, é o do fim da ameaça.

A prescrição e a decadência também exercem função positiva, no sentido de pressão educativa contra o desleixado que deixou de exercer o seu direito em momento adequado, sendo este seu *ethos* maior, segundo Lehmann (1956, p. 510). Porém, acima de tudo, servem à segurança jurídica e à paz pública. Nesse sentido, Carlos Maximiliano (1946, p. 237), para quem os institutos não têm a finalidade de proteger um indivíduo e punir outro, mas sim de ordem pública e social, para que as relações jurídicas não fiquem perpetuamente incertas. Para José Fernando Simão (2013, p. 142), os fundamentos são dois, a segurança jurídica e a negligência do titular do direito, discordando da doutrina majoritária, que vê a negligência como renúncia ao exercício do direito (Carvalho Santos), ou falso fundamento (Pontes de Miranda); o autor reconhece (2013, p. 155), contudo, que a maior aproximação da segurança jurídica é com o conceito de justiça e com a previsibilidade da concretização de direitos e liberdades fundamentais.

A exceção à prescrição e à decadência são os direitos não patrimoniais, inerentes à pessoa. O tempo desses direitos é o tempo de vida da própria pessoa, porque a integram indelevelmente. Assim, os direitos da personalidade não sofrem as vicissitudes do tempo, sendo imprescritíveis. Do mesmo modo, nas relações de direito de família.

Nesse sentido, enuncia a Súmula 149 do STF que é imprescritível a pretensão de investigação de paternidade. Igualmente, decidiu o STJ que a proteção à dignidade da pessoa humana é imprescritível, em caso de dano em virtude de crime de tortura e prisão por delito de opinião durante a ditadura militar, por se tratar de ofensa a direito humano (REsp 959.904; AgRg no AI 1.337.260).

Também são imprescritíveis as pretensões à decretação de nulidade, ou de cessação de comunhão comum e de sua divisão, as pretensões relativas a direitos de vizinhança, ou de alteração de registros de imóveis, entre outras hipóteses.

No julgamento do RE 654.833, com repercussão geral reconhecida (Tema 999), o STF fixou a tese de que é imprescritível a pretensão de reparação civil de dano ambiental, confirmando a orientação dominante no STJ.

A distinção entre prescrição e decadência é uma das questões mais controvertidas da doutrina jurídica. Identificar o que era uma ou outra no CC/16 não era tarefa fácil. Em um mesmo dispositivo encontravam-se prazos decadenciais e prazos prescritivos, dificultando a aplicação do direito. O CC/2002 optou por solução de ordem prática, enumerando taxativamente as hipóteses de prescrição e determinando que a fixação de prazo para exercício de direito, quando a norma legal não explicitar sua natureza (decadencial ou prescritivo), será decadencial. Assim, a decadência, que era excepcional no regime do Código anterior, passou a ter primazia.

Quanto ao termo "decadência", Pontes de Miranda prefere as denominações preclusão e prazo preclusivo, tanto no direito material quanto no direito processual. Para ele, o direito cai, não decai. Marcos Bernardes de Mello (2019a, p. 204, nota 170), por seu turno, entende que a preclusão não se confunde com a decadência, por dois aspectos: (1) a preclusão é tipicamente de direito processual; seu efeito consiste na extinção da pretensão da parte de praticar certo ato processual que não realizou no prazo; (2) a preclusão não se dá apenas pelo transcurso do prazo com inação da parte, mas também ocorre quando a parte pratica ato processual que seja incompatível com o ato atingido por ela.

Para a decadência o tempo corre independentemente de qualquer iniciativa das partes; a única atividade que impede a fluência do tempo decadencial é o exercício do direito. Na prescrição certas atividades das partes podem fazer com que o tempo transcorrido seja desconsiderado, ou retomado. A prescrição é oposta mediante exceção da parte a quem aproveita, para que o direito não possa ser exercido; a decadência enseja a defesa ou contestação e a declaração da inexistência do direito. A decadência leva à extinção do direito, da pretensão e da ação. A prescrição não extingue o direito, pois apenas prescrevem a pretensão e a ação, que ficam impedidas de ser exercidas. A prescrição pode ser renunciada, após encerrado o prazo, porque o direito permanece; a decadência não pode ser renunciada, porque não se renuncia a nada (o direito deixou de existir).

Entre vários critérios diferenciais indicados na doutrina, Orlando Gomes anota que a decadência é legal, judicial e negocial. O prazo extintivo pode, com efeito, "resultar de disposição legal, de despacho do juiz ou do acordo entre as partes, inserido no contrato como uma de suas cláusulas, como sucede nas apólices de seguro e na retrovenda em que o prazo legal é diminuído de comum acordo" (2001, p. 508). A prescrição, por seu turno, é sempre legal.

Todavia, o principal elemento de discrime é o de que a decadência alcança exclusivamente os direitos potestativos – ou direitos formativos, expressão da doutrina alemã e adotada por Pontes de Miranda e Marcos Bernardes de Mello –, que não são suscetíveis de violação e não são exigíveis, daí não terem pretensão, mas que devem ser exercidos dentro de prazos razoáveis, sob pena de caírem. Já os direitos subjetivos, que supõem dever de prestação e obrigação da outra parte, podem ser violados, o que leva à prescrição da pretensão do titular contra quem os violou. Os direitos potestativos estão sujeitos a prazos decadenciais, cujo não exercício dentro deles leva à sua extinção e não apenas à ineficácia da pretensão. Os direitos potestativos não podem ser violados ou lesados, pois dependem exclusivamente da vontade de seus titulares em exercê-los, levando à sujeição do destinatário. A sujeição, segundo Chiovenda, é um estado jurídico que dispensa o concurso de vontade do sujeito, ou qualquer atitude dele (*RT* 744/728). O doador pode revogar a doação em virtude de ingratidão do donatário, mas terá de fazê-lo em um ano, sujeitando o donatário a essa sua decisão, sob pena de perder o direito de revogação.

Quando a técnica jurídica não põe como resultado desejado a extinção do direito, e sim o encobrimento da sua eficácia, lança mão da prescrição da pretensão (Pontes de Miranda, 1974, v. 6, p. 131). Dois exemplos podem ser esclarecedores: é de quatro anos o prazo para anular negócio jurídico por erro, facultando-se ao interessado que exerça o direito com essa finalidade (decadência), e que não envolve prestação da outra parte; é de três anos o prazo para que a vítima (titular do direito subjetivo) exija a reparação do dano (dever de prestação), de quem o causou ou que seja imputável (prescrição). No primeiro exemplo, direito potestativo típico; no segundo, direito subjetivo à incolumidade, violado.

O regime jurídico da prescrição e da decadência é fundamentalmente de direito material, razão por que seu lugar adequado é o direito civil. Todavia, seu reconhecimento em juízo é disciplinado pelo direito processual, nem sempre com observância a tal distinção, até porque há zonas de interpenetração intensa. O CC/2002 também não prima por conter-se no campo do direito material, avançando em matérias típicas de direito processual, como a regra do art. 193, que estabelece poder a prescrição ser alegada em qualquer grau de jurisdição pela parte a quem aproveita.

Próximos da prescrição e da decadência, em razão das consequências jurídicas da inércia do exercício do direito, são os conceitos de *supressio* e *surrectio*, que concretizam a boa-fé objetiva. Próximos, porém distintos. Com efeito, como esclarece António Manuel da Rocha e Menezes Cordeiro (1997, p. 797), a *supressio* diz-se da situação de direito que, não tendo sido exercido durante um determinado lapso de tempo, não pode mais sê-lo por contrariar a boa-fé. É a contrariedade à boa-fé e não a inércia que a singulariza, da mesma forma que a *surrectio*, que é "a outra face da mesma moeda" (Simão, 2013, p. 194), como se vê, exemplificativamente, no CC/2002, art. 330: "O pagamento reiteradamente feito em outro lugar faz presumir renúncia do credor relativamente ao previsto no contrato". O lugar contratual do pagamento é abandonado – renúncia presumida (*supressio*), em favor do lugar de fato onde se dá o pagamento, que deve prevalecer, pois houve a constituição de novo direito subjetivo (*surrectio*). Ambos os conceitos, assim delineados por Menezes Cordeiro, têm por fito a rejeição dos comportamentos contraditórios (violação da boa-fé), convertendo-se um direito subjetivo inativo em outro (constituição *ex novo*), não se confundindo com a prescrição e a decadência.

13.2. Prescrição

A prescrição é "a exceção, que alguém tem, contra o que não exerceu, durante certo tempo, que alguma regra jurídica fixa, a sua pretensão ou ação" (Pontes de Miranda, 1974, v. 6, p. 100).

Cumpre lembrar as etapas nas quais se desdobram os efeitos dos fatos jurídicos, esquematicamente:

a) direito subjetivo ↔ dever jurídico;

↓

b) pretensão ↔ obrigação;

↓

c) ação ↔ situação de acionado.

O direito subjetivo tem como correlativo o dever jurídico. Se este não é cumprido espontaneamente, no modo e tempo determinados, nasce para o titular do direito a pretensão, que é o poder de exigir a obrigação do devedor, em que se converteu o dever jurídico. A pretensão não é direito nem ação; está entre eles. A pretensão nem sempre é coincidente com o nascimento do direito, porque pode haver adimplemento não instantâneo; o direito pode estar sujeito a termo inicial fixado para adiante, ou a condição suspensiva. Se a obrigação não é cumprida, nasce para o titular do direito, e da pretensão, a ação (material e processual).

A prescrição não alcança o direito, mas a pretensão, ou seja, a etapa da exigibilidade, quando o exercício poderia ser exigido. Em outras palavras, a prescrição não afeta o direito, e sim seu exercício. O direito permanece existente; apenas está desarmado, pois o titular não mais o pode exigir. O direito não prescreve nunca. Consequentemente, não é correto dizer "o direito está prescrito", ou "prescrição do direito". Tampouco prescreve diretamente a ação, pois esta não pode ser exercida materialmente (nas hipóteses em que o direito admite que o titular o faça diretamente, sem precisar ajuizar ação), ou processualmente (quando o titular do direito ajuíza a ação), pois depende da pretensão. A ação é obstada indiretamente ou por via reflexa quando há prescrição da pretensão. Não há ação quando a pretensão está prescrita. Há direitos sem pretensão porque não podem ser exigidos (exemplo: as ditas obrigações naturais), tornados, consequentemente, insuscetíveis de prescrição.

Andou bem o CC/2002 nessa matéria. Em vez de dizer, como fazia o CC/16, que prescreve a ação, o Código atual enuncia que, "violado o direito, nasce para o titular a pretensão, a qual se extingue, pela prescrição". Apenas convém ressaltar que a pretensão não se extingue, antes perdendo sua eficácia, isto é, cessa a exigibilidade que ela contém. A prescrição impede sua exigibilidade. Mais incisivo é Marcos Bernardes de Mello, ao afirmar que o legislador de 2002 cometeu duas incorreções (2019a, p. 204): (1) a pretensão não nasce com a violação do direito, pois é tão somente a fase de exigibilidade deste; (2) a pretensão nunca se extingue, pois "a prescrição não extingue coisa alguma", apenas encobre a eficácia daquela.

O uso correto dos termos e dessas categorias (direito, pretensão, ação) não é apenas exigência de rigor científico. É também exigência de ordem prática. Se o direito restasse prescrito, jamais poderia ser retomado seu exercício, pois deixaria de existir. A pretensão prescrita não impede que o exercício do direito possa ser readquirido no futuro. Exemplo é a chamada dívida comum prescrita, ou seja, quando credor não cobra a dívida no prazo de dez anos e sua pretensão é alcançada pela prescrição; se o devedor, após esse prazo, pagar a dívida ao credor, não poderá pedir de volta o que pagou alegando a prescrição, pois não houve extinção do direito do credor nem da correspondente dívida.

A prescrição é de interesse público. Por essa razão, não se admite que o negócio jurídico modifique seu regime, impeça ou pré-exclua sua aplicação. A prescrição é inegociável. Não podem ser acrescidas ou reduzidas as hipóteses de sua interrupção ou suspensão. Todas as prescrições são de ordem pública, o que impede possam ser renunciadas antes que se consumem. As normas legais sobre prescrição são interpretadas de modo restritivo.

Com a prescrição da pretensão, o direito não pode mais ser exigido, porque a obrigação correspondente à pretensão ficou encoberta, juntamente com esta. Pontes de Miranda prefere referir-se ao encobrimento da eficácia da pretensão – por via de consequência a ação –, pois a prescrição não extingue o direito, tampouco cancela ou apaga a pretensão (1974, v. 6, p. 101). Assim, na hipótese de o titular do direito (que continua existindo, apesar de prescrita a pretensão) ajuizar ação para cobrar o adimplemento da obrigação do devedor, este tem o direito de opor exceção. É a exceção da pretensão, no lugar da defesa. Não se contesta a existência do direito, mas se lhe opõe a exceção. A exceção é um contradireito, ou um poder exercido contra um direito. Por essa razão, não é correto dizer que a prescrição extingue a pretensão; opõe-se a ela, como exceção. A exceção oposta pelo beneficiário da prescrição é imprescritível: "Atingido o último momento do prazo prescricional, nasce a exceção de prescrição, que é permanente" (Pontes de Miranda, 1974, v. 6, p. 245). A qualquer tempo em que for exigido direito cuja pretensão foi extinta, a prescrição pode ser oposta.

O CC, art. 190, estabelece que a "exceção prescreve no mesmo prazo em que a pretensão". A exceção nele referida não é a que opõe o beneficiário da prescrição. Antônio Luís Câmara Leal já havia advertido para a distinção, esclarecendo que "quando o réu demandado pelo autor tem contra este um direito que não pode ser pleiteado por via de ação, mas somente oponível por meio de exceção, essa exceção é imprescritível, podendo ser, em qualquer tempo, alegada, desde que a ação seja proposta" (1959, p. 50). É a hipótese da prescrição, pois não se constitui mediante ação, mas por força de lei. Se assim não fosse, o direito à prescrição seria inócuo, pois apenas se adquire quando o prazo desta se consuma; consequentemente, a exceção apenas quando o prazo prescritivo se consuma pode ser oposta. Diferentemente, a prescrição da exceção, aludida na norma legal, reserva-se para a hipótese em que o réu tem contra o autor um direito, cuja pretensão foi prescrita; não pode mais utilizar o direito como exceção (por exemplo, compensação de dívidas), pois esta também foi alcançada pela mesma prescrição.

Além da exceção, que substitui a contestação, a pessoa que teve sua obrigação inexigível porque foi encoberta a pretensão pode alegar a prescrição em qualquer fase do processo judicial, inclusive em grau de recurso, devendo o Poder Judiciário apreciá-la, como preliminar prejudicial da decisão de mérito. Nesse sentido, diz a lei que a prescrição pode ser alegada pela parte a quem aproveita, "em qualquer grau de jurisdição".

A prescrição corre sem ligação subjetiva à titularidade do direito. Se há mudança do titular da pretensão não importa: o sucessor recebe a fluência do tempo, tal como vinha do autor. O tempo escoa objetivamente, sem atender a quem é, no momento, o titular da pretensão: "A prescrição iniciada contra uma pessoa continua a correr contra seu sucessor" (CC, art. 196). É indiferente que o sucessor seja a título universal (herdeiro) ou singular (exemplo: cessionário de crédito ou de posição contratual – CC, art. 286).

Era da tradição do direito brasileiro que o juiz não pudesse de ofício declarar a prescrição, se a parte beneficiada por ela não a alegasse. Admitia-se que a pessoa obrigada pudesse abrir mão dessa faculdade, em virtude do princípio da autonomia privada. Todavia, a Lei n. 11.280/2006, mudou radicalmente essa orientação do direito brasileiro, dentro da linha de tendência de maior atuação ativa do juiz no processo judicial, ao estabelecer que "o juiz pronunciará, de ofício, a prescrição", revogando expressamente o art. 194 do CC, que dispunha em contrário. A prescrição, assim, deixou de ser direito individual e converteu-se em dever de natureza pública; deixou de ser exceção de direito material, de meio de defesa, como era de sua natureza. Nesta hipótese, como não é exercida pela parte a quem aproveita, deixa de ser exceção para se converter em objeção substancial, no dizer dos processualistas. Essa mudança tem sido condenada, pois violaria o princípio constitucional da liberdade do devedor de não se valer dela, ou da longa tradição do direito brasileiro e do sistema romano-germânico de se tratar de exceção, que somente assiste a quem aproveita. Outro problema trazido com o advento da Lei n. 11.280 é a conciliação de sua regra de pronunciamento de ofício pelo juiz com o CC, art. 191, que faculta ao interessado a renúncia da prescrição.

Permanece o direito de renúncia da prescrição. Consumada a prescrição, isto é, concluído o prazo prescritivo previsto em lei, a parte beneficiada poderá dispensá-la, renunciando expressamente ao direito de opô-la. A renúncia faz ressuscitar a obrigação, que pode ser exigível a qualquer tempo. A renúncia antecipada não é permitida. A renúncia dá-se mediante documento escrito, em juízo ou fora dele, salvo se a dívida não for revestida de forma escrita. Também é considerada renúncia (tácita) quando o beneficiado comportar-se em sentido contrário ao direito à prescrição, ou cumprir as obrigações assumidas como se ela não tivesse ocorrido. Na renúncia tácita, cabe ao credor ou titular do direito a prova de que os comportamentos do beneficiário da prescrição configuram sua renúncia. Nessas hipóteses, prevalece a autonomia privada, não podendo o juiz declarar de ofício a prescrição quando houver renúncia tácita ou expressa. Se dúvida houver quanto à renúncia, deve o juiz, antes de pronunciamento de ofício, assegurar oportunidade ao réu para que se manifeste sobre ela.

O direito à prescrição pode converter-se em dever. Ocorre em face dos representantes legais (pais, tutores, curadores, guardiães) e dos administradores de pessoas jurídicas. Para essas pessoas, em razão de gerirem interesses alheios, não é permitida a autonomia privada; sempre que se consume prescrição em benefício dos representados ou da pessoa jurídica, são obrigadas a observá-la, não podendo dar cumprimento às obrigações decorrentes, e a opor a exceção em juízo, se estas forem exigidas. Os relativamente incapazes e a pessoa jurídica têm ação de regresso contra elas se tiverem se omitido a respeito, no montante do prejuízo resultante, mas não contra os credores, pois os direitos destes não são atingidos pela prescrição. Na hipótese dos absolutamente incapazes, cabe ao Ministério Público fazê-lo, pois se trata de interesses indisponíveis (CF, art. 127).

Encontram-se na doutrina referências à suposta distinção entre prescrição extintiva e prescrição aquisitiva, terminologia viciosa que vem das Ordenações Filipinas. A dita prescrição aquisitiva teria como efeito do decurso do tempo a aquisição de direito. O único exemplo sempre referido é a usucapião, e o único ponto em comum é o decurso do tempo. Todavia, a usucapião é modo de aquisição originário da propriedade, em virtude de posse contínua em certo tempo previsto em lei. Nada tem que ver com a oposição ao exercício da pretensão, que é o campo exclusivo da prescrição.

As pretensões dos direitos da personalidade, dos demais direitos personalíssimos e dos direitos indisponíveis são imprescritíveis, porque dizem respeito à própria essência da pessoa humana. Não se pode cogitar de prescrição em relação aos direitos à honra, à intimidade, à vida privada, à imagem, à identidade pessoal. O que pode ser objeto de prescrição são os efeitos patrimoniais da violação a esses direitos ou da limitação desses direitos, em situações excepcionais.

13.3. Interrupção e Suspensão da Prescrição

A prescrição, antes da conclusão do prazo correspondente, pode ser interrompida ou suspensa, em favor do credor ou titular do direito. As hipóteses de interrupção e suspensão são taxativamente enumeradas na lei, não podendo ser criadas, ampliadas ou suprimidas pelos sujeitos dos atos jurídicos.

A interrupção extingue a contagem do prazo, em relação ao tempo já transcorrido até a data do fato interruptivo. O tempo anterior não pode mais ser aproveitado pelo devedor beneficiado; perde-se. A partir da interrupção recomeça a contagem do prazo da prescrição, alterando-se, consequentemente, o termo inicial. Novo prazo se inicia. A interrupção gera efeitos em relação ao tempo passado e ao tempo futuro. Por exemplo, o termo inicial da prescrição da pretensão (três anos) de reparação civil é o dia em que ocorreu o dano; se tiver havido fato interruptivo ao final do primeiro ano, reabre-se o prazo de três anos a partir desse fato, apagando-se o ano já transcorrido.

Ressalte-se que a interrupção do mesmo prazo prescricional apenas poderá ocorrer uma vez (CC, art. 202, *caput*); se, no curso da prescrição reiniciada, surgir outro fato interruptivo, este não será considerado. Essa regra é aplicável apenas quando a iniciativa é do credor. Porém, se houver outro fato interruptivo decorrente de conduta do devedor (p. ex.: seu reconhecimento do direito do credor), antes ou depois da interrupção provocada pelo credor, ter-se-ão duas interrupções, porquanto de origens distintas. Ou seja, a interrupção pode ocorrer apenas uma vez em relação a cada parte do negócio jurídico. Há entendimento doutrinário (Beraldo, 2011, p. 793) mais amplo, no sentido de que a prescrição pode ser interrompida uma única vez com base no mesmo fundamento legal, dentre os explicitados pelo CC, art. 202.

A suspensão não extingue a contagem do prazo. Quando o fato gerador da suspensão ocorrer, o transcurso do prazo ficará paralisado e será retomado tão logo aquele fato perca seu efeito. O tempo anteriormente transcorrido somar-se-á ao novo tempo até a conclusão do prazo prescricional estabelecido em lei. No exemplo referido da prescrição da pretensão de reparação civil, desaparecendo o fato suspensivo, o tempo anterior de um ano é reativado, somando-se ao novo, até completar o tempo que faltava (dois anos) para se consumar a prescrição.

São fatos ou causas interruptivas da prescrição, que podem ser promovidos por qualquer interessado, principalmente o credor:

a) o despacho do juiz que ordenar a citação do devedor beneficiário da prescrição em ação ajuizada pelo credor para exigir seu crédito ou cumprimento da obrigação. O despacho pode ser em ação principal ou em ação cautelar, preparatória daquela, com mesmo efeito interruptivo. Em relação ao CC/16 (art. 172), o art. 202 do CC/2002 inovou, para beneficiar o credor, pois aquelas normas anteriores estabeleciam que o momento da interrupção fosse o da citação válida e cumprida. O devedor de má-fé utilizava-se de todos os meios para evitar a citação, quando o prazo prescritivo estava a se consumar. Segundo a norma atual, basta apenas o despacho do juiz determinando a citação, ainda que ele seja incompetente em razão da matéria.

O STJ já havia consagrado o entendimento de mitigação da regra da citação cumprida, ao admitir na Súmula 106 que, proposta a ação no prazo fixado para prescrição da pretensão, a demora da citação, por morosidade da própria justiça ("motivos inerentes ao mecanismo da Justiça"), não deve prevalecer para fins de interrupção. A prescrição se interrompe ainda que a citação seja nula por vício de forma, ao contrário do entendimento doutrinário anterior, porque a causa interruptiva não é mais a citação, mas o despacho do juiz, com efeito retroativo à data da propositura da ação; o novo despacho que determinar seja refeita a citação não renova o termo inicial do efeito interruptivo. Eventual extinção do processo sem julgamento de mérito, após o despacho da citação, não impede que se considere interrompida a prescrição (Didier Jr., 2004); igualmente, se houve desistência da ação, pois o ato estatal de interrupção (o despacho) já houve e não se apaga.

Ainda segundo o princípio de benefício do credor, estabelece o CPC, art. 240, a retroação da prescrição à data do ajuizamento da ação em que figura o credor como autor; assim, determinada a citação pelo juiz, ainda que este seja incompetente para a ação, a data a ser considerada como de interrupção da prescrição é a do ajuizamento da ação. O despacho na petição de reconvenção, determinando a intimação do autor, produz o mesmo efeito interruptivo da prescrição atribuído ao despacho que ordena a citação do réu;

b) o protesto requerido ao juiz, ainda que seja incompetente, por qualquer pessoa, a partir da intimação dos destinatários, quando desejar prevenir responsabilidade, prover a conservação e ressalva de seus direitos ou manifestar qualquer intenção de modo formal. O protesto judicial "não tem efeitos que dependa de outrem; são seus. Tem por fim constituir *alto* (*pro*) a prova (*testar*) da intenção do agente, ou conservar algo com ela: preventivo ou não, preparatório ou não preparatório, incidente ou não incidente, o protesto pode também ser principal, autônomo, e assim estar fora de relação com outro processo. O chamado 'protesto pela prova *a* ou *b*' era apenas indicação das provas" (Pontes de Miranda, 1974, v. 6, p. 199). O protesto judicial, para fins de interrupção da prescrição, há de ser válido; o protesto nulo, salvo pelo simples fato da incompetência do juízo, não interrompe;

c) o protesto do título de crédito, no cartório do registro de protestos cambiais, a partir de sua efetivação. Com o advento do CC/2002 ficou sem efeito a Súmula 153 do STF, para a qual simples protesto cambiário não interrompia a prescrição. Agora interrompe;

d) a juntada do título de crédito no processo de inventário, judicial ou extrajudicial, ou no processo de concurso de credores, nesse caso quando o devedor for insolvente. O título não é necessariamente cambial. Basta a juntada comprovada para a interrupção. A apresentação do título de crédito vencido no inventário não tem por finalidade a cobrança, mas para que seja incluído no espólio, reconhecendo-se o direito do credor e separando seu valor, produzindo-se o efeito de suspensão da prescrição. Não importa se se trata de crédito garantido com hipoteca, anticrese, penhor, caução, ou simplesmente quirografário, para efeito da interrupção;

e) o despacho que ordenar a interpelação judicial ao devedor, para ser constituído em mora, quando o vencimento da obrigação for indeterminado. Não inclui a mora constituída de pleno direito, em virtude de inadimplemento da obrigação positiva e líquida (CC, art. 397), pois independe de ato do credor. A mora de obrigação sem vencimento certo provém, além da interpelação judicial e com os efeitos desta, da citação, da intimação, da notificação ou do protesto. O art. 202 do CC/2002 reproduziu a mesma redação do CC/16 ("por qualquer ato judicial que constitua em mora o devedor"); todavia, em virtude do princípio do benefício do credor, essa norma há de ser interpretada sistematicamente e em harmonia com o parágrafo único do art. 397, que introduziu a possibilidade da constituição em mora mediante interpelação extrajudicial, que deve ser admitida ao lado da interpelação judicial;

f) o reconhecimento do devedor, por qualquer meio indiscutível, expresso ou tácito, judicial ou extrajudicial, de sua obrigação para com o credor. Tal ato de reconhecimento pode ser tácito ou oral. Exemplos: a consignação em pagamento, mediante depósito bancário, de parte da dívida; o pagamento de juros que supõe o reconhecimento da obrigação principal; a dação de garantia real que supõe a existência da dívida. Contudo, há de ser inequívoco e só pode partir do devedor, que demonstre convicção de que deve, sendo irrelevantes os atos do credor nesse sentido. Na dúvida não se deve interpretar que houve reconhecimento. Não há necessidade de o reconhecimento ser em ato autônomo, podendo estar contido em outro ato jurídico ou negócio jurídico.

A enumeração legal das hipóteses de interrupção é taxativa (*numerus clausus*), não podendo ser interpretada de modo extensivo nem ampliada por convenção das partes. Contudo, entendeu o STJ (REsp 1.639.314) que, nos casos de disputas entre herdeiros, meeiros ou legatários, o prazo prescricional relativo a pretensões que envolvam o patrimônio herdado é interrompido no momento da abertura do inventário do falecido.

Quando houver mais de um credor, na hipótese de obrigações divisíveis, a interrupção promovida por um credor não aproveita aos demais credores que tomaram idêntica iniciativa. Se a obrigação for indivisível (o devedor só pode pagar a dívida toda a um ou a todos os credores), a interrupção promovida por um dos credores aproveita aos demais. Do mesmo modo, se a dívida for solidária, no caso de solidariedade ativa (o devedor pode pagar a dívida toda a um dos credores), a interrupção feita por um dos credores aproveita aos demais.

Em contrapartida, quando houver mais de um devedor da mesma obrigação divisível, a interrupção da prescrição em desfavor de um deles não prejudica aos demais, ou seja, a prescrição continua a correr em relação a estes. Porém, quando houver solidariedade passiva (o credor pode exigir a dívida toda de qualquer dos devedores), a interrupção contra qualquer devedor beneficia os demais, ocorrendo o mesmo com os devedores de obrigação indivisível.

A fiança é negócio jurídico acessório. Tudo o que acontecer com o negócio jurídico principal repercute nela. Assim, a interrupção da prescrição, que beneficiava o devedor, repercute na fiança. O fiador sofre a mesma perda do prazo anteriormente transcorrido.

São vários os fatos que suspendem a prescrição, impedindo que o prazo possa ter continuidade:

a) o casamento entre credor e devedor, enquanto perdurar a sociedade conjugal, ou seja, até a morte do cônjuge credor ou da anulação do casamento, ou do divórcio. É incompatível com a sociedade conjugal, por sua natureza de comunhão plena de vida, principalmente quando sujeita ao regime matrimonial de comunhão universal ou parcial, que os cônjuges litiguem reciprocamente, exigindo um do outro dívida sob risco da prescrição. A suspensão evita o choque inevitável de interesses entre os cônjuges. Se a pretensão nasce durante a sociedade conjugal, não se inicia o curso do prazo; se nasceu antes, suspende-se a contagem do prazo.

A sociedade conjugal também cessa com a separação de corpos, por decisão judicial, ou com a separação de fato, inclusive quando um dos cônjuges constituir com outra pessoa união estável, pois o CC/2002 não exige como pressuposto a separação formal. Ao início de tais eventos, como bem decidiu o STJ (REsp 1.660.947), cessa a suspensão, voltando a fluir a prescrição, pois eles "produzem o efeito de pôr termo aos deveres de coabitação, de fidelidade recíproca e ao regime matrimonial de bens (elementos objetivos), e revelam a vontade de dar por encerrada a sociedade conjugal (elemento subjetivo)".

Pela mesma razão, ainda que a lei apenas aluda à sociedade conjugal, não corre a prescrição entre companheiros de união estável, enquanto esta perdurar, pois é entidade familiar constitucionalmente tutelada, comunhão plena de vida e sujeita ao regime de comunhão parcial (CC, art. 1.723). Como a lei brasileira admite que a união estável se constitua quando um dos companheiros seja casado e separado de fato, essa circunstância se equipara ao fim da sociedade conjugal para efeito de encerramento da suspensão da prescrição;

b) o estado de filiação, enquanto o filho estiver submetido ao poder familiar dos pais. Nesse caso, a suspensão perdura até que o filho atinja dezoito anos, ou, após os dezesseis anos, se for emancipado pelos pais, ou se casar, ou exercer emprego particular ou público efetivo, ou colar grau universitário, ou estabelecer atividade empresarial. A suspensão é recíproca, tanto do crédito dos pais em face dos filhos quanto do crédito destes em face daqueles;

c) a tutela ou a curatela, enquanto perdurar, entre tutor e tutelado, curador e curatelado, pelo evidente conflito de interesses e a situação de dependência do tutelado e curatelado;

d) os menores de dezesseis anos. Apenas esta hipótese está contemplada no CC, art. 3º, após a redação dada pela Lei n. 13.146/2015, não se aplicando às hipóteses de incapacidade relativa, previstas no CC, art. 4º. Todavia, em relação aos atos de natureza patrimonial e negocial, por força do art. 84 da Lei n. 13.146/2015, há suspensão dos prazos prescricionais enquanto a pessoa com deficiência não estiver sob medida protetiva (curatela ou tomada de decisão apoiada), considerando que esta é sempre temporária, ao contrário do sistema legal anterior;

e) a ausência do País, a serviço, do agente ou servidor público federal, estadual ou municipal, durante o período da missão oficial;

f) o período de guerra, para os militares;

g) a condição suspensiva, pois, enquanto esta perdurar, as pretensões decorrentes do negócio jurídico não podem ser exercidas;

h) o período que antecede o vencimento do prazo de suspensão, acordado entre as partes, após o que a prescrição retoma seu curso;

i) ação de evicção – enquanto não houver decisão transitada em julgado –, promovida pelo adquirente do bem contra o alienante, que alienou o que não estava em seu domínio;

j) pretensão civil dependente de sentença definitiva no juízo criminal sobre o mesmo fato. Exemplo é ação de reparação civil em virtude de crime; a prescrição apenas corre a partir do trânsito em julgado da sentença condenatória criminal.

É também taxativa a enumeração legal das hipóteses de suspensão, não ensejando interpretação extensiva. O direito elenca as situações comuns da vida nas quais a pessoa fica impossibilitada de agir.

Quando há suspensão da prescrição em favor de um dos credores, em obrigação solidária (solidariedade ativa), os demais credores apenas se beneficiam dela, por extensão, se a referida obrigação é indivisível, por força de lei ou da convenção das partes. A prestação do devedor é indivisível quando não possa realizar o adimplemento parcial, recebendo quitação correspondente de um dos credores.

13.4. Prazos da Prescrição

Os prazos de prescrição são definidos em lei; constituem reserva legal. O termo inicial de cada prazo deve considerar o momento em que se dá a pretensão, ou seja, quando o direito pode ser exigível. Computa-se o prazo a partir do dia seguinte, excluindo o dia do começo e incluindo o do vencimento, segundo a regra geral do direito civil.

A doutrina admitia que as partes pudessem no negócio jurídico ampliá-los ou reduzi-los, em homenagem à autonomia privada. Neste ponto, também o CC/2002 alterou radicalmente sua natureza, proibindo que possam fazê-lo por mútuo acordo, para mais ou para menos. Somente a lei pode fazê-lo. Considera-se nula a cláusula que modificar o prazo prescritivo. Nesse sentido, decidiu o

STJ que a emissão de cheques pós-datados, ainda que seja prática costumeira, não encontra previsão legal, pois admitir que do acordo extracartular decorra a dilação do prazo prescricional importaria na alteração da natureza do cheque como ordem de pagamento à vista e na infringência do art. 192 do CC, além de violação dos princípios da literalidade e abstração (REsp 1.068.513).

A redação atual do § 202 do Código Civil alemão (BGB), após a lei de modernização das obrigações de 2002, também impede a redução do prazo da prescrição, mas admite que possa ser prolongado por negócio jurídico, até trinta anos.

O curso da prescrição, isto é, da formação do prazo prescritivo, não se interrompe com a morte do titular da pretensão. O prazo continua a fluir contra seus sucessores, se estes não exercerem a pretensão. Por exemplo, prescreve em um ano a pretensão contra seguradora; o prazo que já corria contra o segurado, que deixou de exercer o direito antes de seu falecimento, por alguma razão pessoal, continua contra seus herdeiros, até completar um ano.

O prazo da prescrição da pretensão conta-se a partir da violação do direito. Contudo, se são várias as violações ou se a violação do direito é continuada, o prazo, segundo a doutrina, começa a contar da última delas, mas, se cada violação enseja pretensão independente, a prescrição alcança cada uma, independentemente, ou, se as prestações são periódicas e autônomas, cada uma enseja prescrição própria (Pereira, 2009, p. 595).

O prazo de prescrição das pretensões pode ser:

a) geral;

b) especial.

O prazo geral é de dez anos. É o prazo preclusivo supletivo. Quando a lei determinar que a inércia no exercício do direito gere prescrição, mas não determinar qual o prazo, remete-se para o geral, de dez anos. O CC/2002 unificou os prazos prescricionais gerais e supletivos existentes na legislação anterior, que distinguia a prescrição das pretensões pessoais (vinte anos) e a prescrição das pretensões reais (dez anos entre presentes e quinze entre ausentes). Fê-lo bem, pois não faz sentido essa discriminação entre os exercícios de direitos pessoais e de direitos reais, além de que não mais se justifica o anterior prazo longo, ante a disseminação das comunicações na atualidade.

As obrigações pessoais em geral, especialmente as oriundas de negócios jurídicos, são remetidas ao prazo prescritivo geral, contado a partir de quando poderiam ser exigíveis. Após dez anos as pretensões das dívidas pessoais são prescritas, salvo se a lei tiver estabelecido prazo menor. Do mesmo modo, as pretensões que tenham por objeto direitos reais (propriedade, direitos reais limitados) prescrevem em dez anos, contados a partir da lesão sofrida ou do início da ausência de exercício do direito.

O STJ (REsp 1.591.223) considerou que é de dez anos o prazo prescricional para: a) ajuizar ação contra construtora por atraso na entrega de imóvel, já que se trata de inadimplemento contratual. Portanto, aplicável o art. 205 do CC; b) as hipóteses de danos materiais decorrentes de vícios de qualidade de quantidade do imóvel adquirido pelo consumidor, não se aplicando o art. 26 do CDC (REsp 1.534.831); c) a pretensão de repetição de indébito para ressarcimento de valores cobrados indevidamente por empresas telefônicas (Corte Especial, EAREsp 738.991); d) desapropriação indireta, na hipótese em que o poder público tenha realizado obras no local ou atribuído natureza de utilidade pública ou de interesse social ao imóvel (REsp 1.757.352 e 1.757.385).

Entendemos que, na responsabilidade civil negocial, a reparação por dano está intrinsecamente vinculada ao inadimplemento das obrigações contraídas em negócio jurídico, razão por que a prescrição da pretensão respectiva está sujeita ao mesmo prazo geral de dez anos incidente sobre aquelas, não se aplicando a regra do art. 201, § 3º, v. Não faz sentido que a prescrição da pretensão para o adimplemento da prestação negocial seja uma e para as consequências do inadimplemento seja outra.

Depois de decisões divergentes em suas turmas, a Segunda Seção do STJ (EREsp 1.280.825) fixou o entendimento de ser adequada a distinção dos prazos prescricionais da pretensão da reparação civil advinda de responsabilidade contratual e responsabilidade extracontratual; sendo assim, aplicou o mesmo prazo prescricional de dez anos a todas as pretensões do credor nas hipóteses de inadimplemento contratual, incluindo o da consequente reparação de perdas e danos por ele causados. Para o Tribunal não parece haver sentido jurídico nem lógico na afirmação segundo a qual o credor tem um prazo para exigir o cumprimento da obrigação convencional e outro para reclamar o pagamento das perdas e danos, em razão do mesmo inadimplemento. Esse entendimento do prazo prescricional comum de dez anos para todas as consequências do inadimplemento, incluindo a reparação civil contratual, foi reafirmado pela Corte Especial do STJ no EREsp 1.281.594, em 2019. A partir da consolidação desse entendimento de dez anos para todas as consequências do inadimplemento negocial, deve ser incluída a pretensão da garantia de evicção (CC, art. 447), que o STJ anteriormente tinha como de três anos.

Os prazos prescritos na responsabilidade negocial podem ser menores apenas nas hipóteses expressamente previstas na lei, a exemplo do contrato de seguro (um ano, CC, art. 206, § 1º).

Os prazos prescritivos especiais estão distribuídos entre um e cinco anos. Todos os prazos inferiores a um ano, considerados de prescrição pelo CC/16, foram convertidos em decadenciais. São prazos especiais:

a) de um ano: a pretensão dos hotéis, hospedarias, pousadas, restaurantes, a exigir os pagamentos dos hóspedes e comensais; a pretensão dos segurados contra as seguradoras, a exigir o pagamento das indenizações de seguros – exceto no caso de seguro obrigatório, que é de três anos –, a partir da data da ciência do sinistro pelo segurado ou, no caso de seguro de responsabilidade civil, da data em que o segurado for citado para pagar a indenização proposta por terceiro prejudicado; a pretensão dos auxiliares da justiça (por exemplo, peritos) e dos titulares de serventias notariais e de registro extrajudiciais a receber seus emolumentos ou honorários; a pretensão contra os avaliadores dos bens destinados à formação do capital de sociedades anônimas; a pretensão tanto de revisão de cláusulas contratuais, quanto de reparação por danos morais (STJ, AgRg no AREsp 1.389.234); a pretensão dos credores de pessoa jurídica liquidada contra seus sócios ou acionistas, da data da liquidação;

b) de dois anos: a pretensão para cobrar pensões alimentícias, a partir da data em que se vencer cada uma; é imprescritível a pretensão a obrigação alimentícia no geral, notadamente as derivadas de relações de família e de parentesco (art. 23 da Lei n. 5.478/1968), mas o é a pretensão a cada uma vencida, após dois anos. Exemplo de obrigação alimentícia, fora do direito de família, é a decorrente de homicídio, cabendo ao criminoso pagá-la às pessoas a quem o morto as devia, levando em conta a duração provável da vida da vítima;

c) de três anos: a pretensão a cobrar aluguéis de imóveis, mês a mês; a cobrar prestações de rendas que não se enquadrem nas situações anteriores; a cobrar juros ou outras prestações acessórias; a exigir de volta o proveito em enriquecimento sem causa; a reparação civil; a restituição de lucros e dividendos recebidos de má-fé, por violação da lei ou do estatuto, contra administradores, sócios, fundadores, liquidantes de pessoa jurídica, especialmente de sociedade anônima; a receber título de crédito vencido; a receber seguro obrigatório de responsabilidade civil, no qual se inclui o DPVAT (STJ, REsp 1.071.861).

A pretensão à reparação civil, em relação aos danos morais, diz respeito exclusivamente à reparação pecuniária. Os danos morais, por refletirem lesões aos direitos da personalidade, são, como estes, imprescritíveis, no que toca aos aspectos extrapatrimoniais, cuja reparação se dá mediante obrigações de fazer (exemplo, direito de resposta à ofensa publicada na mídia) e de não fazer (cessar a ameaça ou a violação). Com relação à prescrição da pretensão do consumidor para reparação dos danos causados pela aquisição ou uso de produtos, o art. 27 do CDC estabelece o prazo de cinco anos; por se tratar de lei especial, o CDC prevalece sobre o CC, ainda que este seja posterior àquele.

No que concerne ao dano, nem sempre ocorre instantaneidade entre o evento-dano e o evento-prejuízo, como esclarece Antônio Junqueira de Azevedo a respeito do dano ambiental e a prescrição da pretensão de indenização (2009, p. 420). É frequente a existência de distância cronológica entre a lesão ao meio ambiente e o prejuízo; é a partir da verificação do dano-prejuízo que se inicia o prazo de prescrição, ou seja, da ciência do dano. Todavia, sustenta-se que o dano ambiental refere-se àquele que oferece grande risco a toda a humanidade e à coletividade, que é a titular do bem ambiental que constitui direito difuso e, portanto, está protegido pelo manto da imprescritibilidade (STJ, REsp 1.120.117);

d) quatro anos: a pretensão contra o tutor, relativamente ao exercício da tutela, a partir da aprovação judicial de sua prestação de contas;

e) cinco anos: a pretensão a cobrança de dívidas com valor determinado em documento público ou particular, salvo as pretensões com prazo inferior; a cobrança dos honorários pelos profissionais liberais e autônomos; do vencedor em processo judicial a receber do vencido as despesas processuais que pagou. Com relação aos advogados, o art. 25 da Lei n. 8.906/1994 (Estatuto da Advocacia e da OAB), também estabelece o prazo de cinco anos para a prescrição da pretensão a cobrar os honorários, contado do vencimento do contrato de prestação de serviços, ou do trânsito em julgado da decisão que os fixar, ou do encerramento do serviço extrajudicial, ou da desistência ou transação na ação, ou da renúncia ou revogação da procuração judicial.

Decidiu o STJ que é de cinco anos, por força do CDC, a prescrição da pretensão por reparação dos danos por acidente aéreo, que prevalece sobre a previsão de dois anos do Código Brasileiro da Aeronáutica (REsp 1.281.090).

É também de cinco anos a prescrição da pretensão de cobrança das contribuições condominiais, com fundamento no CC, art. 206, § 5º, I (dívidas líquidas constantes de instrumento público ou particular), sendo essa a corrente majoritária no STJ. Há, todavia, os que defendem a aplicação do prazo decenal geral, previsto no CC, art. 205. Os meios de comunicação atuais dispensam prazo mais largo, além de o prazo de cinco anos contemplar a boa-fé objetiva do administrador do condomínio, o interesse dos condôminos e a função social do condomínio.

13.5. Decadência

A decadência é a extinção do direito potestativo em virtude de seu não exercício durante tempo concedido pelo ordenamento jurídico. Difere da prescrição, porque esta atinge a pretensão, mas não o direito. A decadência produz, consequentemente, o mais forte efeito de desconstituição em virtude da inércia ou do não uso.

O móvel principal da decadência é a extinção dos direitos potestativos ou direitos formativos, que não exigem determinada prestação, mas sujeitam a pessoa destinatária a seu exercício, como faculdade dos respectivos titulares. Consequentemente, os direitos potestativos são despidos de pretensão, "justamente porque são direitos não suscetíveis de violação, mas pode haver necessidade de prazo para o exercício deles" (Alves, 2008, *passim*).

O direito potestativo confere ao titular um poder jurídico que se traduz na possibilidade de produzir efeitos jurídicos somente segundo sua vontade, afetando a esfera jurídica de outra pessoa, que tem de aceitar ou tolerar tal modificação jurídica (Larenz, 1978, p. 282). São hipóteses: o direito de opção; o direito do confinante de assentar parede divisória até meia espessura no terreno vizinho; o direito de resolução do contrato, no caso de cláusula resolutiva expressa. Em todas essas hipóteses, não se exige do sujeito passivo prestação ou comportamento algum, ele fica em estado de sujeição ao poder jurídico do sujeito ativo.

O direito potestativo pode consistir na faculdade concedida pela lei para escolher um dentre vários meios legais (o adquirente de uma coisa com defeito ou vício redibitório pode exigir a devolução do preço ou o abatimento do valor correspondente, mas terá de fazê-lo no prazo decadencial de um mês, se coisa móvel, ou de um ano, se imóvel). Mas o direito potestativo não se confunde com a mera faculdade, pois, como esclarece Agnelo Amorim Filho (*RT* 744/730), o estado de sujeição da outra pessoa apenas existe no primeiro e não na segunda. No direito potestativo inexiste a pretensão que desafie obrigação do outro, pois o titular desse direito obtém seu interesse sem o concurso ou qualquer ação da outra parte. Assim, diz Pontes de Miranda (1974, v. 5, p. 453) que os direitos formativos (potestativos) operam por si, sem necessidade de ato ou omissão do devedor.

O legislador nem sempre utiliza expressamente o termo *decadência*, preferindo referir-se genericamente a *extinção* ou *perda de direito*, ou simplesmente a um determinado prazo para exercer o direito.

A decadência, ao contrário da prescrição, pode ser objeto de convenção dos sujeitos do negócio jurídico. Se a lei não tiver estabelecido prazo decadencial para determinado direito derivado do negócio jurídico, podem os respectivos sujeitos estabelecê-lo voluntariamente. É a chamada decadência convencional.

Com relação à decadência fixada em lei (decadência legal), as pessoas não têm liberdade para modificá-la. É nula a renúncia à decadência pelo titular do direito, vedando-se-lhe a autonomia privada para tanto.

O juiz é obrigado a conhecer a decadência legal – dever de ofício –, declarando-a em qualquer fase do processo judicial e, consequentemente, determinando a extinção da ação que tenha por fito exigi-lo, porque essa decisão é de mérito (CPC, art. 487, II). O juiz, mesmo tendo havido renúncia do titular, deve proclamar a decadência. Não o pode fazer se a decadência for convencional; neste caso, depende de provocação da parte a quem aproveita em qualquer grau de jurisdição.

Em virtude de extinguir o próprio direito, a decadência também extingue simultaneamente a pretensão e a ação. Por voltar-se contra o direito, não admite possa ser interrompida ou suspensa. O tempo transcorre sem possibilidade de ser interrompido ou impedido. A decadência, dependendo exclusivamente de exercício do poder do titular, não se submete ao regime de suspensões ou interrupções ocorrente na prescrição. A única possibilidade de estancar o transcurso do prazo é o titular do direito exercê-lo, e, se não for cumprido por quem tem o dever de observá-lo, ajuizar a ação competente.

O CC/2002 admite que, excepcionalmente, o prazo decadencial possa ser interrompido ou suspenso, quando lei especial expressamente assim estabelecer, o que significa dizer que é vedado às partes fazê-lo por acordo mútuo. Exemplo de norma legal que prevê a interrupção ou o impedimento para a decadência é o CC, art. art. 208, que estabelece não correr a decadência contra o absolutamente incapaz (menor de dezesseis anos), ou seja, o titular de direito enquanto perdurar sua incapacidade absoluta não perde seu direito em virtude da decadência. Outro exemplo é o do CDC, art. 26, §, I, que admite a interrupção da decadência nas relações de consumo, quando houver reclamação do consumidor ao fornecedor e até à resposta negativa deste. Lei especial pode também estabelecer a suspensão ou interrupção excepcional do prazo decadencial, como ocorreu com a Lei n. 14.010/2020, cujo art. 3º, § 2º, com expressa remissão ao CC, art. 208, as previu durante o período da pandemia do coronavírus (Covid-19).

Se tiver havido decadência contra direito de relativamente incapaz, em virtude de inércia de seus representantes legais (pais, tutor, curador), tem ação contra estes para ser ressarcido do prejuízo correspondente à perda do direito.

Do mesmo modo, os sócios e acionistas têm ação contra os administradores que tiverem dado causa à decadência.

Ocorre a decadência sempre que a lei estabelecer prazo para o exercício do direito potestativo, ainda que sem alusão expressa a ela. Quanto menor o prazo, maior é o interesse social pela pronta segurança jurídica e estabilidade das relações. No CC/2002 e na legislação civil a decadência está disseminada, quando emerge o interesse público de não deixar o exercício sem prazo determinado. São, por exemplo, de decadência os prazos previstos no CC/2002: de trinta dias para o comprador de coisa móvel pedir em juízo a devolução do que pagou ou o abatimento proporcional do preço, em virtude de vício redibitório (art. 445); de quatro meses para o transportador exigir indenização pelo prejuízo sofrido, em virtude de informação deficiente do remetente (art. 745); de seis meses para anular negócio jurídico em que houve conflito de interesse entre o representante e o representado (art. 119), ou para ação de responsabilidade do empreiteiro em virtude de falta de segurança e solidez da obra (art. 618), ou para ser intentada ação de anulação de casamento em virtude de incapacidade eventual de consentir, ou manifestar de modo inequívoco o consentimento (art. 1.560, I); de um ano para que o comprador proponha a ação para resolução do contrato ou abatimento proporcional do preço, quando encontrar diferença de área do imóvel adquirido superior a 5% (art. 501); de dois anos para anular casamento celebrado por autoridade incompetente (art. 1.560, II); de três anos para anular a constituição de pessoas jurídicas (art. 45), ou para anular decisões tomadas por órgãos colegiados de pessoas jurídicas (art. 48); de quatro anos para anular negócio jurídico com vício de vontade (art. 178).

Quando o direito estabelecer que determinado negócio ou ato jurídico é anulável, sem indicar prazo, este será de dois anos. É a hipótese do CC, art. 496, o qual estabelece ser anulável a venda de bem de ascendente a descendente sem consentimento expresso dos demais descendentes. O termo inicial do prazo decadencial é o do conhecimento da conclusão do contrato. Quando houver obrigatoriedade de registro público, este será considerado, em virtude da presunção de publicidade. Não prevalece o entendimento anterior de alguns tribunais de ser o termo inicial o da morte do ascendente, pois nada tem que ver com a abertura da sucessão ou com litígio sobre herança de pessoa viva.

Por motivos de política legislativa ou da natureza das coisas, os termos iniciais dos prazos decadenciais variam. A decadência para anulação dos negócios jurídicos leva em conta, geralmente, a data da realização do negócio, salvo a coação, cujo prazo decadencial começa a contar a partir da cessação da ameaça.

Sustenta-se (Simão, 2013, p. 221) que, em se tratando de direitos patrimoniais, o prazo decadencial se inicia com a ciência da realização do negócio ou do fato que permite o exercício do direito potestativo; contudo, para os direitos indisponíveis, em que a segurança jurídica é mais exigente, os prazos iniciam-se com a conclusão do ato ou negócio jurídico (exemplo, o prazo para anulação do casamento conta-se da celebração).

Pontes de Miranda demonstra a aparente incongruência com relação ao erro: a arguição de erro só se pode fazer, logicamente, quando se descobre o erro, pois quem ainda não o descobriu continua em erro; todavia, a lei, ao fixar o início do prazo decadencial no dia em que foi realizado o negócio jurídico, "atendeu ao que mais importa (ao ver do legislador) do que esse argumento lógico"; quem não descobriu o erro durante os quatro anos, sofra-lhe as consequências (1974, v. 6, p. 376). O mesmo ocorre com a fraude contra credores, pois estes podem não ter conhecimento dos atos de disposição dos bens do devedor durante muito tempo, mas a decadência corre contra eles desde a realização desses atos.

Capítulo XIV

Prova dos Fatos Jurídicos Civis

Sumário: 14.1. Conteúdo e espécies. 14.2. Confissão. 14.3. Documento. 14.4. Escritura pública. 14.5. Documento eletrônico. 14.6. Testemunho. 14.7. Perícia.

14.1. Conteúdo e Espécies

As provas são os meios de demonstração e comprovação da existência dos fatos jurídicos. Há provas de fatos do mundo dos fatos e provas de fatos jurídicos. Não se provam direitos; provam-se fatos jurídicos de onde emanam direitos. Mediante as provas dos fatos jurídicos é revelada a existência ou inexistência, notadamente, das declarações, manifestações, atos e negócios jurídicos; mas também fatos e circunstâncias subjacentes a eles. A importância da prova no direito civil radica essencialmente no modo de comprovar esses fatos jurídicos fora de juízo, o que pode ser exigido por qualquer das partes à outra, ou por terceiros; as provas nem sempre têm por objetivo o convencimento de juízes.

Essa matéria situa-se em zona fronteiriça entre o direito material e o direito processual. Tanto o CC/2002 quanto o atual CPC dela tratam, nem sempre com clareza de demarcação dos respectivos campos. A prova diz respeito originariamente ao direito material civil, porque a comprovação dos fatos, relações e situações jurídicas emerge no cotidiano das pessoas, a maioria das quais não se converte em litígio processual. Os contratantes fazem prova entre si do negócio jurídico que celebraram, mediante o instrumento documental, quando for escrito, e seu cumprimento não depende de aplicação pelo juiz; quem adimpliu a obrigação exige do outro a prova de quitação. A prova é submetida ou produzida em juízo quando o conflito não se resolve consensualmente entre os litigantes. Portanto, a chamada prova judiciária é o meio ou procedimento de recepção ou aferição da prova material ou a produção de outras provas em juízo.

Segundo lição clássica de Moacyr Amaral Santos para a distinção, pertencem ao direito civil "as disposições relativas à essência das provas, à sua admissibilidade, aos seus efeitos, às pessoas que devem ministrá-las", e ao direito processual "as regras propriamente relativas ao modo, tempo e cautelas da sua constituição e produção" (1983, p. 42).

Questiona-se a inserção no CC de um conjunto de regras concernentes à prova, tendo em vista a existência no CPC de um capítulo dedicado às provas, com disciplina bem mais minuciosa. Para o processualista José Carlos Barbosa Moreira, o CC "não traz qualquer contribuição digna de nota à sistematização da matéria; ao contrário, deixa-a mais desordenada que antes" (2005, p. 97). Mas, segundo os autores do projeto do CC, para justificar sua inserção neste, e com razão, também há necessidade muitas vezes de prova extrajudicial (Alves, 2008, p. 11).

A teoria da prova foi dominada pelo velho adágio romano da incumbência da prova ao autor, ou a quem alega (*actori incumbit probatio*). Na perspectiva do individualismo jurídico, é uma consequência da independência dos indivíduos: os homens são presumidos independentes uns dos outros, ou seja, não são credores ou devedores, até prova em contrário (Demogue, 2001, p. 543). Mas essa teoria só é possível aplicar quando a prova é pré-constituída, por exemplo, um contrato. O direito avançou, na perspectiva da solidariedade social, para presumir a existência de fatos, inverter o ônus da prova ou até mesmo dispensar a prova, especialmente nas transformações que ocorreram no âmbito da responsabilidade civil.

Manifestações de vontade não se provam; prova-se o fato de terem sido feitas (exteriorizadas) essas manifestações. Quanto aos enunciados de fato, não; ou eles são verdadeiros, ou são falsos. No mundo jurídico, o que alguém afirma presume-se verdadeiro até que se prove o contrário (Pontes de Miranda, 1974, v. 3, p. 411).

Os meios de comprovação dos fatos jurídicos são variados e estão em permanente transformação, em virtude do desenvolvimento de novas tecnologias, máxime com o advento da sociedade de comunicação. O documento escrito ou impresso em papel, nos últimos séculos considerado o mais consistente meio de prova dos atos jurídicos, tem convivido com documento sem suporte material que se expande no mundo virtual das transações eletrônicas. A assinatura manuscrita é substituída pela eletrônica, criptografada, ou por meios biométricos. Os meios de reprodução de imagens, sons, movimentos surgem e desaparecem de modo acelerado, de acordo com a revolução tecnológica. Por essas razões não pode o intérprete ou aplicador do direito ancorar-se em formalismos de meios de prova que eram comuns no passado, mas que não são mais exclusivos no presente mutante.

Caio Mário da Silva Pereira, ao tempo em que salienta o aproveitamento racional desses meios de reprodução de imagens, sons e movimentos, adverte que o jurista não pode ignorar que o mesmo aperfeiçoamento técnico pode conduzir, através de processos conhecidos de montagem, a deformações e deturpações, da maior gravidade (1980, p. 222). Com razão; veja-se a relativização que ocorreu com a imagem, que pode ser eletronicamente modificada.

O CC/2002 optou pelas seguintes provas, que não excluem as demais, tendo em vista sua natureza exemplificativa: confissão, documento, testemunha, presunção, perícia. Ao mesmo tempo, admitiu, com força relativa, condicionada a não impugnação, as reproduções fotográficas, cinematográficas, fonográficas, mecânicas e eletrônicas em geral, dada a probabilidade de montagens, manipulações e falsificações, amplificadas com o avanço da tecnologia dos aparelhos utilizados; mas inverteu o ônus da prova, na medida em que o art. 225 atribuiu o encargo de provar o contrário ou de impugnar a parte contra quem for utilizada a fotografia, a gravação ou a reprodução. Ou seja, a reprodução é válida como prova, desde que não seja impugnada justificadamente pela parte contrária. Antes do CC/2002, o STF decidiu (AgRE 187.302-8) que "as reproduções fotográficas ou obtidas por outros processos de repetição, dos documentos particulares, têm valia desde que o escrivão porte por fé a sua conformidade com o original".

O CPC admite que o ônus da prova, ou de comprová-la em juízo, que é normalmente de quem a alega, pode ser invertido, por acordo das partes em negócio jurídico, salvo quando recair sobre direito indisponível da parte ou tornar excessivamente difícil a uma parte o exercício do direito. Em situações de vulnerabilidade da parte, reconhecida pelo direito, como o aderente em contrato de adesão (CC, art. 423), ou consumidor (CDC, art. 6º, VIII), a inversão do ônus da prova é facilitada para favorecê-los.

Nenhuma prova pode ser admitida se tiver sido obtida por meio ilícito, na forma do que dispõe o art. 5º, LVI, da Constituição. O STF tem reafirmado essa orientação (RE 251.445), qualificando como ilícita a prova de material fotográfico, que, embora alegadamente comprobatório de prática delituosa, foi furtado do interior de um cofre existente em consultório odontológico pertencente ao réu, vindo a ser utilizado pelo Ministério Público, contra o acusado.

No juízo cível (CPC, art. 374) não dependem de prova os fatos notórios, ou afirmados por uma parte e confessados pela parte contrária, ou admitidos no processo como incontroversos, ou em cujo favor milita presunção legal de existência ou de veracidade. Inversamente, assegura-se o direito à parte de não produzir prova contra si própria (CPC, art. 379).

Para provas produzidas em país estrangeiro, o Brasil internalizou em 2017, por meio do Decreto n. 9.039, a Convenção sobre a Obtenção de Provas no Estrangeiro em Matéria Civil ou Comercial, de 1970. A obtenção se dá mediante cartas rogatórias ou agentes diplomáticos ou consulares, os quais "poderão, sem coação, no território de um outro Estado Contratante e na área em que exercem suas funções, obter qualquer prova de cidadãos de um Estado que eles representam para auxiliar em processos instaurados neste Estado". O Estado estrangeiro poderá exigir autorização concedida pela autoridade competente por ele designada.

14.2. Confissão

A confissão é o reconhecimento declarado e expresso pelo declarante (confitente) de fato contrário a seu interesse e favorável ao da outra pessoa, com quem o declarante tem conflito de interesses. A confissão previne ou encerra o conflito, não cabendo qualquer outra prova em competição com ela. Por essa razão, é considerada a maior das provas. Em virtude de seu efeito incisivo e definitivo, o direito cerca-se de cuidado quanto à exigência de indiscutibilidade e consciência de suas consequências por parte do declarante, além de ser expressa. Não se admite confissão tácita, salvo quando a lei a preveja claramente. Os efeitos da confissão independem da vontade do confitente, por ser ato jurídico em sentido estrito, e não negócio jurídico.

A confissão pode ser extrajudicial ou judicial. A confissão extrajudicial contém declaração de verdade, como a confissão judicial; o fato que ela declara pode ser negócio jurídico anterior, declaração de vontade ou fato jurídico não negocial. Exemplo de confissão extrajudicial é a denominada confissão de dívida, mediante a qual a pessoa declara que deve determinada importância a alguém; outro exemplo é a declaração escrita de reconhecimento voluntário da paternidade extraconjugal. Segundo o STJ, "o instrumento de confissão de dívida, ainda que originário de abertura de crédito, constitui título executivo extrajudicial" (Súmula 300) e "a confissão da dívida não impede a possibilidade de discussão sobre eventuais ilegalidades dos contratos anteriores" (Súmula 286). A confissão extrajudicial é possível, mas o CPC (art. 394) somente lhe atribui eficácia nos casos em que a lei não exija prova literal.

A confissão judicial dá-se em depoimento perante o juiz ou por declaração escrita juntada aos autos, feita pelo próprio réu no processo ou pelo advogado com poderes específicos. A procuração outorgada ao advogado para o foro em geral habilita-o a representar a parte em todos os graus de jurisdição, mas não inclui o poder de confessar (art. 5º, § 2º, da Lei n. 8.906/1994), que só deve ser recebida quando a razão do patrocínio seja exatamente a de confessar em juízo. De acordo com o CPC (art. 391), a confissão judicial faz prova contra o confitente, mas não contra os litisconsortes.

É necessário que o declarante seja plenamente capaz e que a declaração não esteja contaminada por vício de vontade. Se a confissão judicial ou extrajudicial for feita por representante convencional, o poder para confessar deve explicitar sua finalidade. Se for feita por representante legal (pais, tutor, curador), a confissão é necessariamente limitada aos poderes que a lei lhe atribui, seja o poder familiar dos pais, seja os poderes de gestão do tutor ou curador. A confissão do administrador de pessoa jurídica é limitada aos poderes que lhe são atribuídos no contrato social ou no estatuto.

A confissão não produz efeitos quando o declarante não é capaz de dispor do direito objeto da declaração. A regra do CC, art. 213, sublinha a inserção no plano da eficácia, diferentemente da regra equivocada e equivalente do atual CPC, art. 392 ("não vale como confissão a admissão, em juízo, de fatos relativos a direitos indisponíveis"). Por ser um ato jurídico em sentido estrito, os efeitos da confissão são estabelecidos em lei, não podendo quem confessa estipulá-los. A confissão pressupõe capacidade para dispor de direitos, uma vez que os transfere e consolida na titularidade de outra pessoa, quando se trata de direitos disponíveis. Se a lei ou a convenção das partes dispuser que determinado bem é intransmissível, o direito correspondente não pode ser objeto de confissão. Também não prevalece a confissão de um dos cônjuges sem a participação do outro, quando disser respeito a direitos reais imobiliários.

Característica da confissão é sua irrevogabilidade. Feita a declaração, não se pode voltar atrás, pois isso levaria a risco a segurança jurídica. Pode, no entanto, ser invalidada pela anulação se houve vício de vontade, nas modalidades de erro essencial ou de coação, porque incabíveis o dolo, a fraude contra credores, a lesão e o estado de perigo. O CC, neste ponto, ao admitir excepcionalmente a anulação da confissão, parece contraditório com sua franca opção pela ineficácia. A anulação não é a regra, mas ressalta a admissão doutrinária da invalidade excepcional do ato jurídico em sentido estrito. Com efeito, não é de ineficácia, mas de invalidade do ato de confissão, quando promanar de erro ou de coação, atingindo-se a ineficácia por decorrência daquela.

Outra característica da confissão é sua indivisibilidade. Não pode a parte que aproveita a confissão aceitá-la apenas no tópico que a beneficia e rejeitar o restante (CPC, art. 395). Sua eficácia como prova deverá ser integral. Se o confitente acrescentar novas declarações, estas devem ser consideradas em separado.

A confissão abrange o depoimento pessoal de uma das partes do processo, prestado em audiência perante o juiz, "tendo em vista que este [o depoimento pessoal] consiste em meio de prova de maior abrangência, plenamente admissível no ordenamento jurídico brasileiro" (Enunciado 157 da III Jornada de Direito Civil-CJF, 2004).

14.3. Documento

Para fins de prova, no vocábulo *documento* incluem-se os registros gráficos ou as declarações fixadas em suporte material ou eletrônico, público ou particular. São também documentos, além dos escritos, as pautas musicais, a taquigrafia, os desenhos, as pinturas, as plantas arquitetônicas, enfim, qualquer fixação de ideias, imagens, sons e signos em suporte material. A civilização do papel, que marcou por milênios a trajetória da humanidade, cede espaço para a veiculação e celebração de atos jurídicos por meios virtuais e eletrônicos. A declaração expressa em suporte material não se confunde com a confissão; quem declara não confessa, pois o documento pode ser infiel, quando contém defeitos da manifestação da vontade.

O suporte material por excelência do documento é o papel. É o meio documental ainda predominante, apesar do avanço do meio eletrônico. Porém, no conceito de documento está, igualmente, qualquer informação fixada materialmente, ainda que não seja papel, e que possa ser utilizada como prova, como em tecidos, peles, madeira, vidros. Incluem-se entre os documentos a fotografia, a gravação de imagens, a fonografia, cujos fatos são fixados "em um objeto exterior sem necessidade de que passem através da psique humana" (Carnelutti, 1982, p. 159). Pontes de Miranda, no entanto, entende que a prova por meio de gravação não é documental; é apenas prova indiciária (1974, v. 3, p. 454).

O documento pode ser público ou particular. O documento particular é feito por pessoas físicas e jurídicas para expressar suas declarações, atos e negócios, com o mesmo valor e eficácia do documento público, salvo quando este seja legalmente exigível. O documento público é feito por agentes públicos, ou oriundo de processos administrativos ou judiciais, ou redigido, arquivado e registrado por delegatários de atividades estatais, como os notários (tabeliães) e registradores (registros públicos de títulos e documentos e de imóveis) e entidades de seleção e controle profissional, como a OAB.

A anuência ou autorização de outra pessoa, exigidas por lei para que o ato ou negócio jurídico seja válido e eficaz, devem ser inseridas no próprio documento ou expressadas em documento próprio. Neste caso, deve ser observada a forma do documento principal, se público ou particular. São as hipóteses, dentre outras, da assistência dos pais nos atos jurídicos emanados de seus filhos relativamente incapazes (CC, art. 1.690), ou da autorização do cônjuge ao outro para que possa ser fiador (CC, art. 1.647, III), o que torna ambos responsáveis pela fiança.

O documento particular produz eficácia entre seus figurantes diretos ou, ainda, perante terceiros. Entre os figurantes do negócio jurídico, basta que o documento, em qualquer suporte material ou eletrônico, seja assinado por aqueles, incluindo a assinatura eletrônica. Não há mais obrigatoriedade, que a legislação anterior estipulava, nem de ser feito pelos próprios figurantes, nem da presença de duas testemunhas; é suficiente a assinatura para a prova das obrigações convencionais de qualquer valor. Nesse sentido é que se deve entender a determinação da lei (CC, art. 219) de que as declarações constantes de documentos assinados "presumem-se verdadeiras em relação aos signatários". A presunção legal é de natureza relativa, pois pode o documento ter sido falsificado, ou adulterado, ensejando ao signatário provar que seu conteúdo não é verdadeiro. Somente na hipótese de sua utilização como título executivo, para fins de obtenção de execução judicial, o CPC (art. 784, III) exige que o documento particular seja assinado pelo devedor e por duas testemunhas.

Reputa-se verdadeiro o documento quando o tabelião reconhece a assinatura do signatário, sendo essa presunção também relativa, pois o interessado pode provar erro ou dolo do tabelião. Para sua validade e vinculação entre as partes não há necessidade de reconhecimento pelo tabelião das assinaturas. Também se reputa verdadeiro o documento quando a autoria estiver identificada por qualquer outro meio legal de certificação, inclusive eletrônico.

Também está dispensado de reconhecimento de firma ou assinatura o documento apresentado para fazer prova perante repartições e entidades públicas federais, estaduais ou municipais da Administração direta e indireta, conforme determina a Lei n. 13.726/2018 (art. 3º). De acordo com esta lei, deve o agente administrativo confrontar a assinatura existente no documento com aquela constante de qualquer documento de identidade do signatário, ou quando este assiná-lo na presença do referido agente, que firmará sua autenticidade.

O documento particular tem sua validade e eficácia suspensas se for contestada a assinatura, e enquanto não for comprovada sua autenticidade pelo interessado na validade (o próprio signatário, a outra parte no negócio, o fiador ou avalista, ou terceiro interessado). Igualmente suspendem-se a validade e a eficácia se o documento assinado em branco for abusivamente preenchido. O direito procura proteger a boa-fé de quem assinou o documento em branco, pois é prática corrente entre pessoas que devotam confiança uma na outra, ou em transações comerciais de massa com utilização de formulários. Cabe ao signatário demonstrar que o conteúdo preenchido por quem recebeu o documento em branco não corresponde ao que convencionaram; por exemplo, se teve destino para procuração com finalidade de locação de um imóvel, foi indevida a inserção de poderes para vendê-lo.

A data é imprescindível para identificação e eficácia do documento. Quando surgirem dúvidas a esse respeito, admite-se sua prova por todos os meios admitidos em direito. Porém, em relação a terceiros, o direito presume que a data é a correspondente ao dia em que foi registrado o documento (se o foi); ou a data da morte de algum dos signatários do documento; ou a da impossibilidade física ou mental que acometeu algum dos signatários; ou a da apresentação do documento em repartição pública ou órgão judicial; ou a de qualquer fato que determine a anterioridade do documento, em virtude de suas finalidades.

As cartas, as correspondências em geral e as anotações domésticas também são consideradas documentos para os fins legais. Provam contra quem os escreveu, quando aludem ao recebimento de algum crédito, valendo como recibos e quitações, ou reconhecem alguma dívida que deveria estar contido em título de crédito em favor de quem é indicado como credor; e finalmente quando reconhecem determinado fato em favor de alguém, como o reconhecimento voluntário da paternidade extraconjugal. Do mesmo modo, a anotação a mão feita pelo credor no documento representativo da obrigação, declarando o recebimento de pagamento pelo devedor, é válida em relação a este.

Não se deve olvidar que é inviolável o sigilo da correspondência e das comunicações telegráficas, de dados, e quanto às comunicações telefônicas só podem ser violadas por escutas determinadas pelo juiz para produção de prova criminal, nunca para fins civis, na forma do art. 5º, XII, da CF.

O documento particular, para gerar efeitos perante terceiros, submete-se à exigência de publicidade, mediante registro público competente. Assim, para que o documento que expressa negócio jurídico celebrado entre *A* e *B* sirva como prova entre eles é suficiente a assinatura de ambos; mas, se quiserem que também sirva como prova perante terceiros, devem levá-lo ao cartório de registro de títulos e documentos competente, na cidade onde foi celebrado o negócio jurídico. A função do registro é de publicidade, no plano da eficácia; mesmo em relação a terceiros não é o registro que confere validade, pois independe dele: o documento é válido, mas não é eficaz perante terceiros, se não for registrado. Às vezes, a eficácia do documento particular depende de registro público, como ocorre com o estatuto de associação civil ou de fundação; sem registro não se adquire a personalidade jurídica.

As reproduções físicas de documentos em papel, ou fotocópias, inclusive dos documentos públicos, têm o mesmo valor dos originais quando forem autenticados por tabelião ou notário, ou conferidas em cartório judicial com os respectivos originais. A cópia é o documento do documento. Têm o mesmo valor as cópias dos originais, cuja autenticação seja feita pelo servidor da Administração Pública federal, estadual e municipal a quem os documentos devam ser apresentados, mediante simples comparação entre o original e a cópia (art. 3º da Lei n. 13.726/2018).

A Lei n. 12.682/2012 passou a admitir a digitalização, o armazenamento em meio eletrônico, óptico ou equivalente e a reprodução de documentos públicos e privados, com a mesma força probante do original, e, se necessário, a confidencialidade do documento digital, com o emprego de certificado digital emitido no âmbito da Infraestrutura de Chaves Públicas Brasileira – ICP – Brasil. As empresas privadas e órgão públicos deverão adotar sistema de indexação que possibilite a sua precisa localização, permitindo a posterior conferência da regularidade das etapas do processo adotado.

Os documentos em língua estrangeira são juridicamente válidos no Brasil, mas apenas produzem eficácia quando traduzidos. As cópias dos documentos escriturados nos livros do serviço consular brasileiro no exterior são consideradas válidas, inclusive as fotocópias autenticadas pela autoridade consular, uma vez que esta tem função notarial e de registro civil, conforme o Decreto n. 8.742/2016. A legalização consular é um registro notarial concebido para comprovar que um documento realmente foi assinado pela pessoa mencionada ou emitido por uma repartição pública estrangeira. As assinaturas originais das autoridades consulares brasileiras têm validade em todo o território nacional, ficando dispensada sua legalização. Os documentos públicos ou particulares produzidos no exterior, para terem efeitos no Brasil, necessitam de autenticação da autoridade consular brasileira, salvo se expedidos por países com os quais o Brasil tenha firmado acordos bilaterais ou multilaterais de simplificação ou dispensa do processo de legalização de documentos. Em qualquer hipótese, devem ser vertidos para o português por tradutor oficial ou por tradutor reconhecido em juízo, para que possam produzir efeitos legais no País (art. 148 da Lei n. 6.015/73 e art. 140 do CC); em juízo, somente poderão ser juntados aos autos quando acompanhados de versão para a língua portuguesa tramitada por via diplomática ou firmada por tradutor juramentado (CPC, art. 192).

Há entendimento jurisprudencial relativizando a exigência legal de tradução, a exemplo do STJ, no RO 26, quando a validade não se contesta e cuja tradução não se revele indispensável para a sua compreensão, não se afigurando razoável negar-lhe eficácia de prova "tão somente pelo fato de ter sido o mesmo juntado aos autos sem se fazer acompanhar de tradução juramentada, máxime quando não resulte referida falta em prejuízo para quaisquer das partes, bem como para a escorreita instrução do feito (*pas de nullité sans grief*)".

Os documentos expedidos por autoridades de outros países, desde que encaminhados ao Governo brasileiro por via diplomática, não necessitam de legalização consular. Ficam igualmente dispensados de legalização consular os documentos expedidos por países com os quais o Brasil tenha firmado acordos bilaterais ou multilaterais de simplificação ou dispensa do processo de legalização de documentos. Em razão dos tratados do Mercosul, o Brasil comprometeu-se a receber com plena eficácia os documentos produzidos em língua espanhola, nos países membros, a exemplo do Decreto n. 2.067/96, quando as partes de distintos países foram beneficiárias de assistência judiciária.

Para fins de força probante dos documentos particulares, em juízo, o CPC estabeleceu as seguintes regras específicas: a) o documento feito por oficial público incompetente ou sem a observância das formalidades legais, sendo subscrito pelas partes, tem a mesma eficácia probatória do documento particular; b) quando contiver declaração de ciência de determinado fato, o documento particular prova a ciência, mas não o fato em si, incumbindo o ônus de prová-lo ao interessado em sua veracidade; c) a data do documento particular, quando a seu respeito surgir dúvida ou impugnação entre os litigantes, provar-se-á por todos os meios de direito; d) o documento particular, de cuja autenticidade não se duvida, prova que o seu autor fez a declaração que lhe é atribuída; e) a nota escrita pelo credor em qualquer parte de documento representativo de obrigação, ainda que não assinada, faz prova em benefício do devedor; f) os livros empresariais provam contra seu autor, sendo lícito ao empresário, todavia, demonstrar, por todos os meios permitidos em direito, que os lançamentos não correspondem à verdade dos fatos; g) qualquer reprodução mecânica, como a fotográfica, a cinematográfica, a fonográfica ou de outra espécie, tem aptidão para fazer prova dos fatos ou das coisas representadas, se a sua conformidade com o documento original não for impugnada por aquele contra quem foi produzida, incluindo as fotografias digitais e as extraídas da Internet; h) a cópia de documento particular tem o mesmo valor probante que o original, cabendo ao escrivão, intimadas as partes, proceder à conferência e certificar a conformidade entre a cópia e o original, o que dispensa idênticos reconhecimentos pelo tabelião; i) as cartas e os registros domésticos provam contra quem os escreveu quando enunciam o recebimento de crédito, ou suprem a falta de título em favor de credor, ou expressam conhecimento de fatos.

14.4. Escritura Pública

Alguns documentos apenas podem ser feitos mediante escritura pública, como os contratos que transfiram domínio de bens imóveis (compra e venda, doação, permuta, dação em pagamento) e os pactos antenupciais, para escolha de regime matrimonial de bens. Quando a lei determinar que o documento seja público, para a substância de determinado ato, a utilização do documento particular levará à invalidade do ato ou à sua ineficácia.

A escritura pública é o documento lavrado em notas de tabelião ou notário, a exemplo da escritura pública de compra e venda de bem imóvel. O documento público, diferentemente do documento particular, é dotado de fé pública, fazendo prova plena, uma vez que o notário recebeu delegação do Estado para tal mister. A plenitude da força probante do documento público não é, todavia, absoluta, pois pode ser invalidado em juízo, quando ficar provado que não foram observados os requisitos legais ou quando houver falsidade ou adulteração. Após a lavratura, em papel ou meio eletrônico, o tabelião deve expedir traslado da escritura, que é a reprodução do documento. O traslado é tido como o próprio original da escritura, ou a primeira cópia. O tabelião também expede certidões, que são declarações do oficial público de que o que ele transcreve consta das suas notas, a pedido de qualquer pessoa, em virtude de sua natureza pública. O traslado é o que foi copiado; a certidão é o fato que se certifica, que não é necessariamente a cópia, pois pode destacar o que se quer e enunciar outros fatos correlatos. Ambos são dotados da mesma fé pública.

A escritura pública, sob pena de invalidade, deve ser redigida em português e conter requisitos mínimos: nome e qualificação (nacionalidade, estado civil, profissão, domicílio) das partes, dos intervenientes e das testemunhas; declaração do tabelião de reconhecimento da identidade das partes e testemunhas; enunciado da manifestação de vontade das partes; referência ao cumprimento de exigências legais, como a quitação de impostos; data e local da realização da escritura; declaração do tabelião de que o documento, após lavrado, foi lido na presença das partes e testemunhas; assinatura das partes e das testemunhas e do tabelião. Se a parte for analfabeta ou não puder assinar, em virtude de algum impedimento físico ou acidente, outra pessoa será convidada por aquela para fazê-lo a seu pedido ou rogo (daí, assinatura a rogo). Quando se tratar de estrangeiro que não conheça suficientemente o português, deverá ser acompanhado de tradutor público ou, se não houver, de tradutor particular, a juízo do tabelião, que deve consignar tal fato na escritura. As testemunhas são sempre necessárias quando o tabelião não conhecer pessoalmente a parte, ou em falta e dúvidas de documentos de identidade; fora daí são dispensáveis.

O que o oficial público escreveu tem de ser lido ao figurante, ou aos figurantes; tratando-se de surdo, lido por ele, ou pela pessoa que ele designar, presentes as testemunhas, ou, tratando-se de cego, duas vezes, em voz alta, uma pelo oficial e outra por uma das testemunhas que o cego designar. Além de ler, é preciso que se mencione o ocorrido.

Para fins de força probante dos documentos em juízo, o CPC estabelece em diversos dispositivos que: a) o documento público faz prova não só da sua formação, mas também dos fatos que o escrivão, o chefe de secretaria, o tabelião ou o servidor declarar que ocorreram em sua presença; b) cessa a fé do documento público ou particular sendo-lhe declarada judicialmente a falsidade; c) o documento público feito por oficial público incompetente ou sem as formalidades legais, quando subscrito pelas partes, tem a mesma eficácia probatória do documento particular, observando-se assim o princípio da conversão dos negócios jurídicos; d) a ata notarial é instrumento amplo e pode ser utilizada por qualquer pessoa para comprovar a existência e o modo de existir de algum fato, inclusive de dados representados por imagens ou sons gravados em arquivo eletrônico.

14.5. Documento Eletrônico

A partir da Medida Provisória n. 2.200/2001, os documentos eletrônicos passaram a ter reconhecimento jurídico no Brasil, criando-se o sistema de infraestrutura de chaves públicas (ICP-Brasil), para garantir a autenticidade, a integridade e a validade jurídica desses documentos, dos certificados digitais e das transações eletrônicas. De acordo com essa norma legal, os documentos eletrônicos são públicos ou particulares, de acordo com sua origem, com idêntica validade jurídica aos respectivos documentos em papel, desde que as declarações neles constantes utilizem o processo de certificação disponibilizado pela ICP-Brasil.

O documento eletrônico é uma sequência de números binários (isto é, zero ou um) que, reconhecidos e traduzidos pelo computador, representam uma informação. Não é impresso ou assinado em papel: a verificação de autenticidade se faz mediante certificação eletrônica. Esta é feita por entidades públicas ou particulares credenciadas (autoridades certificadoras) a emitir certificados digitais, a partir do par de chaves criptográficas gerado pelo próprio titular, sendo uma delas considerada pública e a outra utilizada pelo titular como sua chave privada de assinatura eletrônica, de seu exclusivo conhecimento. Um certificado digital contém os dados de seu titular, tais como: nome, *e-mail*, CPF, chave pública, nome e assinatura da autoridade certificadora que o emitiu. O certificado digital funciona como uma carteira de identidade virtual que permite a identificação segura de uma mensagem ou transação em rede de computadores. Para conferir a assinatura digital não é necessário ter conhecimento da chave privada do signatário, preservando, assim, o segredo necessário para assinar. Basta que se tenha acesso à chave pública que corresponde àquela chave privada. Dessa forma, se a conferência anunciar uma assinatura válida, isso significa que: a) a assinatura foi produzida com o uso da chave privada correspondente à chave pública; b) o documento não foi modificado depois de assinado eletronicamente.

A validade jurídica do documento eletrônico consolidou-se com o advento da legislação que regulamentou o processo judicial eletrônico, a partir da Lei n. 11.419/2006. A lei considera meio eletrônico qualquer forma de armazenamento ou tráfico de documentos e arquivos digitais, enquanto a assinatura eletrônica é a assinatura digital baseada em certificado digital emitido por autoridade certificadora credenciada. Os documentos produzidos eletronicamente e juntados aos processos eletrônicos com garantia da origem e de seu signatário são considerados originais para todos os efeitos legais; igualmente são considerados originais os documentos digitalizados e juntados aos autos pelos órgãos da Justiça, pelo Ministério Público, pelos advogados particulares ou públicos e pelas repartições públicas, salvo se houver arguição de falsidade. A procuração outorgada ao advogado pode ser assinada digitalmente com base em certificado emitido pela autoridade certificadora credenciada.

De acordo com o CPC, arts. 439 e 440, são admitidos em juízo documentos eletrônicos produzidos e convertidos em forma impressa com a observância da legislação específica, sendo que o juiz apreciará o valor probante do documento eletrônico não convertido, quando o processo judicial não for eletrônico, assegurado às partes o acesso ao seu teor.

Por sua vez, a Corregedoria Nacional de Justiça editou o Provimento 100/2020, que institui o Sistema de Atos Notariais Eletrônicos (e-Notariado), em funcionamento 24 horas por dia, normatizando a edição de documentos eletrônicos por parte dos notários, inclusive à distância, com uso de assinatura eletrônica, certificado digital, videoconferência para captação de consentimentos das partes sobre os termos dos atos jurídicos, intercâmbio dos documentos.

14.6. Testemunho

O testemunho "é um ato humano dirigido a representar um fato não presente, isto é, acontecido antes do ato mesmo" (Carnelutti, 1982, p. 121). Testemunha é a pessoa que presenciou ato ou fato sobre os quais deva declarar em juízo, quando necessário; é a pessoa que relata ou narra a outra pessoa os fatos por ela percebidos. Pode, também, a testemunha presenciar atos ou negócios jurídicos (por exemplo, testamento), para compor a validade formal destes; são as testemunhas instrumentárias.

As regras do CC destinam-se essencialmente às testemunhas instrumentárias, ou testemunhas voluntárias dos atos jurídicos, que não têm o dever de presenciar e assinar tais atos. As testemunhas instrumentárias, no entanto, têm o dever de servir de testemunhas processuais, se arroladas em juízo, para confirmar o que viram ou assinaram.

A testemunha de fato percebido é considerada a prova mais insegura, porque depende das circunstâncias pessoais e dos meios de percepção dos fatos. Algumas pessoas são dotadas de percepção mais acurada que outras. O temperamento, o caráter, os valores, os preconceitos, o humor do momento influenciam na percepção do fato sobre que deva a pessoa testemunhar. Falsas memórias podem ocorrer se a percepção do fato é associada a fatos anteriormente retidos na memória. Isso acontece por um mecanismo que os especialistas denominam reconsolidação, isto é, quando a pessoa tenta se lembrar de algo, a memória é acessada pela consciência e depois armazenada novamente (reconsolidada) no banco de dados do cérebro, e nesse percurso pode ser acidentalmente modificada. Deficiências físicas podem comprometer o testemunho, como a surdez, a cegueira, a imobilização de membros. Circunstâncias ambientais também influenciam, como a distância, a concorrência de outros sons e signos, a temperatura, o período do dia ou da noite.

Ao que parece, segundo o neurologista Oliver Sacks, em trabalho escrito antes de sua morte em 2015, a mente ou o cérebro não possuem um mecanismo para assegurar a verdade, ou pelo menos o caráter verídico das nossas recordações. Não existe nenhum modo pelo qual acontecimentos do mundo possam ser transmitidos ou registrados diretamente no cérebro: eles são experimentados e construídos de um modo acentuadamente subjetivo, que, para começar, é diferente em cada indivíduo, e além disso são reinterpretados ou novamente experimentados de forma diferente toda vez que a pessoa os recorda.

Todos esses fatores devem ser considerados pelo juiz em relação à pessoa que presta testemunho. Apesar de suas evidentes dificuldades, às vezes se conta apenas com as testemunhas para prova de algum ato ou fato jurídico. Não pode haver prova testemunhal quando os fatos já estiverem provados por documentos ou confissão da parte, ou quando só puderem ser provados mediante perícia.

A prova testemunhal apenas terá função supletiva ou complementar, contribuindo para a formação do convencimento do juiz e de esclarecimento de dúvidas emergentes da redação do documento, que provocou o conflito entre as partes. Todavia, qualquer que seja o valor do negócio jurídico, é admissível a prova testemunhal, quando houver início de prova por escrito, ainda que o documento do negócio jurídico não tenha sido formalizado, a exemplo da prática de locação verbal de imóveis, para o que provam os recibos dos aluguéis; ou em situações nas quais o credor tenha dificuldade de obter o documento escrito do negócio jurídico, como as de relações de parentesco, a de depósito necessário em virtude de calamidades, incêndios, inundações, naufrágios, saques, ou de determinação legal; ou, ainda, de hospedagem em hotel. Moacyr Amaral Santos considera verdadeiro princípio de direito a admissão da prova testemunhal todas as vezes que a parte não possa fazê-lo por instrumento escrito, independentemente do valor da obrigação (1983, v. 3, p. 339). Independentemente de valor, a lei pode impedir a prova exclusivamente testemunhal, a exemplo da fiança, que será sempre escrita (CC, art. 819), para não expor o fiador a extensões indevidas.

Os vícios de consentimento ou de vontade (erro, coação, dolo, lesão, estado de perigo, fraude contra credores) ou a simulação podem ser provados apenas mediante testemunhas, até porque os documentos expressam o contrário, aparentando higidez das declarações.

Tende-se em nosso direito a admitir como prova testemunhal apenas a percepção e a narração de fato, desconsiderando a dedução que ela possa ter feito deste. A razão é que o juiz necessita menos de fatos deduzidos do que dos percebidos, pois poderia deduzir por si ou com o auxílio do perito. Carnelutti reage a essa tendência, a nosso ver com razão, pois a dedução da testemunha, em determinadas situações, pode ser útil ao juiz, que não saberia efetuá-la diretamente; são os casos de testemunho técnico, que se manifestam não somente quando o fato seja objeto de percepção, mas também quando seja objeto de dedução técnica, emergindo certa fungibilidade entre perícia e testemunho, já que para conhecer o fato técnico o juiz pode servir-se de uma testemunha que o tenha deduzido ou de um perito para que o deduza (Carnelutti, 1982, p. 123).

Certas pessoas não podem ser testemunhas: os menores de dezesseis anos, os amigos e inimigos, os cônjuges, companheiros e parentes até o terceiro grau no parentesco colateral. Presume-se que a testemunha seja isenta e imparcial, que relate o fato como realmente aconteceu, para que a verdade não seja deturpada consciente ou inconscientemente. É da natureza humana que o parente próximo ou o amigo íntimo não tenham isenção suficiente, pois sua inclinação natural é proteger o parente ou o amigo se perceberem que seus depoimentos podem prejudicá-los. "A experiência ensina que o afeto e o interesse familiares contaminam o testemunho, e esta demonstração da experiência se converte em mandamento legal" (Carnelutti, 1982, p. 194).

O CC/2002 não mais traz as hipóteses em que é possível a admissão de pessoas como testemunhas, quando incapazes, impedidas ou suspeitas, pois adota cláusula geral nessa direção, segundo o convencimento do juiz: "Para a prova de fatos que só elas conheçam". Fê-lo, todavia, o atual CPC, art. 447, definindo quais são as pessoas que considera incapazes, impedidas ou suspeitas de depor em juízo como testemunhas, nas situações determinadas.

Não podem ser testemunhas os cônjuges, companheiros de união estável, descendentes, ascendentes, os parentes colaterais até o terceiro grau (tios e sobrinhos), seja o parentesco consanguíneo, socioafetivo ou por afinidade (neste caso, o parentesco colateral vai até o segundo grau, ou seja, cunhados). Quando o fato a testemunhar não seja de caráter patrimonial e sim decorrente do estado da pessoa ou de relações familiares, essas pessoas podem ser testemunhas, a exemplo da celebração de casamento (CC, art. 1.534), ou da investigação da paternidade, pois nesse caso se presume o interesse da proteção dessas situações e de sua intimidade, mais do que interesses individuais.

Os menores de dezesseis anos não podem ser testemunhas de fatos jurídicos civis, porque absolutamente incapazes. Essas pessoas em formação atuam por seus representantes legais; por não poderem manifestar vontade negocial, com eficácia vinculante, não podem ser testemunhas ou provar tais atos, porque a lei presume que não tenham o necessário discernimento para a prática desses atos. Todavia, em situações civis não patrimoniais, o direito tem admitido que sejam ouvidas, quando estiverem em jogo direito e interesses seus, máxime quando colidirem com os de seus pais ou responsáveis, como estabelece o ECA; contudo, não se enquadra na hipótese de prova testemunhal. Igualmente, pela ausência de discernimento para a prática dos atos da vida civil, não podem ser testemunhas as pessoas com enfermidade ou retardamento mental.

Impedimento relevante é o das pessoas que se relacionam com outras com afeição ou desafeição, o que pode desvirtuar a prova testemunhal. São os amigos íntimos ou inimigos capitais das partes dos atos jurídicos, pois se presumem distanciados da verdade. Não é qualquer amizade que gera o impedimento, mas a que se diferencia pela afetividade íntima, estreita e duradoura. Do mesmo modo, inimigo não é o desconhecido ou indiferente, mas o que passou a ser assim tratado, em virtude de situações que causaram ruptura ou impedimento de amizade. São também suspeitos os que tiverem interesse no objeto do litígio entre as partes.

No que concerne aos surdos e aos cegos, não há impedimento total para serem testemunhas. Se o fato que se quer provar é o que as pessoas falaram, não há por que impedir o testemunho do cego, cuja audição é normalmente o sentido mais apurado, para compensar a deficiência visual. Assim também quanto ao surdo, se a prova for radicada no que viu.

As pessoas com deficiência podem ser testemunhas, de acordo com a Lei n. 13.146/2015 (Estatuto da Pessoa com Deficiência), em igualdade de condições com as demais pessoas. Devem as partes dos negócios jurídicos ou o juízo assegurar a essas testemunhas "todos os recursos de tecnologia assistiva", de modo que tenham compreensão do que estão a testemunhar.

As hipóteses referidas de impedimento para as pessoas serem testemunhas abrem-se em importante exceção, explicitada pelo CC/2002, ou mitigação em favor da verdade: quando o fato que se quer provar é conhecido apenas por essas pessoas, o juiz pode admitir seus depoimentos. Evidentemente que são recebidos com as devidas cautelas, em virtude de sua suspeição intrínseca.

O testemunho em juízo é obrigação legal. Qualquer pessoa desimpedida não pode eximir-se de depor como testemunha sobre fato de que tenha conhecimento. Todavia, há situações que o direito ressalva, ainda que em prejuízo da prova dos fatos, ante o valor maior de preservação da dignidade das pessoas. Ninguém está obrigado a depor sobre fato que conheça quando sua revelação causar desonra própria, ou a de parente próximo, ou de amigo íntimo; a intimidade da pessoa é considerada inviolável pelo art. 5º, X, da CF. Do mesmo modo quando a revelação do fato expuser essas pessoas a perigo de vida, a dano patrimonial imediato ou a responder a processo judicial pelo que declararam.

Também não estão obrigados a testemunhar os que tenham dever de sigilo profissional, como os advogados. O direito ao sigilo, no mundo atual, passou a integrar os direitos fundamentais do cidadão, que são invioláveis inclusive em face do legislador infraconstitucional. Destina-se a proteger o segredo da pessoa.

Não se protege segredo próprio, mas de outrem. O sigilo profissional é, ao mesmo tempo, direito e dever. Direito ao silêncio e dever de se calar. Tem natureza de ofício privado (múnus), estabelecido no interesse geral. O dever de sigilo, imposto ética e legalmente ao advogado, não pode ser violado por sua livre vontade. É dever perpétuo, do qual nunca se libera, nem mesmo quando autorizado pelo cliente, salvo no caso de estado de necessidade, para a defesa da dignidade ou dos direitos legítimos do próprio advogado, ou para conjurar perigo atual e iminente contra si ou contra outrem, ou, ainda, quando for acusado pelo próprio cliente. O inciso XIX do art. 7º do Estatuto da Advocacia assegura ao advogado o direito-dever de recusa a depor como testemunha sobre fato relacionado com seu cliente ou ex-cliente, do qual tomou conhecimento em sigilo profissional. Esse impedimento incide apenas sobre fatos que o advogado conheça em razão de seu ofício.

A regra de tutela do sigilo profissional, mesmo em face do depoimento judicial, é largamente reafirmada na legislação brasileira, tanto civil quanto penal. Falta objeto e inexiste o direito-dever de sigilo profissional em relação a fatos notórios, fatos de conhecimento público, fatos provados em juízo e documentos autênticos ou autenticados.

14.7. Perícia

Perícia é a prova obtida com a utilização de conhecimentos técnicos ou científicos aplicados pelos respectivos profissionais. A divisão do conhecimento técnico e científico é característica de nossos tempos, especialmente nas grandes áreas das ciências exatas, das ciências biológicas e das ciências sociais e humanas, além das artes e desportos. A prova de algum fato pode exigir a participação de profissional especializado, quando não pode ser suprida exclusivamente por testemunhas ou documentos.

Perito é o profissional acreditado e reconhecido pelas partes que litigam e pelo Judiciário, incumbido de realização da perícia. De acordo com o fato que se quer provar, o perito é escolhido dentre os profissionais habilitados, principalmente profissionais liberais. Entende-se por profissional liberal todo aquele que desenvolve atividade específica de serviços, com independência técnica, e com qualificação e habilitação determinadas pela lei ou pela divisão social do trabalho. Nesse conceito estão abrangidas profissões: a) regulamentadas ou não por lei; b) que exigem graduação universitária, ou apenas formação técnica; c) reconhecidas socialmente, até mesmo sem exigência de formação escolar. Na hipótese "c" apenas estão incluídos os tipos sociais reconhecíveis. As profissões liberais são mais bem identificadas quando regulamentadas e fiscalizadas pelo Estado (ou fiscalizadas por entidades, com delegação estatal específica). A CF (art. 5º, XIII) prevê que é livre o exercício de qualquer profissão, "atendidas as qualificações profissionais que a lei estabelecer". Essa regra é da liberdade de profissão, sendo a regulamentação excepcional, nos casos de profissões já consolidadas e tradicionais, no interesse maior da coletividade. As mudanças econômicas e tecnológicas levam ao surgimento de novas profissões e ao fenecimento ou extinção de outras.

A perícia não se confunde com o testemunho: "o juiz chama a testemunha, porque conhece já um fato, e o perito, para que o conheça. A nota diferencial entre testemunho e perícia há de buscar-se não na estrutura, mas na função; a testemunha tem no processo uma função passiva e o perito, ativa; a testemunha está nele como objeto e o perito como sujeito; a testemunha é examinada e o perito examina" (Carnelutti, 1982, p. 244).

A prova pericial consiste em exame, vistoria ou avaliação. O resultado da perícia não vincula o juiz, que pode desconsiderá-la quando não ficar convencido, ainda que não disponha de conhecimento especializado. A perícia é uma prova como qualquer outra e, como tal, relativa e suscetível de contradição. Por outro lado, a perícia é dispensável quando outras provas forem consideradas suficientes.

O perito deve ser preferencialmente recrutado dentre os profissionais de estabelecimentos oficiais especializados, por exigência de maior segurança jurídica, quando se tratar de exames sobre autenticidade ou falsidade de documentos ou de natureza médico-legal. As partes do negócio jurídico, todavia, podem escolher perito com função de árbitro para resolver disputas de natureza técnica; neste caso, além de perito, assume a função de árbitro, que dispensa a decisão de magistrado.

Característica fundamental da presunção judicial, inclusive quando disser respeito a perícia mediante exame, é que ela não vale por si só e pode ser afastada por prova em contrário. Para que possa prevalecer deverá estar associada sempre a outros meios de prova, que a confirmem. Nesse sentido é que deve ser compreendida a regra do CC, art. 232, assim enunciada: "A recusa à perícia médica ordenada pelo juiz poderá suprir a prova que se pretendia obter com o exame". Como esclarece Fredie Didier Jr., "esse artigo não estabelece uma presunção legal, pois apenas autoriza o magistrado a tomar a recusa como indício. O artigo não tem muita utilidade, pois de nada adianta o legislador 'regrar' a presunção judicial, que é raciocínio do juiz" (2006, p. 367).

Esse tema aflorou com a tendência do Poder Judiciário de simplificação da decisão em virtude dos resultados de exame de DNA, em demandas de investigação da paternidade. O exame não confere a paternidade ou maternidade e a filiação a quem quer que seja, porque são conceitos jurídicos, hauridos na experiência social e afetiva, mas a confirmação ou não da origem genética; em outras palavras, do exame não sai o pai ou a mãe, mas o genitor biológico, que pode ser eventualmente um dador anônimo de sêmen ou de óvulo. Ante essa perspectiva, não se pode emprestar à recusa ao exame a presunção de "confissão ficta".

REFERÊNCIAS

ALEXY, Robert. *Teoría de los derechos fundamentales*. Trad. E. Garçon Valdés. Madrid: CEPC, 1993.

ALMEIDA, Cândido Mendes de. *Ordenações Filipinas (Codigo Philipino ou Ordenações e leis do Reino de Portugal)*. Lisboa: Fundação Calouste Gulbenkian, 1985 (fac-símile da edição de 1870, Rio de Janeiro: Typographia do Instituto Philomathico).

ALMEIDA, Silmara J. A. Chinelato e. *Tutela civil do nascituro*. São Paulo: Saraiva, 2000.

ALPA, Guido. *Diritto e problemi contemporani – dano da prodotti e responsabilità dell'impresa*. Milano: 1980.

________. *La cultura delle regole*. Roma-Bari: Laterza, 2009.

ALVES, José Carlos Moreira. *A parte geral do Projeto do Código Civil*. Disponível em: <http://www.cjf.gov.br/revista/numero9/artigo1.htm>. Acesso em: jul. 2008.

________. O negócio jurídico no anteprojeto de Código Civil brasileiro. *Arquivos do Ministério da Justiça*, Brasília: set. 1974.

AMARAL, Francisco. *Direito civil*: introdução. Rio de Janeiro: Renovar, 1998; 4. ed. 2002.

________. Historicidade e racionalidade na construção do direito brasileiro. *Revista Brasileira de Direito Comparado*, Rio de Janeiro: IBDCLB, n. 20, 2002.

ARENDT, Hannah. *Entre o passado e o futuro*. São Paulo: Perspectiva, 1979.

ASCENSÃO, José de Oliveira. Direito europeu do consumidor e direito brasileiro. *Revista Trimestral de Direito Civil*, Rio de Janeiro: Padma, n. 32, out./dez. 2007.

________. Cláusulas gerais e segurança jurídica no Código Civil de 2002. *Revista Trimestral de Direito Civil*, Rio de Janeiro: Padma, v. 28, out./dez. 2006.

________. O início da vida. *Revista da Escola da Magistratura*. Brasília: Amagis, n. 10, 2007.

________. Pessoa, direitos fundamentais e direitos de personalidade. *Revista Trimestral de Direito Civil*, Rio de Janeiro: Padma, n. 26, abr./jun. 2006.

AZEVEDO, Antônio Junqueira de. *Estudos e pareceres de direito privado*. São Paulo: Saraiva, 2004.

________. *Negócio jurídico – existência, validade e eficácia*. São Paulo: Saraiva, 1974.

________. Nulidade parcial de ato normativo. *Revista Trimestral de Direito Civil*, Rio de Janeiro: Padma, n. 24, out./dez. 2005.

________. Por uma categoria de dano na responsabilidade civil: o dano social. *Revista Trimestral de Direito Civil*, Rio de Janeiro: Padma, n. 19, jul./set. 2004.

BARBOZA, Heloisa Helena. *A filiação*: em face da inseminação artificial e da fertilização *"in vitro"*. Rio de Janeiro: Renovar, 1993.

________ et al. *Código Civil interpretado*: parte geral e obrigações. Rio de Janeiro: Renovar, 2004.

BARCELLONA, Pietro. *Il declino dello Stato*: reflessioni di fine seculo sulla crisi del progetto moderno. Bari: Dedalo, 1998.

BARROSO, Luís Roberto. Colisão entre liberdade de expressão e direitos da personalidade. Critérios de ponderação. Interpretação constitucionalmente adequada do Código Civil e da Lei de Imprensa. *Revista Trimestral de Direito Civil*, Rio de Janeiro: Padma, n. 16, out./dez. 2003.

BERALDO, Leonardo de Faria. Ensaio sobre alguns pontos controvertidos acerca da prescrição no direito brasileiro. *Manual de teoria geral do direito civil*. Ana Carolina Brochardo Teixeira et al. (Orgs.). Belo Horizonte: Del Rey, 2011.

BETTI, Emilio. *Teoria do negócio jurídico*. Trad. Fernando de Miranda. Coimbra: Coimbra Ed., 1969. v. 1 a 3.

________. *Interpretación de la ley y de los atos jurídicos*. Madrid: Edersa, 1971.

BITTAR, Eduardo. Hermenêutica e Constituição: a dignidade humana como legado à pós-modernidade. *Anuário dos Cursos de Pós-Graduação em Direito/ UFPE*, Recife: UFPE, n. 16, 2006.

BOBBIO, Norberto. *Dalla struttura alla funzione*. Milano: Ed. di Comunità, 1977.

________. *Elogio da serenidade e outros ensaios*. Trad. Marco Aurélio Nogueira. São Paulo: Unesp, 2011.

BONAVIDES, Paulo. A globalização e a soberania – aspectos constitucionais. *Revista do Instituto dos Advogados Brasileiros*, Rio de Janeiro: n. 92, abr./jun. 2000.

________. *Do estado liberal ao estado social*. São Paulo: Malheiros, 2004.

BONNARD, André. *A civilização grega*. Trad. José Saramago. Lisboa: Ed. 70, 2007.

BORDA, Alejandro. *La teoría de los atos propios*. Buenos Aires: Abeledo-Perrot, 1993.

BRAGA NETO, Felipe Peixoto. *Teoria dos ilícitos civis*. Belo Horizonte: Del-Rey, 2003.

CAENEGEM, R. C. van. *Uma introdução histórica ao direito privado*. Trad. Carlos Eduardo Lima Machado. São Paulo: Martins Fontes, 1999.

CAHALI, Yussef Said. *Aspectos processuais da prescrição e da decadência*. São Paulo: RT, 1979.

CAMPOS, Diogo Leite de. *Lições de direitos da personalidade*. Coimbra: Universidade de Coimbra, 1995.

CANARIS, Claus-Wilhelm. *Pensamento sistemático e conceito de sistema na ciência do direito*. Trad. A. Menezes Cordeiro. Lisboa: Gulbenkian, 1989.

________. *Direitos fundamentais e direito privado*. Trad. Ingo Wolfgang Sarlet e Paulo Mota Pinto. Coimbra: Almedina, 2003.

CANOTILHO, José Joaquim Gomes. *Proteção do ambiente e direito de propriedade*. Coimbra: Coimbra Ed., 1995.

________. Teoria jurídico-constitucional dos direitos fundamentais. *Revista Consulex*, Brasília: n. 45, set. 2000.

CARBONNIER, Jean. *Droit et passion du droit*. Paris: Forum/Flammarion, Paris, 1996.

CARNELUTTI, Francesco. *La prueba civil*. Trad. Niceto Alcalá-Zamora y Castillo. Buenos Aires: Depalma, 1982.

CARVALHO, Orlando de. *A teoria geral da relação jurídica*. Coimbra: Centelha, 1981.

CARVALHO DE MENDONÇA, J. M. *Código Civil brasileiro interpretado*. Rio de Janeiro: Freitas Bastos, 1958. v. II.

CASTRO JR., Torquato. *A pragmática das nulidades e a teoria do ato jurídico inexistente*. São Paulo: Noeses, 2009.

CASTRO Y BRAVO, Federico de. *La persona jurídica*. Madrid: Civitas, 1984.

CHAVES, Antônio. *Direito à vida e ao próprio corpo*. São Paulo: RT, 1994.

CHOMSKY, Noam. *Que tipo de criaturas somos nós?*. Trad: Gabriel de Ávila Othero. Petrópolis: Vozes, 2018.

COMPARATO, Fábio Konder. *Ética*: direito, moral e religião no mundo moderno. São Paulo: Companhia das Letras, 2006.

________. *O poder de controle da sociedade anônima*. São Paulo: Revista dos Tribunais, 1976.

CONSTANT, Benjamin. *De la liberté des anciens comparé a celle des modernes*, Paris: 1819.

CORRÊA, Gilberto Deon. O conceito de bens móveis por antecipação e seus reflexos nos negócios com floresta em pé. *Estudos de direito privado e processual civil*: em homenagem a Clóvis do Couto e Silva. Judith Martins-Costa e Véra Jacob Fradera (Orgs.). São Paulo: RT, 2014.

CORTIANO JUNIOR, Eroulths. Para além das coisas (breve ensaio sobre o direito, a pessoa e o patrimônio mínimo). In: RAMOS, Carmem Lucia Silveira (Org.). *Diálogos sobre o direito civil*. Rio de Janeiro: Renovar, 2002, p. 157.

COULANGES, Fustel de. *A cidade antiga*. Trad, J. Cretella Jr. e Agnes Cretella. São Paulo: RT, 2011.

COUTO E SILVA, Clóvis do. *A obrigação como processo.* São Paulo: José Bushatsky, 1976.

________. *O direito privado brasileiro na visão de Clóvis do Couto e Silva.* Vera Maria Jacob de Fradera (Org.). Porto Alegre: Liv. do Advogado, 1997.

CUPIS, Adriano de. *I diritti della personalità.* Milano: Giuffrè, 1982.

DANTAS, San Tiago. *Programa de direito civil – parte geral.* Rio de Janeiro: Ed. Rio, 1979.

DANZ, E. *La interpretación de los negocios jurídicos.* Trad. W. Roces. Madrid: RDP, 1951.

DAVID, René. *Os grandes sistemas do direito contemporâneos.* Trad. Hermínio A. Carvalho. Lisboa: Meridiano, 1978.

DEBORD, Guy. *A sociedade do espetáculo.* Trad. Estela dos Santos Abreu. Rio de Janeiro: Contraponto, 2006.

DEMOGUE, René. *Les notions fondamentales du droit privé.* Paris: Éditions la Mémoire du Droit, 2001. Reimpressão da edição de 1911.

DIDIER JR., Fredie. *Regras processuais no novo Código Civil.* São Paulo: Saraiva, 2004.

________. A recusa da parte a submeter-se a exame médico. *Revista de Direito Privado,* São Paulo: RT, n. 26, abr./jun. 2006.

DÍEZ-PICAZO, Luis. *La representación en el derecho privado.* Madrid: Civitas, 1979.

DINIZ, Maria Helena. *Curso de direito civil brasileiro.* São Paulo: Saraiva, 2005. v. 1.

________. *Curso de direito civil brasileiro.* São Paulo: Saraiva, 2002. v. 5.

DUARTE, Nestor. *A ordem privada e a organização política nacional.* Brasília: Ministério da Justiça, 1997.

DUGUIT, Léon. *Fundamentos do direito.* Trad. Eduardo Salgueiro. Porto Alegre: Fabris, 2005.

DWORKIN, Ronald. Is law a system of rules? In: *Essays in legal philosophy.* Los Angeles: UC Press, 1968.

DWORKIN, Ronald. *Taking rights seriously*. Cambridge: Harvard, 1999.

________. *Uma questão de princípio*. Trad. Luís Carlos Borges. São Paulo: Martins Fontes, 2000.

________. *Domínio da vida*. São Paulo: Martins Fontes, 2003.

EBERLE, Simone. Mais capacidade, menos autonomia: o estatuto da menoridade no novo Código Civil. *Revista Trimestral de Direito Civil*, Rio de Janeiro: Padma, n. 17, jan./mar. 2004.

EHRHARDT JR., Marcos. *Direito civil*: LICC e parte geral. Salvador: JusPodivm, 2009.

ENNECCERUS. *Derecho civil*: parte general. Trad. Blás Pérez González et al. Barcelona: Bosch, 1981. v. 2, primeira parte.

ESSER, Josef. *Principio y norma en la elaboración jurisprudencial del derecho privado*. Trad. Eduardo Valentí Fiol. Barcelona: Bosch, 1961.

FACHIN, Luiz Edson. *Estatuto jurídico do patrimônio mínimo*. Rio de Janeiro: Renovar, 2001.

________. *Teoria crítica do direito civil*. Rio de Janeiro: Renovar, 2003.

________. Fundamentos, limites e transmissibilidade: anotações para uma leitura crítica, construtiva e de índole constitucional da disciplina dos direitos da personalidade no Código Civil brasileiro. In: *Biodireito e dignidade da pessoa humana*. Elidia Aparecida de Andrade Corrêa, Gilberto Giacoia, Marcelo Conrado (Coords.). Curitiba: Juruá, 2006.

________. Constituição e relações privadas: questões de efetividade no tríplice vértice entre o texto e o contexto. *Revista do Instituto dos Advogados Brasileiros*, Rio de Janeiro: n. 95, 1º semestre de 2007.

FARIAS, José Fernando de Castro. *A origem do direito de solidariedade*. Rio de Janeiro: Renovar, 1998.

FERRARA, Francesco. *Le persone giuridiche*. Torino: UTET, 1938.

FERREIRA, José G. do Vale. Subsídios para o estudo das nulidades. *Revista da Faculdade de Direito*, Belo Horizonte: n. 3, out. 1963.

FERRI, Luigi. *L'autonomia privata*. Milano: Giuffrè, 1959.

FLÓREZ-VALDÉS, Joaquín Arce y. *El derecho civil constitucional*. Madrid: Civitas, 1991.

FREITAS, A. Teixeira de. *Consolidação das leis civis*: Introdução. Rio de Janeiro: Garnier, 1896.

FREYRE, Gilberto. *Casa grande e senzala*. Rio de Janeiro: Record, 1994.

FROTA, Pablo Malheiros da Cunha. *Danos morais e a pessoa jurídica*. São Paulo: Método, 2008.

________. *Responsabilidade por danos*. Curitiba: Juruá, 2014.

GAGLIANO, Pablo Stolze; PAMPLONA FILHO, Rodolfo. *Novo curso de direito civil*. São Paulo: Saraiva, 2002. v. 1.

GAIO, *Institutas*. Trad. Alfredo di Pietro. Buenos Aires: Abeledo-Perrot, 1997.

GALGANO, Francesco. *Il diritto privato fra codice e costituzione*. Bologna: Zanichelli, 1988.

________. Il diritto dela transizione. *Novecento giuridico: i civilisti*. Pietro Perlingieri; Antonella Polcini (orgs.). Napoli: Edizioni Scientifiche Italiane, 2013.

________. *Il negozio giuridico*. Milano: Giuffrè, 2002.

GARRO, Alejandro M. Armonización y unificación del derecho privado en América Latina: esfuerzos, tendencias y realidades. *Revista de Direito Civil*, São Paulo: RT, n. 65, jul./set. 1993.

GIERKE, Otto von. *La naturaleza de las asociaciones humanas*. Trad. J. M. Navarro de Palencia. Madrid: Soc. Ed. Esp., 1904.

GIORDANI, Mario Curtis. *O Código Civil à luz do direito romano*. Rio de Janeiro: Forense, 1996.

GOMES, Orlando. *Introdução ao direito civil*. Rio de Janeiro: Forense, 2001.

________. A agonia do Código Civil. *Revista de Direito Comparado Luso-Brasileiro*, Rio de Janeiro: n. 7, 1988.

________. *Raízes históricas e sociológicas do Código Civil brasileiro*. São Paulo: Martins Fontes, 2003.

GONDINHO, André Osorio. Codificação e cláusulas gerais. *Revista Trimestral de Direito Civil*, Rio de Janeiro: Padma, v. 2, abr./jun. 2000.

GRAU, Eros Roberto. *Ensaio e discurso sobre a interpretação/aplicação do direito*. São Paulo: Malheiros, 2002.

GRYNBAUM, Luc. La notion de solidarisme contractuel. *Le solidarisme contractuel*. Paris: Economica, 2004.

HABERMAS, Jürgen. *O futuro da natureza humana*. Trad. Karina Jannini. São Paulo: Martins Fontes, 2004.

________. *The new conservatism*. Cambridge: MIT Press, 1990.

HAURIOU, Maurice. *La teoría de la institución y de la fundación*. Trad. A. Enrique Sampay. Buenos Aires: Perrot, 1968.

HOLANDA, Sérgio Buarque de. *Raízes do Brasil*. 26. ed. São Paulo: Companhia das Letras, 1995.

IRTI, Natalino. L'età della decodificazione. *Revista de Direito Civil*, São Paulo: RT, n. 10, out./dez. 1979.

JABUR, Gilberto Haddad. *Liberdade de pensamento e direito à vida privada*: conflitos entre direitos da personalidade. São Paulo: RT, 2000.

JOSSERAND, Louis. *De l'esprit des droits et de leur relativité*: théorie dite de l'abuse des droits. Paris: Dalloz, 2006.

JUSTINIANO. *Digesto de Justiniano*. Trad. Hélcio Maciel França Madeira. São Paulo: RT, 2002.

________. *Instituições de Justiniano*. Trad. Sidnei Ribeiro de Souza e Dorival Marques. Curitiba: Tribunais do Brasil, 1979.

KANT, Immanoel. *Fundamentação da metafísica dos costumes*. Trad. Paulo Quintela. Lisboa: Ed. 70, 1986.

KELSEN, Hans. *Teoria pura do direito*. Trad. João Baptista Machado. Coimbra: Arménio Amado, 1974.

________. *El contrato y el tratado*. Trad. Eduardo Garcia Máynez. México: Ed. Nacional, 1979.

LARENZ, Karl. *Derecho civil*: parte general. Trad. Miguel Izquierdo y Macías-Picavea. Madrid: Edersa, 1978.

LEAL, Antônio Luís da Câmara. *Da prescrição e da decadência*. Rio de Janeiro: Forense, 1959.

LEHMANN, Heinrich. *Parte general.* Trad. Jose Maria Navas. Madrid: RDP, 1956.

LEONARDO, Rodrigo Xavier. *Associações sem fins econômicos.* São Paulo: Revista dos Tribunais, 2014.

LIPOVETSKY, Gilles. *A sociedade da decepção.* Trad. Armando Braio Ara. Barueri: Manole, 2007.

LÔBO, Paulo Luiz Netto. *Direito civil*: famílias. São Paulo: Saraiva, 2008.

________. *Código Civil comentado*: direito de família; relações de parentesco; direito patrimonial. Álvaro Villaça Azevedo (Coord.). São Paulo: Atlas, 2003. v. 16.

________. A repersonalização das relações de família. In: *O direito de família e a Constituição de 1988.* Coord. Carlos Alberto Bittar. São Paulo: Saraiva, 1989.

________. *Teoria geral das obrigações.* São Paulo: Saraiva, 2005.

________. *Comentários ao Código Civil*: parte especial – das várias espécies de contratos, v. 6 (arts. 481 a 564). Paulo Luiz Netto Lôbo; Antônio Junqueira de Azevedo (Coords.). São Paulo: Saraiva, 2003.

________. *O contrato*: exigências e concepções atuais. São Paulo: Saraiva, 1986.

________. *Condições gerais dos contratos e cláusulas abusivas.* São Paulo: Saraiva, 1991.

________. Condições gerais dos contratos e o novo Código Civil brasileiro. *Revista Trimestral de Direito Civil*, Rio de Janeiro: Padma, n. 27, jul./set. 2006.

LORENZETTI, Ricardo Luis. *Fundamentos do direito privado.* Trad. Vera Maria Jacob de Fradera. São Paulo: Revista dos Tribunais, 1998.

________. Entrevista. *Revista Trimestral de Direito Civil*, Rio de Janeiro: Padma, n. 19, jul./set. 2004.

MACIEL, Fernando Antônio Barbosa. *Capacidade e entes não personificados.* Curitiba: Juruá, 2001.

MAIA JÚNIOR, Mairan Gonçalves. *A representação no negócio jurídico.* São Paulo: RT, 2004.

MARTINS, Fernando Rodrigues. Consequencialismo e valores jurídicos abstratos na LINDB. Revista Conjur. 11 de fevereiro de 2019.

MARTINS-COSTA, Judith. *A boa-fé no direito privado.* São Paulo: RT, 1999.

________. *Breves anotações acerca do conceito de ilicitude no novo Código Civil* (estruturas e rupturas em torno do art. 187). Disponível em: <http://jus2.uol.com.br/doutrina/texto.asp?id=4229>. Acesso em: jul. 2008.

________. Os campos normativos da boa-fé objetiva: as três perspectivas do direito privado brasileiro. In: *Estudos de direito do consumidor.* Coimbra: Centro de Direito do Consumo, n. 6, 2004.

________. O direito privado como um "sistema em construção". *Revista da Faculdade de Direito da UFRGS*, Porto Alegre: v. 15, 1998.

________. Critérios para aplicação do princípio da boa-fé objetiva. *Estudos de direito privado e processual civil*: em homenagem a Clóvis do Couto e Silva. Judith Martins-Costa e Véra Jacob Fradera (Orgs.). São Paulo: RT, 2014.

MATTIETTO, Leonardo. A simulação no novo Código Civil. *Revista Trimestral de Direito Civil*, Rio de Janeiro: Padma, n. 13, jan./mar. 2003.

MAXIMILIANO, Carlos. *Direito intertemporal ou teoria da irretroatividade das leis.* Rio de Janeiro: Freitas Bastos, 1946.

MELLO, Marcos Bernardes de. *Teoria do fato jurídico*: plano da existência. São Paulo: Saraiva, 2019a.

________. *Teoria do fato jurídico*: plano da validade. São Paulo: Saraiva, 2019b.

________. Achegas para uma teoria das capacidades em direito. *Revista de Direito Privado*, São Paulo: RT, n. 3, jul./set. 2000.

________. Sobre o princípio da respeitabilidade das normas jurídicas cogentes. *Estudos de direito privado e processual civil*: em homenagem a Clóvis do Couto e Silva. Judith Martins-Costa e Véra Jacob de Fradera (Orgs.). São Paulo: RT, 2014.

MENEZES CORDEIRO, Antonio Manoel da Rocha e. *Da boa-fé no direito civil.* Coimbra: Almedina, 1997.

MENEZES, Joyceane Bezerra de; TEIXEIRA, Ana Carolina Brochardo. Desvendando o conteúdo da capacidade civil a partir do Estatuto da Pessoa com Deficiência. *Pensar*, Fortaleza: v. 21, n. 2. p. 568-599, maio/ago. 2016.

MENGONI, Luigi. Spunti per una teoria delle clausule generali. In: *Il principio de buena fede*. Milano: Giuffrè, 1987.

MIRANDA, Jorge. *Manual de direito constitucional*: direitos fundamentais (tomo IV). Coimbra: Coimbra Ed., 2000.

MORAES, Maria Celina Bodin de. *Danos à pessoa humana*: uma leitura civil-constitucional dos danos morais. Rio de Janeiro: Renovar, 2003.

________ et al. *Código Civil interpretado*: parte geral e obrigações. Rio de Janeiro: Renovar, 2004.

MOREIRA, José Carlos Barbosa. Anotações sobre o Título "Da prova" no novo Código Civil. *Revista Trimestral de Direito Civil*, Rio de Janeiro: Padma, n. 22, abr./jun. 2005.

________. Abuso do direito. *Revista Trimestral de Direito Civil*, Rio de Janeiro: Padma, n. 13, jan./mar 2003.

MOSSET ITURRASPE, Jorge. *Responsabilidad por danos*. Buenos Aires: Ediar, 1982.

NALIN, Paulo; STEINER, Renata C. *Nulidade dos negócios jurídicos e conhecimento de ofício pelo juiz*: entre o Código Civil e o novo Código de Processo Civil (Lei 13.105/2015). Direito privado e contemporaneidade. Rio de Janeiro: Lumen Juris, 2018. v. II.

NAVES, Bruno Torquato de Oliveira; SÁ, Maria de Fátima Freire de. *Direitos da personalidade*. Belo Horizonte: Arraes, 2017.

NERO, João Alberto Schutzer del. *Conversão do negócio jurídico*. Rio de Janeiro: Renovar, 2001.

NERY JR., Nelson; NERY, Rosa Maria de Andrade. *Código Civil anotado e legislação civil extravagante*. São Paulo: RT, 2003.

NERY, Rosa Maria de Andrade. *Noções preliminares de direito civil*. São Paulo: RT, 2002.

________. Apontamentos sobre o princípio da solidariedade no sistema de direito privado. *Revista de Direito Privado*, São Paulo: RT, n. 17, jan./mar. 2004.

NEUNER, Jörg. O Código Civil da Alemanha (BGB) e a Lei Fundamental. *Revista Jurídica*, Porto Alegre: n. 326, dez. 2004.

NEVES, Antonio Castanheira. Entre o legislativo, a sociedade e o juiz, ou entre sistema, função e problema. *Boletim da Faculdade de Direito da Universidade de Coimbra*, Coimbra: n. 74, 1998.

OLIVEIRA, José Lamartine Corrêa de. *A dupla crise da pessoa jurídica*. São Paulo: Saraiva, 1979.

OST, François. *A natureza à margem da lei*. Trad. Joana Chaves. Lisboa: Piaget, s.d. (ed. original 1995).

PEREIRA, Caio Mário da Silva. *Instituições de direito civil*. Rio de Janeiro: Forense, 2004. v. 1.

________. *Instituições de direito civil*. Volume I revisto e atualizado por Maria Celina Bodin de Moraes. Rio de Janeiro: 2009.

________. *Reformulação da ordem jurídica e outros temas*. Rio de Janeiro: Forense, 1980.

________. *Lesão nos contratos*. Rio de Janeiro: Forense, 1993.

________. Apresentação. *Direito de família e o novo* Código Civil. Rodrigo da Cunha Pereira e Maria Berenice Dias (Orgs.). Belo Horizonte, Del Rey: 2006.

PERLINGIERI, Pietro. *Perfis do direito civil*: introdução ao direito civil constitucional. Trad. Maria Cristina de Cicco. Rio de Janeiro: Renovar, 1997.

________. La dottrina del diritto civile nella legalità costituzionale. *Revista Trimestral de Direito Civil*, Rio de Janeiro: Padma, n. 31, jul./set. 2007.

PICO DELLA MIRANDOLA, Giovanni. *Discorso sulla dignità dell'uomo*. Brescia: La Scuola, 1987.

PINTO, Carlos Alberto da Mota. *Teoria geral do direito civil*. 4. ed. por Antonio Pinto Monteiro e Paulo Mota Pinto. Coimbra: Coimbra Ed., 2005.

PINTO, Paulo Mota. Sobre a proibição do comportamento contraditório. *Revista Trimestral de Direito Civil*, Rio de Janeiro: Padma, n. 16, out./dez. 2003.

________. A limitação voluntária do direito à reserva sobre a intimidade da vida privada. *Revista Brasileira de Direito Comparado*, Rio de Janeiro: IBDCLB, n. 21, 2002.

PONTES DE MIRANDA, F. C. *Tratado de direito privado*. São Paulo: Revista dos Tribunais, 1974. v. 1, 2, 3, 4, 5, 6; Rio de Janeiro: Borsoi. 1971, v. 9, 22 e 53.

________. *Tratado de direito privado*. Tomo I atualizado por Judith Martins-Costa [et al.]. São Paulo: RT, 2012.

________. *Sistema de ciência positiva do direito*. Rio de Janeiro: Borsoi, 1972. v. 1 a 4.

________. *Comentários à Constituição de 1967*. Rio de Janeiro: Forense, 1987.

________. *Comentários ao Código de Processo Civil*. Rio de Janeiro: Forense, 1973. v. 1 a 5.

________. *Fontes e evolução do direito civil brasileiro*. Rio de Janeiro: Forense, 1981.

PORTO, Walter Costa. *O sistema sesmarial no Brasil*. Brasília: UnB, s.d.

PUIG BRUTAU, José. *Estudios de derecho comparado*: la doctrina de los actos propios. Barcelona: Ariel, 1951.

RADBRUCH, Gustav. *Filosofia do direito*. Trad. L. Cabral de Moncada. Coimbra: Arménio Amado, 1974.

RAISER, Ludwig. *Il compito del diritto privado*. Trad. Marta Graziadei. Milano: Giuffrè, 1990.

RAMÓN CAPELLA, Juan. *Fruta prohibida*: una aproximación histórico-teorética al estudio del derecho y del estado. Madrid: Trotta, 1999.

RÁO, Vicente. *Ato jurídico*. São Paulo: Saraiva, 1981.

REALE, Miguel. *Fontes e modelos do direito*. São Paulo: Saraiva, 1994.

RÉMY, Philipe. La genèse du solidarisme. *Le solidarisme contractuel*. Paris: Economica, 2004.

REQUIÃO, Rubens. Abuso de direito e fraude através da personalidade jurídica ("disregard doctrine"). *Revista dos Tribunais*, 410/12-24, 1968.

RIBEIRO, Darcy. *O povo brasileiro*. São Paulo: Cia. das Letras, 1995.

RIBEIRO, Joaquim de Sousa. Constitucionalização do direito civil. *Boletim da Faculdade de Direito*, Coimbra: n. 74, 1998.

________. As fundações no Código Civil português: regime atual e projeto de reforma. *Revista Trimestral de Direito Civil*, Rio de Janeiro: Padma, v. 13, jan./mar. 2003.

RICOUER, Paul. *O justo*. Trad. Ivone C. Benedetti. São Paulo: Martins Fontes, 2008.

RIPERT, Georges. *Le régime démocratique et le droit civil moderne*. Paris: LGDJ, 1949.

________. *Aspectos jurídicos del capitalismo moderno*. Trad. J. Quero Morales. Buenos Aires: Bosch, 1950.

RODOTÀ, Stefano. Transformações do corpo. *Revista Trimestral de Direito Civil*, Rio de Janeiro: Padma, n. 19, jul./set. 2004.

________. *Il diritto de avere diritti*. Roma-Bari: Laterza, 2012.

________. *Il terribile diritto*. Bologna: Il Mulino, 2013.

________. *Solidarietà*: un'utopia necessaria. Roma-Bari: Laterza, 2014a.

________. *Il mondo nella rete*: quali i diritti, quali i vincoli. Roma-Bari: Laterza, 2014b.

RODRIGUES, Silvio. *Direito civil brasileiro*. São Paulo: Saraiva, 2002.

ROPPO, Enzo. *O contrato*. Trad. Ana Coimbra e M. Januário C. Gomes. Coimbra: Almedina, 1988.

ROSE, Alan D. The Challengers for Uniform Law in the Twenty-First Century. *Uniform Law Review*, 1996/1.

ROSENVALD, Nelson. A tomada de decisão apoiada – primeiras linhas sobre um novo modelo jurídico promocional da pessoa com deficiência. *Revista IBDFAM – famílias e sucessões*. Belo Horizonte: IBDFAM, v. 10, jul./ago. 2015.

________. O fato jurídico da transexualidade. *Revista IBDFAM – famílias e sucessões*. Belo Horizonte: IBDFAM, v. 26, mar./abr. 2018.

ROSS, Alf. *"Tu-tû"*. Trad. Genaro R. Carrió. Buenos Aires: Abeledo-Perrot, 1976.

ROUSSEAU, Jean-Jacques. *Discursos sobre as ciências e as artes e sobre a origem da desigualdade*. Rio de Janeiro: Athena, s. d.

SÁ, Maria de Fátima Freire de; NAVES, Bruno Torquato de Oliveira. Da autonomia na determinação do estado sexual. In: *Biodireito e dignidade da pessoa humana*. Elídia Aparecida de Andrade Corrêa (Coord.). Curitiba: Juruá, 2006.

SANTOS, Boaventura de Sousa. *Para uma revolução democrática da justiça*. São Paulo: Cortez, 2007.

SANTOS, Milton. *O espaço do cidadão*. São Paulo: Edusp, 2007.

________. *Por uma outra globalização*: do pensamento único à consciência universal. Rio de Janeiro: Record, 2015.

SANTOS, Moacir Amaral. *Prova judiciária no cível e no comercial*. São Paulo: 1983.

SARLET, Ingo Wolfgang. *Dignidade da pessoa humana e direitos fundamentais*. Porto Alegre: Livraria do Advogado, 2004.

SARMENTO, Daniel. Direitos fundamentais e relações privadas. Rio de Janeiro: Lumen Juris, 2004.

________. A vinculação dos particulares aos direitos fundamentais no direito comparado e no Brasil. In: *Leituras complementares de processo civil*. Fredie Didier Jr. (Org.). Salvador: JusPodivm, 2007.

SARTRE, Jean-Paul. O existencialismo é um humanismo. Trad. João Batista Kreuch. RJ: Vozes, 2014.

SAVIGNY, F. *Sistema del diritto romano attuale*. Trad. Scialoja. Torino: UTET, 1888. v. 2.

SCHABER, Gordon D. et al. *Contracts*. St. Paul: West Publishing, 1984.

SCHMIEDEL, Raquel Campani. *Negócio jurídico*: nulidades e medidas sanatórias. São Paulo: Saraiva, 1981.

SCHREIBER, Anderson. *A proibição de comportamento contraditório*. Rio de Janeiro: Renovar, 2005.

________. *Direitos da personalidade*. São Paulo: Atlas, 2014.

SESSAREGO, Carlos Fernández. *Protección jurídica de la persona*. Lima: Universidad de Lima, 1992.

SILVA, Beclaute Oliveira. *Desconsideração da personalidade jurídica no novo CPC. Impactos do novo CPC e do EPD no direito civil brasileiro*. Marcos Ehrhardt Jr. (Coord.). Belo Horizonte: Fórum, 2016.

SILVA, Ovídio A. Baptista da. A *jurisdictio* romana e a jurisdição moderna. *Revista Jurídica*, Porto Alegre: n. 355, maio 2007.

SIMÃO, José Fernando. *Prescrição e decadência*. São Paulo: Atlas, 2013.

SOARES, Teresa Luso. *A conversão do negócio jurídico*. Coimbra: Almedina, 1986.

SOUZA, Carlos Affonso Pereira de. Contornos atuais do direito à imagem. *Revista Forense*, Rio de Janeiro: Forense, v. 367, ano 99, maio/jun. 2003.

________. *Abuso do direito nas relações privadas*. Rio de Janeiro: Elsevier, 2013.

SOUZA, Paulo Vinícius Sporleder. *A criminalidade genética*. São Paulo: RT, 2001.

STEINMETZ, Wilson. Direitos fundamentais e relações entre os particulares: anotações sobre a teoria dos imperativos de tutela. *Revista de Direito Privado*, São Paulo: RT, n. 23, jul./set. 2005.

SZTAJN, Rachel. *Código Civil comentado:* direito de empresa. Álvaro Villaça Azevedo (Coord.). São Paulo: Atlas, 2008. v. XI.

TEPEDINO, Gustavo. *Temas de direito civil*. Rio de Janeiro: Renovar, 2004.

________. Cidadania e direitos da personalidade. *Revista Jurídica*, Porto Alegre: Notadez, n. 309, jul. 2003.

________ (Coord.). *A parte geral do novo Código Civil*: estudos na perspectiva civil-constitucional. Rio de Janeiro: Renovar, 2007.

________ et al. *Código Civil interpretado*: parte geral e obrigações. Rio de Janeiro: Renovar, 2004.

VARELA, Antunes. *Das obrigações em geral*. Coimbra: Almedina, 1986.

VERPEAUX, Michel (Org.). *Code Civil et Constitution(s)*. Paris: Economica, 2005.

VILANOVA, Lourival. *Causalidade e relação no direito*. São Paulo: RT, 2000.

WACKS, Raymond. *Personal information: privacy and the law*. Oxford: Clarendon Press, 1989.

WARREN, Samuel; BRANDEIS, Louis D. *The right to privacy*. Disponível em: <www.louisville.edu/library/law/brandeis/privacy.html>. Acesso em: mar. 2007. (Originalmente publicado em *4 Harvard Law Review*, n. 193, 1890.)

WESTERMANN, Harm Peter. *Código Civil alemão*: direito das obrigações. Trad. Armando Edgar Laux. Porto Alegre: Fabris, 1983.

________. *Código civil alemão – parte geral*. Trad. Luiz Dória Furquim. Porto Alegre: SAFE, 1991.

WIEACKER, Franz. *História do direito privado moderno*. Trad. A. M. Botelho Hespanha. Lisboa: Calouste Gulbenkian, 1980.

ZAGO, Marco Antonio; COVAS, Dimas Tadeu. *Células-tronco*: a nova fronteira de medicina. São Paulo: Atheneu, 2006.

ZAVASCKI, Teori Albino. A tutela da posse na Constituição e no projeto do novo Código Civil. In: MARTINS-COSTA, Judith (Org.). *A reconstrução do direito privado*. São Paulo: RT, 2002.

ZIMMERMANN, Reinhard. *The new German law of obligations*. Oxford: Oxford University, 2010.